宗教学新论

宗教学史论

宗教学的历史与体系

卓新平 著

中国社会科学出版社

图书在版编目(CIP)数据

宗教学史论：宗教学的历史与体系 / 卓新平著. —北京：中国社会科学出版社，2020.4（2021.4 重印）
（宗教学新论）
ISBN 978-7-5203-5754-8

Ⅰ.①宗…　Ⅱ.①卓…　Ⅲ.①宗教学—史学理论—文集　Ⅳ.①B920-53

中国版本图书馆 CIP 数据核字（2019）第 269957 号

出 版 人	赵剑英
责任编辑	陈　彪
特约编辑	刘殿利
责任校对	杨　林
责任印制	张雪娇

出　　版	中国社会科学出版社
社　　址	北京鼓楼西大街甲 158 号
邮　　编	100720
网　　址	http://www.csspw.cn
发 行 部	010-84083685
门 市 部	010-84029450
经　　销	新华书店及其他书店

印刷装订	北京市十月印刷有限公司
版　　次	2020 年 4 月第 1 版
印　　次	2021 年 4 月第 2 次印刷
开　　本	710×1000　1/16
印　　张	24.75
插　　页	2
字　　数	357 千字
定　　价	138.00 元

凡购买中国社会科学出版社图书，如有质量问题请与本社营销中心联系调换
电话：010-84083683
版权所有　侵权必究

"宗教学新论"总序

宗教是人类社会及思想史上最为复杂和神秘的现象之一。人类自具有自我意识以来，就一直在体验着宗教、观察着宗教、思考着宗教。宗教乃人类多元现象的呈现，表现在社会、政治、经济、信仰、思想、文化、艺术、科学、语言、民族、习俗、传媒等方面，形成了相关人群的社会传统及精神传承，构成了人类文明和民族文化的重要部分，铸就了人之群体的独特结构和人之个体的心理气质。在人类可以追溯的漫长历程中，不难察觉人与宗教共存、与信仰共舞的史实，从而使宗教有着"人类学常数"之说。因此，对宗教的审视和研究就代表着对人之社会认识、对人之自我体悟的重要内容。从人本及其社会出发，对宗教奥秘的探究则扩展到对无限微观世界和无垠宏观宇宙的认知及思索。

于是，人类学术史上就出现了专门研究这一人之社会及灵性现象的学科，此即我们在本研究系列所关注的宗教学。对宗教的各种观察研究古已有之，留下了大量历史记载和珍贵的参考文献，但以一种专业学科的方式来对宗教展开系统的学理探究，迄今则只有不足150年的历史。1873年，西方学者麦克斯·缪勒（F. Max Müller）出版《宗教学导论》一书，"宗教学"遂成为一门新兴人文学科的名称。不过，关于宗教学的内涵与外延，学术界一直存有争议，目前对这一学科的标准表达也仍然没有达成共识。在宗教学的发展过程中，涌现出一大批著名学者，也形成了各种学术流派，并且由最初的个人研究发展成为体系复杂的学科建制，出现了众多研究机构和高校院系，使宗教学在现代社会科学及人文学科领域中脱颖而出，成绩斐然。20世纪初，宗教学在中国悄然诞生，一些文史哲专家率先将其研究视域扩大到宗教范围，以客观、中立、悬置信仰的立场和方法来重点对中国宗教历史问题进行探究，从而形成中国宗教学的基本理念及原则。随着中国现代学术的发展，宗教学不断壮大，已呈现出蔚为壮观之局面。

宗教学作为跨学科研究，其显著特点就是其研究视野开阔，方法多样，突出其跨宗教、跨文化、跨时代等跨学科比较的意趣。其在普遍关联的基础上深入探索，贯通时空，展示出其内向与外向发展的两大方向。这种"内向"趋势使宗教学成为"谋心"之学，关注人的内蕴世界及其精神特质，侧重点在于"以人为本"、直指人心，以人的"灵魂"理解达至"神明"关联，讨论"神圣""神秘"等精神信仰问题，有其内在的深蕴。而其"外向"关注则让宗教学有着"谋事"之学的亮相，与人的存在社会、自然环境、宇宙万象联系起来，成为染指政治、经济、法律、制度、社会、群体、国际关系等问题的现实学问，有其外在的广阔。而研究者自身的立足定位也会影响到其探索宗教的视角、立场和态度，这就势必涉及其国家、民族、地区、时代等处境关联。所以说，宗教学既体现出其超越性、跨越性、抽象性、客观性，也不可避免其主体存在和主观意识的复杂影响。在这种意义上，宗教学既是跨越国界的学问，也是具有国家、民族等担当的学科，有其各不相同的鲜明特色。除了政治立场、学术方法、时代背景的不同之外，甚至不同学派、不同学者所选用的研究材料、关注的研究对象也互不相同，差异颇大。由此而论，宗教学当然有着其继承与创新的使命，而我们中国学者发展出体现中国特色的宗教学自然也在情理之中。

基于上述考虑，笔者在此想以"宗教学新论"为题对之展开探讨，计划将这一项目作为对自己近四十年研究宗教学科之学术积累的整理、补充和提炼，其中会搜集自己已发表或尚未发表的学术论文，以及已收入相关论文集的论文和相关专著中的文论，加以较为周全的整合，形成相关研究著作出版，包括《经典与实践：论马克思主义宗教学》《唯真与求实：马克思主义宗教观中国化之探》《宗教学史论：宗教学的历史与体系》《宗教社会论》《宗教文明论》《宗教思想论》《世界宗教论》《中国宗教论》《基督教思想》《基督教文化》《中国基督教》《反思与会通》等；在马克思主义宗教观的指导下，梳理探究宗教学的历史和宗教学的体系，进而展开对世界宗教的全方位研究。其"新"之论，一在视野之新，以一种整体论的视域来纵观古今宗教研究的历史，横贯中外宗教学的范围；二在理论之新，即用中国特色社会主义理论的创新之举来重温马克思主义经典作家关于宗教之论，探究马克思主义宗教观在当代中国的新发展、新思路；三为方法之新，不仅批判性地沿用宗教学历史传统中比较科学、合理、行之有效的方法，而且对之加以新的考量，结合当代学术最新发展的成果来重新整合；四在反思之新，这就是重新审视自己以往的旧作，总结自己四十年之久宗教研究在理论与实践上的体悟、收获，以及经验和教训，在新的思考、新的形势下积极调试，增添新思和新言。当然，这一项目立足于思考、探索乃实情，而建构、创新则仅为尝试，且只代表自己一家之言，故此所谈"新论"乃是相对的、开放的、发展的，必须持有锲而不舍、止于至善的精神和毅力来继续往前开拓。由于这一研究项目涉及面广，研究难度较大，论述的内容也较多，需要充分的时间保证，也需要各方面的大力支持，故其进程本身就是不断得到合作、得到鼓励和支持的过程。

在此，作者还要衷心感谢文化名家暨"四个一批"人才工程领导小组将本课题列为"文化名家暨'四个一批'人才项目"计划！也特别感谢中国社会科学出版社在编辑出版本项目课题著作上的全力支持！

卓新平
2019 年 5 月

目 录

"宗教学新论"总序 …………………………………………（1）
前　言 ………………………………………………………（1）

上编　宗教学的历史

第一章　西方宗教学的起源与形成 …………………………（3）
第二章　西方宗教学的历史与现状 …………………………（21）
第三章　宗教现象学的历史发展 ……………………………（40）
第四章　西方宗教哲学的历史发展 …………………………（55）
第五章　西方宗教社会学研究概况 …………………………（92）
第六章　施莱尔马赫对宗教学缘起的意义 …………………（113）
第七章　重新认识宗教学之源端：麦克斯·缪勒评传 ………（118）
第八章　范·得·列欧传略 ……………………………………（129）
第九章　伊利亚德对宗教学的贡献 …………………………（133）
第十章　西方宗教学与中国当代学术发展 …………………（138）
第十一章　20世纪的中国宗教学发展 ………………………（145）
第十二章　中国宗教研究的历史回顾 ………………………（164）
第十三章　陈垣与中国宗教学研究 …………………………（171）
第十四章　任继愈与中国宗教学体系的创立 ………………（177）

下编　宗教学的体系

第十五章　略论西方思想界对宗教的理解 …………………（189）
第十六章　论西方宗教学研究的主体、方法与目的 ………（200）
第十七章　宗教学的"人学"走向 …………………………（211）
第十八章　当代宗教研究中对"人"的关注 ………………（224）
第十九章　宗教学术研究对宗教理解的贡献 ………………（231）
第二十章　展开多层次的宗教探究 …………………………（266）
第二十一章　关于中国宗教学研究的几个问题 ……………（272）
第二十二章　中国宗教学理论研究 …………………………（279）
第二十三章　关于全球史视域宗教研究的思考 ……………（330）
第二十四章　中国宗教学的使命及挑战 ……………………（335）
第二十五章　"士"的担当与宗教学的未来 …………………（345）
第二十六章　宗教学研究的新时代与新任务 ………………（371）
第二十七章　开创21世纪中国宗教学的新局面 ……………（380）

前　言

宗教的历史悠久，宗教研究也源远流长，但作为人文社会科学学科分支的宗教学却只有不足一百五十年的历史，因而在世界学术史上仍为一门新兴学科。这一学科始于19世纪下半叶，通常以西方学者麦克斯·缪勒为其具有代表性的创始人，因为他于1873年发表的《宗教学导论》率先使用了"宗教学"这一专门术语，故此而有了宗教学的学科开端。宗教学从一开始就具有跨学科的特征，是对人文社会科学相关领域相关学科研究的综合运用和方法借鉴，从而推陈出新，发展出一门全新且独立的学科。其涉及的学科包括历史学、哲学、神学、语言学、神话学、考古学、文献学、人类学、社会学、心理学、统计学、翻译学、文学、艺术学等领域，这一初始状况在一定程度上迄今仍留有痕迹，如宗教学的学科归属仍不确定，在今天西方的高校教育中分布较散，并无固定之位，其作为哲学、历史、社会学，甚至神学的分支都有相应的呈现和不同的侧重。这在今天中国高校的布局中也有其多元的表达，但规范性理解中则基本将之归为哲学这一大类的分支学科，迄今仍未有宗教学作为一级学科本身的完全独立。

宗教学研究涉及"务虚"和"务实"这两大层面，由此而在人的精神、社会等范围全面展开系统探究，以揭示并说明人的宗教现象。因此，宗教学涉及有关人类文明进程、人类精神奥秘的许多基础性、理论性、根本性、历史性和知识性问题。从"务虚"方面而言，这一研究从人的精神世界及精神生活触及人的"心路历程"，乃一种"谋心"之学,从而与哲学意义上的精神现象学或精神科学相呼应,多涉及形而上、终极、整体涵括等问题。在这一方面,缪勒阐述了其对宗教学核心范畴"宗教"和"神的观念"之基本认知。综合世界各民族神话和信仰追求的诸多表达,他认为,"宗教"实质上乃揭示了"人的灵魂"与"神"的关系,是人之内在主体对外在客体的询问和寻求,由此产生心灵的回应,旨在达到人的灵性内在与神圣超越的沟通和一致。这里,"宗教"既为表达人之神秘内在性的"心学",在心之奥秘中无限沉潜,又反映人不可企及之超然存在的"形上学",朝着广袤深邃的宇宙无限仰望。但"宗教"毕竟是人的认知和追求,有着鲜明的主体性、主观性和主动性,发自人的主体内在。缪勒解释说,"神的观念"实际上为人之心灵所表达的"关于完美境界的最高理想",即人的精神梦寻。由此可见,宗教学对宗教形上及终极层面的认识和理解有一种基本定位,从中亦形成其精神学科本身发展的规律性和系统性,归纳出与之相关的各种问题意识和研究方法。在这一领域,人们的认知较为抽象且远离现实,有着哲学意境的超脱和超越,从而使宗教学成为形而上学、超验哲学。

然而,宗教学在其现实发展中却并非一种"纯学术"的清谈,而有着非常具体的现实社会内容、历史传统关联,这种厚重和"务实"使其研究必须落地,必须关涉许多具有"全局性、战略性、前瞻性"的社会理论和社会实践问题。这样,宗教学又不可能仅囿于人之抽象"心灵"来"超越时空"、不顾人间烟火,而是与现实社会有着极为密切、真实而复杂的联系。宗教学必须注意人的社会历程、观察宗教所反映的人之社会实存及其感触、叹息和反应,尤其在人类历史及其社会政治中,宗教问题就非常引人注目,宗教的社会表态和政治参与亦充满戏剧色彩、反映风云变幻。这势必使宗教学的研究视域从天空回到人间,从心之静谧重返社会之喧闹。直至现代世界,宗教问题仍是全球性热点或局部地区的焦点,成为国际政治的神经和脉搏,而中国社会在此也绝非世外桃源,故对宗教必须有其务实的睿智。于是,宗教学必然与应用研究和现实研究相挂钩,是一门实实在在"谋事"的学问、有着实践理性之工具价值，从而与政治学、经济学、民族学、人类学、法学、社会学、国际关系学等研究有着不解之缘，乃其有机共构。宗教学作为这种现实学问，在其广度和深度上都会触及一些现实社会和思想认知问题，与不同立场和观点有着接触并产生碰撞，故此而有与其他人文学科颇为不同的敏感性和复杂性，难以驾驭和把握，迄今仍处于"险学"境地。显然，宗教学的学术立意和学术规范在此会受到其现实存在及研究主体的影响，并因这种关联而有其时代性、相对性，其"工具理性"的作用不一定呼应或符合其"价值理性"的标准。社会发展的波谲云诡使宗教的动向亦风云莫测，此时的宗教学则必须"讲政治"，有立场，而对其社会运用及其政治关联则必须谨慎待之，其相关表述故也应注意到适当把握其"度"和分寸。尽管如此，宗教学因其具有基础研究和应用研究二者兼备和逻辑关联这一特点，因其内在的科学性及发展规律及规则而不能被视为某种政治计谋或随意滥用的社会工具，其本身作为一门独立学术之体系仍需要保存其自有的内在规律和逻辑进路，故其学科不可简单等同于社会工具或政治谋略，在社会领域中的宗教学发展亦不离其独特的整体性和系统性，因而得以在社会科学体系中占有其重要地位。

结合这两大领域，宗教学可以采用的基本研究方法很广，有着对上述相关学科的继承与发展，其中最为典型的宗教学学科方法乃包括宗教史学的纵向梳理方法、比较宗教学的横向比较方法、宗教类型学的综合归类方法、宗教人类学的田野调查和实证方法、宗教现象学的中止判断和本质洞观方法、宗教社会学的问卷抽样和功能分析方法、宗教心理学的象征符号破译和精神分析方法、宗教哲学和宗教批评学的价值判断和本质定性方法等。对这些不同方法的侧重或突出，遂形成了不同的分支学科和各种学派。而其交叉性和互渗性又彰显其跨学科特征和"科技整合"可能，使宗教学在打通其相关学科之际，其分支学科同时也可成为其他人文社会科学甚至自然科学的分支学科。

宗教学于20世纪初传入中国，先为个别人文学科学者的专门研究方向，随之逐渐发展为一门有理论、有方法、有体系的独立学科，并成为20世纪中国社会科学的重要组成部分。中国宗教学的现代发展经历了不同的历史阶段，面对着不同理解和评价，感受到颇为复杂的风云变幻，由此形成了各种各样的问题，也涌现出一大批专家学者，在20世纪与21世纪交接转型之际有着"显学"的端倪，但尚未达到鼎盛却也有"险学"的迹象。中国宗教学的研究特点，不仅是吸纳借鉴西方宗教学的经验和成果，而且更有中国处境中自身的探索和发掘，从而有着其独特的创立和创新。其结果，宗教学在中国正在形成一种中西合璧并有扬弃和超越的独立学术体系和研究方法。随着改革开放以来的国际学术交流，中国宗教学还起到了跨界沟通和超越东西方的积极作用，并为国际社会不同思想文化的交流、各种学术探索之融会提供了宝贵经验。

在回顾、反思中国宗教学过去的发展及成就之际，笔者作为国内改革开放以来第一批"科班"研究宗教的学者，在中国社会科学院研究生院世界宗教研究系获得了该院第一批硕士研究生学位，此后又作为最早在宗教学得以创建的本土即欧洲留学，在德国慕尼黑大学兼攻宗教哲学和宗教学专业，并在获得博士学位后成为这一专业领域学成归国的第一批"海归"，因而经历、见证并参与了中国宗教学自改革开放以来在当代中国的这一发展变迁，亦以自己的研究而留下了点点滴滴学术体会和心得，领悟到在这一复杂领域发展道路上磕磕碰碰的得与失。为此，本书将对自己研究宗教学百余年发展历史的学术文章加以回顾、总结和梳理、补充，集结为《宗教学史论——宗教学的历史与体系》。其中既有历史与现状的对照，也有中国与西方的比较，旨在前后呼应、内外关联。全书分为上编"宗教学的历史"和下编"宗教学的体系"，其中既有对西方宗教学的研究，也有对中国宗教学的探讨。希望能以这些探索和思考来拓展中国的宗教学发展，对其研究问题的深化有相应的提示或启发。

上编　宗教学的历史

第一章

西方宗教学的起源与形成

宗教作为一种人类社会现象，早在原始社会便已产生。由于宗教世界观以其对超自然、超人间的"神灵"信仰的形式曲折地反映了人对本身及其自然的认识，因而与人类思想、意识活动和文化、生产行为密切相关。有史以来，人们就在关心着宗教的活动，注意对之加以研讨。当然，这种关注或是由于宗教信仰本身的需要，或是对周围宗教现象的怀疑和猜测，很难超出神学考证和思辨分析的范围，因而还不足以形成一门独立的、科学的宗教学。随着人类社会和历史的发展，宗教得以不断演变，而人们对宗教的认识也逐渐深化。这为现代宗教学的形成提供了有利的条件。

一

早在古希腊时期，便有人注意到各民族宗教现象的不同。如公元前6世纪伊奥利安哲学家色诺芬尼（Xenophanes，约前565—约前473）就曾指出，不同民族各按本民族人之特征来塑造本民族神的形象，"埃塞俄比亚人说他们的神皮肤是黑的，鼻子是扁的；特拉基人说他们的神是蓝眼睛、红头发的"。[①]

[①] 参见《色诺芬尼著作残篇》16，译文引自《西方哲学原著选读》上卷，商务印书馆1983年版，第29页。

在古罗马时代，早期基督教思想家也探讨了基督教之外其他神启的问题。如基督教希腊教父亚历山大的克雷芒（Clemens Alexandrinus，约150—约215）就论及基督教之外其他宗教的神学价值，认为希腊哲学只有移植到基督教义之中才有用途。他还举例说明了希腊哲学概念"逻各斯"如何成为基督教教义之中的"道"，从而被用来解释基督教信仰中启示的原理。

基督教在其形成和发展过程中，也经历过一种宗教学意义上的探讨和努力。早期基督教的形成，实质上也是与各种古代宗教和思潮接触的结果。正如恩格斯所说，基督教作为新的世界宗教，是"从普遍化了的东方神学，特别是犹太神学和庸俗化了的希腊哲学，特别是斯多葛派哲学的混合中悄悄地产生"。① 在其早期传播阶段，基督教被古罗马其他宗教徒指责为"无神论"，受到多次迫害。为了维护自身的生存，促进其教义的传播，基督教思想家也对不同流派的哲学加以探讨，对不同宗教中诸神的起源、神话、礼仪、谱系、传说等进行分析。当时散见于西方古代神话、诗歌、艺术、哲学和科学文献中的有关资料，便得到这些思想家的问津和重视。

随着基督教征服西方世界，基督教在欧洲有了至高无上的地位。而其他宗教则成为"异教邪说"。如基督教神学家奥古斯丁（Aurelius Augustinus，354—430）就曾宣称："'异教'的一切神灵都是魔鬼。"所谓"异教"按照当时的理解就是当罗马帝国皈依基督教信仰之后在个别乡下边远地区仍零星保留的古代宗教传承，已经不入社会主流的宗教生活。但随着阿拉伯世界伊斯兰教的崛起，以及犹太教的传统影响，中世纪教会也不得不注重基督教与犹太教和伊斯兰教的接触，因而从对一种宗教的独尊扩大到对三种宗教的关注。中世纪思想家罗吉尔·培根（Roger Bacon，1214—1294）、托马斯·阿奎那（Thomas Aquina，1225—1274）以及库萨的尼古拉（Nicolaus Cusanus，1401—1464）就

---

① 恩格斯：《路德维希·费尔巴哈和德国古典哲学的终结》，《马克思恩格斯选集》第4卷，第251页。

研究过基督教与其他宗教的关系问题。尤其值得一提的是，当时库萨的尼古拉参与了天主教与东正教之间清除分裂、重归于好的尝试，因此他认为各种宗教原则上应是平等的，宗教之间应和谐相处、彼此宽容。按照他的理论，宗教真理与各种宗教观念的关系，在人世间实质上为"一种宗教的多种崇拜方式"（una religio in rituum varietate）。这种探讨在当时已远远超出了神学研究的藩篱。

二

欧洲文艺复兴和近代的开始，使这种宗教学意义上的研究有了新的发展。文艺复兴重现了古代的诸神世界和宗教的纷繁多彩，人文主义强调宗教的互相容忍、和睦共处，而所谓"地理大发现"又扩大了欧洲人的视野，使他们接触到外域文化和其他宗教，耳目为之一新。可以说，西方近代以来如下方面的发展为现代宗教学的确立奠定了基础。

其一，文艺复兴的深刻影响加深了人们对基督教会的疏远感。"回到古代去！"在这一口号掩盖下，人们希冀一种适应其新生活和世界情感的宗教表述。

其二，宗教改革对天主教会的冲击。一方面导致人们对其宗教概念和其历史发展加以批评，另一方面引起天主教内部的各种反应，促成其与外界的接触。

其三，"地理大发现"激起了基督教海外传教的兴致，而传教士却越来越多地面临与之截然不同的风土习俗和文化宗教。

其四，人文主义的包容态度为各宗教共存创造了条件。人文主义者薄伽丘（Giovanni Boccaccio, 1313—1375）的"戒指寓言"因被近代思想家莱辛（Gotthold Ephraim Lessing, 1729—1781）采用于《智者纳旦》而为众所皆知。分别象征基督教、犹太教和伊斯兰教的三个戒指，其真伪难以鉴别。人文主义者借此鼓吹一种从伦理行为出发而不带偏见的爱。

其五，启蒙运动带来了新的科学概念。人们试图用同一理性来解释宗教的多样性：各种宗教的区别被理解为同一宗教理性的"不同表述"。启蒙学者对其他文化和不同于欧洲类型的宗教也表示出浓厚的研究兴趣和明显的包容态度。

其六，浪漫主义的科学和艺术方法促使人们用类比和象征来解释一切、概括一切。受此影响，基督教神学家夏多布里昂（Chateaubriand，1768—1848）也曾试图用天主教自身来解释古代的神话世界，以求万流归宗，窥见古代宗教的"绝对根源"。

其七，19世纪以来考古学、语言学研究的迅猛发展和重大突破，使人们对埃及、亚述、巴比伦、中国、波斯、印度、赫梯、北美以及大洋洲各民族的语言、文化产生了浓厚的兴趣。考古学的发现引起人们对现已消亡的古代宗教加以研究，而语言的比较研究也必然带来对宗教的比较研究。

其八，近代"发展论"的诞生启发人们用"发展"的眼光来分析宗教。理性主义的发展论在德国唯心主义、古典主义和人文主义中尤为突出，其代表人物有康德（Immanuel Kant，1724—1804）、莱辛、赫尔德（Johann Gottfried von Herder，1744—1803）、黑格尔（Georg WilheIm Friedrich Hegel，1770—1831）等，他们倾向于将宗教的最高表述归于人类精神的完全成熟，并从理性、伦理和美学等方面对其加以概述。自然主义发展论则体现在康德和拉普拉斯（Pierre Simon Laplace，1749—1827）设想的有关宇宙起源和发展的星云假说、达尔文（Charles Robert Darwin，1809—1882）提出的生物发展由简到繁的进化学说以及摩尔根（Lewis Henry Morgan，1818—1881）发现的史前期人类发展阶段之说。整个人类文化是由低级和原始开端发展起来，宗教的发展自然也不言而喻。宗教虽各有区别，但都是发展的产物，其开端甚至可以追溯到低于人类和低于精神现象之界。同理，通过外界的影响和自身的发展，宗教也可以走向消亡。这种"发展论"虽遭到强烈反对，却对宗教学研究产生了巨大影响。

其九，各种宗教的碰撞和交流重新引起人们对宗教的关注。基督教内部各派的"合一"运动和与其他宗教的"对话"，为宗教展示了新的发展方向，同时也为宗教学研究提供了动力。

其十，近现代以来科学研究的日趋专业化，使各学科有了自己独特的现象领域和研究方法。宗教现象也被作为科学研究的一个分支领域而与其他领域相区别，从而形成独立的宗教研究学科。

三

尽管宗教研究可追溯到各种根源，其思想火花甚至在西方文化的黎明时期就已闪烁，但宗教学作为一门独立的学科，却是现代西方的产物。笛卡尔（René Descartes，1596—1650）以"我思故我在"的名言开创了西方近代思想史的"主体思维"时代，其关键突破即奠立了西方近代的理性思想范式，并开始以超越传统神学的理性思维来看待宗教，形成了所谓"理性时代的宗教观"。这对于打破传统神学思维的藩篱、在思想方法上"走出中世纪"至关重要，由此亦为后来形成独立的宗教学这门新兴学科扫清了思想障碍、提供了理性思维模式。早在17—18世纪，西方学者就试图系统地研究宗教，如英国自然神论者赫尔伯特（Cherbury Edward Herbert，1583—1648）就曾著有《真理论》（*De veritate*，1624）和《俗人宗教》（*De religion gentilium*，1645），英国哲学家休谟（David Hume，1711—1776）曾写下《自然宗教史》（*The Natural History of Religion*，1757），法国思想家布罗塞（Charles de Brosses，1709—1777）也曾写有《物神崇拜》（*Du culte des dieux Fetiches*，1760），但开创性的研究成果却导源于19—20世纪考古学的发现和对古文字的破译。

自18世纪末叶，西方学者开始研究古代印度、波斯和埃及的宗教经典。法国东方学家杜白隆（Anquetil Duperron，1731—1805）于1771年用法文翻译了《波斯古经》（《阿维斯陀》），此后又用拉丁文翻译了印度婆罗门教经典《奥义书》五十篇。杜白隆的拉丁文译本《奥义书》曾对德国哲学家叔本华（Arthur Schopenhauer，1788—1860）产生过巨大影响。而德国梵文学者杜森（Paul Deussen，1845—1919）受叔本华影响也试图寻找基督教与印度思想中的和谐之处。他高度评价西方对印度精神的发现并视之为好似突然认识到天外星体的居民。1802年，德国语言学家格罗德芬（Georg Friedrich Grotefend，1775—1853）在哥廷根学者协会宣布了他破译波斯古都波斯波利斯出土的楔形文字所取得的成果。1799年，随拿破仑远征埃及的法国士兵在尼罗河口的罗塞达要塞发现了一块上刻古埃及象形文、俗体文和希腊文的雪花岩石碑。法国埃及学家和语言学家商博良（Jean François Champollion，1790—1832）根据这块石碑上刻写的希腊文来译解埃及象形文字成功，并于1822年在巴黎科学院宣布了这一成果，从而奠定了埃及学的基础。1835年至1837年，英国亚述学家罗林生（Henry Creswicke Rawlinson，1810—1895）在伊朗西部发现《贝希斯特铭文》，并获得译解古波斯文的成功。此外，英国亚述学家史密斯（George Chelsea Smith，1840—1876）根据大英博物馆收藏的巴比伦尼尼微楔形文泥版而将古巴比伦的创世史诗和洪水故事公布于世，使人们对《圣经》（《旧约》）有了更新的认识。1887年，人们在阿玛纳（Amarna）发现了古赫梯王国时代的楔形文字泥版和石版。1915年，捷克亚述学家和语言学家赫罗兹尼（Bedrich Hrozny，1879—1952）译解赫梯语的楔形文字和象形文字首获成功，发表了《小亚细亚出土的赫梯法典》。1898年，西方人远征吐鲁番和塔里木盆地北部，考察了古丝绸之路南、北交接之处，对古代各宗教和文化思潮交流、融会之地加以探究。此后，在吐鲁番地区又发现了摩尼教文献。这样，19世纪先后创立的印度学、埃及学、亚述学、伊朗学、希伯来考古学、东方学等，成为西方宗教学得以创立的支撑性学科或工具学科。

19世纪在理论层面对宗教学的形成所作出的突出贡献，则是德国新教哲学家施莱尔马赫（Friedrich Schleiermacher，1768—1834）的宗教研究。他于1799年匿名发表小册子《论宗教，对其持蔑视者中的有教养者之论述》（*Über die Religion，Reden an die Gebildeten unter ihren Verächtern*），从个人的宗教感受及体验来理解宗教，认为宗教与人"对宇宙的凝视"密切相关，从中即可找到"宗教最普遍、最高级的形式"。宇宙的无限时空给人启示,其被凝视之对象会对凝视者产生影响,而这种"从有限中获得的对无限的感觉"就是宗教,为此,施莱尔马赫说出了其脍炙人口的名言:宗教是人类普遍存有的"绝对依赖感"(schlechthinnige Abhängigkeit)。施莱尔马赫的这一创意直接刺激了人们对宗教的探究,也给20世纪思想家奥托(Rudolf Otto,1869—1937)撰写《论神圣,对神圣观念中的非理性因素及其与理性之关系的研究》(*Das Heilige. über das Irrationale in der Idee des Göttlichen und sein Verhältnis zum Rationalen*)、从"神圣"(Heilige)到"努秘"(Numinous)的宗教理解提供了启迪。为此,人们通常将施莱尔马赫视为西方宗教学的精神奠基人。

20世纪以来,这种宗教领域的考古新发现更是层出不穷:1928年,在乌加里特古城遗址的考古发掘发现了迦南宗教的"仪式文献"和"神话文献";1930年,在下埃及地区又发现了科普特文手稿;1933年,在幼发拉底河下游发现了古巴比伦时代的宗教文献和文物;1940年,在法国南部多多内(Dordogne)地区的拉斯科(Lascaux)石洞发现了旧石器时代后期的洞穴壁画,为研究史前人类宗教、文化的状况提供了宝贵线索,法国考古学家步日耶(Henri Breuil,1877—1916)对研究这些旧石器时代的洞穴壁画作出了重要贡献;1941年,在上埃及地区发现了诺斯替教文献;1947年以来又在死海西北岸库姆兰地区洞穴中陆续发现大量古卷文献,这些"死海古卷"(亦称"库姆兰古卷")对研究晚期犹太教和早期基督教起源等提供了重要史料……

考古学和古文字学的丰硕成果,除了本学科的学术意义和对人类历史知识的贡献,对宗教现象的研究也有着极大的价值。随着古代之谜的逐步揭开,研究古代已消亡宗教的条件也日趋成熟。精确的科学方法和严密的科学理论取代了对古代宗教的猜测和臆断,科学地进行宗教学研究已具有实际意义。

另外,西方"文化人类学"的发展也为宗教学的建立创造了良好的条件。19世纪以来,随着西方资本主义的殖民扩张和欧洲向美洲、大洋洲的大量移民,客观上为西方学者研究当时还处于原始社会氏族部落阶段的美洲、大洋洲和非洲的"土著民族"提供了便利条件。西方人类学者在各地做了不少实地调查，收集了许多有关原始文化、原始宗教的生动资料，出版了大量学术著作，促进了西方宗教学的形成。1871年，英国人类学家泰勒（Edward Burnett Tylor，1832—1917）发表了《原始文化》（*Primitive Culture*），对原始人宗教之起源提出了"万物有灵论"的假说。他分析了人类早期对睡眠、做梦和生病的经历，认为对"灵魂"的认识是原始人最初的宗教经验。这种经验一开始是孤立存在的，以后才从中发展出精灵崇拜和诸神崇拜。这一理论后被德国心理学家冯特（Wilhelm Wundt，1832—1920）所采用，在其1905年出版的《民族心理学》（*Völkerpsychologie*）第二部分"神话与宗教"中得以发挥。1877年，美国民族学家摩尔根（Lewis Henry Morgan，1818—1881）发表了《古代社会》（*Ancient Society*），论述了原始社会的基本结构和发展阶段。在大洋洲传教的英国传教士、人类学家科德林顿（Robert Henry Codrington，1830—1922）当时在美拉尼西亚发现了当地土著宗教的一种基本观念"曼纳"（Mana），即一种无人称的超自然的神秘力量，通过自然和人而起作用，带来祸福。科德林顿于1877年写信给英籍德人东方学家缪勒（Friedrich Max Müller，1823—1900）报道了这一发现。一年后缪勒在其《宗教起源和发展讲演录》（*Lectures on the Origin and Growth of Religion*）中将此信公布于世，引起了巨大反响。受这一"活力"说影响，英国人类学家马莱特（R. R. Marett，1866—1943）对泰勒的"万物有灵论"加以修正，按这种"超自然的神秘力"之说而提出了自己的"物活论"。其后，英国人类学家弗雷泽尔（Sir James George Frazer，1854—1941）在1911年至1927年又汇编出版了十二卷的《金枝，对法术与宗教的研究》（*The Golden Bough. A Study in Magic and Religion*），他认为，人类在幼儿时代曾处于一种"法术阶段"，这个"法术时代"要早于"宗教时代"，是人类宗教发展的前阶段。

"文化人类学"的各种理论都直接涉及人类宗教问题，而不少人类学家最后也成为著名的宗教学家。随着人文学科中考古学、古典语文学、文化人类学的高度发展，以及神学中传教学、比较宗教研究的兴起，一门综合各门学科而又独立于各门学科的新兴学科——宗教学在西方便正式形成。

四

西方宗教学一般以缪勒1873年发表的《宗教学导论》（*An Introduction to the Science of Religion*）首先使用"宗教学"（Science of Religion，其德文表述即Religionswissenschaft）一词为其开端。最初，德国、英国和美国的宗教学者习惯将这门新兴学科称为"比较宗教学"（Comparative Religions），而法国、比利时、荷兰的宗教学者则习惯称之为"宗教史学"（History of Religions）。但两者都注重在时间上对宗教进行纵的——历史性研究、在空间上对宗教进行横的——比较性研究。西方宗教学形成时期的重要文献，除1871年以来缪勒主编的五十一卷《东方圣书集》（*Sacred Books of the East*）外，还有荷兰宗教学家商特皮（Pierre Daniel Chantepie de La Saussaye，1848—1920）1887年出版的《宗教史学教科书》（*Lehrbuch der Religionsgeschichte*）。他在书中最先提出了对"宗教现象学"的研讨。此后，瑞典学者索德布鲁姆（Nathan Söderblom，1866—1931）1913年发表的《自然神学与普通宗教史学》（*Natürliche Theologie und allgemeine Religionsgeschichte*）、1916年发表的《上帝信仰的形成》（*Das Werden des Gottesglaubens*），德国宗教学家奥托1917年发表的《论神圣》，以及荷兰宗教学家范·得·列欧（Gerardus van der Leeuw，1890—1950）1925年发表的《宗教现象学》（*Phänomenologie der Religion*）等，都对西方宗教学的发展起过举足轻重的作用。

宗教学作为一门独立学科受到了西方各大学和研究机构的高度重视，不少神学系、语言学系和其他人文学科系的教师在大学单独开设了宗教学课程和宗教学讲座。

西方第一个宗教学讲座于1873年在瑞士日内瓦设立。

同年，美国波士顿大学也创立了宗教学专业。

此后不久，荷兰于1876年分别在阿姆斯特丹、格罗宁根、莱顿和乌得勒支设立了宗教学讲座。

法国于1885年在巴黎建立了"宗教历史研究中心"，后又在斯特拉斯堡人文大学成立了"宗教史研究所"。

瑞典最早的宗教学科由古典语言学家魏得（Sam Wide）1893年在乌普萨拉大学设立，后通过著名宗教学家索德布鲁姆于1901年至1914年在此主持这一学科，使之成为国际宗教史研究中心，而瑞典宗教学也因此在世界上令人瞩目。在魏顿格仁（Geo Wildengren，1907—1996）的主持下，乌普萨拉的宗教学科由原来的神学系扩大到人文学系。此外，古希腊语言学家尼尔松（Martin P. Nilsson）在隆得建立了宗教史学科，宗教民族学家休特克朗茨（Ake Hultkrantz，1920—2006）1958年在斯德哥尔摩建立了"宗教人类学"。

丹麦于1914年在哥本哈根设立了该国第一个宗教学讲座。

挪威于1915年在奥斯陆也设立了宗教学讲座。

在英国，格里菲斯勋爵（Lord Adam Griffith，1820—1887）曾在苏格兰各大学如阿伯丁、爱丁堡、格拉斯哥和圣安德鲁斯资助创立"自然神学"讲座。1908年，在牛津大学也设立了第一个"自然和比较宗教"讲座。

在意大利，1886年开始在罗马有宗教学课程。著名宗教史学家裴塔左尼（Raffale Pettazzoni，1883—1959）曾于1924年至1959年在罗马主持宗教学讲座，并使意大利的宗教学获得国际性影响，在20世纪下半叶的著名宗教学者包括比昂奇（Ugo Bianchi，1922—1995）等人。

德国宗教学以宗教史研究为开端，1898年至1941年曾专门设有"宗教学档案"，自1903年开始出版专业丛书"宗教史研究与探讨"。哥廷根大学的"宗教史学派"在西方宗教学史上也占有重要地位。1910年，柏林设立了宗教学讲座，聘请丹麦学者勒曼（Edvard Lehmann，1862—1930）为首任教授。莱比锡的宗教史课程也曾委托瑞典学者索德布鲁姆兼任。此后，马尔堡大学因有著名宗教学家奥托、弗里克（Heinrich Frick, 1893—1952）和海勒尔（Friedrich Heiler, 1892—1967）而闻名遐迩，成为"德国宗教学的麦加"。著名宗教学家门辛（Gustav Mensching, 1901—1978）于1936年在波恩大学开始讲授宗教学。而海勒尔则于1962年在慕尼黑大学开设了宗教学讲座。其他德国大学也逐渐建立了宗教学专业，在神学系一般将宗教学与传教学相结合，而在其他人文学系则把宗教学与哲学或语言学专业联系起来。

在亚洲，西方宗教学的影响主要在日本和以色列。日本从1903年开始在东京大学设宗教学专业。以色列的耶路撒冷希伯来大学也设有宗教学专业。

美国宗教学在1945年以后获得大力发展，并逐渐形成宗教学的"芝加哥学派"，以伊利亚德（Mircea Eliade, 1907—1986）为代表，以及"哈佛学派"，以史密斯（Wilfred Cantwell Smith, 1916—2000）为代表。伊利亚德的学术成就及其国际影响力曾被标志为延续至现代的经典宗教学之巅峰，此后美国宗教科学院年会逐渐发展为世界最大规模的国际宗教学学术研讨会。

迄今为止，西方学者对宗教学的研究对象和范围、学科分类，以及理论和方法仍存有很大的意见分歧，尚未形成一致的看法。但一般来讲，西方宗教学包括宗教史学、比较宗教学、宗教现象学、宗教社会学、宗教人类学、宗教地理学、宗教生态学、宗教心理学、宗教哲学、宗教批评学和宗教神学的学科内容。从国际范围来看，欧洲比较注重研究宗教历史，而北美则对宗教之间的对话、比较更感兴趣。

五

宗教学学科建立起来以后，逐渐形成其国际性学术组织。自19世纪末开始有国际宗教学会议，其标志即1897年在瑞典斯德哥尔摩召开的"宗教学大会"（Congress of the Science of Religion, Stockholm, 1897），以便增进各国宗教学研究人员之间的学术交流，此时尚用缪勒1873年发表《宗教学导论》时使用的"宗教学"（Science of Religion）

这一表述，但对之持异议的舆论亦开始显现。1900年，在法国巴黎开始召开以"宗教史学"为名称的国际宗教学大会，成立并史称第一届国际宗教史大会（Congrés international d'histoire des religions, Paris, 1900），从此国际宗教学研究习惯以"宗教史学"为其学科名称。第二届于1904年在瑞士巴塞尔、圣路易斯召开（Congresses on the history of religion, St. Louis and Basel），第三届于1908年在英国牛津召开（Congress on the history of religion, Oxford），第四届于1912年在荷兰莱顿召开（Congress on the history of religion, Leiden），第五届于1929年在瑞典隆得召开（Congress on the history of religion, Lund），第六届于1935年在比利时布鲁塞尔召开（Congress on the history of religion, Brussels）。当时这一国际学科组织较松，并无常设性机构。自从1950年在荷兰阿姆斯特丹召开第七届国际性宗教史会议（Congress on the history of religion, Amsterdam）通过成立"国际宗教史协会"（International Association for the History of Religions, IAHR）以来，才有了统一的国际性宗教学组织。这是一个联络各个国家及地区性宗教学术研究团体的世界性联合体，隶属于联合国教科文组织（UNESCO）下设的国际哲学与人文科学理事会（CIPSH）。国际宗教史协会在章程中明确强调该协会不是一个为信仰作辩护或有类似关注的组织，它更强调学者或附属组织基于学术立场对于宗教的历史性、社会性和对比性研究。从这种意义上说，国际宗教史协会无论在过去还是现在都是一个对宗教进行批评的、分析的，以及跨文化研究的开创性的、主导型的国际组织。自1954年起，该协会还创办了学术杂志《国际宗教史论刊》（*Numen, International Review for the History of Religion*，中文亦称《国际宗教史纵览》《世界宗教史评论》或《国际宗教史观察》），国际宗教史协会此后与布里尔出版社（Brill Publishers）形成该刊的出版合作。此刊还设有《增刊》（*Supplements to Numen*）。另外，国际宗教史协会还编有季刊《宗教学摘要和最近文章指南》，原为荷兰文，1975年以来用英文出版（Science of Religion Abstracts and Index of Recent Articles），1996年以来改为半年刊。该协会还办有起着信息沟通和联络作用的《国际宗教史协会通讯》

(*IAHR Bulletin*)。进入网络时代之后，国际宗教史协会也办有自己独立的网站（www.iahr.dk）。

在1950年会议上，当选为"国际宗教史协会"第一任主席的为荷兰学者范·得·列欧，副主席为意大利学者裴塔左尼。

1955年4月7日至23日在意大利罗马召开了国际宗教史协会第八届国际会议［Congress of the International Association for the History of Religions（IAHR），Rome］，主要议题为"宗教君主"，会议推选裴塔左尼为主席，魏顿格仁和皮尤克（H.-Ch. Puech）为副主席。

1958年8月27日至9月9日在日本东京和京都召开了国际宗教史协会第九届国际会议（IAHR Congress，Tokyo），主要议题为"东方宗教的过去与现状"。这是首次在亚洲即西方以外的地区召开国际宗教史协会大会，由此宗教学在东方得以被认可，形成新的发展。

1960年9月11日至17日在西德马尔堡召开了国际宗教史协会第十届国际会议（IAHR Congress，Marburg），主要议题为"起源时代与终结时代"，会议选举瑞典学者魏顿格仁为主席，皮尤克和石冢（T. Ishizu）为副主席。

1965年9月6日至11日在美国加利福尼亚的克莱尔蒙特召开了国际宗教史协会第十一届国际会议（IAHR Congress，Claremont），主要讨论各宗教之间的实际接触。魏顿格仁继续担任主席，西蒙（Marcel Simon）和霍里（I. Hori）当选为副主席。

1970年8月16日至22日在瑞典斯德哥尔摩召开了国际宗教史协会第十二届国际会议（IAHR Congress，Stockholm），主要议题为"上帝的信仰"，法国学者西蒙当选为协会主席，石冢和伊利亚德当选为副主席。

1975年8月15日至22日在英国兰开斯特召开了国际宗教史协会第十三届国际会议（IAHR Congress，Lancaster），无中心议题。西蒙连任主席，北川三夫（Joseph Kitagawa）和阿贝（M. Abe）当选为副主席。

1980年8月17日至21日在加拿大温尼伯召开了国际宗教史协会第十四届国际会议（IAHR Congress，Winnepeg），主要议题为"各个宗教的交替和演变"。在美国哈佛大学任教的德国学者施默尔（Annemarie Schimmel）当选为主席，北川三夫和比昂奇当选为副主席。中国学者参加了这次大会，标志着中国宗教学学术界开始与国际宗教学学术界的联系及合作。

1985年8月18日至23日在澳大利亚悉尼召开了国际宗教史协会第十五届国际会议（IAHR Congress, Sydney），主要议题为"宗教与本性"，探讨宗教在形成和维持人的个性或集团特性上的作用与影响。施默尔连任主席，比昂奇和韦布洛夫斯基（Z. Werblowsky）当选为副主席。中国学者亦应邀与会。

1990年9月3日至8日在意大利罗马召开了国际宗教史协会第十六届国际会议（IAHR Congress, Rome），主要议题为"比较研究中的'宗教'概念"。比昂奇当选为主席，韦布洛夫斯基和勒克朗（J. Leclant）当选为副主席，迈克尔·派（Michael Pye）当选为秘书长。时任中国宗教学会主席孔繁出席了会议，中国宗教学会从此正式成为国际宗教史协会团体会员。

1995年8月5日至12日在墨西哥的墨西哥城召开了国际宗教史协会第十七届国际会议（IAHR Congress, Mexico City），主要议题为"宗教与社会"。在德国马尔堡大学任教的原国际宗教史协会秘书长、英国学者迈克尔·派当选为主席，德国学者安特斯（Peter Antes）和墨西哥女学者托里斯（Yolotl Gonzalez Torres）当选为副主席，丹麦学者格尔茨（Armin W. Geertz）当选为秘书长，美国学者哈克特（Rosalind I. J. Hackett）当选为副秘书长，加拿大学者威伯（Donald Wiebe）当选为司库。国际宗教史协会还宣布日本学者荒木道雄（Michio Araki）、意大利学者伽斯帕罗（Giulia Gasparro）、荷兰学者哈尔（Gerrie ter Haar）、芬兰学者赫尔伍（Helena Helve）、美国学者奥洛波纳（Jacob K. Olupona）和南非学者泰约布（Abdulkader I. Tayob）入选其执行委员会委员。在8月9日的会议上，国际宗教史协会还宣布尼日利亚的阿沃拉鲁（J. Omosade Awolalu）、瑞典的伯克曼（Louise Backman）、法国的卡可特（Andre Caquot）、德国的科尔柏（Carsten Colpe）、中国的孔繁、芬兰的洪科（Lauri Honko）、瑞典的休特克朗茨、法国的勒克朗、秘鲁的马扎尔（Manuel Marzal）、日本的则吉田丸（Tamaru Noriyoshi）、南非的欧斯修曾（G. C. Oosthuizen）、比利时的里斯（Julien Ries）、德国的鲁道夫（Kurt Rudolph）、德国的施默尔、澳大利亚的夏普（Eric Sharpe）、美国的斯马特（Ninian Smart）、任教于瑞士的瓦尔顿布格（Jacques Waardenburg）、以色列的韦布洛夫斯基和瑞典的魏顿格仁共19名学者为其"名誉终身会员"。

2000年8月5日至12日在南非的德班召开了国际宗教史协会第十八届国际会议（IAHR Congress, Durban），这是国际宗教史协会第一次在非洲召开其国际大会。主要议题为"宗教的历史：起源与远景"。安特斯当选为主席，格尔茨连任秘书长，哈尔任副秘书长。

2005年3月24日至30日在日本东京召开了国际宗教史协会第十九届国际会议（IAHR Congress, Tokyo），这是日本在近五十年后第二次主办国际宗教史大会。日本也是唯一举办过国际宗教史大会的亚洲国家。这次会议是国际宗教史协会历史上迄今最大规模的会议，来自61个国家和地区的约1700人与会。会议主题为"宗教与社会：21世纪的议事日程"。美国学者哈克特当选为主席，来自南丹麦大学的提姆·詹森（Tim Jensen）当选为秘书长。中国学者由中国宗教学会主席卓新平率团与会，卓新平为大会学术委员会成员之一，除参加大会学术发言之外，还于25日晚作了题为《文化神学与宗教对话》的大会学术讲演。

2010年8月14日至22日在加拿大多伦多召开了国际宗教史协会第二十届国际会议（IAHR Congress, Toronto），会议主题为"宗教：一种人类现象"，下设五个分论题：（1）描述：文本、历史及比较研究；（2）分析：文化及诠释学研究；（3）解释：社会及自然科学研究；（4）反思：宗教研究作为一门学科；（5）创新。来自30余个国家近700位学者参加了此次研讨会，其中500余位学者在会上作了主题发言。这些发言涉及宗教哲学、宗教学方法、宗教与传媒、宗教与艺术、宗教与经济、宗教与法制、宗教与性别、宗教与教育、宗教与科学、地区性宗教现象、新兴宗教、当代世界的伊斯兰教、宗教的世俗化、宗教文本研究、宗教心理学等诸多领域,分属于约150个专场,这其中世界穆斯林、印度宗教、日本宗教、宗教对比研究、宗教与性别等问题备受学者关注,这些问题甚至涵括了众多专场主题。哈克特连任主席,詹森连任秘书长。中国宗教学会由主席卓新平带队参加了这次会议。中国的宗教问题亦是这次会议上学者们关注的对象。卓新平主持了题为"宗教与社会变迁:中国"的专场讨论,并作了题为《中国宗教及其社会背景》的报告,指出在当今全球化进程中,中国的宗教亦经受着巨大变迁,而要理解这些变化,就必须要关注这些发展背后的社会背景。"宗教在中国存在和发展的当前形势及未来可能应该建基于它们与中国社会之间的密切联系及它们在中国当今发展过程中的作用。对于中国宗教的理解在今天中国建构和谐社会努力的氛围中拥有令人欣慰的契机。"郑筱筠作了题为《中国南传上座部佛教的传播特征》的报告。她在发言中认为自从南传佛教进入云南之后,便产生了一些独有的特征。这种特征表现在傣族的作用、政府的支持、不同的神职、宗教意识等方面。除了由中国代表团主持的专场讨论外,还有两个专场讨论了中国的宗教问题,一个专题谈论了"中国当代宗教观念及宗教学学科的发展",来自英国爱丁堡大学的根茨教授(Joachim Gentz)主持了本场讨论,并作了题为《中国本色化的宗教观念及其对中国当代宗教学研究的影响》的报告,本场的另外两篇报告分别为来自德国莱比锡大学的迈耶尔(Christian Meyer)博士的《中国宗教学领域的萌芽及其公众有关宗教问题讨论之源泉》和来自拜罗伊特大学的贝尔纳博士(Ulrich Berner)的《中欧相遇及一门宗教(对比)学科的出现》。另一专场的题目为"关于超常事物的科学:在当代中国佛教中有关'神通'和'特异功能'的争论",这场讨论由澳大利亚国立大学的本杰明·彭尼(Benjamin Penny)教授主持,他同时作了题为《当代中国的完美与超自然》的报告,来自澳大利亚国立大学的另外两位学者分别谈论了当代中国佛教对超自然能力的强调,并对这种超自然能力的实践给予评价。此外,还有一些学者在其他专题发言中谈论了中国的宗教现象。这些学术报告涉及中国的民间信仰、藏传佛教、汉传佛教、基督教研究、宗教学研究、儒教研究等诸多方面。来自中国台湾的代表在此次会议中亦组织有专场讨论，其主题为"亚洲宗教中的宇宙论、共同体及人性理想"，来自台湾政治大学的张家麟、黄柏棋等四位学者在此专题中发言，他们发言主题分别为"从入门式到梵行期"（From Upanayana to Barahmacarya）、"在传统的中国教法文献中有关斋月的一种新儒家式的解读"（A Neo-Confucian interpretation of the Ramadan fasting in the classical Chinese Fiqh literature）、"佛道视域中的驱魔术——以金刚和明王的方法对驱魔术的一种解读"（Exorcism in Buddho-Daoist Context: A Study of Exorcism in the Method of Ucchuma and Luminous Agent）以及"在道德书中的宗教信仰体系与社会稳定"（The Religious Belief System in Morality Books and Stabilization in Society）。

2015 年 8 月 23 日至 29 日在德国艾尔福特召开了国际宗教史协会第二十一届国际会议（IAHR Congress, Erfurt），会议主题为"宗教的动态：过去与现在"。詹森当选为主席，西班牙学者马可斯（M. Mar Marcos）、芬兰土库大学学者安托能（Veikko Anttonen）当选为副主席，美国学者阿多伽默（Afe Adogame）当选为秘书长，美国学者塔维斯（Ann Taves）当选为副秘书长，瑞士学者博内特（Philippe Bornet）当选为司库。中国宗教学会代表团由学会副主席兼秘书长郑筱筠带队出席了本届大会。郑筱筠作了以《试论中国南传佛教的宗教管理模式》为题目的主题演讲，中国代表团组织了以"中国宗教的变革——过去与现在"为主题的专题讨论，魏道儒作了题为《中国元朝禅学的演变》的报告，唐晓峰作了题为《如何看待中国基督教在改革开放以来的快速发展》的报告，林巧薇作了题为《道教与明代国家祭祀》的报告。

除了每五年一届的世界性大会外，国际宗教史协会还经常主办一些地区性的或特定主题的研讨会，这些研讨会尽量在世界不同地方召开，以利于成员间的国际合作及学者间的跨文化交流。这种国际性宗教学会议使宗教学的交流由西方扩展到整个世界，而宗教学的意义也得以深化。中国学者参加国际宗教史协会的各种学术活动，并在北京组织了国际宗教史协会的地区会议，从而也取得并加强了与各国宗教学研究人员的联系和交往。

参考书目：

《辞海》（缩印本），上海辞书出版社 1979 年版。

G. 兰茨科维斯基主编；《宗教学的本质与特征》，达姆施塔特（德文版）1974 年版。

G. 兰茨科维斯基：《宗教学导论》，达姆施塔特（德文版）1980 年版。

K. 加林主编：《宗教的历史与现状》（七卷本），蒂宾根（德文版）1966 年版。

任继愈主编：《宗教词典》，上海辞书出版社 1981 年版。

（原载《世界宗教资料》1987 年第 4 期，本文增补较多。）

第二章

西方宗教学的历史与现状

西方宗教学在人文学科中为一门年轻的学科,仅有一百多年的历史。人们一般以英籍德国人麦克斯·缪勒(Friedrich Max Müller, 1823—1900)1873年发表的《宗教学导论》率先运用"宗教学"(Science of Religion)一词为西方宗教学的正式开端。缪勒本人受当时德国神话研究的传统影响,认为充满诗意和想象的神话是引人入胜的自然现象所致,如太阳的升落、天景的变幻等都引导人们用一种具体的形象来表示那抽象、升华、无限的意境,赋予它神圣的意义。此外,他还认为"神名"从根本上说源自古代"语言上的毛病",即原始语言具有主动性的词根和含义上的丰富多用使普通名称与宗教中象征的权力和神性相混,史诗般的表述变成了宗教性的术语。这样,空洞的神名在信仰者的心目中就成为具有主体意义的、实在的神灵。尽管缪勒这一理论中有不少错谬,但他所采用的比较神话学和比较语言学方法却为比较宗教学的理论和方法奠立了基础。因此,德国、英国和美国的宗教学者最初都习惯于将宗教学这门新兴学科称为"比较宗教学"。

这种"横向"意义上的"比较研究"被法国、荷兰、瑞典和比利时的一些学者加以"纵向"意义上的"历史研究"之补充。所以,他们也称宗教学为"宗教史学"。由于人们对宗教学学科界定的"科学"性有不同理解,难达统一和共识,故而"宗教学"的原初表述在西方学术界暂被搁置,相关学术活动及学术组织则习惯采用"宗教史学"

这一表述，此后成立的国际宗教学组织也选用的是"国际宗教史协会"这一名称。

西方最早的宗教学讲座于1873年在瑞士日内瓦设立。其后不久，美国波士顿大学也创立了宗教学专业。20世纪30年代以来，德国宗教学者瓦赫（J. Wach）因受德国纳粹迫害而移居美国，于1945年在芝加哥担任宗教学讲座教授，奠定了其学科基础，从此开始了芝加哥大学宗教学研究的黄金时代。芝加哥大学以宗教史学和宗教现象学研究著称，拥有伊利亚德（M. Eliade）和北川三夫（J. Kitagawa）等著名学者，使之一跃而为美国的宗教学研究中心，在国际上享有盛名。除了硕果累累的芝加哥学派，美国哈佛大学宗教研究中心的学者研究水平一般而言层次也都较高，特别是在原哈佛大学世界宗教研究中心主任、加拿大著名学者史密斯（W. C. Smith）教授引领下，该中心逐渐形成北美宗教学研究的哈佛学派，其影响日益增大，构成芝加哥学派与哈佛学派双雄并立的学术布局。

在欧洲，荷兰于1876年分别在阿姆斯特丹、格罗宁根、莱顿和乌得勒支等大学创立了宗教学讲座。宗教学者商特皮（P. D. Chantepie）和范·得·列欧（G. v. d. Leeuw）等人首创的宗教现象学探讨，使荷兰成为宗教现象学的故乡，范·得·列欧后来亦成为正式创立的国际宗教史协会首任主席。荷兰学者曾迎来了宗教现象学的鼎盛时期，在宗教史学发展上也颇有建树。此外，乌得勒支大学教授瓦尔顿布格（J. Waardenburg）侧重于对20世纪50年代之前的古典宗教学研究，主编有"宗教与理性"等丛书，探讨在解释和研究宗教中的有关理论与方法，在国际宗教学界曾广有影响。

法国于1885年在巴黎设立了"宗教历史研究中心"，后又在斯特拉斯堡人文大学建立了"宗教史研究所"。法国为西方社会学的发源地，并孕育了宗教社会学研究，产生了得·古朗及（F. de Coulanges，亦译库兰治）、杜尔凯姆（E. Durkheim，亦译涂尔干）、毛斯（M. Mus）、列维-布留尔（L. Lévy-Bruhl）等著名宗教社会学家。法国宗教学主要在原始社会的宗教现象、宗教人类学等领域建树较多，尤其对初民社会的宗教研究颇有影响。杜尔凯姆的研究广受关注，宗教社会学这一表述也基本来自其著述。杜尔凯姆与德国的韦伯（M. Weber）在促进宗教社会学的创立及发展上起到了并驾齐驱的作用。

瑞典的宗教学于1893年在乌普萨拉大学兴起，在北欧形成异军突起的发展态势，特别是其后阶段因有知名学者索德布鲁姆（N. Soderblom）和魏顿格仁（G. Widengren）的研究成果而使之在西方宗教学研究中举足轻重。20世纪50年代以后，宗教民族学家休特克朗茨（A. Hultkrantz）在斯德哥尔摩建立了"宗教人类学"讲座，使其正式成为宗教学研究领域中的一大学科分支。

在英国，麦克斯·缪勒在牛津大学对宗教学的创立起了领军作用。宗教学研究除牛津等地与之相关的人类学、东方学和印度学研究之外，它作为一门独立学科乃首先崛起于苏格兰各大学，有其系列讲座涌现。20世纪初，牛津大学也有了"自然和比较宗教"讲座。目前学术活动比较活跃的为爱丁堡大学，其伊斯兰教研究在世界上令人瞩目。而惠林（F. Whaling）等人发起的当代宗教学研究与荷兰的古典宗教学研究相呼应，使这一学科的时代感更强，现代意识也更加浓厚。剑桥大学在宗教学研究上以跨学科、跨宗教研究为特色，此后伯明翰大学的比较宗教研究亦形成可观规模。英国宗教学领域的学者还活跃在德、法等国，如英国学者迈克尔·派（Michael Pye）长期在德国马尔堡大学任教，先后担任过国际宗教史协会秘书长和会长。而曾任英国宗教史协会会长的乌苏拉·金（Ursula King）还曾专门研究过来华天主教学者德日进的思想理论及考古实践。

在意大利，罗马于1886年开始设置宗教学课程，著名宗教史学家裴塔左尼（R. Pettazzoni）在罗马主持宗教学讲座时期，曾使意大利的宗教学研究达到鼎盛。此后在意大利相关大学亦形成宗教学的学院派发展，而天主教学者也开始对之积极参与。在国际宗教学领域，著名的意大利宗教学者有罗马大学教授比昂奇（U. Bianchi）等人，比昂奇主持过国际宗教史协会的罗马会议，曾当选为其主席。

德国宗教学在发展过程中因受基督教神学界著名人物哈纳克

(A. von Harnack)、巴特（K. Barth）、布尔特曼（R. Bultmann）等人否定普通宗教学研究观点的影响而受到一定的阻碍，学科建设起步较晚。但从资料收集上，德国起步较早，在1889年至1941年之间曾设有"宗教学档案"，从1903年开始出版"宗教史研究与探讨"丛书。哥廷根大学以衮克尔（H. Gunkel）、布塞特（W. Bousset）、魏斯（J. Wei）和韦雷德（W. Wrede）等人为代表的"宗教史学派"在德国宗教学发展史上曾起过巨大作用，但因其"泛巴比伦主义"的错误方法而被人遗弃。1910年，柏林设立了宗教学讲座，曾聘丹麦学者勒曼（E. Lehmann）为首任教授。早期德国宗教学的中心在莱比锡大学，首先由瑞典学者索德布鲁姆兼任宗教史教授，后来莱比锡大学也有了贝特克（W. Baetke）等著名德国宗教学者，为其学科建设做好了准备。第二次世界大战时期德国宗教学受到一定冲击，一些知名学者移居美国等地。而东、西德的分离也使一些大学的原有优势消失或减弱。此后，位于西德的马尔堡大学因获得在学术界初露锋芒的奥托（R. Otto）、弗里克（H. Frick）和海勒尔（F. Heiler）这三位学者而脱颖而出，开创了一代新风。他们奠定了德国系统宗教学的基础，从而使马尔堡大学成为战后"德国宗教学的麦加"。该大学拥有著名宗教学教授戈尔达默尔（K. Goldammer）、鲁道夫（K. Rudolph）和迈克尔·派（M. Pye）等人。蒂宾根大学的宗教学研究也有悠久的传统，它始于19世纪中叶该校印度学与宗教史学的结合。罗特（R. von Roth）教授自1848年开设"宗教通史"课，其学生伽伯（R. Garbe）在1921年将其东方学研究所分为闪族学、印度学和宗教学三部分，从而使宗教学得以独立。其宗教学讲座随之归属文化学系，拥有印度学教授、前任德国宗教史协会主席冯·施蒂顿科隆（H. von Stietencron）、比较宗教学教授格拉狄哥（B. Gladigow）和宗教社会学教授克尔（G. Kehrer）等知名学者。德国宗教社会学始于韦伯（M. Weber）对新教伦理和资本主义精神的研究，因而与杜尔凯姆齐名，在宗教经济学领域甚至影响更大。这两位宗教社会学家是中国学术界非常熟悉且经常提及的。著名学者门辛（G. Mensching）于1936年在波恩大学开设宗教学讲座，研究宗教史学和宗教社会学。德国宗教学随其思想文化传统而比较注重宗教学的体系、系统和思想、方法，有较强的学派意识。这种传统在战后得以传承并逐渐加强，德国南方的经济改善使其学术发展突飞猛进，慕尼黑大学在许多领域在德国学术界开始处于领先地位，而海勒尔也于1962年在慕尼黑大学开设了宗教学讲座。20世纪后期慕尼黑大学的宗教学教授毕克勒（H. Bürkle）曾在非洲任教，专攻非洲宗教和伊斯兰教，兰茨科维斯基（G. Lanczkowski）教授先后在海德堡大学和慕尼黑大学任教，以比较宗教学体系建构的研究为重点。此外，波恩大学宗教学教授克利姆凯特（H. J. Klimkeit）在研究东亚和中亚宗教、摩尼教等方面成果突出，而曾任德国宗教史协会主席和国际宗教史协会主席的汉诺威大学教授安特斯（P. Antes）则是著名的伊斯兰教研究学者。

西方宗教学研究的国际性学术机构为"国际宗教史协会"（International Association for the History of Religion，IAHR）。自1900年以来就有国际宗教学会议，当时在巴黎召开了第一届国际宗教史大会。但真正有统一的国际性宗教学组织是归功于1950年在荷兰阿姆斯特丹召开的第七届国际宗教史会议，会上正式成立"国际宗教史协会"，选举荷兰学者范·得·列欧为第一任主席。该协会成员由各国宗教史协会组成，一般每五年举行一次国际性大会，到2015年已经召开了21届会议。自中国改革开放以来，中国学者开始参加国际宗教史协会的学术活动，并已成为其正式团体会员，在北京组织召开过国际宗教史协会的区域性会议。

西方学者对宗教学的研究对象、主体、目的和方法有不同看法，学科分类上也存有分歧。如宗教学通常也被人称为"宗教史学"和"比较宗教学"，有不少人反对将"宗教哲学""宗教批评学"和"宗教神学"归入"宗教学"范畴之内。一般而言，西方传统的基督教新教学者偏重于宗教学的描述性研究，注意宗教的历史和比较，而天主教学者则较强调宗教哲学，倾向于对宗教的价值性判断，论述宗教的本质和真理。宗教界学者的参与使宗教学领域成为一个颇为开放的学术领域。但宗教学学科的本身按其规范和传统则要求具有宗教信仰背景的学者在从事宗教学研究及学术活动时应该"悬置"其信仰,而教外学者在从事宗教田野调研时也应该具有"观察性研究""同情性理解"的学术风度。其学科性质要求学者在其研究中既要"钻进去",也能"走出来"。从地域特色来看,欧洲学者比较注重宗教历史的研究,而北美学者则较注意宗教的对话、比较和当代社会各界民众的宗教性。

广义而言,西方宗教学可分为宗教史学、比较宗教学、宗教现象学、宗教社会学、宗教人类学、宗教地理学、宗教生态学、宗教心理学、宗教哲学、宗教批评学和宗教神学等。其中部分学科的研究与基督教神学的某些专题探讨有重叠关系,但大多数学科是各自独立的。神学领域之外的宗教学者一般只承认狭义的宗教学。当然,我们也应看到,由于西方思想传统的影响,不少宗教学家本身又是神学家、哲学家。因此,对西方宗教学作广义的理解,是现实的,也是必要的。现对各学科简述如下:[①]

1. 宗教史学

宗教史学目前在西方学术界基本上是宗教学的普遍表述,最初为法国、荷兰,以及一些北欧国家的学者所强调,一般认为,荷兰学者商特皮(P. D. Chantepie) 1887年出版的《宗教史教科书》(*Lehrbuch der Religionsgeschichte*)是最早的宗教史著作。19世纪末在法国建立有多个宗教史研究所或研究中心。其研究意向和基调也使之乃是宗教学研究最基础的学科,即从各种宗教所经历的历史发展来认识宗教本身,突出历史进程的纵向发展。其任务是探讨、研究各种宗教的史实,勾勒其历史发展线索。宗教史研究的范围较广,几乎可以涵盖涉及宗教历史存在的所有领域,但其重点在于宗教历史包括其通史、断代史、区域史、教派史、教义或思想史、社会变迁史、文化艺术史等"史"之发展的"描述性"勾勒,以及宗教史料的搜集和整理出版,包括历史文献、宗教经典、圣经圣书、宗教领袖言论记载及其传记、口传历史、神话传说、

---

① 有关西方宗教学各分支学科的概况和文献资料,可参见笔者所著《西方宗教学研究导引》,中国社会科学出版社1990年版。

圣诗圣乐、史诗民谣、碑刻铭文、祷文咒语等。宗教史学为其他宗教学分支的基础，与历史学、语言学和考古学有紧密的联系。它是宗教研究上历史的描述、语言的探究、考古的实践。在这种意义上，它乃借助于宗教古语学、宗教考古学等工具学科。宗教史学的研究一般还与人类文化史、艺术史、政治史、经济史、思想史和风俗史的研究相结合。因对描述宗教历史之强调，西方宗教学整体在国际上也通称为"宗教史学"。

2. 比较宗教学

比较宗教学指对各种不同宗教的比较研究，强调宗教之间的"横向"比较。其最早表述来自西方宗教学的创始人麦克斯·缪勒，他于1873年出版《宗教学导论》（*An Introduction to the Science of Religion*）一书，从而率先提出了"宗教学"这一术语；随之于1874年其《宗教学导论》的德译本出版，书名就是明确定为《比较宗教学导论》，由此明确了"宗教学"最初即"比较宗教学"（die Vergleichende Religionswissenschaft, Comparative Religion, or: the Comparative Study of Religion）的基本定位。缪勒为宗教学提供基本史料的重大学术出版工程即《东方圣书集》（*The Sacred Books of the East*）就充分体现出了这种比较的特色。他作为印度学专家，对印度经典驾轻就熟，因此51卷《东方圣书集》中有30余卷为印度经典文本，但他仍然全力搜集其他民族文化及其宗教的经典以便比较研究，如他专门收集了英国来华传教士理雅各（James Legge）所翻译的中国经典，形成这一文集中的《中国圣书集》（*The Sacred Books of China*）。在《东方圣书集》中，第3卷为《书经》《诗经》和《孝经》（1879），第16卷为《易经》（1882），第27、28卷为《礼记》（1885），第39、40卷为《道德经》《庄子》《太上感应篇》（1891）等。这种比较注重宗教在空间地域上的不同和形式种类上的多样，即横向性比较的展开，故而形成最早的跨文化、跨宗教视域。在形式上，它比较不同宗教的社会结构、了解其组织机构的特色，分析其礼仪等实践活动的异同。在内容上，它比较各教中的神学体系，探究其理论中各神话、教义、学说的区别。在这种初级比较的基础上，创立一种"宗教类型学"。比较宗教学的最大贡献是为宗教研究提供了一种最基本的"比较"方法,以求这种研究的科学性、公平性。各种宗教在这种比较中并无高低、优劣之别,而应平等地受到一种"批判性"学术审视。因此,在多文化汇聚的地区如北美等国家,这种比较宗教学受到广泛欢迎,其比较意蕴的学术表述也多被接受和采用。

3. 宗教现象学

宗教现象学在本原意义上讲也是"比较宗教学",但它不考虑宗教历史的"纵向"发展,也不详究宗教形式外观上的"横向"联系,而是运用西方现象学和解释学的理论来对宗教内部带"本质"性、"根源"性的升华现象加以理解性探讨和描述。"宗教现象学"这一术语很早就已经在康德、黑格尔等人的著作中出现,如黑格尔的《精神现象学》就给人们带来相关启迪,其实质性突破则得力于胡塞尔(Edmund Husserl)的现象学体系之成熟,这直接影响到宗教现象学的发展。在西方宗教学领域,最早把宗教现象学作为其研究学科来运用乃见于荷兰学者商特皮(P. D. Chantepie)1887年出版的《宗教史教科书》,而该学科的真正奠立则是荷兰著名学者范·得·列欧(G. v. d. Leeuw)于1924年出版的《宗教现象学导论》,此后他于1933年用德文出版《宗教现象学》巨著,引起世界范围的关注。

宗教现象学打破主客体之分而综合性地观察现象,认为"现象"既非纯粹客体,亦非纯粹主体,而乃主客体的结合。因此,现象学就是要在客观事实与主观评价之间寻找第三者,即探究现象的意境和含义。宗教现象学试图把握宗教的本质,找出其根本性、规律性的东西,而对其价值和意义则不加判断和评说。这里,宗教现象学的基本方法强调两点:一是"悬置判断"(Epoché),即把现实置于一个"括弧"之中,对之不加任何判断,研究者要以一种静心无念之听众或观众的身份来观察世界,对其得到的任何概念都不加主观评判;二是"本质洞察"(eidetisches Erfassen),就是一种本质直观,即在纯粹的内在直观中专注那些在多样性中保持不变的本质结构,认为只有这种"本质结构"才能帮助人们不依赖宗教现象的时空位置、其文化背景之依属而真正弄清这些现象，找出其"本质"（Eidos）。对于宗教现象学的研究方法，人们有着各种不同的看法。不少人指出它在研究空间和时间上的局限性与片面性，对之加以批评与摒弃。宗教现象学通常会把宗教现象分为两种，一为"表象"（Erscheinung），即宗教中对具有客体性质的自然世界时空单位的神圣化，包括河流、湖泊、丛林、山岳等均为宗教表象，被崇拜为天地之间的神圣通道，从而具有超越意义；以及宗教节日、庆典等时间节点也为神圣符号。二为"想象"（Vorstellung），即宗教中对具有主体性质的人之神灵信仰及其神性理解，如一神论与多神论信仰、创世与拯救的观念、末日和彼岸之想象，以及神启与灵感等问题。有些学者也曾用"宗教类型学""宗教本体论"和"系统宗教学"等术语来表达宗教现象学的内容及范畴，但都没有流行开来。总体来看，宗教现象学的发展顶峰已过，人们视其为宗教学发展过程中的一个特定阶段，认为它目前已完成了自己的历史使命。其中与之相关的学者还包括蒂勒（C. P. Tiele）、莱曼（E. Lehmann）、普菲斯特（F. Pfister）、舍勒（M. Scheler）、沃伯敏（G. Wobbermin）、温克勒（R. Winkler）、索德布鲁姆（N. Söderblom）、奥托（R. Otto）、弗里克（H. Frick）、门辛（G. Mensching）、瓦赫（J. Wach）、布利克尔（C. J. Bleeker）等人。但不可否认，从荷兰宗教现象学家范·得·列欧到1986年逝世的美国芝加哥大学宗教现象学者伊利亚德，整个宗教现象学的理论和方法在西方宗教学研究中曾起过非常重要的作用，其影响迄今仍然存在。所以，我们不能忽视对西方宗教现象学的研究。

4. 宗教社会学

宗教社会学研究宗教与社会的相互作用和关系，了解人类团体、社会的宗教意义，社会对宗教的需求和排斥，宗教对社会发展的制约和促进，以及宗教在社会各阶层人士中的分布、宗教在社会中传播的状况和意义。宗教社会学以社会学为前提，不少西方学者也视马克思为西方社会学的重要创始人之一，充分肯定马克思主义社会分析的历史意义和学术价值。法国学者杜尔凯姆等人在研究原始社会宗教问题、德国学者韦伯等人在研究工业社会宗教问题、美国学者 H. R. 尼布尔（H. R.

Niebuhr)、帕森斯（T. Parsons）和贝格尔（P. Berger）等人在研究当代基督教社会学说以及宗教社会学方法论上，都有独到的贡献，从而创立了宗教社会学体系。这种社会学视域可以追溯到法国社会学传统，尤其是圣西门（Claude Henri de Saint–Simon）、孔德（Auguste Comte）的思想影响较大。自法国启蒙运动以来，开始关注对宗教的评价问题，特别是伏尔泰宣称宗教就是"傻子遇到骗子"的结果，使对宗教的批评尖锐起来。圣西门起初受这一宗教批判的影响而也认为宗教及其机构与理性社会乃格格不入的，但通过其对社会宗教现象的冷静观察，他对自己早期的观点有所改变和调整，承认宗教并不只是纯粹梦幻，而与社会及其政治结构有着实质性关联，宗教甚至可能是连接人类社会的重要纽带。孔德亦主张对宗教的社会意义应该加以不带偏见的观察研究。其对社会研究的实证方法也被后来兴起的宗教社会学所采用。

杜尔凯姆开始对宗教加以社会学意义上的研究，并且最早使用"宗教社会学"一词，他对原始社会图腾崇拜的社会学意义分析，对图腾之社会意涵的揭示，使宗教学进入其社会学研究的发展阶段。马克思等社会主义理论经典作家在分析宗教时特别强调宗教与社会的关联及对社会的依属，指出宗教是社会的产物，并随着社会发展变化而出现相应的变化与发展，所以宗教反映社会，其本质必须在相关社会中去找寻。在当时资本主义剥削压迫的时代，马克思更多强调了宗教的负面作用，并进而由对宗教的批判转向对与之有关的社会及其政治、经济、法律批判。韦伯则在其宗教社会学研究中指出宗教对于社会发展也可以起积极、推动的作用，他以基督教新教伦理与资本主义发展的关联而指出宗教可以成为相关社会、相关民族发展"潜在的精神力量"。韦伯的见解使人们对宗教社会定位、社会作用的看法发生了耳目一新的变化，其对宗教与社会关系的审视在当时起到了振聋发聩的巨大作用。由于强调实证，关注宗教的社会"功能"，因而宗教社会学中也一度非常流行社会实证主义、发展出不少社会"功能主义"学派。而以往仅从观念上来分析、评价宗教的势头则逐渐减弱，过去的哲学思辨让位给社会实证。总之，宗教社会学专门研究人的社会行为中涉及宗教活动的方面，关注宗教的社会定位、社会作用或功能，探讨宗教的社会形式和内容。这种宗教社会学的发展在当代中国对精神文化与经济社会的关系、关联之重新审视和认知，也起到了意义独特的启蒙和启发作用。

5. 宗教人类学

宗教人类学又称宗教民族学或宗教人种学，与人类学、民族学和社会学形成交叉学科。它最初是从西方社会人类学和文化人类学中发展起来的，英国人类学家泰勒（E. B. Tylor）、弗雷泽（J. G. Frazer）、科德林顿（R. H. Codrington）和马莱特（R. R. Marett）等人的研究工作为这一学科的奠基起了决定性作用。20世纪以瑞典学者休特克朗茨为代表的学术界新秀为发展这门学科作出了许多贡献。宗教人类学主要是利用田野考古学方法和宗教现象学理论来研究"原始宗教"或"无文字民族的宗教"。所以说，它是一种狭义的宗教社会学，即以无文字体系之土著民族的宗教为其研究对象，以原始社会作为自己探讨、调查的特定领域。当然，现代西方宗教人类学的研究往往又与当代民族学和民俗学的研究结合起来，因此并不仅仅局限于所谓原始民族。本来，人类学被理解为自然科学的一个典型学科，取其原意为研究"灵长类"动物的发展演变，在由猿到人的变化或进化之学说发展中，人类学曾起过重大作用，自然科学将此研究称为"体质人类学"，进而形成"生物人类学"及"考古人类学"探讨，此后还有医学人类学、生态人类学等发展，旨在说明人类的生物本质。其语源本身则可追溯到古希腊时期亚里士多德对人的描述，anthropo 的希腊文原意指"人"或与之密切关联的表述"灵长类"，而 logia 则为"学科"。1501 年以来，德国学者率先使用"人类学"（Anthropology）术语，以指人体解剖和人的生理研究，后来才有"人的科学"之称，即德文的 die Menschenkunde（引申为英文的 the Science of Man）。但近现代以来，人类学发展逐渐由自然科学扩展到社会科学，出现了社会人类学、文化人类学、历史人类学、心理人类学、经济人类学、哲学人类学、宗教人类学和神学人类学等不同领域，如德国学者魏茨泽克（C. Weizsäcker）就曾写过《历史人类学》，伽达默尔（H. G. Gadamer）和福格勒（P. Vogler）也曾联合主编过《社会人类学》《文化人类学》等，从而深化到对人类文化本质的说明，注入了对人类语言的研究，而现在出现的修行人类学则更是加入了对人类精神修养及其相关训练的关注。在对"人类学"语义的原初及扩展理解中，改革开放的初期就出现过朱光潜比较狭义的"灵长类"学与李泽厚等人对人类学扩展到比较宽泛的理解之间的争论和商榷。社会科学中的人类学最初以研究"原始社会"和"原始宗教"为主，并使做"田野"成为其学科的关键词。

英国人类学家泰勒对此起了筚路蓝缕的开创作用，使人类学有了比较宽泛的"泛文化比较"之走向，特别是开始了对人类各族群的文化比较研究，其中研究的一个重要内容即原始宗教，使之与原始思维、原始文化关联起来。但后来的人类学也跨界走出了原始社会，进而研究现代社会现象，如都市人类学就比较典型。目前还流行体验人类学、修行人类学等。宗教学的起源与社会人类学和文化人类学的发展直接关联。1871年，英国人类学家泰勒发表了《原始文化》（*Primitive Culture*）一书，提出了著名的"万物有灵论"假说，形成"进化论"宗教学流派，影响广远。因此，泰勒被视为人类学之父，而且是其进化学派的开创者及主要理论代表。1877年，美国民族学家摩尔根（L. H. Morgan）发表了《古代社会》（*Ancient Society*），论述了原始社会的基本结构和发展阶段，引起了马克思主义经典作家的高度关注。此外，英国传教士、人类学家科德林顿在美拉尼西亚也发现了当地土著宗教的一种基本观念"曼纳"（Mana），他于1877年写信给缪勒（F. M. Müller），报道这一发现，而一年后缪勒也在其《宗教起源和发展讲演录》中将此信公布，引起了人们的关注。英国人类学家马莱特后来又对泰勒的"万物有灵论"加以修正，并提出了自己的"物活论"观点。特别是英国人类学家弗雷泽尔在1911年至1927年之间汇编出版的12卷本《金枝，对法术与宗教的研究》（*The Golden Bough. A Study in Magic and Religion*），对宗教人类学的发展提供了丰富的资料，他还提出"法术时代"的说法，认为这对人类宗教发展极为关键。在此后的发展中，还形成了其在美国比较流行的"文化历史学派"，最初以博厄斯（Franz Boas）为代表；在法国非常时髦的社会学派，以毛斯（Marcel Mauss）为代表，由此亦形成人类学与社会学的许多相混或重叠；以及以马林诺夫斯基（Bronislaw Malinowski）为代表的功能主义学派，以拉德克利夫－布朗（A. R. Radcliffe－Brown）为代表的结构主义学派，以本尼狄克特（Ruth Benedict）为代表的文化心理学派，以哈里斯（Marvin Harris）为代表的文化唯物论学派和文化圈学派（亦称广涵播化论学派）等。虽然当代宗教人类学不再局限于"原始宗教"或"无文字民族的宗教"，然而其研究方法则延续了以"田野"为基础的调研传承，特别强调和突出这种"参与性观察"。

6. 宗教地理学

宗教地理学是研究宗教与地域空间之相互关系的一门学科，介于宗教学和人文地理学之间，专门探讨宗教与地域的相互依赖性。宗教地理学发源于德国，最初受康德（Immanuel kant）、洪堡（Alexander von Humboldt）和李特尔（Carl Ritter）等人近代地理学思想的启发和引导，是宗教现象研究与对地球上各地区地理位置和相互关系之研究的结合。20世纪以来，宗教地理学通过扬弃西方历史哲学和政治理论中的"地理决定论""文化圈论"和"灾变论"而有所发展。此外，韦伯等人对宗教、地理、社会和经济的综合研究启发并促成法国学者德方丹（P. Deffontaines）和德国学者特罗尔（C. Troll）在第二次世界大战后建立新的宗教地理学体系。这样，跨学科的宗教地理学得以形成。当代德国宗教地理学比较活跃，波鸿大学教授毕特内尔（M. Buttner）为其领军人物。而英、美等国各大学地理系和社会学系中也有不少人专门从事宗教地理学研究。宗教地理学一方面运用普通地理学的方法来描绘世界各种宗教的地域分布图，展示各地区各宗教信徒的密度和在城乡人口中的比重；为此，世界宗教地图、某一宗教分布图，以及宗教历史发展地图册等乃其研究的特色所在，其中也注入了社会地理学、政治地理学等内容。另一方面宗教地理学结合了人文地理学、景观地理学及旅游地理学的侧重来对宗教从历史地理学的角度展开分析、研究。其研究论题包括宗教在不同历史时期中在世界地域空间上的分布与变化，自然景观与人文景观所包含的宗教意义，地貌特色在宗教中的反映和折射，宗教传播的地域走向和宗教群体的迁徙状况，宗教崇拜的地理特色（如神山崇拜、江河崇拜、大海崇拜、草原崇拜等），以及世界各地的宗教圣地、各阶层人士的朝觐活动。现代宗教地理学对宗教名胜的考察研究使其与人文地理学，尤其是旅游地理学有机结合起来，其对与宗教相关联的"风水"亦展开了具有科学意义的探究。

7. 宗教生态学

宗教生态学则从生态平衡的角度来研究各种宗教对自然生态的态度和所采取的相应行为。它与宗教人类学和宗教地理学相关，但侧重于研究各宗教中人与自然的关系，即人与大地、山川、植物、动物、水陆资源的各种关系，人对气候、环境的反应和季节变换的适应等。宗教生态学形成于19世纪60年代，以1864年出版马尔希（George P. Marsh）的代表作《人与自然》为标志。而宗教生态关联及生态保护的观念和实践则可追溯到远古的各种宗教现象。宗教生态学主要探讨宗教中有关保持自然原貌、维护生态平衡的各种观念、学说、崇拜、禁忌等理论与实践，以及这种生态保护和平衡在有关宗教中的神圣意义及其具体举措。这门学科大体包括对自然的保护运动和研究宗教的生态学方法。前者可称"宗教生态保护主义"，其内容为当代教会的绿色和平运动、基督教思想中的生态神学、各种宗教的自然保护主义，以及人们对托马斯·阿奎那古典神学和笛卡尔唯理哲学忽视生态平衡之倾向的反思和批判。后者则为"宗教生态学分类方法"，即根据不同宗教对不同生态环境的适应来给宗教分门别类，如旷野地区游牧民族的宗教类型、高寒地区狩猎民族的宗教类型，以及海洋地区和山林地区的不同宗教类型等。这一研究也包括对宗教与生态的关系之回顾，对人与自然关系的反思和自我批评。在人类政治史，特别是军事史、经济开发史，甚至自然科学史中，人以"自然的主宰"或"神所委托的对自然的管理者"自居，忽视对自然的保护，甚至肆无忌惮地掠夺自然、破坏生态；但这种对地球的破坏史也就意味着人类会走上不归路，自然对人类的惩罚同样是惊心动魄、惨不忍睹的。对此，生态保护作家史密斯（John E. Smith）等人曾指出，现在人们终于开始认识到，把自然仅仅作为可供人类任意利用、挥霍的资源这种想法及其行动正在不断地摧毁那也是人类生存所必需的自然生态环境，这种对生态平衡的破坏、其掠夺所造成的自然资源之枯竭，无疑意味着人在自掘坟墓，而自然的报复、人所得到的报应也就会无法避免；科技发展、工业发达，并不一定就能够克服人类所面临的危机，拯救自然从而也就是拯救人类自我已是当务之急，时不我待。为此，生态宗教学者、生态神学家亦呼吁人类要认清形势、悬崖勒马，赶快补救，否则就不可能躲过万劫不复的毁灭厄运。这样，以一种充满危机感的生态意识而推动了生态关怀的宗教新发展、教义新诠释、神学新思潮。这种生态保护意识的新时代，给宗教学研究遂带来了其深化、深入的新方向。宗教生态学的学科化发展在北欧较早开始，瑞典斯德哥尔摩大学教授休特克朗茨（Ake Hultkrantz）对之则起了重要的开拓作用。

8. 宗教心理学

宗教心理学的研究使宗教学之探由人的外在社会及自然环境转向了人的内在世界、精神心理。顾名思义，宗教心理学就是研究人的心理、情感、精神上对宗教的体验，勾勒人的各种宗教经验和感触。宗教心理学通常运用"观察心理学""实验心理学"的方法和"深蕴心理学"的理论，研究人的宗教经验，以及这种经验在人的情感上、心理上的复杂反映。这种内涵型、内蕴性的宗教心理研究与外延性、外在性的宗教社会研究形成鲜明对照。此外，宗教中各种"象征符号"在人类个体和群体心态上的作用与意义，宗教图腾所具有的宗教集体意识等也属于宗教心理学研究的范围。德国曾是宗教心理学的主要发源地之一，著名学者冯特（Wilhelm Wundt）以其"民族心理学"的研究理论和方法奠立了这门学科的基础，而奥托（R. Otto）等人则从神秘主义和宗教经验之关系上来探索宗教心理，起了一定的开创作用。德国思想家施莱尔马赫（F. Schleiermacher）则以其"宗教是人的绝对依赖感"之论不仅悟到了宗教心理的重要性，而且以此思路也成为西方宗教学的精神先驱。此外，奥地利、瑞士、美国、英国等国的一些知名学者在宗教心理学研究中也占有重要地位，如美国的詹姆士（William James）以其《宗教经验种种》之名著而成为宗教心理学经验学派的代表，奥地利以弗洛伊德（Sigmund Freud）为代表而发展出精神分析学派，而瑞士学者荣格（C. G. Jung）和美国学者弗罗姆（E. Fromm）等人则带来了对弗洛伊德"深蕴心理学"的突破与发展。在当代宗教心理学的发展中，其研究方法更侧重于实验和实证等方法，成为最为典型的跨越社会科学与自然科学的宗教学分支学科。

9. 宗教哲学

宗教哲学研究"宗教的本质"问题，是从哲学本体论、世界观的角度来探讨"宗教的意义"，并根据宗教的历史发展、社会作用来从认识论上确定"宗教"的概念、阐明其"定义"，回答"什么是宗教""为什么有宗教"等问题。宗教哲学并不仅仅限于弄清宗教在事实上究竟是什么，而且还探索宗教在理论上、在理想意义上应该是什么，分析宗教在历史过程中的演变和异化。它以一种哲学的标准来衡量、检验各种宗教，而这种标准则由此形成或推出其关于宗教"本质"的概念。按照宗教的本质，宗教哲学将宗教在形式上分为"民俗宗教""天启宗教""实定宗教""绝对宗教""人文宗教""精英宗教""自然宗教""人为宗教""律法性宗教""哲理性宗教""伦理性宗教"等，从宗教信仰核心和神灵观念上则划分出万物有灵论、物活论、多神论、唯一神论、一神论、自然神论、人格神论、绝对神论、泛神论、宇宙神论、万有在神论和无神论等范畴。由于宗教哲学涉及有关宗教的"真理"问题，所以不属于对宗教仅仅加以现象描述的狭义宗教学。有些西方学者因此将宗教哲学归入哲学大类，认为宗教学本身应对宗教"本质""真理"这类判断、定质性问题敬而远之，不作草率的评价和结论。正因为如此，西方许多大学的宗教哲学专业归属于哲学系，而神学系中系统神学专业也从教义神学的角度来研究宗教哲学。受欧洲历史传统影响，天主教神学中对宗教哲学尤为重视。然而，也有不少西方学者指出狭义宗教学乃一种先天性不足，认为宗教学研究不可能根本回避宗教的"本质"、宗教价值取向等问题，坚持将宗教哲学也归入宗教学范畴之内。总体来看，西方宗教学的学科体系中不突出宗教哲学的地位，而哲学对宗教哲学的容纳则也说明学术发展史上宗教与哲学问题的内在关联。

10. 宗教批评学

宗教批评学是研究思想史上人们从哲学、心理学或社会学等角度对宗教的批评和判断，它包括对宗教价值的评定和界说，从神学意义上，宗教批评可追溯到古代基督教与古希腊罗马哲学和宗教的冲突、争论。古代世界对基督教的批评引起了基督教"护教学"的产生，而当代基督教神学领域中的"宗教批评学"正是这种"护教学"的延续和发展。从哲学意义上，宗教批评可追溯到古希腊的色诺芬尼和古罗马的卢克莱修，这种宗教批评史因而也与无神论史有着复杂关联。但现代宗教批评学主要研究欧洲启蒙运动以来对宗教的各种肯定性和否定性批评，以及宗教对这些批评的反应和随之而来的改变与发展，如18世纪法国战斗无神论的宗教批评，19世纪以来费尔巴哈、托尔斯泰等人的人本主义（人道主义）宗教批评，德国蒂宾根学派的圣经文献批评，马克思主义的宗教批评，达尔文进化论的宗教批评，尼采虚无主义的宗教批评，弗洛伊德精神分析方法的宗教批评，以及法兰克福社会批判学派的宗教批评等。社会主义国家理论战线上关于宗教的论说，也属西方宗教批评学研究的对象。不过，宗教批评学的学科性质及其在宗教学中的定位迄今并不十分明确，许多国家的宗教学也没有将之视为其分支学科。德国学者因其批判传统而比较主张宗教批评学的分支学科性质，如毕塞尔（E. Biser）、韦格尔（K. - H. Weger）等人在研究宗教批评学上都有一定影响，而英国学者则更加关注无神论历史的研究，如斯鲁威尔（J. Thrower）等人对西方无神论史和苏联宗教与无神论问题等都有独到的研究。

11. 宗教神学

宗教神学在宗教学范畴内不是人们以往所泛指的基督教领域的宗教神学，而是西方宗教学中对各种宗教本身"神学"理论和体系的探究。因此，在西方基督教世界中，人们常称这一分支学科为"非基督教宗教的神学"。这类宗教神学不是用基督教学说的标准来处理其他宗教的传统内容，而是把自身作为基督教与其他宗教对话的一种范例和模式。宗教神学作为一门宗教学独立学科兴起于20世纪60年代，受1961年在印度新德里召开的世界基督教协进会第三次大会，以及天主教第二次梵蒂冈大公会议1965年发表的《关于教会对非基督教宗教关系的声明》之影响。当然，这种宗教神学与基督教神学亦有密切关系，二者之间在研究主体理论和方法上有着不解之缘。在某种程度上，它是基督教神学面临其他宗教现象时为自己提出的理论对话任务，即基督教与其他宗教的一种神学比较研究。因此，有不少西方宗教学者反对将这种宗教神学纳入宗教学的体系之内，认为其性质和研究目的与宗教学截然不同。目前在西方宗教学学科分类中故而鲜有人提及宗教神学为其二级学科。宗教神学曾经在德国慕尼黑大学和波恩大学比较活跃，如毕克勒（H. Bürkle）、多林（H. Dorine）、潘内伯格（W. Pannenberg），克利姆凯特（H. J. Klimkeit）和瓦尔登菲尔斯（H. Waldenfels）等学者都曾展开了基督教与其他东、西方宗教的对话及比较研究，尤其对东方佛教、印度教和摩尼教有着特别的兴趣，他们大多数人本身就是基督教神学家，致力于传教神学、普世神学和对话神学的研究。但在这种学术发展中，随着不同宗教信仰的学者甚至无神论学者进入西方一些高校的"神学院"，也就逐渐改变了这些院校的"神学"性质，并从"宗教神学"的比较转向不同宗教理论的对话与研究。例如，这种研究的热门课题之一，就是评价以美国物理学家卡普拉（F. Capra）等人为代表的"新时代"（New Age）运动对东、西宗教的沟通和比较，以及分析这一运动对西方基督教世界的冲击和引起的巨大反响。一般而言，他们从宗教学的角度对卡普拉的理论持否定或保留态度，但承认其理论的社会影响。我国学者已经注意到卡普拉等人的思想理论，并翻译出版了其主要著作《物理学之道》（中译本初版为节译，题为《现代物理学与东方神秘主义》）和《转折点——科学、社会和正在兴起的文化》。但是，人们对其在西方的各种反响和在宗教学上的独特意义尚未进行深入研究，特别是没有特别关注并探究西方社会及思想主流否定"新时代"运动的深层次原因。此外，美国宗教学哈佛学派的代表人物史密斯（Wilfred Cantwell Smith）亦在宗教比较的基础上强调"诸宗教"的存在，认为所谓"宗教神学"即指"诸宗教的神学"，他在分析这种神学的利弊后进而倡导一种宗教学意义上的"世界神学"或"全球神学"，以面对"世界信仰""全球宗教"问题在宗教研究中的呈现。

总之，西方宗教学是一门较新的学科，且有着能动、开放的体系和结构，体现出现代学术研究中"科际整合"的精神。它与西方基督教神学曾有着历史上的渊源关系，但从本质上来看却不同于基督教神学，且早已在学科归属、学科范畴等方面与之分道扬镳，形成迥异的学科性质。目前西方宗教学者对这一学科的内涵与外延仍存有不同的看法，对宗教学研究的理论和方法是否应受基督教神学直接或间接的影响也因各自在信仰传统和学派师承上相异而无统一的态度。许多分支学科特别是带有价值判断的学科如宗教哲学、宗教批评学、宗教神学等在西方宗教学中并没有得到明确、肯定的认可，而仍在宗教学术界游移，很难定位。此外，中国学术界曾经提到的宗教文化学、宗教语言学、宗教经济学、宗教政治学等在西方宗教学中却很少提及。当然，我们对西方宗教学的研究尚仅仅开始，若要全面了解其学科体系和发展动态，开创这一领域研究上新的局面，还有待于我国学人的共同努力。

（原载《世界宗教研究》1990年第3期，本文补充较多。）

第三章

宗教现象学的历史发展*

作为一门"经验科学"和"观察科学",西方近百年内发展起来的宗教现象学以宗教历史学和比较宗教学为基础。它的主要任务,是对宗教历史学和宗教人类学所发现的宗教史实加以现象描述和抽象归类,正如美籍德国宗教学者瓦赫(Joachim Wach,1898—1955)所言,宗教现象学乃是寻找"构成抽象、理想类型的概念,揭示其发展的规则性和规律性"。[①] 这门学科研究宗教的现象世界,却不对之加以价值判断。然而,宗教现象学并非一门纯客观的学说,所谓"现象",乃介乎主客体之间,既不是纯粹客体,也不是纯粹主体。用宗教现象学的主要代表、荷兰宗教学者范·得·列欧(Gerardus van der Leeuw,1890—1950)的话来说:"现象学寻找现象。……现象是有关主体的客体,也是有关客体的主体。"[②] 所以说,宗教现象学反映了研究者和其研究对象之间的辩证关系,所谓现象乃一种主客体的共在,展示的是双向互动之图景。在此,特别是研究者主体观察宗教的立场、观点、角度和方法必然会对其描述产生相应影响。

---

* 本文主要根据兰茨科维斯基《宗教现象学导论》(达姆施塔特,德文版,1978年)有关章节编译,同时也参考了其他资料。

① 瓦赫:《宗教学:关于其科学理论基础的绪论》,莱比锡(德文版),J. C. 亨里希书店(J. C. Hinrich'sche Buchhandlung)1924年版,第186页。

② 范·得·列欧:《宗教现象学》,蒂宾根(德文版),J. C. B. 莫尔(J. C. B. Mohr)出版社1977年版,第768页。

宗教现象学作为西方宗教学的一个分支，形成于19世纪末20世纪初。但对各种宗教现象的观察和探讨，却可追溯到欧洲的中世纪。宗教现象学的建立，从思想渊源上讲，正是这一漫长历史发展的结果。宗教学者吸收了西方思想界和宗教界所积累的丰富资料与研究成果，从而为确立这门新兴学科创造了条件。为此，本文想从19世纪前后西方思想界对宗教现象的观察研究、对宗教现象学的历史发展加以宏观描述。

一

西方思想界对于有关宗教的理论性探讨始于欧洲中世纪，它是以基督教神学为出发点来对当时的其他宗教现象加以观察、比较。中世纪对基督教以外宗教现象的论述，首先见于经院哲学家托马斯·阿奎那（Thomas Aquina，1225—1274）1264年完成的《反异教大全》一书。他写作此书的历史原因，一方面在于当时西班牙境内基督徒与信奉伊斯兰教的"摩尔人"之争，这就使人们形成了当时欧洲宗教现象不是单一而乃多样的印象；另一方面则在于阿拉伯哲学家与犹太哲学家将古希腊哲学揉进伊斯兰教和犹太教，从而得以传入西欧，在中世纪思想界广为流传。尤其是以阿维洛伊（Averroes，1126—1198）和阿维森纳（Avicenna，980—1037）为代表的伊斯兰教形式的亚里士多德思想曾风行欧洲大学，造成强大的影响。托马斯写《反异教大全》，旨在以正统基督教信仰来反对其他宗教学说，劝导所谓"异教徒"信仰基督教。但不可否认，他本人的神学思想又受到当时流行的各种思潮潜移默化的影响。在《反异教大全》之中，托马斯描述了"异教徒"对自然和超自然、理性和信仰的态度，借助于亚里士多德哲学及有关阿拉伯哲学家和犹太哲学家的思想来阐明上帝、世人与灵魂等神学问题，从理性和哲学的角度来对上帝的完满加以论证。他认为，神的恩惠并不是否定自然，而是使自然更完美。托马斯关于上帝与自然和谐相连的学说，为近代西方"自然神学"的创立奠定了理论基础，而这种"自然神学"则往往被用作探讨各种宗教现象的神学外衣，由此导致宗教学意义上的研究拓展。

托马斯的同时代人罗吉尔·培根（Roger Bacon，1214—1294）对人类的宗教历史也有着浓厚的兴趣。因对自然科学的酷爱和受亚里士多德自然哲学的影响，培根寻找一种对宇宙普遍有效的自然规律。这一思想也促使他探讨各种宗教之间的有机联系。他认为，要想把基督教作为一种特别的、超自然的真理形式，从而与其他来自自然的原始启示相区别，则必须对基督教与其他宗教加以比较研究，在此基础上对之说明和论证。为此，培根曾以极大的热情来学习其他宗教的语言，试图对有关宗教现象进行比较、鉴别。

被誉为"中世纪最后一位思想家"的库萨的尼古拉（Nikolaus von Cues，1401—1464）更是具体研究过基督教与犹太教、伊斯兰教等的相互关系。在其1453年出版的《论信仰的和平》中，他虚构出各个民族和各种宗教之代表们的对话，他指明宗教之间的统一之处和不同特点，认为各种宗教在原则上应是平等的，彼此之间应和平共存。在论及各宗教中对神的信仰时，他强调这一信仰乃是一切宗教的基础，这种包罗万象的神的观念在各种宗教中本质上讲都是一致的，只是其表述方式各有不同，从而形成宗教"礼仪"的多种多样。在他看来，宗教崇拜礼仪的多样性是允许存在的，人们应对之加以宽容。实际上，库萨的尼古拉开创了欧洲中世纪的宗教比较研究，提出了宗教宽容、包容的思想；而他在宗教比较中所达到的深刻认知，在当代宗教思想研究中特别为希克（John Hick）所倡导，希克由此在其关于"终极实在"的跨宗教、跨文化、跨语言理解中加以扩展，凸显各种宗教之本质共同性，因而有着彼此对话之可能，而且他也极为倡导这种宗教"对话"。

对宗教现象的神学认识在宗教改革时代得到进一步深化。人们开始对把握宗教现象产生普遍兴趣。宗教改革家马丁·路德（Martin Luther，1483—1546）在探求改革之途时曾深入钻研古代的各种宗教。丰富的宗教历史知识开阔了他的视野，使他一方面对传统教会的专横傲慢持批判态度，另一方面则对其他宗教比较宽容。路德对伊斯兰教的兴趣曾驱使他想方设法弄到《古兰经》，并对之加以研讨，以弄清伊斯兰教先知穆罕默德的最初言论。在讲解《圣经》时，路德从宗教整体来看待"异教徒"、犹太人和信奉伊斯兰教的土耳其人，认为应在宗教现象的统一体中对之作出解释和阐述。而他在谈到"异教"中所信仰的多神时，则觉得这与天主教中的"圣徒"崇拜毫无异样，可归于一类。因此，他将这些形象统称为"成为诸神的圣徒们"。在这种解释中，人们窥见现实中的一神与多神崇拜现象并非绝对对立的关系，而有着内在的思维逻辑关联。一旦有了这种审视，宗教现象中的一神教与多神教的对话沟通则成为可能，而宗教学研究宗教中的"神"论亦可达到其辩证统一。

路德的好友梅兰希顿（Philipp Melanchthon，1497—1560）也曾以人类的良知为标准来对宗教现象加以分类排列。他把宗教归为两类，一类表现为满足的良知，另一类则为不满足的良知。前者反映出人的信仰虔诚感和宗教灵性，后者包括人的自然气质和人对道德原则的理性认识。但他指出，由于世人之"罪"对这些原则的违反，从而使人陷入蒙昧和迷信之中。因此梅兰希顿强调上帝启示的必要性，认为它能通过耶稣基督而使人类良知达到内在的和谐和安宁。梅兰希顿认为《圣经》体现出自然神学和伦理学的有机结合，真正的宗教因而应体现出爱的福音和道德律法。这样，对宗教现象的触及便促使梅兰希顿走上了鼓吹"基督教人道主义"的道路，为西方近代人文主义的发展起了推动作用。

欧洲启蒙运动使人们对宗教现象的观察有了新的发展。而且，在这种观察、探讨中，传统基督教神学的命题已不再具有强大的吸引力。正统神学的理论需求，基督教传教事业的兴趣，中世纪基督教与其他宗教的争议，以及宗教信仰上的各种区别等只是为启蒙时代宗教现象的探讨提供了背景，而不再是研究的主流和谈论的中心。启蒙运动主要从自然宗教的角度来涉及宗教问题，重点讨论宗教的发展以及宗教与理性的关系。著名启蒙思想家莱辛（G. E. Lessing，1729—1781）在《人类的教育》（1777）中描述了人类宗教的发展历史，勾勒出从古代宗教经过犹太教而达到基督教的宗教上升路线。他认为，自然宗教本身就存有理性，它是按照其理性本质、遵循世界和其规律的美满、完善而有目的、有意义地和谐发展。启蒙运动认为一切宗教都应平等相处，它们事实上的区别只是其不同宗教历史发展的结果。真正的宗教不在于口头上宣称自己占有那神圣之爱，而是体现在自身的行动之中、见之于其历史发展。为此，莱辛在《智者纳旦》中曾以父传子的三个戒指为例，强调不同宗教的平等地位，鼓励人们在各自的宗教信仰中发展其对人类之爱。

在启蒙运动"理性发展"的思想影响下，人们开始从自然宗教和宗教发展史的角度来构设宗教进化的图景。这样，就打开了自由研究其他宗教之门，人们的视野得到巨大拓展。最初，"自然宗教"这一概念曾被施莱尔马赫（F. D. E. Schleiermacher，1768—1834）贬为"形而上学与道德的破烂拼凑"。他认为，人们不应局限于宗教的自然表象世界，而应从宗教历史现象上得以升华和超脱，从而抽象出宗教的本质属性。但随着人类学的发展和对原始民族宗教的发现，人们给"自然宗教"赋予了新的意义。持进化观念的西方学者把思辨哲学与民俗学相结合，试图以"自然宗教"这一概念来阐明宗教历史的理性发展，并为之确定其发展模式。进化论者对宗教现象加以"自然"的解释，认为宗教虽然形式多样，但都是发展、进化的产物；正如一个人的诞生、成熟和衰老一样，宗教也可能在走完其发展历程后归于消亡。这种进化论除了受西方近代哲学上的"发展论"、生物学上的"进化论"影响之外，还受到法国社会学家孔德（Auguste Comte，1798—1857）的实证主义宗教批判和英国社会学家斯宾塞（Herbert Spencer，1820—1903）的社会人类学宗教研究的启迪。在其《社会学原理》（1877）中，斯宾塞主张用社会学理论来研究宗教现象，并借此将目前仍处于原始发展阶段之民族的宗教与人类最初的原始宗教加以比较和类推，从而去把握人类宗教进化发展的线索。于是，宗教现象从神秘、自然现象等理解推进到其作为社会现象之理解。

近代西方宗教进化论的主要代表、英国牛津大学人类学家泰勒（E. B. Tylor，1832—1917）在其《原始文化》（1871）中开始从人类心理的角度来分析原始宗教的现象，试图揭示宗教的起源和发展。泰勒指出，人类早期对"灵魂"的认识源于原始人对睡眠、做梦和生病等的心理分析，他们弄不清睡与醒、生与死、健康与疾病的根源，认为人都有生命和幻影，二者构成人的灵魂，可与肉体分离。这种灵魂观念便是原始人最初的宗教经验，随之以人推物，发展出精灵崇拜和诸神崇拜。这就是泰勒著名的"万物有灵论"假说。此后，德国心理学家冯特（W. Wundt, 1832—1920）采用了泰勒的理论，在其《民族心理学》（1905）中论述"神学与宗教"的心理起源。直到当代，泰勒的"万物有灵论"还为宗教学者卡尔斯滕（Rafael Karsten）所接受，并被运用于他对南美印第安人宗教的考察研究，其代表作即他1955年出版的《南美的宗教》。在这一发展中，对宗教的认知从一种外在现象的把握深入到对人之内在心理、精神现象的把握。

受泰勒理论的影响，研究原始宗教现象的理论和著作如雨后春笋，相继涌现，如英国人类学家科德林顿（R. H. Codrington, 1830—1922）对"曼纳"（Mana）现象的描述，马莱特（R. R. Marett, 1866—1943）创立"物活论"（"前万物有灵论"）的学说，以及弗雷泽（S. J. G. Frazer, 1854—1941）关于前宗教时期的"法术"理论，等等。自泰勒以来关于原始宗教现象的描述除上述之外，还包括"自然崇拜""死者崇拜""英雄崇拜""图腾崇拜""祖先崇拜""神力崇拜""原始社会结构崇拜""拜物教""禁忌论""魔鬼论"和"神力论"等，多元的宗教现象开始映入人们的眼帘。当然，"神力论"或"拜物教"可追溯到泰勒之前18世纪法国思想家布罗塞（charles de Brosses, 1709—1777）1760年发表的《物神崇拜》。"拜物"一词源于葡萄牙文 feitigo，意指"人为的""虚假的"或"巫祝的"等，最初被葡萄牙人用来专门描述西非土著民族崇拜的神像，后来则泛指基督教之外一切"异教"所有的崇拜对象，通常被作为贬义之用。布罗塞认为在"拜物教"中能看到一切宗教现象的原始形式。所谓"拜物"，即指一种对载有神力的物体的信仰和崇拜，如果这一物体对象为石头、木料、骨架或土块等实物或是由之构成的偶像，其中"附有神秘的魂灵"，那么它便被视为一种"鬼魂拜物教";此外,若它体现为某种捉摸不透的"神力",则被称为"神力拜物教"。这种"神力"论被19世纪的宗教人类学家加以运用和发挥,他们对在太平洋岛屿上的美拉尼西亚人、美洲印第安人和非洲黑人中发现的原始宗教崇拜现象都用"神力"来加以描述和概括,如美拉尼西亚人的"曼纳"(Mana)崇拜、易洛魁人的"俄瑞达"(Orenda)崇拜、印第安苏人(达科他人)的"瓦康达"(Wakanda)崇拜,以及非洲马达加斯加人的"哈西纳"(Hasina)崇拜等。这些具有特别作用的"神力"一般指它对人类有利和带来好处的方面;而对人类不利和有着危害的方面,宗教人类学家则用波利尼西亚人所用术语"禁忌"(tabu)一词来代表。"tabu"源于太平洋友谊岛上的汤加方言,"ta"意指"注意到"或"觉察到",加上后缀"bu"则表示一种由此产生的紧张感,为此人们对之望而却步。

以泰勒和弗雷泽为代表的宗教"进化论"一方面受到一些人的支持和拥护,另一方面则遭到不少人的反对和批评。西方宗教学奠基人麦克斯·缪勒(F. Max Müller, 1823—1900)在宗教起源问题上持有保留的进化论观点。他曾于1878年在《宗教起源和发展讲演录》中把科德林顿对"曼纳"现象的观察公布于世,促进了这种发展进化论的传播。于是,在宗教问题的研究上,"开始""起源""发展"等概念被广泛采用,人们用此或是从心理上来表述个人的宗教觉醒,或是从历史上来展示人类宗教的演变。但是,宗教"进化论",尤其是弗雷泽关于"法术"先于"宗教"的理论也受到多方面的非议和诘难。首先,以德国天主教神甫、宗教人类学家施密特(P. Wilhelm Schmidt, 1868—1954)为代表的维也纳学派坚决主张"原始一神论",用典型的宗教退化论来反对泰勒"万物有灵"观点所代表的宗教进化论。在其十二卷本的《神灵观念的起源》(1912—1955)中,施密特贯穿首尾的观点是,人类各种宗教是由原始一神教的退化而致,它乃人类宗教观念堕落的结果。原始一神论可追溯到18世纪耶稣会传教士拉菲陶(J. F. Lafitau, 1670—1740)的理论,此后由苏格兰学者朗格(Andrew Lang, 1844—1912)等人所发挥。朗格在其著作《宗教的形成》（1898）中认为，在人类文化的所有阶段、在世界的所有地区都能找到这种至高无上的主神观念，它乃世界命运之神。其形象或存在主要与苍天和大气层有关。施密特接过朗格的理论，认为这种原始一神仅仅存在于天空，但它作为命运之神，能将不幸和死亡送往人世，作为对犯罪和作恶的惩罚。意大利宗教史学家裴塔左尼（R. Pettazzoni，1883—1959）则认为原始主神最初是指天本身，后来才引申开来。这种原始一神论指责进化论没能找到宗教的真正"起源"，但它本身主张的也绝非"起源时的宗教"。其次，美国人类学家洛维（R. H. Lowie，1883—1957）在其著作《原始宗教》中指出，弗雷泽关于"法术"的想法"错误地过分强调理智的心理化"，所谓法术到宗教的发展只是一种主观的臆断和推测。再次，法国社会学家胡贝尔特（H. P. E. Hubert，1872—1927）和莫斯（M. Mauss，1873—1950）认为，弗雷泽的"法术"论和机械发展论出于他对联想原理的误解，弗雷泽从思想联想出发，把人的心理状况放在首位，忽略了对人的本质的探讨，从而颠倒了二者的关系。这一观点被法国学者德拉克鲁克斯（Delacroix，见其《宗教与信仰》，1922 年）、伯格森（Bergson，见其《道德与宗教的两个来源》，1932 年）、多尔梅（Dhorme，见其《希伯来古代宗教中的祭司、先知和术士》，1934 年），以及英国学者马林诺夫斯基（Malinowski，见其《法术科学与宗教，科学、宗教与现实》，1925 年）所接受和发挥。其实，这里也涉及宗教存在及其认知中主体与客体的关系问题。最后，现代瑞典宗教学者魏顿格仁（Geo Widengren，1907—1996）也对"进化论"持反对态度。他指出，这种"进化""发展"观的错误在于它认为宗教原则上可以从它自身本不具有的因素上得以发展和展开。魏顿格仁觉得这是根本不可能的。他说："一件事物如果原则上并不包含在另一事物之中，则不可能从中发展出来。人们不能说，从中发展出来的事物乃是'另一件事物'；而只能说，从其核心来看，它本是同一事物。由此而论，如果法术与宗教本质相异，宗教则不可能从法术中得以发展，它也不能由一种宗教之前的非人格力量发展而来。同理，神圣之物也绝不能像曼纳来自那种所谓普遍的、能动的类型那样从任何类似的事物中引导出来。"① 现代西方宗教学对宗教起源问题上进化论的批评主要见于魏顿格仁的著作《论宗教的起源》(1963) 和德国宗教学者弗里克（H. Frick, 1893—1952）的著作《论上帝信仰的起源和原始人的宗教》(1929) 等。在某种意义上讲，现代西方宗教学通过这些批评与反批评已基本克服了那种绝对化或简单化的宗教进化论与退化论倾向。

在宗教历史的研究上，也有着关于"古巴比伦与圣经宗教"的争议。20 世纪初，德国哥廷根大学以衮克尔（H. Gunkel, 1862—1932）、布塞特（W. Bousset, 1865—1920）、魏斯（J. Weiß, 1863—1914）、韦雷德（W. Wrede, 1859—1906）等为代表的神学家、新旧约学者、古典语言学者和历史学者们组成"哥廷根宗教史学派"。随着亚述学的崛起，他们根据对古代东方宗教的发掘成果而展开了系统的宗教史研究。早在 19 世纪，英国亚述学者史密斯（G. C. Smith, 1840—1876）等人就从古巴比伦尼尼微楔形文泥版中找到了与《圣经·旧约》"创世记"中相似但早于《圣经》的创世史诗和洪水故事。亚述学的重大发现，促进了人们对犹太教、基督教的深入研究，使《圣经》探讨也走上了科学的轨道。对此，恩格斯曾高度评价说："由于〔乔治·〕史密斯关于亚述的发现，这个原始犹太人原来是原始闪米特人，而圣经上全部有关创世和洪水的故事，都被证实是犹太人同巴比伦人、迦勒底人和亚述人所共有的一段古代异教的宗教传说"；② 他还肯定了这种意义上的《圣经》研究，指出，"从历史学和语言学的角度来批判圣经，研究构成新旧约的各种著作的年代、起源和历史意义等问题，是一门科学"。③ "宗教史学派"认为"圣经研究"只是整个宗教学研究的一部分，人们

---

① 参见兰茨科维斯基主编《宗教学的本质与特征》，达姆施塔特（德文版）1974 年版，第 104 页。

② 恩格斯：《反杜林论》，《马克思恩格斯选集》第 3 卷，人民出版社 1972 年版，第 112 页。

③ 恩格斯：《启示录》，《马克思恩格斯全集》第 21 卷，人民出版社 1965 年版，第 10 页。

应从宗教史的角度来对《圣经》内容加以宏观和微观的分析、推敲。但是，这一学派的一些亚述学者断言，苏美尔、巴比伦宗教的天文世界观影响了以后所有宗教和文化的发展，尤其对《旧约》宗教，即犹太教和基督教的发展有着决定性作用。由于他们只是看到这些宗教中部分相同的渊源关系，却没有注意到其文化差异和不同源流，从而导致了一种"泛巴比伦主义",① 引起了西方宗教现象研究史上颇为著名的"巴别—圣经之争"（Babel‑Bibel‑Streit)②。对"泛巴比伦主义"持反对态度的主要代表为德国宗教学家和语言学家贝特克（W. Baetke，1884—1978）。他认为，这种理论的致命弱点在于它只看到貌同而没注意到质异；因为，相同的现象有时却可能起源自不同的传统，形式上的相似往往掩盖了它本质上的区别。贝特克进而指出，在巴比伦宗教和圣经宗教的比较中，虽然它们关于创世的报道有相同之处，但各自的上帝观念、其创世说所蕴含的宗教意义却有着根本差异，不可能对之加以简单合并、归入一体。这种争论，一方面克服了"宗教史学派"的极端倾向，另一方面也深化了对宗教现象的比较研究。

二

关于宗教的历史和比较研究，展现了宗教现象的纷繁多彩和错综复杂，为宗教现象学的创立积累了资料，打下了基础。但是，上述历史研究和比较探讨虽与宗教现象学有关，却还不是宗教现象学本身。诚然，"宗教现象学"一词早已在康德、弗里斯、黑格尔等人的著作中出现，但把它作为宗教研究的独立分支，使这门学科系统化、正规化，则是以荷兰宗教学者商特皮（P. D. Chantepie，1848—1920）为开端。他在

---

① 关于"泛巴比伦主义"的情况可参见耶拉米阿斯（A. Jeremias，1864—1935）所著《古代东方与埃及的宗教》，莱比锡（德文版）1907年版。

② Babel为古希伯来文中对巴比伦的称呼，这一争论始于德国古东方学者德利奇（F. Delitzsch，1850—1922）1902年关于"巴别—圣经"的报告。

1887年出版的《宗教史教科书》中最先提出了对"宗教现象学"的系统探讨，从而宣布了这门学科的正式创立。为此，著名宗教现象学者范·得·列欧曾经指出，宗教现象学得以有意识地探究和促进是始于商特皮。商特皮认识到宗教史学的研究必然会导致宗教现象学的探讨，不同宗教历史的汇聚，形成了人们有关宗教现象的印象和思考。由于许多基本的宗教现象存在于各种不同宗教之中，所以需要宗教现象学来探求这种以不同形式出现的现象的宗教意义。现象学研究的特点是不再专门去注意具体的历史背景，而是从中抽象出这些现象事实，加以分类展现，并探讨其意识形态上的关联。这样，宗教研究逐渐从具体史实的搜集到抽象现象的分析，从个案探讨到共性的把握。而宗教现象学则在这一进程中起到了过渡、转型的中介作用，具有承上启下的独特意义。在商特皮之后，丹麦学者莱曼（E. Lehmann, 1862—1930）进一步完善了宗教现象学体系。他在1925年出版的《宗教史教科书》（第四版）中专门编入了"宗教的现象和观念世界"这一部分。

但是，商特皮和莱曼等人所倡导的宗教现象学在当时并未获得理想的反应，其理论影响不大，其方法也不为人重视。宗教现象学的真正突破，在于荷兰宗教学者范·得·列欧《宗教现象学》一书的问世。1924年，范·得·列欧曾用荷兰文写作出版了《宗教现象学导论》，作为他创立其宏大的宗教现象学体系的准备。在这一导论中，他已清楚地指出了其现象学研究的科学任务："现象学要在客观事实和主观评价之间寻找第三者：探究现象的意境和含义。"1933年，他的德文版巨著《宗教现象学》在西方发行。这部长达八百多页的著作标志着宗教现象学的成熟，它多次再版，成为西方宗教现象学研究的经典著作。

范·得·列欧的宗教现象学体系深受德国哲学家胡塞尔（E. Husserl）现象学和狄尔泰（W. Dilthey）解释学的影响。范·得·列欧借用了胡塞尔体系中关于"中断判断"（Epoche，亦称"悬置"）和"本质洞察"（eidetisches Erfassen）的概念来作为自己理论的基石。他认为，宗教现象学就是把宗教的现象作为自己有效的研究对象来看待，对之加以不带任何偏见的理解和把握，以便找出宗教现象中的"本质"（Eidos)。在狄尔泰的体系中，范·得·列欧则利用了他的"理解"概念，认为观察者应把宗教现象引入自己的生活之中，靠亲身经历和参与来弄清宗教的意义、理解宗教的结构。所谓"宗教现象"，即体现了研究主体与宗教客体之间的一种"理解的关系"。在范·得·列欧的宗教现象学体系中，他重点研究了宗教的客体，宗教的主体，主、客体之间的相互影响，宗教的现象世界，以及宗教和宗教圣人的各种形态。这些探讨对当代整个宗教现象学的研究产生了深远的影响，并为之构成了一定的模式。但范·得·列欧的宗教现象学在方法上和选材上也都有着致命的弱点。在方法论上，他的"现象学理解"包括"旁观性洞察"和"参与性理解"，而"旁观"与"参与"本身为一组矛盾，相互排斥。在选材上，他则有片面性和单一性，只注意到无文字记载的原始民族的宗教，而其他文化宗教现象却被忽略。

然而，范·得·列欧并没有形成自己的学派。他曾在1950年荷兰阿姆斯特丹国际宗教史会议上当选为"国际宗教史协会"第一任主席，但不久后去世，其体系也没能找到理想的继承人。不过，与范·得·列欧思想比较接近的宗教现象学者也不乏其人。比较突出的有荷兰宗教学者布利克（C. J. Bleeker, 1898—1983），著有《上帝敬仰之现象学导论》（1934）。他认为，宗教现象学有着三个目标。其一，它要发展有关现象的"理论"。这一理论是有选择性地针对下述三个领域：（1）对神圣或上帝的想象；（2）关于人类的宗教思维和其寻求拯救的想法；（3）在礼拜和其他宗教行为中所表现出的神人关系。其二，它要找寻现象的"理念"。在作为历史现象和观念现象的宗教结构中，这种理念包括下述四个方面：（1）宗教意识中的相同形式；（2）作为宗教"本源"或"开端"的因素；（3）宗教行为中人们构成不同宗教类型的结晶点；（4）确定宗教本质的特征和特性。其三，它要追求现象的"圆极"，即找出宗教得以发展和延续的基础、根源和方式。"圆极"一词是根据亚里士多德的用意来理解的，即指事件的发展过程，在其过程中通过事物的显现而实现其本质，它探讨下述四个问题：（1）人们对宗教的起源究竟知道些什么；（2）宗教在其历史过程中有哪些典型特征，它揭示出怎样的历史逻辑；(3) 宗教为什么有不完善之处；(4) 宗教现象学能否对宗教从低级到高级的逐渐发展作出证明。布利克强调，宗教现象学一方面能对宗教历史学研究起启迪作用，另一方面则能为其提供方法论上的帮助。可以说，宗教现象学在宗教史学纯历史的研究及其史料的搜集整理基础上再往前推进了重要一步，开始其从纯客观研究走向具有主观意向的研究，并提出了这种研究中的主客体结合及其有机共融。继荷兰宗教现象学之后，这一学科在西方各国迅速传开。

自商特皮和范·得·列欧确立宗教现象学以来，20世纪曾出现过不少宗教现象学著作。比较早的有豪尔（J. W. Hauer）1923年出版的《宗教，其意义和真理》，本书为未完成之作，只出版过第一部分《低级阶段的宗教经历》，因此在宗教现象学研究中影响不大。1938年，英国伦敦宗教学者詹姆斯（E. O. James）出版了题为《比较宗教》的现象学著作，书中收集了各种宗教的类型素材。詹姆斯宣称，宗教现象告诉人们，在人类历史发展中，宗教实质上也为共同维系人类社会提供了一种精神力量，因此，人们不可忽视宗教现象的作用。1945年，瑞典学者魏顿格仁出版了他的宗教学教科书《宗教的世界》。此书德译本题为《宗教现象学》，于1969年出版。鉴于魏额格仁根据自己的宗教历史和语言学研究而建立了宗教现象学体系，所以，布利克称此书为宗教现象学历史发展上的一个新的里程碑，即宗教现象学不再依赖于其他学科的研究成果，自己已经能够根据现象学方法来独立收集资料。布利克甚至认为，宗教现象学在魏顿格仁这儿已告一段落，近期不可能再有更新的发展。

在对某一宗教现象的专题研究上有瑞典学者、诺贝尔和平奖获得者索德布鲁姆（Nathan Söderblom, 1866—1931）1916年发表的《上帝信仰的形成》，探讨宗教起源时的不同上帝观念和性质，有德国宗教学者奥托（R. Otto, 1869—1937）1917年发表的《论神圣》和海勒尔（F. Heiler, 1892—1967）1918年发表的《论祈祷》。其中尤为突出的是奥托的代表作《论神圣：关于神灵观念的非理性现象和它与理性的关系》这部著作已几十次再版，为宗教学研究的必读之书。奥托在书中专门论及对宗教范畴"神圣"的认识,他把这种"神圣"归为宗教信仰所特有的心理状态,即一种"对神既敬畏又向往的感情交织"。他称这种"神圣"为"Numinos"(意指"超自然的神圣"),由"超自然的实体"(Numen)和"对神圣的体验"(sensus numinis)而构成。奥托认为这种"神圣实体"对人的宗教感情而言乃是神秘的"绝对另一体",人们对之既敬仰向往又畏惧害怕。他为了表达这种宗教的意境,运用了"令人敬畏之神秘"(Mysterium tremendum)、"令人向往、销魂夺魄之神秘"(Mysterium fascinans 或者是 fascinosum)、"奇迹"(mirum),以及个人的"受造之情感"(Kreaturgefühl)等术语。奥托对"神圣"的现象学阐述使西方宗教学在心理研究、形式研究和资料研究上都达到一种飞跃,并影响到西方存在主义哲学的发展。奥托提出"人是存在",并进一步从宗教出发来论述人生方式,认为宗教即是存在、存在即是宗教。这种理论启发并促使了存在主义哲学去深入探讨"人究竟怎样存在"的问题。

现代宗教现象学的发展,促成了许多宗教现象学研究成果的问世。其中,由瑞士学者伯托勒特(A. Bertholet,1868—1951)所作、亨佩尔(J. Hempel)1953 年整理出版的《上帝敬仰之现象世界的基本形式》研究了宗教中的"神力"现象,描述人们对超己力量的种种经历;挪威旧约学者莫温克尔(S. Mowinckel)1953 年发表的《宗教与礼拜》对宗教的礼仪、崇拜,以及礼拜性戏剧等现象进行了探讨;荷兰宗教史学家克里施滕森(W. B. Kristensen)1960 年出版的《宗教的意义,宗教现象学讲演录》一书以宇宙论、人类论和崇拜论的方法谈论了古代宗教现象,德国宗教学者戈尔达默尔(K. Goldammer)1960 年出版的《宗教的形式世界,系统宗教学概要》重点探究了宗教和人们虔敬行为的本质特征;而海勒尔 1961 年出版的宗教现象学巨著《宗教的现象世界和本质》则汇集了其在马堡大学的讲演,专门研究宗教现象的内在本质和其神秘性。

当代最为著名的宗教现象学代表是美国芝加哥大学罗马尼亚人宗教学教授伊利亚德(Mircea Eliade,1907—1986)。他于 1949 年第一次用法文发表其宗教现象学著作《宗教史论》，德译本于 1954 年出版，题为《宗教与神圣，宗教史诸因素》。伊利亚德的特点在于他强调"神圣现象"在各宗教中的显现；而且，他认为"宗教"乃是一种"人类学常数"，不依赖于人们的文化历史背景而生存。这种观点，在我们看来是把宗教与人类文化历史的关系弄颠倒了，而对其所谓"人类学常数"之论亦批评较多。此外，伊利亚德也过于强调无文字民族的宗教以及印度宗教史，对宗教现象的观察方式过于心理化，因而存有不足之处。在其晚年，伊利亚德曾写有三卷本的《宗教思想史》，主编了《世界宗教百科全书》，对人类的宗教思想现象加以宏观描述。他从石器时代的原始宗教开始，已经写到近代的世界宗教，可惜没能完成全书的写作任务，但其学派的专家已补充了一卷，以达其整体研究的完备。在伊利亚德主持下，芝加哥大学的宗教学研究成果颇多、令人瞩目，其学术机构也成为目前世界上宗教研究的中心之一，有"芝加哥学派"之称。不过，宗教现象学作为过渡性学科，在伊利亚德那儿已经接近尾声，此后罕有名家、名著出现。

从宗教学的整体发展及其学科布局来看，宗教现象学曾是宗教学中一个不可分割的组成部分，它为西方宗教学者提供了一些宗教研究的基本理论和方法，其研究成果，对我们也有一定的参考、借鉴作用。当然，随着宗教学的不断发展完善，宗教现象学的基本思路和主要方法已被新的宗教学分支学科所吸收、消化、扬弃、超越。

（原载《世界宗教资料》1988 年第 3 期）

第四章

西方宗教哲学的历史发展

导 论

哲学以理性思辨为特点，而宗教哲学则是以理性来解说神秘，旨在探究并说明宗教的"本质"，为宗教定性并加以深层解读。但宗教现象很难被哲学所透彻阐释，其理性之运用也往往仅相对而言，留有非理性或超理性的论证，故此充满悖论和张力。这里，宗教之思往往超出了理性思考的范围，却又希望能够有效运用理性智慧。因此，宗教哲学在西方文化传统中正是其神灵之信与智慧之思这两大精神潮流的汇聚、合一。从其本质来看，它包括宗教中的思辨性探讨（religious philosophy）和对宗教的哲理性研究（philosophy of religion）这两个层面。前者源自欧洲"形而上学"（metaphysics）、"自然神学"（natural theology）和基督宗教"护教论"（apologetics）的思想传统，体现在所谓"哲学神学"（philosophical theology）诸体系之中，尤以"基督宗教哲学"（Christian philosophy）为典型代表；后者则不以自身的宗教立场为其研究的前提、准绳或出发点，而力求从比较客观的角度来对宗教的意义及其本质加以哲学之思，这样就建立起一种独立自存的、不再囿于神学传统的宗教哲学体系。后一种含义上的宗教哲学源自欧洲近代以来哲学与神学的分道扬镳，它在一定程度上代表着宗教哲学之"自我意识"的真正形成和其作为一门独立学科的完全确立。目前，宗教哲学既是哲学的分支，也是宗教学的下属学科。

上述两个层面的宗教哲学在西方思想学术界迄今仍并存共立、各有所依，而且在现代发展中甚至还出现了交融互渗的趋势，因此，很难对之加以简单分割，更不能视其为截然对立的两极。但总体来看，偏执于信仰的持教立场在弱化，宗教哲学研究有着不断"悬置信仰"的发展趋势，宗教内的思辨固然依存，宗教外的辨析则更加凸显。一般而言，前一层面的"哲学神学"主要触及神灵概念、对上帝的理解和证明等问题，以"论神"为核心。而普通所指的"宗教哲学"则侧重于宗教的定义，以探索"人的宗教行为"为主题，其研究对象为人的经验和认识，即把宗教视为人的行为、人的精神现象、人的文化表述、人的主体经历，以及人与神的关系，等等。在此，研究者则跳出了其传统的信仰依属，不再被其相关宗教限定所约束。所以，从严格意义上来讲，体系完备的宗教哲学应该包括宗教中的思辨理解和宗教外的理性分析这两个层面，二者缺一不可。宗教学学科意义上的宗教哲学则既是宗教学也是哲学的分支学科。为了弄清西方宗教哲学的来龙去脉及演变过程，我们大体可以从古希腊、古罗马帝国、中世纪，以及近现代这几个历史阶段上来分析探究其发展沿革。

一　古希腊时期宗教哲学之源

1. 前苏格拉底时期的宗教哲学

欧洲文明发展到古希腊时期，人们对外界的认识已经开始由"形象化想象"升华到"抽象性思维"的程度，但其对神灵和万物本原的哲学思考尚较鲜明地体现出一种"混沌的关于整体的表象"之特色。人们把理解神灵本质与认识世界真实结合起来，从宏观整体上提出了世界本原和实体问题，因而开始萌生出宗教哲学意义上的种种思想观念。这一突破肇端于被誉为古代"希腊七贤"之一的米利都学派哲学家泰勒斯（Thales），他从一切皆流、万物俱变的世界大系统理论上提出"水"为万物之始基及归宿的看法，认为可把神灵的本质亦理解为那自强不息、流动不居的永恒之水。这一提法乃西方水哲学思考的开端。

此后，他的学生阿那克西曼德（Anaximandros）将这一观点加以发挥，进而指出水本身乃是由"无限"，即一种永恒不灭、无生无死的实体所构成。阿那克西米尼（Anaximenes）则认为，作为神灵本质的"太一"和"无限"乃是不确定的，它表现为流荡四散的"空气"，但这种"气"却决定了世界万物的生存和发展。

米利都学派所表现的这种对世界本原和神灵本质之直觉整体性把握，说明古希腊贤哲们开始找寻着变化多端之大千世界的内部秩序，而且已达到视这种秩序为非人格或超人格力量的神秘领悟。其神思之特点，是基于物质世界的真实存在来理解并说明神灵的本质与意义。他们所确认的神灵乃是出现在世界神话中的众神形象，这些姿态各异、特性鲜明的诸神被视为"世界的神圣存在""自然实体的本质与实在""一切实存与所有事件的基础""世界与无限之在的整体"，即被理解为"世界之神"——神灵乃是世界万物的基础、渊源、始初与终极。

爱利亚学派哲学家克塞诺芬尼（Xenophanes）超出了古代哲人对"世界众神"的认识，从更为抽象的意义上提倡"宇宙一神"的思想。他强调神的特性乃"全视、全知、全闻"，超尘脱俗，而不含尘世事物的各种具体属性或相貌特征。克塞诺芬尼寻求获取一种纯然的神灵观念，其探究乃是欧洲宗教哲学史上抽象神论的萌芽。此外，在他前后时代的哲学家中，巴门尼德（Parmenides）曾试图将"神灵与存在"相等同。赫拉克利特（Herakleitos）强调永恒与变化的对立统一，认为神灵表现了实体之真在与不在的辩证关系，体现出"万物为一""一为万物"的本质趋同，揭示了纷繁世界所"深蕴的和谐"；他提出了一切流变、无物常住的辩证思想，成为西方辩证法之肇端。恩培多克勒（Empedokles）也从抽象意义上把神灵视为"精神""万物的根源"或"爱"与"憎"情感的灵化；而阿那克萨哥拉（Anaxagoras）则从宇宙的创造形成、真实的展开过程、世界永不止息的运动变易来理解神灵，在其观念上构成一神论与泛神论的模糊相混。

此间对哲学思维最有影响的应该是毕达哥拉斯（Pythagoras），他创造了"哲学"(philosophia)一词,表达出"爱智慧"或"趋向智慧的努力"之意向。他与此同时又是一位神秘思维家,主张"灵魂不朽"和"灵魂轮回",而其"神是智慧"之论和"爱智慧"即"爱神"的比喻则把宗教与哲学拴在了一起,形成这两大领域的最早关联。因此,在其思想中可以找到西方思辨及神秘这两大思想传统的初始萌芽。而其关于"凡物皆数"的思想亦把数的概念神秘化,成为与宗教关联的数字神秘主义之源。

概言之,在苏格拉底之前的希腊哲学家主要是从世界之神、其与有限实存的相关性,以及宇宙变动转化的永恒之在这三个方面来谈论神灵,其立足点乃基于客观世界,即把神灵存在的问题与它们同客观真实的关系问题密切结合起来。

2. 苏格拉底

苏格拉底(Sokrates)的思想标志着欧洲宗教哲学观念发展上的一个新里程碑。他不再根据外在客观世界的现象来探究神灵问题,而是从内在主观之人的视野来窥测神之奥秘。可以说,苏格拉底是西方主体思想的第一人,但因其思想超越了其时代而和者甚寡,没有引起当时思想家的注意和共鸣,此后奥古斯丁、库萨的尼古拉也相继表露出类似的主体意识,但真正形成时风则是欧洲近代随笛卡尔说出"我思故我在"那句名言后才得以奠立。在人类思维发展上,先后有着客体思维、主体思维和整体思维的发展阶段。客体思维的人没有意识到自我的存在,其信奉的神明乃"自然之神",而人本身亦与自然客体没有区分;主体思维的人不仅将自我与自然区别开来,而且也以"人"之主体来思考"神",实际上将"神"作为"人之本质"的理想、完美之投射;而整体思维则达到前两种思维的融合与升华。在主体思维的萌芽状态中,苏格拉底认为,对世界之神的认识源自我的内在确信,因此不能直接谈论神灵,而需首先了解人对神的认识,以及这种认识的可靠性究竟如何。他以其深邃的爱智精神来反对世俗、陈腐的神灵观,强调神乃维系整个宇宙并赋予其内在秩序和客观规律的超然之在。但至高之神并不漠视世界,因为它无所不见、无所不听、无所不在、无所不虑。

然而，人因其有限性和短暂性却不可能完全洞见和体察神的奥秘。为此，苏格拉底说出了那句充满智慧的自谦之词："我知，我无知"，并开创了古希腊哲学的主体时代。不过这种认识在当时也并非苏格拉底的独见，如普罗塔哥拉（Protagoras）就曾谈起这种"无知之知"，在《论神》中指出人不可能认识神明，难以弄清神究竟存在或不存在、有形或无形，因为人生的短暂和神之隐秘诸因素都妨碍了这种认知。两位贤哲论神之见所表现的自知之明，乃欧洲宗教思想史上"否定神学"及中世纪哲学中"有学识的无知"等理论体系之先声。

3. 柏拉图

苏格拉底的学生柏拉图（Platon）第一个把神之本质与存在的问题提到了理论化和体系化的高度。在古希腊思想传统中，毕达哥拉斯发明了"哲学"一词，并把这种"智慧之爱"与"爱神"相关联；而柏拉图则是第一个使用"神学"（theologia）一词的哲学家，旨在对神（theos）加以逻辑（logos）或理性把握及解说。柏拉图想借用"神学"来诗意般地描述神，神话式地谈论神，但他在理论上也较为系统地阐述了神的"完善"和"不变"这两个基本特性。在他看来，若以神之"善"来谈论神，人们能够看到神的美好、智慧、善良和一切与之相似的性质，因而可以从神为"最好"来推断出神的"完善"；若以神之"恒一"来观察神，人们能够感觉神的自有永有、始终如一，因而可从其"不动""如一"来得出神之"不变性"的结论。因此，"神学"的表述乃柏拉图的原创，而并非基督教的专利。只是到了中世纪基督教思想成熟时期，经院哲学家阿伯拉尔（Pierre Abelard）才将"神学"这一术语借用过来，从此作为基督教思想体系的专门表达而流行至今。

除此之外，柏拉图还推出了欧洲宗教哲学史上的第一个神之存在证明。一方面，他从灵魂乃世界的"第一性"和万物之"源"来寻求万流归宗，进而将灵魂与神相等同；另一方面，他又试图从宇宙的和谐有序、人类的多族一致来推论出神的存在，把神视为"世界的主宰者"和"世界的创造者"。作为"世界的主宰者"，神乃一切存在物的开端、中间与终结，为检验万事万物的基准与标尺，并负责着世界整体的适宜与完善。作为"世界的创造者",神乃"造物主"(Demiurge)、"工匠"(景教传入中国时曾使用过"匠神"之表达,在其理解上可谓异曲同工)或"确立秩序者",一切自然存在物都是通过神的影响或作用而被制造出来,万事万物乃出自神的构思和创造。值得一提的是,柏拉图还在其著名的"理念观"中把神的本质与理念(ideas)的本质相提并论,从而使其神之观念获得了超越的意义。

这种超然神论使"神"开始真正具备"上帝"一词所应包蕴的内涵。作为理念之神,上帝乃世界万物的模式与原型,有着永恒、本原和超越的意义,而且至高无上,独立、先于和外在于万事万物。这样,神不再在现实世界显现,而转入冥冥之中;世界不是神之实在的场所,而乃其影响及作用的产物;神在其理念中构设了世界,以其能力创造了世界。不过,柏拉图并不认为神与世界无任何联系。他强调神之存在与本质可以通过受造世界而间接感知、相对把握,因为在受造者身上已体现出创造者的本质迹象,为人们的想象和勾勒提供了相对的依据。但他认为在无限与有限、超然与实在、绝对与相对之间应有一位"中介者",这一"中介"观念后被基督宗教思想所吸取、接受,并被有机结合到其神学体系之中。

4. 亚里士多德

亚里士多德(Aristoteles)在宗教哲学观念的理论化和体系化方面可与柏拉图并驾齐驱。他在其神论上提出神乃"第一"和"最高"者、"不变"和"永恒"者,把神看作万事万物的"第一因"、居于首位的"不动之推动者",并从"纯然真实"和"理性观念"上界说神的本质。这样,亚里士多德就为后世的"自然神论"和"机械神论"奠定了基础。在其探究终极本原和本质存在的"形而上学"(metaphysics,是该学派后来整理亚氏著作时的解释,源自公元前40年前后其学派代表安德罗尼柯将亚氏哲学论著汇编而置于其物理学论著之后;中译则基于《易经》"形而上者谓之道"的理解)中,亚里士多德率先将这一"太初哲学"或"第一哲学"与"神学"联系起来。他公开表明其"形而上学"就是"神学",因为"形上"所论关涉"终极""根本"

"超越""永恒"之意,而这种"不变"的"最高存在"则触及宗教对神明的界说,故此"形上"之论乃关涉"神学"的第一个哲学性概念,它使"神学"与"哲学"在希腊爱智传统中得到和谐共存。从柏拉图和亚里士多德的思想体系来看,希腊哲学中还没有出现神学与哲学的范畴之分,因为"神学"仅仅是"哲学"的一部分,与"哲学"的本质完全一致。而西方术语中的"哲学"也基本与"形而上学"同义,体现出抽象和思辨的蕴含。关于"形而上"思维方式的意义,西方语境中认为其乃建构科学理论体系之基,是具有根本意义的思维形式及其逻辑关联,这与中国语境中对"形而上学"之内涵及方法的理解迥异,因而是我们在中西比较研究中应该特别值得注意的。

二 古罗马帝国时期宗教哲学

古罗马帝国时期的宗教哲学思想大体可分为古罗马哲学家对宗教的思辨认识和基督宗教哲学的创立。古罗马宗教哲学直接承袭了古希腊的思想传统,而基督宗教哲学则是犹太教思想与古希腊哲学有机结合的产物。

1. 古罗马哲学家的宗教哲学观念

古罗马哲学的发展基本上代表着古希腊哲学传统的延续和接近尾声,其对宗教的思辨探讨主要包括斯多葛派、伊壁鸠鲁派、新柏拉图派哲学家和卢克莱修、西塞罗等人的思想论说。他们的立场观点各异,对宗教的认识也互不相同,其中对欧洲宗教哲学产生较大影响的主要为后期斯多葛派哲学家塞涅卡(Lucius Annaeus Seneca)、新柏拉图主义思想家普罗提诺(Plotinus)和古罗马著名学者西塞罗(Marcus Tullius Cicero)的思想。

斯多葛派哲学思想从公元前 300 年前后芝诺(Zeno Kitieus)在雅典建派立说,一直延续到基督宗教时代。"斯多葛"(Stoa)本指芝诺讲学场所的彩画"柱廊",该派故而也有"画廊派"之称,代表着从古希腊哲学到基督宗教哲学的重要过渡。其哲学家综合古希腊各大流派的重要观点，阐述了一种富有宗教色彩和通俗意义的宇宙观与人生观。他们称上帝为"世界灵魂"，强调上帝在真实世界中的显现与亲在，并认为整个世界和冥冥苍穹都体现着上帝的存在。其后期代表、古罗马哲学家塞涅卡还对上帝的实在进行了论证。他认为，上帝的存在一方面可以从人的深蕴内在对上帝的体察和沉思而加以证明，另一方面也可从对外在世界的观察和透视而得以证实：世界的秩序、和谐、美妙、适宜都预示着上帝的真实存在。塞涅卡还从道德哲学的角度强调，上帝虽大于一切、高于一切、超于一切，却仍关怀着人世，与世人保持着密切联系；在这一意义上，众人都乃上帝的"伴侣""成员"和"子民"，应该彼此忍让、宽恕，互相友爱、敬重，按照上帝的意志，服从命运的安排。对此，恩格斯在论及塞涅卡对基督教产生曾有的影响时形象地指出"塞涅卡可以说是基督教的叔父"。①

古罗马时代的新柏拉图主义哲学家普罗提诺（Plotinos）在其关于"太一""流溢"和"灵魂解脱"等学说中，为宗教哲学的确立准备了丰富的思想素材和内容。他提出世界的本原为"太一"，认为这个"太一"就是"上帝"，它超越一切存在。然而，世界的万事万物从根本上讲却依赖于它，并都表现出对它的向往与渴求。在普罗提诺看来，这个"太一"绝非任何存在物，也不是思想或意志，它超越物质与精神，超越任何矛盾与对立。"太一"对于世人来说，乃是"彼岸"和"超然"的。"太一"绝对超验、极为神秘，它作为"唯一的实在"和"万物之源"不可能被有限的世人所认知。人们不能说"太一"是什么，而只能说它不是什么，因为"太一"无名或不可名状，人们对之难以言传，只能意会。这样，上帝作为"太一"，永远要大于或多于人们关于它的任何理解和界说。普罗提诺的这种认识，在苏格拉底等希腊哲学家"对神无知"传统和伪狄奥尼修斯（Dionysius Areopagita）等基督宗教思想家的"否定神学"理论之间起了承上启下的思想继承与发扬作用。

普罗提诺的"流溢"和"灵魂解脱"说基于其"太一"学说。

---

① 《马克思恩格斯文集》第3卷，人民出版社2009年版，第593页。

"太一"永远充盈，而且如日之光、火之热那样有着源源不断且无损于自身的"流溢"。这种"流溢"就创造出了世界万物，使"太一"无为而无所不为、无造而无所不造。他认为，首先从"太一"中流溢出"努斯"，即一种理念精神，其次从"努斯"中又流溢出"世界灵魂"，最后才从"世界灵魂"中流溢出物质世界。从根本上讲，灵魂来自"太一"，自然世界只是灵魂的最外在范围。因此，灵魂有着倾慕、热爱"太一"的激情，渴望回到"太一"，与之融合如一。但这种解脱之境对人的灵魂来说并非易事，它需要通过清修静观、洁净灵魂、冥思默想、出神入化才能最终达到。可以说，普罗提诺在此既提出了宗教灵修中的神秘主义，也通过其对灵性的理解而指出了宗教经验中的神人交感之途。

西塞罗在其著作《论神之本性》（第2章）中，不仅对西方传统中的"宗教"（religio）一词作了解释，而且还阐明了宗教道德世界观的重要意义。在他看来，"宗教"（relegere）意指在敬仰神灵上的（重新）"集中"和"注意"，表现了人们敬神的态度与行为，宗教道德的价值和意义是无可非议的，它对于一切种族和各个时代都有其效益和实用性，体现出一种永恒的价值。西塞罗还强调，对天命和灵魂不朽的信仰不仅能净化心灵，而且还能指导人生，这种精神价值对人类乃是共有和永存的，因而不可对之忽略或放弃。古罗马哲学家的宗教观，曾为基督宗教结合两希文明、创立基督宗教哲学铺平了道路。此外，在将古希腊罗马哲学及犹太哲学揉进基督宗教哲学的过程中，这一时代的犹太哲学家斐洛（Philo Judaeus）起了非常关键的作用，而其所居之地埃及亚历山大城也正是希腊化时期所导致的希腊与希伯来文明交汇之地。对于斐洛的这种历史影响，恩格斯根据鲍威尔的观点而认为"公元40年还以高龄活着的亚历山大里亚的犹太人斐洛是基督教的真正父亲"。①

2. 基督宗教哲学的建立

"基督宗教哲学"一词，最早见于古罗马时代基督宗教思想家克里

---

① 《马克思恩格斯文集》第3卷，人民出版社2009年版，第593页。

索斯托（Joannes Chrysostom，亦称"金口约翰"）的布道文《论历书》（386—387）和奥古斯丁（Aurelius Augustinus）的论著《驳尤利安》（410），他们以此泛指基督宗教和基督宗教世界观，而非一种从客观上研究基督宗教的纯然学科或与神学相区别的哲学。基督宗教思想萌芽于其早期神学家保罗（Paulos）、德尔图良（Tertullianus）、查斯丁（Justinus）、亚力山大的克雷芒（Clemens Alexandrinus）、克里索斯托、奥利金（Origenes），以及诺斯替派思想家，其哲学体系则在奥古斯丁、伪狄奥尼修斯和鲍埃蒂（Boethius）等人那儿得以确立。

按其犹太教传统，基督宗教所信奉的上帝乃是给人恩典和仁爱的上帝。这种人格神论在古罗马帝国时期开始与古希腊传统的抽象神论挂上钩来。从此，基督宗教得以从救赎意义上看世人存在与超然上帝的关系，从救世历史上论现实世界与绝对本体的区别。

在基督宗教哲学的初创阶段，新约时代的神学家保罗提出超然与现实有着不同价值尺度，他认为世界的智慧在上帝那儿只是一种"愚拙"，人是属灵的，应该追寻上帝的能力和智慧。"上帝奥秘的智慧"要远远高于世俗的智慧，因此人们不要沉溺在尘世智慧之中沾沾自喜，结果失去了上帝的救恩。德尔图良强调上帝非生、非造、无始、无终，代表着至高、永恒，认为人们只要信仰上帝，无须作进一步的探究和思辨，一切在信仰之外的探求从根本上都是毫无信仰的表现。亚历山大的克雷芒开始构思一种"否定神学"或"神秘神学"，他承认上帝不可洞见、不可言状，人们对之所用的"太一""至善""精神""存在自身""天父""上帝""创世主"或"天主"等术语都只是暴露出世人"窘迫之境"的相对表述。人不能认识到上帝是什么，而只能辨别出上帝不是什么。所以，上帝不可证明，通过求证的科学并不能把握或领悟上帝，而哲学的思考也"仅仅在梦幻中看到了真理"，不能作为人们认识上帝的可靠依据。

奥利金则寻求在二者之间找一出路，为此，他提出上帝乃一种超越精神与存在的绝对统一，而同时又是创造万物之主。作为精神与存在的彼岸之神，上帝超出人的观察和认识的范围。但作为造物之主，上帝又无所不在、包罗万象。人们敬神认主，则靠"逻各斯"的神奇作用："逻各斯"在永恒之中与天父同在，同为世界的创造者。此外，"逻各斯"又是上帝与世界之间的中介，人们在信仰中所遇见的耶稣基督即"逻各斯"的人格化——道成肉身，而圣灵也体现出"逻各斯"所蕴含的上帝本质。

鉴于认识上帝和解释神学上的种种困难，一位托名为"狄奥尼修斯"的神秘思想家提出了间接论述上帝的方法，建立起一种独辟蹊径的奥秘神学。他认为，上帝作为存在、生命及一切之根源和始因，远远超出人的认识范围。人没有能力直接讨论上帝的本体和本性，对之加以任何肯定和否定的评说。上帝对人乃是"隐匿之神"，人只能感到"神之幽深、黑暗"，因此，人只能在认识到其"不知"的前提下间接推论上帝的存在、理解上帝的本质，并经过灵修而使人自身达到神化，以便实现在神秘意境之中领悟上帝、与神合一。

奥古斯丁集古代教父哲学之大成，在罗马帝国后期基本奠定体系完备的基督宗教哲学。奥古斯丁在其体系中曾重点论述作为最终实在的上帝之神性。他认为，上帝不变、永恒、创造、仁爱、全能、全善，上帝作为最终实在没有形体，乃是体现真理之"精神"。上帝给人认识真理的光照、带来希望和幸福。论及有限之人对无限上帝的理解，奥古斯丁从上帝的存在与本质这两个方面阐述了思想与信仰的辩证关系。

奥古斯丁确信上帝的存在，但仍然试图从哲学理性上对之加以说明，这就是他那著名的上帝存在之"精神证明法"：人类在其灵魂——精神的生活行为中，在思想、情感和意愿中发现永恒、不变、必然和绝对的真理；人们可能会忽略它、错过它或反对它，但它仍存在于人的精神之中。从其实质来看，这种真理并不立于时空之中、体现在短暂易逝的人世之间；相反，它使一种截然不同的、超人类的、超时代的存在与世人相遇。这样，人们可借助于一切非完善的事物而接触到完善之物，借助于相对之物而触及绝对之物，借助于人类自然而达到绝对超然。也就是说，人们在这里碰到了上帝。奥古斯丁的逻辑是，上帝作为完善者而为人所知，没有完善，则无法想象不完善；因此，上帝乃一切真理、价值和基础的原初真理、原初之善和原初基础。

当然，上帝在此并不被理解为真理的第一原因，从而可用因果律来推断；相反，人们在真理本身之中已经体验到上帝，正如在某一善事上就能把握到善一样。虽然人们在此没有获得上帝的一切实在，但已从这一点上确确实实地触及了上帝。换言之，这种证明乃是从那自我存在、永恒不变并超越人之理性的真理出发来获得上帝存在的证明，即从关于自存自在之真理的思想而最终认识到上帝的存在，这一真理即"我们的上帝"。除了从精神真理、认识论上证明上帝存在的方法，奥古斯丁还运用了目的论、心理论和道德论等方法来证明。其证明即一种间接认识法或类比推导法。在这种意义上，他承认对上帝的认识乃是"对不可知的认知"，人们在深感自己无知的基础上意识到上帝的存在。

当论及上帝本质时，奥古斯丁进而强调，无限上帝对于我们有限的理智来说是无法把握的；如果能被理解，则不是上帝。所以，"我们必须尽可能如此来思考上帝：上帝为善，但没有质的范畴；上帝为大，但没有量的范畴；为造物主却无需求，高于一切却无空间，包摄万物却无状态；无所不在、完整无缺而无居所；永恒而无时间；为变化之物的创造者，本身却绝对不变"。① 人之有限性决定了人若无信仰则找不到上帝，无法对之加以沉思。所以，信仰在先，思想随后；信仰找寻，理智发现；人们乃是"在信仰中思想，在思想中信仰"。奥古斯丁的这种上帝观既防止了新柏拉图主义的流溢泛神论，又强调了上帝的神秘智慧，它使以往的哲学思辨得到了信仰意义上的深化。从奥古斯丁开始，欧洲中世纪哲学走上了宗教哲学之途，即成为基督宗教哲学，而且，确切来讲，这种哲学已经隶属于基督宗教神学，成为"神学的婢女"。

鲍埃蒂则属于"最后的罗马人"，留下了著名的《哲学的慰藉》。

---

① 奥古斯丁：《论三位一体》，V.1.2 周伟驰中译本为"若我们能够，便该把上帝理解为善而无质、大而无量、创造而无需要或必然、统辖而无地位、持有万物却不占有、遍在却无空间、永存却无时间、本身不变却造出了可变之物、无所遭受。"见上海世纪出版集团、上海人民出版社 2005 年版，第 160 页。

其从政之途使之最终不归，但其哲学之思则使他历久不朽。这种颇具悲怆之感的哲思及其内蕴的超然之慰，使这本书成为人们历代翻阅的"黄金宝典"。鲍埃蒂还较早提出了"共相"问题，讨论种与属这一抽象与实在的关系，由此开始了对古罗马时代与中世纪的跨越，带来了中世纪哲学对"共相"即"一般"之本质的深入思考。

三 欧洲中世纪宗教哲学

欧洲中世纪哲学基本上为基督宗教哲学，它尤其以"经院哲学"（Scholasticism，一译"士林哲学"）为主流和特色，并影响到上下近千年欧洲宗教哲学的发展变迁。所谓"经院"就是指"学院"，而"经院哲学"正是在中世纪学院中所探究的理论、讲授的学说。埃里金纳（Johannes Scotus Erigena）则被视为最早的经院哲学家。

在哲学史上，中世纪哲学以"唯名论"与"唯实论"之争为发展线索，即讨论"共相"或"一般"究竟仅是"名字"还是独立"实在"，其中主张"共相"仅为名字者代表"唯名论"，而强调"共相"乃真正独立存在的实在者则形成"唯实论"。但二者关系错综复杂，很难简单划分。后来一些"唯名论"对近代唯物主义发展很有启迪，被恩格斯称为"唯物主义的最初形式"。唯名论学派发展始于贝伦迦尔（Berenger），经罗色林（Roscellinus）、阿伯拉尔（Pierre Abelard）、伦巴人彼得（Petrus Lombardus）、罗吉尔·培根（Roger Bacon）、邓斯·司各脱（Johannes Duns Scotus）和奥卡姆（William of Ockham）等人而贯穿整个中世纪思想界，以"奥卡姆的剃刀"要剃掉所有无现实依据的"共相"而终结。而"唯实论"则发轫于11世纪兰弗朗克（Lanfranc）对贝伦迦尔的回应，随之有安瑟伦（Anselmus）、香浦（Guillaume de Champeaux），以及"温和唯实论"代表大阿尔伯特（Albertus Magnus）、托马斯·阿奎那（Thomas Aquinas）等人。

总体来看，中世纪宗教哲学则可分为三大潮流：一为"哲学神秘主义"，其代表有伪狄奥尼修斯、埃里金纳、伯尔纳（Bernard de Clairvaux)、维克多的胡果（Hugues de St‑Victor）、理查（Richard de St‑Victor）、爱克哈特（Meister Johannes Eckhart）和库萨的尼古拉（Nicolaus Cusanus）；二为"柏拉图—奥古斯丁传统体系"，主要代表是安瑟伦、培根（Roger Bacon）和波那文吐拉（Bonaventura）等人；三为"亚里士多德思辨体系"，包括阿伯拉尔、哈尔斯人亚历山大（Alexander Halensis）、托马斯·阿奎那、邓斯·司各脱和奥卡姆等人。阿伯拉尔使经院哲学与"神学"表述得以关联，而托马斯·阿奎那则达到了中世纪经院哲学体系发展的顶峰。当然，犹太教哲学和伊斯兰教哲学在欧洲中世纪宗教哲学发展中也起过一定作用，其代表人物包括阿拉伯哲学家阿维森纳（Avicenna，阿拉伯名伊本·西拿，ibn‑Sina）和阿威罗伊（Averroes，阿拉伯名伊本·路西德，ibn‑Rushd）等人，以及犹太哲学家迈蒙尼德（Maimonides），他们曾帮助并促成中世纪思想家对亚里士多德哲学体系的重新发现和系统研究。

　　从哲学神秘主义流派的宗教哲学来看，其代表在强调上帝深奥莫测的同时，也已指出识神达神的独特之途。埃里金纳认为，上帝本身虽"不可认知""不可言状""不可界说"和"不可触及"，但可通过不同阶段的认识而逐渐感知并领悟上帝。他把这种感知分为四个层次：一是从真实事物世界中认识到受造而非创造之物；二是从观念世界中认识到受造且创造之物；三是从万物的终结和目的而看到其既非受造也不创造的特性；四是从万物的起源而领悟创造而非受造之本质存在，从而最终达到对上帝的认识。伯尔纳曾提出通达上帝之途乃是经过"观察""仰望"和心醉神迷之"神化"这三阶段。

　　圣维克多学派也认为了解上帝要靠神秘主义的洞见与沉思。对此，维克多的胡果描述了"灵魂之眼"的三个方面，认为其"肉体之眼"能看到"外在世界"，"理性之眼"能看到"独立自我"，而"沉思之眼"则能看到"内在上帝"。但他声称世人因犯罪而失去沉思之眼的光明，所以有必要信仰那已无法看到的神圣实在。维克多的理查则进而阐述了六种"沉思的类型"：一是基于可见之物的形状与形象；二是基于每一事物的起源、存在方式及其作用来窥探上帝的奥秘；三是基于可见之物的类似性来达到对不可见之物的洞见；四是基于仅用作精神把握的抽象洞观来揭示那些不可见的本质存在；五是基于上帝的启示而领悟神性本质；六是基于上帝光照的精神感染力而体会那人类理性本难以理喻的神"三位一体"之奥妙。

爱克哈特则坚持，人神之所以能够合一，其奥秘就在于灵魂所具有的神性。灵魂乃是神性本质的反映，它作为其所属部分而与上帝相似。因此，"在灵魂的根基中隐匿着上帝"。于是，神人之间的无限距离得以超越。上帝之基即人的基础，人具有与上帝相似的本质，享有上帝的光照和特性，可以达到与上帝的同化、合一。爱克哈特还认为上帝乃万物之源与本在，上帝不仅仅是存在物的创造者，而且也是存在物之中的存在，万物均享有神性。这种观点对近代欧洲的泛神论有着直接的启发。

库萨的尼古拉在其"有学识的无知"中更是强调，要认识冥冥之中本不可把握的上帝，只能靠"神秘的仰望""心灵的体验"，他用"绝对的无限""绝对的统一""绝对的极大""无限的创造力""存在与认识之源"等术语来解释上帝，认为上帝三位一体的本质就体现在其"统一、相同、关联"之中。在谈到上帝与宇宙的关系时，他指出宇宙乃是上帝的"缩影"和"复写"，它以其最大的可能性再现出上帝之绝对极大，而上帝之中所蕴藏的内容展开则成为宇宙。宇宙乃上帝之书，上帝通过宇宙而间接显现了自己。人按其本质而言也具有神性，可以通过认识宇宙之途来认识上帝，达到人的"神化"。库萨的尼古拉对"无限"意义上宇宙与上帝的认识，其所对绝对与相对之间"对立统一"（coincidentia oppositorum）的洞见，都超越了他所处时代的思想水平，代表着欧洲中世纪宗教哲学发展出现了影响深远的理论突破。

柏拉图—奥古斯丁传统的宗教哲学以阐述信仰与理性的关系和论证上帝的存在为特色。被视为"最后一个教父和最早一个经院哲学家"的安瑟伦继承了奥古斯丁有关理智与信仰结合、在信仰指导下追求真知的思想，在强调理性基于信仰的前提下极力推崇理性为信仰作出证明。其"信仰以求理解"的名言实质上也要求对信仰加以理性的深入思考和检验。他在《独白篇》和《论道篇》中先后提出了关于上帝存在的本体论证明。《独白篇》中的证明是从"众善"的存在而推论"善"之本体"最高之善"的存在,从自然事物的存在等级而推至"存在"本体"最高存在",即存在本身的真实可信。《论道篇》中的证明则是从纯然概念而推论出上帝的存在。这一证明因被反对者斥为语义上的"同语反复"和逻辑上的"自证自明"或"不证而明"而一直是欧洲思想史上争论不休的悬案,但其争论所涉及的理性认识中不同范畴、不同尺度和不同层次的混用却引起了人们的注意和沉思。

波那文吐拉是中世纪哲学中柏拉图—奥古斯丁体系的集大成者,他为方济各会最著名的思想家,当时曾与阿奎那并立,共同影响了中世纪全盛时期的宗教哲学。在波那文吐拉看来,理性需要信仰的光照,它只有借此才能继续其对世界本原的探究,达到其对上帝的认识。人的这种认识不是一蹴而就的,需要逐层逐级地一步步上升。他为此提出了人认主近神达到"神化"的六个上升阶段:

第一阶段是通过反射造物主权威、智慧和慈善的受造事物之镜而认识上帝,在此,人的灵魂对可以感知的事物世界进行了窥视;第二阶段是不仅追踪有限之物的痕迹,而且悟出其所喻示的上帝权力和存在;第三阶段则根据类比方法,从人的"记忆、理解与意志"来推论上帝的三位一体存在;第四阶段为人的灵魂通过"信、望、爱"这神学三美德来仰视超越人世的第一本原,内观心灵深处的信仰本因;第五阶段为一种基于精神的本质洞观,即灵魂根据有关存在的思想,并从其本质关联上达到上帝乃"纯然存在""绝对存在"的观念;第六阶段则靠精神之悟所达到的完善来完成人的"神化",领会上帝神圣、至福的三位一体。

可以说,波那文吐拉的哲学是基督宗教神学超然论与内在论的统一、唯理主义与神秘主义的结合。

通过伊斯兰教和犹太教哲学思潮的媒介,亚里士多德的思辨体系在欧洲中世纪宗教哲学中获得了新生和拓展。它不仅为经院哲学注入了阵阵清风和勃勃生机,而且形成了当时基督宗教哲学中的最大阵容。中世纪犹太哲学以迈蒙尼德著述最丰、影响最大，起过沟通古代文明与中世纪思想的中介作用。在亚里士多德思辨精神感染下，阿伯拉尔提出其"怀疑"原则，认为"怀疑把我们引向研究，研究使我们认识真理"。因此，认神之途乃是"理解而后信仰"。这种理论无疑增强了哲理在神学之思中的价值和意义。

中世纪经院哲学泰斗托马斯·阿奎那运用亚里士多德关于"第一推动者""第一因"和"宇宙究极目的"等理论来构建其体系，扬弃了柏拉图的理念论和奥古斯丁的上帝神秘光照论，认为哲学的"理性真理"并不与神学的"启示真理"相矛盾。但阿奎那觉得安瑟伦把认神的方向弄反了，他批评安瑟伦《论道篇》中的"本体论证明"是从"本原""起因"出发来探究，结果无法深入下去；况且"理解中的存在"虽然也意喻着其真实性，仍必须与"真实中的存在"严格区分，不能相混。这样，安瑟伦的证明就无济于事，用"上帝之名"（概念）来证明上帝的"存在"实质上等于什么都没有说。在阿奎那看来，上帝证明是可行的，但正确之途必须是从其"影响""作用"来出发。人们不可能直接认识到上帝的概念，只有通过上帝那为人熟知的创造物和作用力来间接认识上帝的存在。人们可以对这些受造之物、有限存在进行理性证明，从而达到对上帝的某种有限和相对认识。总之，上帝的概念不是证明的前提，而应为其结论。

阿奎那按照从"有限""相对"而不从"无限""绝对"出发的原则，在其《神学大全》中提出了被称为"宇宙论""目的论"（或"设计论"）的上帝存在之五种证明：第一是从运动来证明，即从运动的外在推动而推论出一个自己不受推动的推动者；第二是从因果关系证明，即从因与果之链而推至最初因（"始因"）；第三是从可能与必然来证明，即从事物的可能性、偶然性而推论出必然性乃至最初的必然存在；第四是从比较关系和等级程度来证明，即从相对性推至其绝对性存在前提，从较低级存在程度推至其最高级存在；第五是从事物的设计、控制与目的来证明，即从世界万物的井然有序、均衡有律来推论出其总的设计、控制和目的。这一论证体系显得比安瑟伦的"本体论证明"更为完善、周密和严谨。但他的五种证明都有一个共同的前提，即断言上述因果之链绝不可能无限回溯、无穷无尽，而是必然能推至其开端、始因或"太一"。从逻辑原则和理性推论来看，这一断言却不能令人满意或得到公认。

自阿奎那之后，亚里士多德的思辨之魂仍广有影响。后期经院哲学家邓斯·司各脱依此而宣称形而上学主要适用于上帝的问题，即提出了对"存在""本体"之本质的认识问题。这种最高存在及本体就是上帝，上帝在形而上学中被作为第一存在和无限存在而得以理解。当然，司各脱也承认，通过人之自然理性所达到的上帝概念仍是很不完善的。最后，奥卡姆以其经验论和怀疑论而结束了中世纪经院哲学的漫长历史。他强调真正的认识乃是"直接"而"直观"的认识，但这种认识不可能应用于上帝，因为人们绝不能"直观"上帝，从上帝"自身"认识到其"统一""本原""无限""绝对极大""尽善尽美"。所以说，人们常言的上帝之全知、全能与全在不是基于其理性的证明，而是出乎其信仰的确认。奥卡姆的经验论和怀疑论为神学与哲学的分道扬镳提供了理论前提，从而在一定意义上宣告了中世纪传统哲学神学的终结，预示了近代欧洲独立自存之宗教哲学的诞生。

四 欧洲近代宗教哲学

中世纪经院哲学中的怀疑论和"双重真理说"最终迎来了欧洲近代哲学的完全独立，从而也为不以神学教义为前提的、自成体系的宗教哲学之诞生创造了条件并提供了可能。可以说，这一层次上的欧洲宗教哲学基本上是在其近代思想史中奠立起框架结构的，其特点是对宗教命题的哲学审视和对神明问题的思辨探讨，而其出发点则是从人的认识能力、从整个自然的体系以及从人在自然中的位置来看神人关系，因此有着鲜明的主体性和突出的人本主义倾向。由于近代批判精神对传统上帝观和有神论的诘难，以及人们开始从更广远的社会视野和文化氛围来探究宗教问题的实质意蕴，所以传统意义上的哲学神学已不可能涵盖近代宗教哲学的繁复整体，而只是作为其某一个方面或研究领域来继续存在。

这样，上帝问题虽然作为宗教哲学的核心问题而仍是其研究的永恒主题，却已不再代替其整个体系，也不再界定其整个研究。也就是说，宗教哲学不只是停留在其传统的神学及形而上学意义上，而是不断获得其在文化学、社会学、历史学、民族学、人类学、语义学、符号学、解释学等层次上的丰富意义。若要真正把握近现代欧洲宗教哲学的脉络神髓，就应看到其超然与内在相糅、遐思共慎究交融这种既和谐统一又多元分化的辩证发展。

欧洲近代宗教哲学始于笛卡尔（René Descartes）主体论的唯理主义宗教观。诚然，笛卡尔体系所关涉的宗教核心问题仍是"上帝的观念""上帝的概念"，以及"上帝存在的主体论证明"，但传统意义的"上帝"主题在实质上已被"人"之主题所取代，"人"作为存在与认识的主体乃已成为宗教哲学问题的对象和探究上帝存在的出发点。换言之，人之自我确定性乃是一切哲学沉思的基础。这样，笛卡尔师承奥古斯丁"我怀疑，所以我存在"的原则，提出了"我思想，所以我存在"（"我思故我在"）的名言，从而使古代苏格拉底主体哲学之萌芽在近代欧洲得到更高层次上和更新意义上的全面展开。在笛卡尔看来，上帝的存在首先并非因其自身而需要证明，这一证明乃是出于人之"我"寻求其在世界关联中之确定性及其真实意义的目的与企图。因此，"上帝"乃是人确立世界意义的原则与标尺。

笛卡尔把上帝视为最完善的实体，这一理解即得自其理性认识的怀疑原则。他认为，当人们注意到自己的怀疑时，就意识到人乃不完满和有所依赖的存在物，同时也就感悟出一种完满本性或实体之存在。但这种完满实体的观念既不可能出自虚无，也不可能源于有限且不完满的人之"我"，"因为要从虚无中捏造出这个观点，那是显然不可能的事。因为说比较完满的东西出于并且依赖于比较不完满的东西，其矛盾实在不下于说有某种东西是从虚无中产生的，所以，我是不能够从我自己把这个观念造出来的；因此只能说，是由一个真正比我更完满的本性把这个观念放进我心里来的，而且这个本性具有我所能想到的一切完满性，就是说，简单一句话，它就是上帝"。① 这样，笛卡尔又转入了安瑟伦本体论推理的怪圈，即从上帝的概念来证明上帝的存在。人必须把上帝想象为最完善的本质，而最完善的本质理应包括其存在，因为存在本身乃是这种完善不可或缺的组成部分。所以，存在正是上帝的基本属性之一。

笛卡尔的主体论宗教哲学以其独有的魅力而达到了一定程度上的普泛化。人们把眼光从天上收回人间，其兴趣也开始从超然转向自然。从此，欧洲近代宗教哲学史上的自然神论、泛神论、神正论、情感神论、道德神论等学说也就应运而生。自然神论者认为，上帝作为"不动的推动者"或"第一推动力"给予自然决定性的推动之后即已遁隐在自然的幕后，听任自然按其规律继续发展，而人类的宗教正是这一自然发展的重要产物。泛神论者更是强调上帝在自然万物中的内在和体现。如斯宾诺莎（Baruch Spinoza）从世界万物的内在根源上来解释上帝，把世界理解为内在于上帝的存在。他认为上帝是绝对无限的实体，其本质上就已必然地包含了其存在；在宇宙间只有一个实体存在着，它绝对无限，具有无限之"多"的属性，其中每一属性又各自表示出永恒无限之本质。除了上帝这一万有实体之外，不能再有任何实体，也不能设想还有任何实体；上帝是真实存在的唯一实体，其"唯一"性即已包蕴、代表着宇宙或自然的存在。自然神论、泛神论的这些表述曾被视为欧洲近代无神论的最早表现形式，促成了此后真正无神论的发展。

莱布尼茨（Gottfried Wilhelm von Leibniz）也从世界上邪恶的存在而提出其神正论。他坚持物质世界是由无限之多的"单子"所组成，而上帝是最高的单子，即单子中的单子，其他单子也为上帝的"闪耀"或"显现"。单子论决定了他有关上帝存在的所谓"前定和谐说论证"，但这已是某种泛神论思想。在此基础上他解释了上帝所创造的世界为何会不完善、存有邪念，认为这是因为上帝不会借有限的形式来无限表现

---

① 《西方哲学原著选读》上卷，商务印书馆 1983 年版，第 375 页。

其本性，以免由此取消无限与有限之间的区别及距离。人世的邪恶正像图画中的阴影一样更加衬托出善与美的存在，更有利于使好的东西得到突出展现。莱布尼茨的神正论对于这一神学难题的解答仅仅提供了一种权宜之计，其矛盾虽经历代宗教哲学家们的苦思冥想却始终未获理想的答案。莱布尼茨还在其体系中提出了人认识上帝及其宗教发展的阶段论：人作为有限存在不可能对于作为最高单子的上帝构成完全清楚的观念，而人们认识上帝所达到的清晰或模糊程度的不同，也就决定了其宗教发展上或高或低之阶段的不一。这一时期，莱布尼茨还因二进位的讨论而通过来华耶稣会传教士展开了与中国古老哲学智慧的对话。

不过，同处理性时代的帕斯卡尔（Blaise Pascal）却独辟蹊径，一反学界贤达众所推崇的唯理论，不愿陷入关涉上帝存在的烦琐论证和逻辑推断，而强调对上帝的认识基于人们强烈的情感和其心灵中与理性迥异的"优雅精神"。这种感受使帕斯卡尔对宇宙及人生的认识更加深沉、更加真挚，也使上帝问题与人生问题发生了更为密切、更为直接的关系。虽然，帕斯卡尔在宗教探究中对于人之激情的偏爱与强调使其闪光而深邃的思想很少见之于正统哲学史学家们的笔录，但其富有魅力的灵性精神却使在这一专门领域探奥洞幽的宗教哲学家们难以忘怀，意识到一种宗教神秘主义在欧洲近代理性时代的复活。其《思想录》为"心之理性"的浪漫思潮和注重情感的信仰精神提供了思路和启迪。

康德（Immanuel Kant）的批判哲学为近代欧洲宗教哲学的发展树立起一块全新的里程碑。他敏锐地看到，作为形而上学研究对象的"上帝存在""灵魂不朽"和"意志自由"等命题在纯粹理性的范畴中会出现"二律背反"之现象，从而使人的理性能力束手无策，也使形而上学陷入绝境。为此，他意味深长地提出了"我们能够知道什么"这一人的认识能力问题，并展示了对上帝存在之"本体论证明""宇宙论证明"和"物理神学证明"的批判。本体论证明宣称，上帝的存在已从其"最完备最实在之存在者"这一概念上得到必然性证明。但康德认为，那包含最为完备之现实性的上帝概念并不必然蕴含存在，从最实在之物的概念中也推不出其存在，存在于此绝非这一概念逻辑上顺理成章的谓语。

宇宙论证明坚持，如果某物存在，那么绝对必然者必定存在，即上帝存在，但康德指出，这一证明是从偶发性或偶然性到终极原因的论断，它以不能无限回溯其因果联系，必然推至"第一因"为前提。然而，即使人们承认绝对必然者真实存在，也不可能从某一偶然存在者那儿以其逻辑必然性来对之加以证明。必然存在者之概念并不代表这一事物的真实存在，更不能以此证明上帝的确切存在，这一企图不过是本体论证明的翻版而已。

物理神学证明（亦称"目的论证明"或"意匠说论证"）是从自然的目的推至自然的渊源及其特性，从宇宙的性质、秩序及安排来推论最高上帝的存在。但康德觉得这一论证最多也只能证明有一位宇宙设计师或建筑师，而不可能证明有一位"造物主"或"至高神"，这种通过类比而进行的推论绝不能确证上帝之存在。在对纯粹理性的批判中，康德强调，纯粹理性虽然能使人们形成"上帝""永生"和"自由"这些理念，却不能证明其实在性。因此，上帝概念不再具备形而上学和超越论的意义，而转为其实践上和内在论的意义。也就是说，上帝概念作为这种理念纯然为内在世界之究的主导概念，有着探究自然之普遍联系的实践意义，却失去其传统哲学神学思辨中的超验意义。

然而，康德并不到此为止。他虽在纯粹理性批判中驳斥了唯理神学，却又在实践理性批判中提出了令人深思的"我们应该做什么"这第二大问题，即为人们提供了指导其实践行为的道德神学原则。"上帝""众生"和"自由"等问题虽然不能得到科学意义上的证明，不是理性所能透彻讨论的问题，但仍有着实践和伦理上的真正价值。康德称它们为"绝对的实践原则""绝对命令"或"道德律"，并以此为前提来建构其宗教哲学体系。在他看来，确信上帝的存在乃是以人心中的道德律为基础。人的道德和幸福有机相联应该代表着最高之善，不过，在现实存在中往往不能确定道德与幸福的这种直接关联，没能显示出这种理想秩序的可靠性及必然性。因此，人的道德律必须"假设"上帝的存在，以其作为有可能实现最高之善的前提与保障。这一上帝之"假设",即康德关于上帝的"道德概念"。

为此,康德在批驳了上帝存在的本体论、宇宙论和物理神学证明之后,进而提出了他关于上帝存在的道德论证。他认为,人们不能从唯理意义上认识到"自在"的上帝,却可从道德意义上认识到"为我"的上帝。因为现实世界中道德与幸福并不相称,所以应该有一个全知、全善和全能的上帝来按照人的美德来分配幸福。同理,人们达到这一神圣幸福需要无穷无尽的时间,所以人的灵魂也应该是永生不朽的。这样,上帝虽不是知识的对象,却必须是信仰的对象。断定上帝的存在乃是道德的必然性,人们的敬神之举即一种"道德信仰"。这里,康德承认,"我必须扬弃知识,以便给信仰留出地盘",而人之宗教也正是其"哲学道德"的一部分。由此可见,上述道德律乃是康德关于上帝学说的根源和依据,以弥补以往知识论上对上帝难以自圆其说之不足。但是,这种道德基础使其上帝概念具有"假设"之特点,它虽然揭示出人之主体内在的宗教需求和抚慰,却丧失了哲学推理意义上的逻辑严密性和普遍有效性。由此,上帝存在从"理性之必然"转向了"心理之需求",康德关于"头上的星空""心中的道德律"之依赖则恰好泄露出了此天机。

施莱尔马赫(Friedrich Daniel Ernst Schleiermacher)的出发点同样是主体之人的内在感触而非形而上学的外在思辨。他不同意笛卡尔的唯理论,也反对康德的道德论。他认为,宗教的本质既非思想也非行为,而是体验与情感;宗教是人们对无限的意义渴求与审美情趣,是倾慕广袤宇宙的一种本能,是有限之人"绝对依赖的感情"。施莱尔马赫宣称"上帝"只是这个"宇宙"的同义词,它亦可表述为"无限"或"整体、唯一及一切的无限本质"。这种无限性包罗万象,它作为宇宙整体、无限多样之统一及其体系规律而被人理解。此外,他还强调无限宇宙与有限世界紧密相连,世界在其本质意义上乃与这个无限宇宙相一致,它表述并昭示了无限宇宙的绝对存在。因此,若专从有限存在之外去寻找无限存在,实乃虚幻之举,只能给人以假象和错觉。

宗教作为人之绝对依赖的感情正说明人已经意识到自己参与了无限

整体的存在，世人作为局部或有限存在而投入到整体与无限存在之中，与之合而为一，世界因而充满了神性，世人也因而达到了不朽。与此同时，施莱尔马赫也承认上帝观念与世界观念存有本质不同，即上帝为无时空性的统一体，而世界乃有时空性的多样体。所以说，他的体系乃是泛神论与哲学二元论和心理情感论的复杂结合。但值得一提的是，施莱尔马赫从心理、情感角度提出了对宗教的理解和研究，在此意义上，他不仅是浪漫主义神学的典型代表，而且也是西方宗教学体系的思想先驱，学界研究西方宗教学理论渊源一般会以施莱尔马赫为开端。

笛卡尔与康德的宗教哲学观同样也影响到费希特（Johann Gottlieb Fichte）、谢林（Friedrich Wilhelm Joseph von Schelling）等人的思想。费希特把上帝视为绝对原则和道德秩序，即至圣、至福、至能的本质存在，但他反对从"意识"及"人格"意义上谈论上帝。而且，他强调上帝的整体性和能动性，不同意把上帝理解为一成不变的存在或实体，而认为人们也只能去把握闪现上帝本质的那正在进行、流动不居的事件与行为。费希特倾向于以自我主体来探究外在客体，以其"外化"的努力来证实其与绝对自我的关联。谢林则开始其向主客体认识之统一的过渡。一方面，他把上帝视为绝对唯一的真实存在，称之为"绝对的真实""绝对的一切"。另一方面，他也认为上帝乃一"完全活生生的人格本质"，是处在"形成过程"之中的上帝。这样，谢林在对上帝的认识中不仅发现了"永恒的存在"，也发现了"永恒的形成"。谢林以天启哲学作为其宗教哲学体系，从进程、形成之宇宙发展来探讨世界与上帝的关系，他以具有艺术哲学气质的浪漫哲学来回归宗教，结果以天启哲学和神话哲学成为其归宿。

黑格尔（Georg Wilhelm Friedrich Hegel）作为西方哲学的体系大师最终完成了欧洲思想史上主、客体哲学的综合与统一，从而形成了二者相辅构成的有机"合题"。其宗教哲学承认宗教乃主体及主体意识对上帝的关系，但也指出了只把宗教视为主体所导致的片面性，因为"上帝"不仅仅为人们对其所展开的主体认识，而且有着其独立自在。黑格尔不否认在宗教中人们对上帝的设置与想象。因为他将宗教视为人类意识之举。但他认为这一举动最初却源自上帝的创举，宗教即上帝精神的产物、上帝影响的结果，而绝非人之发明创造。在他看来，宗教不仅表现为世人自下往上与上帝的关系，而且也反映了上帝自上往下与世人的关系。所以，上帝精神并非星空之外、世界之外的彼岸精神，而是此时此刻的现世精神，是精神世界之核心精神。在这种意义上，宗教乃是上帝作为绝对精神通过有限精神之媒介而进行的自我认识，上帝自然也就内在于人的一切认识之中。

因此，宗教以想象的形式而蕴含了实在的内容，而哲学则是将这一想象形式转换为观念形式的活动。从二者的关系来看，宗教乃人们通过上帝的影响进而达到关于上帝的意识，它可不含哲学内容而独立存在，但哲学却离不开宗教的意趣，必须将之摄入己体。而"哲学化"的过程正展示出有限之物归入无限、普通存在达其升华的辩证运动。黑格尔还强调，宗教哲学的任务就是对上帝存在加以证明，它关涉超然问题，因而乃一种超验哲学。这样，他又从更高层次上肯定了欧洲思想传统中关于上帝存在的各种唯理证明。

他指出，上帝作为"无限生命"，乃指万物皆生活在上帝之中，上帝是一切个体生命之源；上帝作为"绝对"，乃指主体与客体、思想与存在的绝对等同；上帝作为"真理"，乃指真理不仅在于主体认识，而且也在客观事物本身；上帝作为"绝对概念"，乃指它并非某个单一概念，而是概念本身，能总括一切创造性行为；上帝作为"绝对观念"，乃指它代表着无限现象世界之绝对而具体的观念，它既为万事万物的实体，又是创造、运动的主体；上帝作为"绝对精神"，乃指这种至高精神为一切存在至高、终极且具体的真理，它包摄万有、蕴含一切；上帝作为"绝对真实"，乃指它为一切真实的真实性，即真实存在之精髓。此外，上帝作为"永恒过程"还展示了无限与有限之间的运动，以及历史发展的意义；而上帝作为"绝对人格"也说明了其自我确定性的无限主体意义。

黑格尔在分析上帝存在的理性论证意义及不足时认为，宇宙论证明是以有限存在作为其出发点，而本性论证明则是以关于上帝的思想作为其出发点。据此，宇宙论证明从偶然达到了绝对必然，从有限达到了永恒无限。这种无限通过有限的媒介而表现其亲在与真实，有限之非在即无限之存在，有限按其本质绝无真实的存在，只有无限才是唯一整体。本体论证明也从概念推出了存在，即从上帝作为会自我实现之概念出发来论证其真正存在。这种推论对思辨哲学有着重要意义。黑格尔为安瑟伦辩护说，上帝的概念是"绝对概念"，是"自在自为"的概念；有限性概念的本质决定其概念与存在的脱节与分离，而绝对概念则以其必然包括原初的"存在与概念之统一"。因此安瑟伦的思想在其内容上是必然且真实的，只是其运用的论证形式尚有不足。他片面、孤立地看待自为存在与自为概念，过于突出了二者本没有的对立与分离，没能阐明"存在"只是上帝最微不足道的属性，是其最低层次、最为贫乏的抽象。

黑格尔的庞大体系使欧洲近代宗教哲学的发展达到了顶峰。此后，费尔巴哈（Ludwig Andreas Feuerbach）曾从人之类的本质来揭示上帝的本质，指出上帝概念不过是人格化的人之"类"的概念（即"类概念"），是人类本质的"投影"；上帝的意识实质上是人的自我意识，而上帝的认识也是人的自我认识，是人对其自我本质的认识。神学的奥秘即"人类学"。费尔巴哈坚持"人"是宗教的始端、中心点和尽头，结果发展出一种"人本主义的无神论"。但费尔巴哈对人的本质之认识有欠缺，故此马克思（Karl Marx）又分析出"人的本质"乃是"一切社会关系的总和"，并进一步阐明宗教乃是人之本质在幻想中的实现，从而创立了"科学的无神论"体系。费尔巴哈的人本学说和马克思的社会学说宣告了德国古典哲学的终结，也标志着欧洲宗教哲学的发展进入一个新的历史阶段。

五 西方现代宗教哲学

西方现代宗教哲学包括它在欧洲和北美的发展，这种哲学无论从体系上还是从方法论上都继续呈现多元发展的趋势。这样，对于宗教哲学的理解就有了不同的层次或彼此各异的侧重。概括而言，我们可以将之分为承袭近代欧洲哲学体系传统的宗教哲学、当代欧美流行的犹太宗教哲学、宗教学体系结构及意义中的宗教哲学、现代哲人创建宗教哲学体系的种种尝试，以及作为基督宗教神学之辅助学科的当代新教宗教哲学和天主教宗教哲学这几个方面的发展。

1. 传统宗教哲学的延续

从欧洲近代传统哲学体系发展而至的现代宗教哲学乃哲学领域的重要分支学科，它与法律哲学、政治哲学、科学哲学、教育哲学、文化哲学、艺术哲学、道德哲学和历史哲学等并列共存，为哲学学科具体化和专门化的结果。其宗教哲学的内容为哲学家对人之宗教信仰及其行为的剖析、阐释，其代表人物有尼采（Friedrich Nietzsche）、克尔凯郭尔（Søren Kierkegaard）、海德格尔（Martin Heidegger）、胡塞尔（Edmund Husserl）、布洛赫（Ernst Bloch）和维特根斯坦（Ludwig Wittgenstein）等著名哲学家。他们对宗教的审视各不相同，其视野、立论、言辞、评断也大为迥异。尼采是从虚无主义的角度来宣告欧洲形而上学传统的危机，对人们的宗教经历和上帝认识作出否定评判。他声称上帝是人之"虚荣""权欲""急躁""惊恐"和"幻想"的表现，是人的"创造"与"发现"，上帝作为"人之造物"正体现出"人之疯狂"和人之僭越，反映了"人生中的巨大矛盾"和"对人生的逃遁"态度。因此宗教属于人的"错谬心理"，是人在歇斯底里时的一种心醉神迷。他以"上帝死了"来宣告欧洲传统宗教意识的崩溃和"虚无主义无神论"的诞生，试图以此来摧毁长期在西方起着垄断作用的基督教世界观体系。

海德格尔分析说："尼采用虚无主义命名他最先认清的、业已支配前几个世纪并决定今后一个世纪的历史运动，他在下述简短命题中归纳了对这个运动的最重要解释：'上帝死了'。这就是说，'基督教的上帝'丧失了它对存在者和对人的规定性的权力。'基督教的上帝'既是'超感性事物'及其各种含义的主导观念，也是'理想'和'规范'、'原则'和'规则'、'目的'和'价值'的主导观念，它们被凌驾于存在者之上，为存在者整体'提供'一个目标、一种秩序以及（如同人们简明地说的）一个'意义'。虚无主义是这样一个历史运动，通过它，'超感性事物'的统治崩溃和废除了，使得存在者本身也丧失了其价值和意义。"① 针对尼采的虚无主义，海德格尔从存在主义的眼光来加以反驳，在"从虚无中体验存在"这一意义上道出了自己的深邃见解。他认为，必须首先证明其存在的上帝归根结底不是上帝，而关于其存在的证明也只能是亵渎神明之举。若是这种类型的神明，人们既不能对之祈祷，也不可为之献祭。

海德格尔还从哲学家的角度谈起"信仰的绝对性"与"思想的怀疑性"乃是两个全然不同的领域。从理性意义来讲，无论是神学、基督宗教信仰还是哲学，今日在思想领域中都应对上帝问题采取沉默的态度。而从存在意义上来讲，人们却可以借助于存在之光而洞见作为最高存在的上帝，获得存在者存在的勇气，并使欧洲的超越思考与形上追索得以重建。他为人们否定上帝感到失望，认为在现代西方社会所处的无根基、无依托的时代，"只还有一个上帝能救度我们"，希望人们在思与诗中为上帝的出现做准备，使人的此在实存与永恒存在相关联。

基于欧洲近代哲学传统，宗教哲学在北美亦有明显发展。20世纪北美宗教哲学家在传统哲学命题中发掘新意，就信仰与理性、宗教与科学、教理与语义、精神与肉体、存在与意识、时限与永恒、神迹与神秘体验、道德与价值、神学教义与哲学推断、直觉感悟与逻辑论证、善与恶、生与死、单一与多元，以及上帝的存在、属性和证明等问题展开了系统讨论，试图对宗教的存在尤其是基督宗教的存在意义加以哲学层面上的辩护。除了天主教、基督新教神学界的著名思想家和宗教哲学家之外，一批以哲学领域为主要学术范围的北美学者开始向宗教哲学侧重，并将其主旨体现在对基督宗教信仰的哲学论证和理性辩解上。如普兰廷格（Alvin Plantinga）、沃特斯托夫（Nicholas Wolterstorff）、斯图尔德（Melville Y. Stewart）、彼得森（Michael Peterson）、哈斯克（William Hasker）、斯温伯瑞（Richard Swinburne）、赖兴巴赫（Bruce Reichenbach）和贝辛杰（David Basinger）等人在其论述中亦运用了现代哲学发展中逻辑实证主义、语义哲学、分析哲学、解释学、科学哲学、存在

---

① 转引自周国平《尼采与形而上学》，湖南教育出版社1990年版，第9页。

主义、现象学、后现代主义等最新理论及方法，从而极大地丰富了现代西方宗教哲学的体系和内涵。

2. 当代犹太宗教哲学

当代犹太哲学的发展以柯亨（Hermann Cohen）、罗森茨魏格（Franz Rosenzweig）、布伯（Martin Buber）、拜克（Leo Baeck）、海舍尔（Abraham Joshua Heschel）、开普兰（Mordecai M. Kaplan）、列维纳斯（Emmanuel Levinas）为代表，其思想在现今欧美宗教哲学中亦占有重要地位。

柯亨曾将犹太教思想内容与康德世界观相结合，从而创立了新康德主义的马堡学派。但他后来又回返犹太哲学，提出其"理性宗教"的观念，以理性作为上帝与人类之间"相互关系"的核心，对绝对一神教重新加以解释，主张同化主义的一神教和弥赛亚式的普世主义，由此试图协调犹太民族与当代人类整体。

罗森茨魏格认为，西方文化只是与犹太教和基督宗教紧密相连，因为二教中"创世""启示""救赎"这三种观念已为西方的发展指出了正确之途。他曾一度相信黑格尔所言基督宗教乃宗教发展的最高阶段，但随之而来的政治变化和第一次世界大战的爆发，使他对黑格尔的历史哲学与国家学说产生怀疑并加以摒弃。他的宗教探讨是以死亡问题为出发点，他感到哲学思辨并不能使人们从对死亡的恐惧中解脱出来，因此，人之灵性对上帝的信任、依赖就显得特别重要。他指出，死亡并不意味着人走入坟墓，而是其永恒生命的开端，对死亡的沉思深究乃为人之超越思考和灵性追求的始基。因此，一切存在的基本因素都是"上帝""世界"与"人类"，这三者在神话中各自并列，而哲学则试图通过抽象思辨来进行归总把握，用概念来对之统一定述。

因此，一切哲学流派的区别都不外乎将其中二位归属于第三位，从而达到一元整体。它们或是用"上帝"或是用"世界"或是用"人类"来解释一切，并使之万流归宗。罗森茨魏格觉得，这种抽象把握宇宙的企图乃反映出哲学家的自以为是、骄横狂妄，但实际上它在面对变幻无穷的大千世界时却会失之迷惘，茫然而不知所措。因此，认识宇宙的可行之途仍是看到"上帝""世界"与"人类"的并存及本质不同。

布伯是当代最著名的犹太哲学家，其"我—你"关系论及"对话"体系的构设曾对世界当代思潮产生过广远影响。他认为，"我—你"与"我—它"反映了人的存在的两种形式，以及人与上帝的两种关系。其中，"我—你"关系是一种亲密共存、相互信任的关系，而"我—它"关系则是占有利用、冷漠不平的关系。"我的它"是待人如物，使人投于我、隶属我、服从我、为我所占有；"我的你"是待人如己，使人向于我、与我平等、和我并立、同我对话。在人与上帝的关系上，作为"我"的人若把上帝视为"它"，就会觉得上帝乃对人世漠不关心的彼岸超然之存在，感到彼此之间的疏远和隔绝。而世人以理性论证上帝存在也正是以"我—它"的观点来看待上帝，即把上帝当作事物、当作其研究对象。布伯强调，上帝不是"它"而是"永恒的你"，"人—神"关系应该是"我—你"关系，即人神彼此的相关、相遇和对话；它消除了二者疏远、漠然之态而达到一种贴近、亲临之感。这种理论曾使布伯获得人道主义宗教哲学家之称。

拜克对犹太教古典神学、东方哲学加以现代精神的解释，其思想有着从理性主义到存在主义的转型，认为犹太教并非思辨之术，而乃实践之存，其特点就是基于人类生活之在而追求超越。为此，他强调要把理性之维与生存体验有机结合，从变幻的现实中找寻永恒的价值，使内在与超越和谐一致。在为犹太教辩护中，他指出其民族宗教的优杰就在于它体现出犹太民族深刻的思想底蕴、强烈的历史意识、透彻的社会洞观、成熟的内在自我，而犹太教那机敏、感人的警句和告诫并不形成固定不变的教义、信条，却成为其生活实践中体现德行的智慧、启迪。这样，没有系统化教条的犹太教则能恒久存在、与时常新，成为普世主义宗教的典范。

海舍尔从关心社会政治活动而走向对人的特别注重，在对人的真实存在状况及其精神需求中体悟人的意义及本质，从而质疑任何理性主义、科学主义的人性解读。对人不应该从物质层面来询问"人是什么?",而应从其存在处境、社会状态来追问"人是谁?"。物质层面、物理特征的人与动物毫无区别,但社会层面、经济关系中的人则有其本质即人性问题。在对人的自我理解、自我判断中,海舍尔注意到人在寻求"有意义的存在",而这种价值观则反映出人对自我的超越,恰恰是这种"超越的欲望"使人在四周虚空的存在中得到自我内在的充实。反观有限自我,人在寻找超越存在时就走向了上帝,体现出宗教的意蕴。在海舍尔看来,希腊理性传统是人寻觅上帝,而希伯来神秘传统则截然不同,其所强调的是一种逆反的路径,这就是对寻觅世人之上帝的体悟和感动。犹太宗教的超越性正是彰显其对这一觅人之上帝的绝对信奉和敬慕。

开普兰从一种"新文明"的需求来重新审视犹太教,对之有着更为宽广的理解,认为其文明乃涵括地域、历史、文学、语言、社会结构、社团组织、公共规矩、通行习俗、民间约束、行为准则、精神理想、审美价值等元素,宗教是文明整体中的有机构成,但并不代表其文明的全部。他指出犹太教是犹太文明的重要构成,而且始终是其辉煌所在,因此犹太民族必须保持其宗教民族的特点,只有在这种宗教感中才能真正找到"世界一体"和"人类精神一体"的真实感觉。开普兰在对宗教所信奉的上帝之理解中,强调了这一终极实在与宇宙和人类的内在关联,也就是说,上帝乃宇宙中内在的生命力,宇宙并非超自然的领域,却为真实存在;同理,人类生命之展开和发展也离不开上帝,人的生存与升华乃依于上帝的存在,人在其生命体悟中获知上帝,并视上帝为人生的必然要求。所以,宗教不是简单的哲学说理,而乃丰富的生活实践,宗教哲学则正是从这种实践中"经过反思而获得的世界观",从而与作为群体宗教发展来理解的历史宗教形成区别;当然二者之间亦有关联,宗教哲学即从历史宗教的具体性中抽象、提炼出的一般性、整合性原理。开普兰在其理论学说中尝试了重建派犹太教的革新努力,但其实际效果并不理想,并没有获得普遍的接受和赞同。

列维纳斯虽然从小受到犹太文化的熏陶,其视域却更为开阔,对西方哲学有着普遍探究,因此人们习惯上将其思想与当代德法现象学、存在主义、后现代主义理论等相关联，而不强调其犹太宗教哲学之定位。不过，在列维纳斯的思想根基中，显然有着希伯来思想与希腊思想这两大精神传统的融通，其犹太宗教思想的痕迹亦颇为明显。他对犹太教的理解在其思考中有着特别的关注，亦占有其哲学著作中的一定比重，因此有人认为"列维纳斯所有关键的哲学概念都可以在他的犹太教著作中找到"。① 在他看来，犹太教的根源对于现代世界仍有着不可缺少的重要性，为此他特别强调犹太教在西方基督教世界中的独立身份和不可取代的地位，指出"犹太教有其自身活生生的文化与传统"，而且代表着"一种有着普遍意义的伦理人本主义的典范"。② 作为20世纪最著名的犹太思想家之一，列维纳斯特别提到了犹太一神教的意义，认为这是宗教成熟的典型表现，由此而否定了偶像崇拜、超越了无神论。他认为，犹太一神论不仅仅是用单独一个最高的神来取代众多的神，"一神教标志着与某种神圣物概念的决裂。它不会统一无数的、超自然的众神，也不会给它们排列等级；相反它否定它们"。在此他宣称犹太教与无神论非常接近，"犹太教使世界去魅，它反对这样一种观念，即各种宗教显然是从热情和圣物之中发展出来的。这些形式的人类启示的任何攻击性回归，对犹太教来说仍旧是陌生的。它把它们斥为偶像崇拜的本质"。按照列维纳斯的解释，"一神论之所以是无神论，仅仅是就它不接受对神的某种解释而言。一神论拒绝接受世界上栖居着众神的观念"，犹太一神教在历史上的作用则是"创造一类人，他生活在一个非神秘化的、去魅的世界"。③ 与偶像崇拜的众神论相比较，列维纳斯觉得犹太教按其本质更接近于无神论，"无神论是内在于一神论事业的一种可能性。犹太教在反对和否定神话与偶像崇拜的众神之后（或同时），找到了上帝。否定与信仰走到了一起；因此，与偶像崇拜相比，无神论只是半个错误"，按照他的立场，"无神论要比给予神话诸神的

---

① 参见柯林·戴维斯《列维纳斯》，江苏人民出版社2006年版，第102页。
② 同上书，第109页。
③ 同上书，第111页。

虔诚好","一神论超越并包含无神论"。① 其实,这一理解实际上又回到了古希腊时期对"多神"之"无"或绝对"无神"的争论及界说。宗教哲学中的"神"论问题始终是争论的焦点之一。

3. 当代宗教哲学发展的新潮流

近百年来,随着西方宗教学的崛起与发展,人们对于宗教哲学与宗教学的关系,以及宗教哲学的归属问题展开了激烈的讨论与争辩。强调纯经验观察之意义的宗教学者们不同意将关涉价值评断与本质界说的宗教哲学归入宗教学体系,仍旧把它仅仅视为哲学的分支学科。然而,也有不少学者认为,不包含宗教哲学的宗教学既有着其研究内容上的先天性不足,也有着其研究体系上的重大缺陷。因此,研究宗教根本问题的宗教哲学不应被排斥在宗教学体系之外,而应与宗教社会学、宗教史学、宗教心理学等一样并列为宗教学的分支学科,共同组成宗教学的内在结构和外在形貌。当然,作为宗教学分支的宗教哲学也有其与欧洲哲学传统不同的一些新特点。例如,这种宗教哲学与宗教现象学探讨有着某些历史渊源关系和结构内在联系,它肇端于哲学现象学与经验宗教学的相遇和融合,是二者综合之产物。这种传统从奥托一直延续到伊利亚德,在宗教学领域中曾兴起种种思潮与运动。

宗教哲学在宗教学领域中还开始了其不同体系及不同流派的创建,形成今日西方宗教哲学的新发展和新动向。这种创建体系的尝试始于20世纪初倭铿(Rudolf Eucken)、肖尔茨(H. Scholz)、哈特曼(E. V. Hartmann)等人的宗教哲学理论,后在施特费斯(J. P. Steffes)、亨塞尔(P. Hensel)、赫森(Johannes Hessen)、霍尔姆(S. Holm)、耶尔克(R. Jelke)、曼恩(U. Mann)、希克(John Hick)、舍费勒尔(R. Schaeffler)、魏舍德尔(W. Weischedel)、杜普瑞(Wilhelm Dupré)、特里尔哈斯(W. Trillhaas)、胡伯林(Hubertus G. Hubbeling)、施勒特(H. R. Schlette)、施罗特尔(H. Schrödter)、瓦尔登非尔斯(Hans Waldenfels)等人的探讨中充分展现,蔚为大观。上述学者各自阐述了宗教

---

① 参见柯林·戴维斯《列维纳斯》,江苏人民出版社 2006 年版,第 113—114 页。

哲学之不同类型及体系结构的可能性,并为宗教哲学确定了研究方法、方向、范围、对象、主题、内容及任务。而希克关于"终极实在"的跨宗教、跨文化理解,及其倡导的宗教"对话"也为当代思想界增加了"宗教哲学对话"立意,形成了全球的思想对话发展。

从宗教哲学的类型来看,它大体上分为如下七类:
(1) 证明上帝之存在的宗教哲学;
(2) 作为神学之哲学辩护的宗教哲学;
(3) 作为宗教理论之哲学论证及思辨升华的宗教哲学;
(4) 对宗教世界观展开各种批评的宗教哲学;
(5) 对宗教加以现象学探讨的宗教哲学;
(6) 作为宗教之批评性释义学的宗教哲学;
(7) 对宗教语言加以结构分析的宗教哲学(即语义分析类宗教哲学)。

从宗教哲学的体系来看,它包括有认识论、对象论、接受论、构成论和简括论等立意与取向,从而构成宗教哲学的思辨体系、经院体系(或新经院哲学体系)、唯心体系(或新唯心论体系)、文化史体系、比较文化体系、怀疑体系、批判体系,以及分析体系等。其中施勒特的"怀疑派宗教哲学"、施罗特尔的"分析派宗教哲学"和瓦尔登菲尔斯的"比较文化派宗教哲学"代表着欧洲当代宗教哲学发展的新趋势,其标新立异已开始引起人们的注意与重视。

从宗教哲学的对象来看,它关涉宗教的真理、宗教的本质、上帝证明的意义、哲学与神学的关系、思想与信仰的区别、理性认识在宗教信仰中的作用与地位以及宗教与哲学、政治、道德、艺术和文化的关系等问题。从宗教哲学的主题来看,它探究"宗教性"的标准和范畴、宗教概念或定义、宗教及神秘经历、宗教的神话、象征与意义、人神关系、哲学神论(即论及上帝的概念与证明)、宗教的逻辑、宗教的本质、其生存方式及其真实性、宗教的文化意义与审美意义等。

从宗教哲学的内容来看,杜普瑞也曾在其《宗教哲学导论》中概括出如下十二个方面:

（1）它根据宗教与形而上学的关系来探究宗教中所包蕴的基本哲学含义；

（2）从认识论上来把握宗教信仰与宗教体验问题；

（3）对宗教及其象征加以范畴归类之分析；

（4）探讨宗教、神话及其象征的文化关联与渊源；

（5）解答上帝问题（如上帝的属性、上帝的存在、人对上帝的认识、证明、信仰、怀疑或否定等）及其在哲学与文化范围中的内涵和寓意，其中即包括有神、无神之论；

（6）把握人类历史的宗教影响及其信仰特色；

（7）研究宗教产生与消亡的历史意义及其与人类文化发展史的复杂关系；

（8）确定宗教意识以及由此形成的神学理论在整个人类思想史、精神史中的地位；

（9）评断宗教哲学所属之宗教学在科学理论上和文化历史上的意义与价值；

（10）解释宗教与意识形态、宗教批评，以及与世界观问题的关系；

（11）阐述"宗教之人"在整个人类社会中的构成问题，并说明它所引起的人类各族在道德伦理、政治体制、思想气质、经济文化等方面的区别与特征；

（12）领会宗教对于人类存在本身及其体认真理过程的实际意义。

这些不同层次及视野的宗教哲学探讨不仅深化了人们对宗教的认识和理解，而且也使现代西方宗教哲学具有更加鲜明的个性特色和严谨缜密的理论体系。总之，上述宗教哲学系统已经跳出了传统的审视与思路，形成琳琅满目、美不胜收的现代学术景观，给人以耳目一新的感觉和张扬性灵的启迪。

西方基督宗教哲学在现代亦有全面的发展。它虽以基督宗教神学之辅助学科的面貌出现，却在整个西方宗教哲学中占有举足轻重的地位，并在一定程度上影响甚至决定它在当代社会的发展变化。由于这种宗教哲学与基督宗教神学的叠合或互渗，它成为颇为独特的跨学科研究，有着在哲学、宗教学和神学中的复杂定位。

当代基督宗教哲学主要包括20世纪以来新教和天主教宗教哲学的理论发展及体系创建。东正教哲学亦有其体系及代表，但从总体上对西方社会影响不大。限于篇幅，我们对之不能详述，只得一笔带过。

20世纪新教哲学始于对宗教学的思想先驱、德国新教哲学家施莱尔马赫的研究，布朗特（Richard B. Brandt）曾于1940年在英美发表《施莱尔马赫的哲学》一书，此间形成了布鲁内尔（Emil Brunner）、巴特（Karl Barth）、布尔特曼（Rudolf Bultmann）、蒂利希（Paul Tillich）、尼布尔（Reinhold Niebuhr）、怀特海（Alfred North Whitehead）、麦奎利（John Macquarrie）、希克、埃贝林（Gerhard Ebeling）、潘内伯格（Wolfhart Pannenberg）、曼恩、戈尔维茨尔（Helmut Gollwitzer）、斯温伯瑞等人的宗教哲学体系，各自具有超然论、存在论、释义学、历史哲学和社会批判学说等理论特色。

当代天主教哲学则以舍勒（Max Scheler）、武斯特（Peter Wust）、马塞尔（Gabriel Marcel）、布隆代尔（Maurice Blondel）、德·伍尔夫（Maurice de Wulf）、范·斯亭贝根（Ferdinand van Steenberghen）、马利坦（Jacques Maritain）、吉尔松（Etienne Gilson）、格拉布曼（Martin Grabmann）、雅斯贝斯（Karl Jaspers）、德·卢巴（Henri de Lubac）、德日进（Pierre Teilhard de Chardin）、波亨斯基（Joseph M. Bochenski）、普茨瓦拉（Erich Przywara）、冯·巴尔塔萨尔（Hans Urs von Balthasar）、弗里斯（Heinrich Fries）、罗纳根（Bernard J. F. Lonergan）、柯普斯顿（Frederick Charles Copleston）、特雷西（David Tracy）、瓜尔蒂尼（Romano Guardini）、拉内尔（Karl Rahner）、毕塞尔（Eugen Biser）、潘内卡（Raimundo Panikkar）、尼特（Paul Knitter）等人为代表，其体系也包括存在主义天主教哲学、新托马斯主义哲学、进化论宗教哲学、对立论宗教哲学和释义学宗教哲学等。

西方现代基督宗教哲学与现代基督宗教神学发展密切相关，它反映出基督宗教思想在现代社会中的革新与变化，代表着基督宗教理论体系的一个重要侧面。基督宗教哲学涵盖较广,并与许多思想学科有着交叉、重叠的复杂关系,包括哲学神学、宗教哲学、护教学、超验神学或超验哲学,以及宗教批评学等层面,涉及当代神学与哲学各方面的众多理论问题。因此,它已作为一大独立研究对象而受到思想史学家、宗教哲学家,以及基督宗教研究家们的多方关注与问津。鉴于西方思想文化与基督宗教的渊源关系和二者在历史发展中的交织共存局面,从一定意义上来讲,弄清基督宗教哲学有助于我们对整个西方宗教哲学发展变迁的全面了解。当然这只是对西方宗教哲学的溯源所展开的一种梳理,而不能涵括其近现代发展。但基督宗教哲学研究已涉及另一大的学科领域,需要专门的系统研究。

(原载《宗教理解》,社会科学文献出版社 1999 年版,本文有扩充。)

第五章

西方宗教社会学研究概况

宗教社会学是宗教学研究与社会学研究相结合的产物,即社会学研究的方法在宗教研究领域中的应用。从西方人文学科发展史来看,宗教社会学是一门新兴学科和边缘学科。具体而言,宗教社会学研究宗教与社会的相互作用和关系,如探讨人类生活团体、社会的宗教意义、宗教在社会中的地位与作用,以及宗教对社会发展所产生的积极或消极影响,等等。宗教社会学把宗教理解为社会的客观存在,将之看作一种普遍存在的社会文化现象。因此,它一方面强调对宗教团体的研究和对宗教社会结构、功能的探讨,另一方面也重视宗教作为社会意识而与人类思维发展、社会经济形态和政治体制之兴衰变迁所具有的复杂关系。宗教社会学主要是一门在西方学术界中方兴未艾的学科。这里,本文试将西方宗教社会学的研究加以粗略回顾与勾勒。

一 宗教社会学研究的三个出发点

宗教社会学问题的探究在西方有着多种源头,它构成了今日西方宗教社会学理论的丰富多彩。一般而言,西方学者认为早期宗教社会学研究基于"补偿论""结合论"和"世俗论"这三个出发点。

第一个出发点即提出宗教乃社会生活的一种"补偿"之观点,它可追溯到欧洲启蒙运动时代。当时风行的社会批判哲学对西方传统状况和观念的批评同样也触及宗教现象。随着启蒙思想家伏尔泰以及后来青年黑格尔派施特劳斯、费尔巴哈和社会主义理论家马克思、考茨基等人对宗教批评的展开，人们越来越多地认识到社会环境和其变化给宗教留下的深深印痕。同时，这种对宗教的批评激发人们更深入地探讨对其文明历史有着重大影响的宗教社会现象，因而也从根本上推动了宗教社会学的发展。

最初与这种认知相关联的宗教社会学思想渊源见于法国学者圣西门（Claude Henri de Saint-Simon, 1760—1825）和孔德（Auguste Comte, 1798—1857）的学说。最初受启蒙运动影响的圣西门认为宗教与理性社会的秩序不相吻合，但随着对宗教社会性质的深入考察，他晚年却转而对宗教加以肯定和认可，指出人类历史发展以达到的理想性社会和政治机构从整体来看乃是一种宗教的机构。圣西门认为，宗教并不仅仅是纯粹梦幻而已，相反，宗教是人类行为的动力和连接人类社会的重要纽带，起着不可取代的社会补偿作用。孔德是西方社会学的创始人，他亦提出相关宗教的社会意义并加以客观研究，而反对伏尔泰等人关于宗教产生于"骗子骗傻子"的简单命题。他认为，社会学家应对宗教及其象征所反映的"社会性"作出公正的解释。

此外，西方学者认为马克思关于宗教是"颠倒了的世界观"，是被压迫生灵对社会现实苦难的"叹息"和"抗议"，以及是"人民的鸦片"等社会分析，也可归于"补偿论"的宗教社会学探究。按照这种观点，宗教对于人们内心世界的受挫和现实生活的不幸起着特别的安慰和弥补作用。换言之，宗教具有一种补偿性的社会功能。由于人在现实生活中的失意或悲惨、空虚或渴求，就使宗教有了其存在的社会价值和意义，成为人们寻求社会补偿和精神满足而不可或缺之物。这种补偿论还见于弗洛伊德精神分析学中认为宗教的功能就是用心理的现实来代替实在的现实等观点，甚至在英格尔等现代宗教社会学家的理论中，也可窥见其影响。

第二个出发点即提出宗教乃社会生活的一种"结合"之观点，它源自19世纪西方宗教学创始人缪勒（Max Müller）的宗教历史观和宗教进化论，后在吉尔克（O. F. V. Gierke）和索姆（R. Sohm）的历史法学、库兰治（Fustel de Coulanges）的古代史学，以及巴霍芬（Bachofen）、拉策尔（Ratzel）、斯宾塞（H. Spencer）、弗雷泽（J. G. Frazer）、列维－布留尔（Levy－Bruhl）、施密特（W. Schmidt）、马林诺夫斯基（B. Malinowski）等人的民族学研究中得以展开，并在杜尔凯姆（Emile Durkheim，1858—1917）及其功能主义学派诸代表的理论中达到成熟。

基于这种宗教结合社会生活的审视，法国历史学家库兰治推出其代表著作《古代城市》，开始把社会学的理论全面而广泛地运用到对古代宗教之社会关联的研究之中。他指出，原始家庭构成了古代社会的群体基础，而原始宗教则促成并巩固了古代社会的有机结合。这是因为原始人所奉行的祖先崇拜从其家族意义扩大到相关社会，而崇拜祖先在这种亲属群体的联盟中起着对整个社会的向心凝聚的作用，家庭的首脑人物在这种社会氛围中乃具有宗教祭司意义上的核心地位，其宗教遂成为这种早期人类将其信仰和崇拜活动与社会生活相结合的标志和象征。因此，只有深入了解对先祖的崇拜及其蕴含的家神观念所具有的社会意义及价值，才能走出哲学思辨抽象思考宗教问题的空洞套路，落到社会这一实地，从而可以弄清、解读这一时期家族宗教意义的扩展，启迪人们进而开展对古代社会各种制度、戒律和习俗的探究，说透其社会结合的奥秘。于此，库兰治根据这种古代宗教之社会关联的结合理论而提出了宗教等早期人类精神生活的社会结构论，并以这种结构论来推测、设想古代宗教依其社会需要之起源和发展演变。其结论是，宗教即产生于原始社会结构本身所具有的独特本质，对应着当时的社会需求和人们的精神满足。这对其学生杜尔凯姆有着很大的启发和引领作用，杜尔凯姆补充并完善了这一社会结构主义的理论体系，由此也为西方宗教社会学理论体系的诞生准备了条件、奠立了基础。

杜尔凯姆将其社会结构主义理论及方法从家族意义的理解扩大到对氏族部落这种初民社会的审视和解释，从而进一步强调宗教起着团结整个社会的作用，指出宗教代表着社会生活的神圣结构。他认为，宗教的群体性、社团性及社会性意义正是在于宗教通过其观念和实践而把依属于它的众人团结在一个具有共同信仰及道德的群体中来，这一群体以其信仰表征而体现出与其他群体的不同，并在其外观上构成其独有的社会形态，若按照其信仰内核来界定则可称为神圣共在的"教会"。杜尔凯姆不再从个体的信仰敬畏来界说宗教，而是强调宗教反映出人类社会的基本结构，有着非常实在的社会内容。这里，宗教中的"神明"不再是个我人格化的升华，而乃相关社会团体之集体投影的聚焦，其信者所敬畏的"神圣"乃是其群体生存与共的"社会统一体"在其宗教中的象征，故以"图腾"来标志，以"禁忌"来区分。在这一意义上，宗教中的"神圣"象征正是社会结合之表述，其宗教乃是一种社会现象，而其社会存在也是一种宗教现象。二者有着最初的政教不分、社会与宗教的等同，这也是古代社会群体被神圣化的经典表达。而且，这种"神圣"此后也表现在现代社会的民族性、政治性象征中，它们都对人的社会生存有着极大的意义。这里，杜尔凯姆还具体阐明图腾的标志即象征着整个民族本身，"氏族之神，即图腾崇拜的原则之所以与氏族本身是一回事，乃是因为那视为图腾的某一可见的动物或植物形式，在想象中实质上代表着氏族，并被赋予人格化观念"。[①] 图腾象征的"神圣"正在于它代表着某一群体或社会的统一，成为表明其有机结合的符号。既然民族、社团等社会集体的神圣化可成为"神明"的内蕴，那么在这种社会意义上，"神明"则不可简单地被判为"虚无""虚幻"的存在。即令在当代社会，其社会及相关群体或组织也有这种被"神圣化"的现象，而其人格化的形象表述更是比比皆是，人们对之则早已习以为常。古代社会曾用植物、动物和人来象征神明，这种象征符号在人类社会发展后又表现为旗帜、徽章、歌曲、誓言等标志，并经历了世俗化的嬗变，由此我们可以体悟"国花"或"省花"、某一动物作为"国宝"以及对"母亲""父亲"的象征表征及其原始和引申意蕴。因此，从宗教社会学的角度来看，民族的象征物（如中华民族的"龙"、德意志民

[①] 杜尔凯姆：《宗教生活的基本形式》，巴黎，1960年法文版，第295页。

族的"鹰"、印度民族的"牛""孔雀""莲花"等）、政治团体的誓言，以及一个国家的国旗、国徽、国歌等，它们作为"神圣"象征都具有宗教的意义，充满着宗教的精神和情趣；由此而论，宗教并不远离古今社会，而世俗本身则无"神圣"可言。杜尔凯姆一方面试图根据库兰治的社会结构论来描述人类宗教起源的全过程，另一方面则吸收并发挥了孔德的社会学思想理论和研究方法，创立出自己特有的一套宗教社会学方法原则。他提出探讨社会意识的"客观化""结构化"现象，把握因社会"结合"而构成的独特性社会之"物"，从而为宗教社会学展示了明确的研究对象。杜尔凯姆在其著述中将宗教社会学理论加以系统化、体系化，并且在所著《宗教社会学》（1921）一书中率先创立"宗教社会学"一词，所以他被尊为现代意义上的西方宗教社会学之父。

综上所述，"结合论"把宗教视为作为社会存在之根本的结合因素，指出宗教乃是被社会认可的行为方式之基础，具有构成社会标准价值体系之功能。

第三个出发点即从社会生活的"世俗化"倾向来观察宗教与社会，提出现存社会模式乃其宗教观念"世俗化"所致之观点。它最初始于基督教会对宗教团体的社会和宗教生活之研究，侧重教会的宗教灵性和社会伦理工作与工业化、世俗化之社会问题的关联，其间受惠于奥廷根（A. V. Oettingen）等人的道德统计学探究，勒·普雷（F. Le Play）、布思（Ch. Booth）和朗特里（S. Rowntree）的社会学分析，以及德恩（G. K. Dehn）和皮科夫斯基（P. Piechowski）等人的工人咨询与调查工作，此后发展出勒·布拉（G. Le Bras）对天主教和新教的经验社会学研究，特尔慈（E. Troeltsch, 1865—1923）对基督教会和其团体之社会学说的专题探讨，韦伯（M. Weber, 1864—1920）和陶尼（R. Tawney）对宗教与早期资本主义社会之兴起的分析，以及格罗图森（B. Groethuysen）、尼布尔（H. R. Niebuhr, 1894—1962）和贝格尔（P. Berger, 1929—2017）等人对宗教与现代社会关系的研究。以这种"世俗论"作为其出发点的宗教社会学家对西方社会世俗化的根源进行了具体分析，展示了宗教决定社会行为、生活态度和生产方式的多层画面，提出了因宗教价值观念及伦理观念的不同而导致社会结构及经济行为之不同的著名观点。

在宗教与社会世俗化发展之关系研究上的重大突破，是德国学者韦伯对近代工业社会中新教伦理与资本主义精神起源之间关系所做的比较研究，以及他对宗教与社会之复杂关系的交叉文化比较研究。这种空间与时间上的立体比较立意新颖、结论独特，堪称宗教社会学理论领域的一绝。韦伯认为，宗教的教义能产生相应的伦理思想，而这种伦理又能推动世俗社会的发展。他对新教伦理与西方资本主义发展之辩证关系的阐述如一石激起千层浪，引起人们广泛而长期的讨论与争执。

受马克思社会学说的启发，韦伯特别注意到宗教对社会的作用。他感到马克思主要看到了宗教所起的否定性或消极性社会作用，因此他想另辟蹊径，昭示宗教对社会所起的肯定性和积极性作用。韦伯强调宗教不仅是社会的产物，而且也能对社会产生影响，包括积极的、具有社会推动作用的影响，指出宗教及其观念体系和伦理思想能在许多关键之处影响社会变化的进程，并在一定程度上推动社会历史的发展。在其代表著作《新教伦理与资本主义精神》等书中，韦伯声称资本主义精神只会产生于西方的文明发展中，因为它本是"一种具有伦理色彩的生活准则"，其形成与基督教新教伦理，尤其是与来自加尔文的神学思想相关。这样，他的结论是，作为思想意识形态的宗教也能决定社会经济现实，新教伦理发展出资本主义精神，基督宗教意识导致了资本主义生产，由此把基督教意识与资本主义社会拴到了一块。

从"世俗化"问题出发来探讨宗教与社会关系的学者除了看到"世俗化"对传统宗教的冲击和不利之外，一般认为宗教观念的"世俗化""社会化"或"物化"乃是宗教意识的深化和结构化，代表着宗教信仰潜在或深层次的社会功能及效用，它在很大程度上制约着社会的发展、决定着社会的进程。这里，"世俗化"有两种意涵，一是宗教的因素被"世俗""化掉"了，二是宗教的因素"进入"了世俗社会而被"遮蔽"，它虽在表层消失，却仍在深层起着潜移默化地推动或制约社会的作用。因此,"世俗化"在某种意义上并不完全代表对宗教的否定摒弃或与之分道扬镳,相反,它也意味着宗教精神的升华和飞跃,揭示出宗教观念的嬗变与发展,以及由此而在现代世俗社会中所发挥的潜在作用。

二 西方宗教社会学的发展

西方宗教社会学的发展因其国度、地域的不同而互有区别、各具特色。一般而言,法国、英国的宗教社会学比较注重对原始社会宗教的研究,其研究方法与人类学、民族学的研究有较密切的联系。而德国、美国的宗教社会学则比较注重于文明社会,尤其是现代工业社会中的宗教研究,其理论体系和研究领域往往触及基督教神学和传教学。当然,这种区别只是相对而言,表示其主要潮流和发展趋势。实际上几乎每一种宗教社会学理论都能在上述不同国度中或多或少地真实存在着。大致而言,西方宗教社会学先后经历了以杜尔凯姆和韦伯为代表的经典宗教社会学时期(约1838—1920年),基督教运用社会学理论的教会社会学时期(约1920—1960年),宗教社会学多元综合性发展时期(约1960—1993年)和世纪之交宗教社会学发展出新的范式等时期(1993年至今)。

1. 法国宗教社会学的发展

法国的宗教社会学研究曾对西方学术界产生过重大影响,起过开创性和主导性作用,并且推动和促进了其他西方国家的社会学发展。可以说,法国在一定意义上既是西方社会学的发源地,也是宗教社会学的故乡。

被尊为西方社会学鼻祖的法国学者孔德据其宗教观来奠立其社会学理论基础。从社会发展史上来看,他承认宗教是人类理性教育的前科学阶段,这种原初之状态自然会被后来的科学阶段所取代和克服。因此,在其《实证哲学教程》所建构的社会学体系中,孔德把社会发展划分为神学、形而上学和实证这三个阶段,其中神学阶段的特征为虚构,形而上学阶段的特征为抽象，而实证阶段的特征则为科学。此外，他还把神学阶段分为实物崇拜、多神教和一神教这三个发展过程，从而提出了宗教起源和发展的进化论学说。时代的进步使人们不能沉溺于发思古之幽情而难以自拔，而必须摆脱梦幻的童年以进入成熟的社会。在对宗教的价值评判上，他一方面强调人们应从宗教的象征中解放出来，另一方面则认为这种宗教的象征却代表着人的"社会性"之真实存在。而社会学家所需要的，正是对这种"社会性"加以研究和阐述，从虚幻而步入真实，由宗教走进社会。所以，孔德强调应探究宗教所代表的"社会性"，他不仅注意到西方基督教所反映出的这种社会意识，而且对其他社会氛围中的其他宗教也表示了极大的兴趣。

自此之后，法国开始形成宗教研究上的社会学派思潮。其主要代表库兰治和杜尔凯姆的社会结构论指出，宗教乃"社会性"特别突出之物，强调宗教为社会和心理统一之源，其象征则具有维系社会、团结群体、达到社会一体化及和谐化的特殊功能。从此，社会结构主义和社会功能主义便成为宗教社会学研究的常用理论。

杜尔凯姆以澳大利亚土著民族的图腾崇拜为其主要研究对象，其理论和成果以《宗教生活的基本形式》一书为代表。他创立了《社会学年鉴》，并担任该杂志的主编。以他为中心的法国社会学派包括毛斯（M. Mauss）、胡贝尔特（H. Hubert）、博夏（M. H. Beuchat）和赫兹（R. Hertz）等人。此外，列维－布留尔（Lucien Lévy－Bruhl）在宗教社会学领域几乎可与杜尔凯姆齐名。他对研究"原始思维"兴趣极浓，其姊妹篇《低级社会中的智力机能》（1910）和《原始思维》（1921）独辟蹊径，对原始社会的精神世界有非常到位的把握和阐释，在理论上形成了自己的风格及学派，影响广远，得到学界的特别关注。

20世纪中叶宗教社会学的发展，则是教会社会学的异军突起。法国人勒·普雷（F. Le Play）开创了对教会的社会学研究，并以其社会调研为依据。他从自己在欧洲旅行的经历和见闻中提取素材，撰写了大量描述欧洲工人家庭生活及宗教活动的论文和专题报告，提出以教会礼仪习俗的新生来改革社会，促进社会风气的好转。这样，社会学的方法被引入教会实践及研究之中。1931年，勒·布拉（G. Le Bras）从其教会法研究开始转向对教会行为的社会志学研究，从而使教会社会学粗具规模。他希望能通过对法国各地区宗教实践的精确统计学工作而绘制出一幅全景观的法国宗教地图，从社会学的角度展示当时的教会布局及其规模，以及教会在法国社会中的布局和渗透。其后继者布莱尔（F. Boulard）、戈丹（H. Godin）和米歇尔（Y. Michel）等人则进一步深入发掘，一度将法国的宗教社会志学推向高潮。第二次世界大战之后，教会社会学有了明显进展。伊桑贝尔（F. A. Isambert）、谢利尼（J. Chelimi）、德凯拉（R. P. A. Desqueyrat）等人都专题研究了教会与工人、都市教会，以及现代社会与宗教危机等问题，不少学者基于对巴黎、博尔多、马赛、里昂等城市宗教实践的调查分析而写出了很有分量的教会社会学专著，如伊桑贝尔的专著《基督宗教与工人阶级》（1961）就运用了社会阶级的分析，很有影响。这种研究在法国最初仅限于天主教内部，其教会社会学的成功使对教会的研究领域进一步开拓，如后来梅尔（R. Mehl）、莱奥纳尔（E. G. Leonard）和德雷菲斯（F. G. Dreyfus）等人所扩大的对新教的探讨，也取得了新的成果。

一旦这种研究形成规模，学界则有了办专业杂志的需求。1956年，法国的宗教社会学学者创办起半年刊国际性宗教社会学杂志《宗教社会学档案》，使其成为这门学科在法国学术界得到普遍承认的标志。现代法国学者的兴趣主要趋于人种社会学或民族社会学的研究，如巴斯蒂德（R. Bastide）以巴西为重点从宗教社会学角度探讨了民族之间的文化接触与交流，德罗歇（H. Desroche）分析了社会变迁中的宗教因素，指出宗教与社会发展的密切联系，卡泽纳弗（J. Cazeneuves）在其《礼仪与人类状况》（1958）一书中具体阐述了礼仪对于人类思想行为的意义所在，而当代结构主义大师列维-斯特劳斯（C. Levi-Strauss）在其"结构人类学"中，也是以原始初民的"社会结构"作为其研究对象，他还特别就宗教在这种结构之中的地位和作用展开了探究和阐述。在20世纪中叶前后，法国的宗教社会学有明显的优势。

2. 英国宗教社会学的发展

英国的宗教社会学研究发端于英国人类学家对宗教群体的研究兴趣，而这些人类学家同样也是西方宗教学开创时期的先驱人物。19世纪以来，不少人类学家如泰勒（E. B. Tylor, 1832—1917）、斯宾塞（H. Spencer, 1820—1903）和弗雷泽（S. J. Frazer, 1854—1941）等人开始研究原始宗教问题。泰勒致力于对原始社会中宗教现象的探索，但其研究尚不属社会学范畴，而主要基于人类学调研和心理学分析。斯宾塞则被尊为英国宗教社会学之父。在其《社会学原理》中，他分析了宗教最本质的社会功能，认为宗教体现了社会延续的原则，同时也为它自身与社会的等同提供了保障。其社会学体系中的一个重要理论，就是提出"祖先崇拜乃是每一宗教的根源"，历史上所出现的其他宗教形式都是从祖先崇拜发展而来。这种宗教理解对于我们在中华文化语境中反思"敬天法祖"的宗教蕴含及其意义很有启迪。斯宾塞曾总结出宗教的四种社会功能：第一，宗教通过对祖先的安葬制度和礼仪性崇拜而加强了家庭的联盟，祖先墓地的神圣意义得以制止家族中的不和谐行为，其血缘联盟得以神圣化，从而使家庭作为最基本的社会团体不断获得巩固和发展。第二，宗教确保社会的行为规范得以维系，传统行为标准通过宗教赋予合法性而有了保障，社会法规因获得神圣之维而得以确保。第三，宗教建立并加强了民族的统一和团结，因为民族最初本被视为宗教的统一体或联合体；在历史上，这种民族与宗教的一体性并非偶然现象。第四，宗教使社会一些重要的财产所有制取得合法地位，从而建立起一种稳定的社会经济秩序；由此观之，宗教社会学与宗教经济学也有着某种内在关联。从社会发展过程来看，斯宾塞认为宗教对社会的影响和渗透在原始军事社会中最强，而在现代工业社会中最弱。所以说，社会发展有着世俗化的趋势，宗教在社会中的影响也随之递减。弗雷泽的宗教社会学研究注重的是原始社会，因而也是与他的人类学研究密切相关的。他认为死者的"神化"标志着宗教的起源，这种宗教即一种人类社会普遍存在、各种文化都曾表现的"灵魂不灭"之信仰观念。对于如何理解"灵魂"，他也给出了具有社会学意义的解读。原始社会普遍存在的宗教实践就是"巫术",弗雷泽认为"巫术"其实就是原始社会中人类与外在世界接触、尝试认识自然的最古老形式,为此他把"巫术"视为"科学的孪生姊妹"。但总体来看,人们一般都把泰勒和弗雷泽的探究归为宗教人类学的范畴。

英国具有人类学色彩的宗教社会学理论在马林诺夫斯基(B. Malinowski)的研究中获得进展。他彻底结束了英国人类学界风行一时的进化论宗教学说,并认为巫术与宗教不可相提并论,二者的社会功能不同、区别明显。他开创了宗教社会学的功能分析理论时代,主张实地调查原始社会的文化现象,对宗教在文化发展中的功能加以动态分析。其研究方法是人类学研究的"整体论"审视与宗教现象学主客体兼顾的考察法之有机结合。一方面是基于完整的文化体系来探究社会中的宗教等文化现象及其联系,另一方面则是在实际考察中要求研究主体有着深层次的介入即采取所谓"参与性局内观察法"。由此,他既推动了田野调查的方法,也创立了功能学派的理论学说。我们研究宗教时主张"入乎其内,出乎其外",与之有着异曲同工的意蕴。

在杜尔凯姆宗教社会学理论的影响下,出现了对社会结构与功能并重的趋向。英国学者默里(G. Murray)、库克(A. B. Cook)、科恩福特(F. Cornford)、哈里森(J. Harrison)和拉德克利夫-布朗(A. R. Radcliffe - Brown)也曾致力于宗教之社会根源的研究,并阐述出自己的独到见解,如科恩福特就将精神意向的"灵魂""神明"等加以解读,认为其均代表着相应的社会结构,其神圣化并没有脱离社会。原始社会的自然解释和宗教信仰都可被理解为原始社会集体精神的"投影";这种"灵魂"或"神明"的独立性、超越性正是在于其乃"集体灵魂",代表着"社会"之整合。这种见解与费尔巴哈的宗教乃人之理想"投影"说颇有相似之处,只是费尔巴哈所理解的是"抽象之人",而科恩福特等人所理解的也只是"抽象的社会",都缺少对社会经济、社会阶层的具体而深入的研究。这些英国学者都已悟出宗教信仰之神明蕴含乃人类社会即相关民族集体的抽象化,以及随之被附有的动植物或人之具象化。这里,集体观念、集体情感乃宗教的奥秘,尤其是其神明的真实意蕴之所在。宗教现象尤其是其崇拜对象都以相关社会结构为依据，代表其信教群体各自所处的社会结构和团体形态，而宗教中的神明乃其群体统一的反映，即为社会团体化、整体化的抽象意向，其形式乃"幻想"的、"虚无"的，而其实质却有具体的社会内容，并非"虚幻"想象。在这一层面的理解中争论"神"究竟存不存在则已无意义。在这一发展中，尤以拉德克利夫－布朗的"结构功能主义"引人注目，他从了解社会结构来说明其宗教信仰，认为宗教是人们对超越个体的社会道德体系的依赖感，因此只有了解其社会结构才能说清其社会功能，人们的宗教经验、感触和崇拜形式会因社会形态的不同而不同，解读宗教离不开其具体社会，由此形成其主张弄清宗教的社会结构之功能的"结构功能主义"理论体系。

英国学者对教会的社会学调查研究始于布思（Ch. Booth）对19世纪末叶伦敦居民社会生活的分析，其长达17卷的《伦敦人民的生活与劳动》（1891—1903）中，有7卷（10—16卷）是专门描述伦敦各地区宗教机构的分布的，注重的是教会社会化的发展。另一位学者朗特里（S. Rowntree）也以研究教会组织和其宗教生活为主，他与助手于1935年和1948年两次专门调查约克城参加教会礼拜活动的人数情况，以便分析、勾勒出工业化和城市化给人们宗教行为和观念带来的影响及改变。当时研究基层教会的社会发展成为英国学界的一种时髦，关于教会与社会之关系的著述也较多。此外，威尔逊（B. R. Wilson）曾具体探讨宗派发展与社会过程之能动关系，写出《宗派与社会》（1961）一书。其他研究还包括海特（J. Highet）所著《今日苏格兰教会》（1950）、威克姆（E. R. Wickham）所著《工业城市中的教会与民众》（1957），以及阿盖尔（M. Argyle）研究教会行为的社会志学专著《宗教行为》（1959）等。当代英国学者中以罗伯逊（R. Robertson）影响较大，著有《宗教的社会学解释》（1970）。

3. 德国宗教社会学的发展

德国的宗教社会学研究最初乃受马克思用历史唯物主义分析、研究欧洲宗教状况的影响和启发。马克思的著名论点是：宗教是人类社会的产物，并不是抽象的个人，而是人的"社会"产生了宗教。因此，德国社会学一直也把马克思视为其创始人之一，马克思的著作亦被宗教社会学者视为必读的经典著作。但是，德国宗教社会学者不满足于仅强调宗教依赖于社会这种单向因果系统的研究，而试图勾画宗教与社会互变互依的有机图景，认为社会影响宗教、宗教亦会影响社会。这一倾向性探讨以特尔慈（E. Troeltsch）和韦伯（M. Weber）为最突出的代表。特尔慈在其《基督教会和团体的社会学说》中分析了各种基督教团体的思想对于西方神学教义和社会机构的影响。他力主基督教价值在当代社会中与"欧洲文化综合体"有机结合，强调基督教与欧洲社会的密切关联。这种努力受到德国当代学者的赞许，如著名教会史学家哈纳克（A. V. Harnack）曾说，特尔慈是继黑格尔之后"德国第一位伟大的历史哲学家"，而其不朽功绩就在于他致力"将人类思想的两大领域——意识形态和社会学作为历史而结合成一种更高的统一"。韦伯则尝试在其论述新教伦理和资本主义精神，以及关涉世界宗教之经济伦理的经典著作中，指明宗教观念是怎样通过对社会行为方式的影响而造就并改变社会结构的。他认为，社会学家必须探讨不同的宗教形式是怎样从不同的社会中形成的，是怎样由社会生活中的其他领域所组成，以及它又怎样去建构这些相关领域的，由此把握作为"非理性"的宗教在共同推动社会发展的"价值理性"上所具有的意义。在谈到各民族文化深层中主宰民族升沉、决定社会进退的强大精神驱动力时，韦伯特别强调宗教作为"潜在的精神力量"之意义，并认为宗教领袖人物（如先知、改革家、宗教团体的首领，以及神治国度中的君王）在这一进程中有着"超凡魅力"（Charisma）。此外，他所提出的通过理性化而不断导致"世界非神秘化"的文化社会学之主要假定，与孔德的社会发展三阶段规律说也有着某种相似，同样也暗示了宗教模式的世界观与社会存在形态的密切关联。

　　韦伯的这些宗教社会学理论，特别是他最早提出的"宗教团体化诸类型"说，被德国学者瓦赫（Joachim Wach, 1898—1955）所继承发展，从而使德国的宗教社会学达到了基本概念的形成和学科的体系化。

瓦赫曾受到奥托（R. Otto）论"神圣"之先验范畴、美国学者詹姆士（W. James）的宗教经验论、荷兰学者范·得·列欧（G. van der Leeuw）的宗教现象学，以及特尔慈和韦伯等人论宗教与经济之关系的影响。瓦赫的宗教学体系有着综合性优势，乃是集这些学者之大成而致，其研究领域包括解释学、现象学和宗教社会学三方面。他从探究宗教经历的具体表述形式着手来开始其社会学研究，视野开阔、思路敏锐。他认为在宗教经历的理论表述形式（学说）、实践表述形式（礼仪）和社会表述形式（宗教社团）这三者中最重要的是对第三者加以分类性把握和整理。他还强调应在解释学的基础上来创立起比较宗教社会学，这一学科有着百科全书式的全景探讨，它根据囊括一切文化领域和历史时期的民族学及宗教史学的事实材料来对宗教行为方式和机构及其与社会的关系加以分门别类，系统梳理。瓦赫的努力使德国宗教社会学有了比较健全的学科体系和话语体系。他于1935年因受纳粹迫害而离开莱比锡前往美国任教，他的移民生涯后来使得美国宗教学研究获得长足的进步，并逐渐呈现出后来者居上的强势发展，其执教于芝加哥大学，由此开始了美国宗教学芝加哥学派的发展历程。

继瓦赫之后，门辛（Gustav Mensching，1901—1978）为德国宗教社会学的继续发展作出了贡献。在其《宗教社会学》中，他根据宗教团体形式而勾勒出一系列理想类型，系统阐述了民族宗教与世界宗教的社团形式，宗教与家庭、氏族、部落、民族和国家的关系，宗教与社会生活、秩序、职业、经济的相互关联，以及宗教组织团体的社会结构等问题。瓦赫和门辛的研究结束了德国宗教社会学以一般性问题和历史比较方法为特征的早期研究阶段。他们对宗教社会学的重要概念、基本命题和理论假设进行了系统的整理、归纳，使之规范化和体系化，因而在宗教社会学的发展过程中起到了承上启下、推陈出新的重要作用。

在20世纪上半叶，德国学术界经历了从古典宗教社会学到现代宗教社会学的过渡。其间舍勒（Max Scheler，1874—1928）曾尝试构建一种基于认知社会学和文化社会学的现象学宗教社会学体系，但因其英年早逝而未能完成。随着纳粹统治的掌控加严，德国宗教社会学一度停滞不前。当时的学术兴趣则主要在于宗教与社会团体权力的关系比较，以及对结构社会学的体系构建。

德国教会的社会学研究兴起于19世纪末叶，以"福音—社会大会"的创立为标志，重点关注德国工业化社会中民众的社会处境及其信仰的变化。早在1898年，拉德（M. Rade）基于其社会调查和与工人的交谈而发表过有关工业社会中工人宗教及道德思想状况的报告。此后，莱文施泰因（A. Levenstein）、皮科夫斯基和德恩等人专题研究了政治党派及组织对宗教和教会的态度、这些组织中工人的宗教气质及与教会的联系、年轻工人的宗教观念等问题，他们尤其对社会民主党和共产党及工会组织的宗教态度及与教会的关系感兴趣。而德鲁斯（P. Drews）、罗尔夫斯（E. Rolffs）、海特曼（L. Heitmann）和施沃博达（E. Swoboda）则开展了实践教会学、教会社会志学、城市教牧学等研究，以及宗教地图的绘制、新教教会学的创立等，并且特别关注"大城市与宗教"的关系问题。第二次世界大战之后，德国的教会团体社会学非常活跃，在新教方面有弗赖塔格（J. Freytag）、伦托尔夫（T. Rendtorff）、科斯特尔（R. Köster）、戈尔德施密特（D. Goldschmidt）、格莱讷（F. Greiner）和谢尔斯基（H. Schelsky）等学者，在天主教方面则以格莱纳赫（N. Greinacher）、魏杨（A. Weyand）和门格斯（W. Menges）为代表。

自20世纪60年代始，鲁克曼（T. Luckmann）等人开创了新一代的宗教社会学研究，其《现代社会中的宗教问题》（1963）和《无形的宗教：在工业社会中象征的转换》（1967）曾引起广泛注意。他认为，宗教社会学应与教会社会学相区分，宗教社会学的任务乃是研究引起个人与社会相结合和相等同的象征，只有把握住象征的演变和转换，才能弄清宗教之社会发展的规律。当时系统研究宗教社会学的还有克尔（G. Kehrer），著有《工业社会中工人的宗教意识》（1967）、《宗教社会学》（1968）、《机构化宗教》（1982）和《宗教社会学导论》（1988）等。

4. 美国宗教社会学的发展

美国的宗教社会学研究起步较晚，但它发展迅速、后来居上，目前已超过欧洲而处于领先地位。其发展也经历了古典宗教社会学、教会社会学，以及多元综合的现代宗教社会学和新范式的奠立等阶段。在吸收欧洲学者研究成果的基础上，帕森斯（Talcott Parsons，1902—1979）和默顿（R. K. Merton）等人开创了宗教社会学的美国时代。帕森斯不仅向美国读者译介了韦伯和杜尔凯姆的学说，而且在其《宗教社会学的理论发展》（1958）、《社会制度》（1959）和《基督教与现代工业社会》（1963）等著述中发展出其社会系统理论和结构功能理论，他提出宗教具有维系社会制度之作用的功能主义论点，认为宗教可以满足一些社会基本需求、保持社会生活的和谐与统一，因此必须关注宗教"社会行为"的重要作用及影响。他以对社会分化、结构分层的研究为基础来剖析社会世俗化问题，在宗教入世性、宗教私人化和宗教多元化等研究中都多有开拓。而作为对他的补充和反证，默顿则在其《社会理论与社会结构》（1957）中专门指出宗教在社会中可能产生的负功能，书中着重谈及宗教及其社会机构的反常功能或破坏功能，如宗教战争、宗教迫害、宗教被用作统治者神化其统治的工具或被用作被统治者奋起反抗的旗帜等。此外，顾德（W. J. Goode）、诺伯克（E. Norbeck）和斯旺森（G. E. Swanson）也从不同层次上剖析了宗教在原始社会中的各种功能。这样，对宗教在社会中的正负功能、积极或消极作用遂有了比较客观、全面的评说。

1938年，一批天主教社会学家组成"美国天主教社会学协会"，旨在解决美国教会在现代社会中所面临的现实问题。其代表人物有费希特（J. Fichter）、绯斯（C. J. Nuesse）和哈特（T. J. Harte）。美国新教中尼布尔兄弟有着重要影响，其兄莱茵霍尔德·尼布尔（Reinhold Niebuhr，1892—1971）关注工人和社会主义运动，对美国社会政治多有参与，故有"美国国务院御用神学家"之称；其弟理查德·尼布尔（H. Richard Niebuhr，1894—1962）则是著名的宗教社会学家，他的《教派的社会根源》（1929）之研究最为突出，从而有力推动了美国新教社会学的发展。他强调要关注美国宗教教派的复杂性，认为这种宗教多元化倾向在美国社会起着巨大作用，会对美国社会的整体统一带来直接影响。在这种思想的启发下，斯特劳普（H. Sroup）研究过耶和华见证人的社会活动，分析其作为边缘教会而尝试进入中心社会的企图；奥迪尔（T. O'Dea）则探究过摩门教，观察其在美国社会变迁中的自我变化及社会适应，由此出现了对美国社会的强大介入；赫伯格（W. Herberg）则全面分析了新教、天主教和犹太教的教派问题，认为其多元性折射出美国社会的复杂及其激烈变动。在他们看来，受所谓"美国生活方式"的影响，各教派不再过分强调其教义区别，而更多关注宗教的社会伦理化程度及各自在社会参与中的特色。

当代的美国宗教社会学则为最为活跃的学术领域之一，涌现了一批学术大家，受到世界学界的关注。建立于1905年的美国社会学协会于1994年专门设立了其宗教社会学分会，即表明了这一研究领域的兴盛。其中不少美国宗教社会学家都成为世界范围的研究对象。例如，贝拉（Robert Neeley Bellah, 1927— ）就因提出"美国公民宗教"问题而使"公民宗教"成为当代宗教社会学的讨论热点之一。他从研究日本德川时代的宗教入手，探究现代日本文化的渊源，认为信仰价值系统与政治经济系统之间有着关联和互动，因此宗教作为前现代的文化价值在当今社会现代化进程中仍然起着一定作用。在他看来，宗教中常用的神话及模仿乃人类文明的基本元素之一，在当代社会生活中仍然不可完全排拒。宗教本身也会随着社会发展而不断进化、革新。贝拉指出人类宗教经历了原始宗教、古代宗教、历史宗教、早期现代宗教和现代宗教这五个阶段，其认知也有着模仿、神话和理论的递进。他强调宗教与现代性密切相关，在个体主义过于猖獗的今天，社会需要一种具有宗教超越性的道德力量，由此限制个人主义的过度发展，使人们得以建立一种体现全民参与、公共责任感和集体精神的民主社会。而其公民宗教的构设则正是基于这种现代社会的集体参与意蕴。

美国当代著名宗教社会学家还有贝格尔（Peter Berger，亦译彼得·伯格，1929—2017），特别是因其社会世俗化理论而为中国学界所熟知。其主要专著《神圣的帷幕：宗教社会学理论基础》（1967）、《天使的传言：现代社会与超自然的重新发现》（1969）和《神圣集会的喧闹》（1961）等曾风靡欧美、令人瞩目，且多已译成中文，引起中国学人的讨论。他认为宗教社会学的兴盛在于从教会社会学的局限中突破出来，其研究者必须拓宽视野，而不能囿于教会传统藩篱无所作为。其思想有着韦伯解释社会学的传承，但提出了自己的知识社会学理论框架，即主张在日常经验的知识中来理解宗教。在他看来，社会秩序的特点就在于其制度化的建立，从而由人类活动的习惯化而走向定型化，这样就产生了传统意义象征的合法化问题。在社会整合进程中，他觉得各种理论传统最终会归于一种"象征共同体"（Symbolic Universe，亦称"符号世界"），此即社会常识的升华和社会知识的普遍关联。他强调宗教来源于人类对意义的需求，宗教的功能在于维系社会的稳定性，但也会出现异化和世俗化。贝格尔特别关注社会世俗化问题，在其对现代性处境中的宗教加以分析时提出了其社会世俗化理论。所谓"世俗化"，一是指宗教传统在现实世界中被"俗化"，二是认为宗教不再"显在"而是"深入"世界在现代社会中"潜在"，从而出现"超自然者的隐退"。他在20世纪60年代以来曾经大肆宣扬社会的"理性化"和世界的"祛魅"，但从70年代开始重新反思自己的"世俗化"之论，直到20世纪末转而开始批判这一命题，承认世界的"去世俗化"或"复魅"。这一变化及反差颇具有戏剧性，导致人们对贝格尔的批评和反思。

活跃在当代美国宗教社会学界的学者众多，影响深远。其中天主教背景的宗教社会学家赵文词（Richard Madsen，1941—　）特别关注中国问题，曾出版《一个中国村庄的道德与权力》《当代中国农村历沧桑：毛邓体制下的陈村》《中国天主教徒：一个新兴公民社会的悲剧与希望》等专著。他的兴趣之一是中国宗教现代性与公民社会研究，为此他曾对台湾的宗教现状进行了深入调研。在其研究中，亦触及杨庆堃关于中国社会中的宗教性质乃"弥散性"还是"建构性"的讨论。赵文词近期也与中国大陆学者有着密切的学术接触和交流。伍斯诺

(Robert Wuthnow)则以"文化社会学家"的身份来研究宗教社会问题，认为宗教社会学乃文化研究的亚领域，而这种文化进路则包括主观、结构、拟剧和制度四进路，但文化研究则需要对纠结"意义"问题的祛魅。他分析了古典主义传统、新古典主义传统和后结构主义传统的宗教社会学研究，还专门研究了美国当代宗教结构的状况，指出美国宗教中自由主义与保守主义的两极分化。罗伯逊（Roland Robertson）是文化全球化理论的倡导者，在其对宗教的社会学诠释中提出了"宗教文化"的概念，认为宗教行为即宗教文化在现实社会的具体体现。伦斯基（G. Lenski）在韦伯命题影响下曾设法证明资本主义经济精神与宗教观念的内在关联。而艾纳孔（L. R. Iannaccone）也提出了其宗教社会学的理性选择理论。斯达克（R. Stark）更是推出了其与宗教经济相关联的"宗教市场论"。此外，英格尔（J. M. -Yinger）、霍尔特（T. Hoult）、弗农（G. M. Verrnon）、施奈德（H. W. Schneider）和本森（P. N. Benson）等人也是比较活跃的宗教社会学家。

宗教社会学研究在欧美其他国家也有一定发展，尤其在荷兰、比利时等国比较突出，建立了相应研究机构，也涌现了一批学有专攻的宗教社会学家。

三 西方宗教社会学的领域及方法

综上所述，西方宗教社会学研究大体包括教会社会学、人类学社会学和现象学社会学这三大领域。教会社会学附属于教会学和传教学，其内容局限于教徒的社会生活、教牧人员的社会工作、教会的社会机构和职能，以及教会的传教方法和成果，因此它乃一种旨在传播宗教信仰的狭义的"宗教的社会学"（religious sociology）。人类学社会学基于人类学、民族学的研究方法和成果来考察原始社会的宗教结构和功能，把宗教和社会视为一个有机整体，因而它乃一种单一意义上的"宗教社会学"（sociology of religion）。现象学社会学把宗教视为一种普遍的人类社会活动现象，以其广远的视野来展望原始宗教、人文宗教和世界宗教，从历史学意义上看到宗教类型的多样和宗教发展的动势，从哲学意义上捕捉那深藏于体制形态宗教之后的东西、分析宗教的社会本质，所以它乃一种广义的、被普遍认可的"各宗教的社会学"（sociology of religions）。当然，现代宗教社会学已经远远超出了这一界限，形成了丰富多元的发展，其解释学宗教社会学、文化学宗教社会学、宗教功能主义学派、宗教结构主义学派等已经蔚为大观，不再能够以传统的范畴来涵括。

从西方宗教社会学的发展来看，它经历了从宏观社会学到微观社会学、后又返回宏观社会学这样否定之否定的三阶段。古典宗教社会学无论是对原始社会还是对工业社会的研究，都为一种宏观社会学。它为宗教社会学准备了概念、确立了范畴、提供了体系。其特点是在静态上对社会结构进行勾勒、在动态上对历史发展加以把握。教会社会学和与之相关的经验社会学乃是一种微观社会学。它寻求通过研究社会上的具体现实问题来克服一种纯历史性提问的局限，尝试运用精确的经验方法来克服任意构造类型的危险。为此，研究者有意识地放弃了对宗教现象的宏观社会学整体分析，以利于某一具体社会结构之内的微观社会学详尽研究。这样，对那些从经验上可以把握的宗教行为之社会特征的清查整理，就取代了一种历史—形式上的范畴分类。这种研究始于教会社会学的原因，主要在于所有工业化国家中世俗化趋势向教会的挑战，以及教会在政治决策和制定相应措施上对确切资料的需求。由此，教会社会学实质上成为教会具体的"委托研究"或专题调查，宗教社会学遂被迫萎缩为那种经验社会学意义上的教会机构或教会行政统计学，社会宗教性现象也被简化为可以经验感知的教会实践。人们据此来研究宗教基本态度的社会影响及其社会局限性，探索教会活力与社会阶层的复杂关联。教会社会学的发展使人们有必要考虑宗教社会学与基督教神学的关系。一种观点认为宗教社会学只限于教会范围内的纯粹教会统计学即意见研究，而应将解释这些所汇聚的事实资料之任务留给神学家。另一种观点则强调宗教社会学能够成功地解释现代世界，这些解释并可直接转化为神学认识的组成部分。前者乃怀疑宗教社会学能否从纯世俗的观点对宗教作标准性分析,后者却坚信宗教社会学能为神学解释世界指点方向。在这两难之中,教会社会学或是使宗教社会学趋于枯萎,或是使之与神学混同。为了使宗教社会学获得新生,当前发展趋势乃是摒弃教会社会学见木不见林的眼光,而采用或借鉴其经验社会学方法。这样,宗教社会学正克服微观社会学的局限,从更高层次上回归宏观社会学研究。新的宏观社会学不想仅限于某一标准思想体系范围内的纯辅助性功能,而试图用"纯世俗""纯客观"的概念来描述宗教的社会行为和机构;它作为独立体系而与信仰领域的社会学研究相触之处,仅在于二者都以社会为尺度。当然,这对深受基督教思想文化传统影响的西方学者来说,只是一种"理想追求"。尽管西方宗教社会学扩大了其研究的时空范围,已经具有全球性意义,但其与基督教传统的复杂关联仍然依稀可辨。

西方宗教社会学家在其研究过程中采用了不同的方法、形成了不同的理论和学派。当然,其方法与理论的异同并非绝对,而是互渗互感的。大体而言,其主要方法有历史分析法、交叉文化比较法、控制实验法、参与性观察法、调研统计分析法和内容分析法等,其主要理论包括孔德的生物有机论、社会动力论和静力论,斯宾塞的功能分析论、宏观结构论和微观结构论,库兰治、杜尔凯姆、书伯和列维-斯特劳斯等人的社会结构论,杜尔凯姆、拉德克利夫-布朗和马林诺夫斯基的功能主义理论,帕森斯的分析功能论、结构功能论和行动系统论,默顿的经验功能论,韦伯的冲突论和"社会行动"说,弗雷泽和马林诺夫斯基的交换论,杜尔凯姆的"变态"说和互动论,摩尔根的文化进化论,赫兹的象征论,以及考克斯的革新论等。基于这些方法和理论,便发展出进化论派、结构学派、功能学派、结构功能学派、革新论派、现象学派、经验学派、解释学派和文化学派等众多宗教社会学流派。

(原载《世界宗教资料》1991年第1期,参见《宗教理解》,第250—272页,本文扩充较多。)

第六章

施莱尔马赫对宗教学缘起的意义

近代德国哲学中由康德掀起的"哥白尼式革命"得以扩散，影响到当时的社会及宗教思潮。当时欧洲的浪漫主义思潮亦由文学进入哲学、神学等领域，形成了对康德哲学的积极呼应和回应。在这些新思潮的涌动中，德国近代神学、宗教思想紧随哲学之后而标新立异，其浪漫主义神学的典型代表施莱尔马赫就以其"对宗教主体性的发现"而推动了西方近代新教神学的"哥白尼式革命"，并形成了西方宗教学学科得以奠立的原初思想萌芽。当时浪漫主义精神的特点就是针对近代西方思想偏重理性思维的倾向来补偏救弊，重新突出情感的意义和价值。17世纪法国思想家帕斯卡尔（Blaise Pascal）就曾提出"心之理智"，倡导一种与理性精神相对应的"优雅精神"。在对法国启蒙运动和德国唯心主义体系的反思中，施莱尔马赫另辟蹊径，对宗教加以自己独特的理解和界定。他不再局限于基督教的传统来阐述宗教，而是对宗教提出了更深刻、更根本的认知。这样，施莱尔马赫是近代西方第一位把宗教作为独立的历史对象来研究的学者，而且也是最早提出要根据其历史的具体处境来理解宗教的学者。这种历史处境是界说宗教的必然条件而非偶然因素，由此，施莱尔马赫有意识地把宗教研究引入了宗教史学的知识范围。

施莱尔马赫（Friedrich Daniel Ernst Schleiermacher）于1768年11月21日出生在德国布列斯劳，早年曾就读于摩拉维亚兄弟会虔敬派的学校，1785年入巴比神学院，该院对虔敬精神的强调使施莱尔马赫一度陷入了其宗教认知的危机，在与其父一系列通信交往之后遂于1787年转到哈雷大学专攻神学和哲学，感觉获得了一种精神自由。他于1794年在兰德斯堡担任牧师，随后曾在柏林、斯托尔普担任牧师，其间开始酝酿专论宗教的写作，并以匿名形式发表了其对宗教的理解。他于1804年获得维尔茨堡大学任教的邀请，但随后决定就任哈雷大学神学副教授一职。他于1807年返回柏林讲授哲学与历史，1810年出任柏林大学神学教授和神学系首任主任，坚持神学学科具有其科学性的见解，其间亦兼任柏林三一教会的牧师。他于1811年成为普鲁斯科学院院士，直至1834年2月12日在柏林逝世。施莱尔马赫的社会定位乃神学教授、哲学家和文化政治家，其主要著作包括《论宗教》《论基督教信仰》《新约导论》《耶稣传》《独白》《对迄今为止的道德学说进行批判的基本思路》《圣诞节庆谈话》《辩证法》等。

在主体哲学的时代氛围中，施莱尔马赫同样也是以主体之人的内在感触作为其思想的出发点。不过，他既不同意笛卡尔的唯理论思辨，也不赞成康德的道德论预设。针对启蒙运动理性主义对宗教的批判和康德、费希特的"道德神学"走向，施莱尔马赫于1799年匿名发表了阐述其全新宗教观的名著《论宗教——对蔑视宗教的有教养者讲话》。这部著作因论及"宗教的本质""宗教感的培育""宗教团体"（教会及教牧）、"各种宗教"等内容而不只是被理解为替宗教辩护的论战性著作，更被视为西方宗教学最早的理论之探。在西方宗教学经典文献中，施莱尔马赫的这一论著起着开创性探究作用，从而使人们得以开始系统性梳理对宗教的理解，找出宗教的核心蕴含，并尝试为宗教定义。此后，他又在《论基督教信仰》一书中对其宗教理解有了更深入、更系统的诠释。在他看来，宗教就是人类"从有限中获得的对无限的感觉"，这说明宗教既不依赖哲学理性，也不以道德戒律为根基，宗教就是植根于人的内心感情，由此方可推出宗教来源和宗教本质之论。也就是说，宗教不必外求而应该回归自我人心，宗教正是个人独立享有的

"对无限的感觉和鉴赏",是倾慕广袤宇宙的一种本能。而正是由于人的渺小和有限,所以施莱尔马赫特别强调,宗教就是人类在感触无限时向往而敬畏的"直觉和情感",他为此提出了宗教就是人们"绝对依赖的感情"这一著名论断,突出"依赖感"才是宗教的基础,是宗教得以真正产生的本原或根源。在此,施莱尔马赫辩证性地结合了人对绝对的仰望和对内心的窥探,形成与康德"头上的星空""心中的道德律"之论既类似却又迥异的另类表述。这种对超然和内在、无限与有限的关联及比较,使施莱尔马赫不是割裂二者而是承认无限宇宙与有限世界的密切联系,无限宇宙的绝对存在可以从人的有限存在中去找寻或体悟。施莱尔马赫强调宗教是人之绝对依赖的感情,正是要说明人已经意识到自己参与了无限整体的存在,世人与上帝没有必要二元分割,世人作为局部或有限存在仍可投入到整体及无限存在之中;世人因此可以达到不朽,世界也能充满神性光芒。

在以往的宗教理解中,宗教历史的意义就在于从各种宗教的共同性中归纳出宗教的"本质",而对宗教本质的解读则是通过某种抽象的理想概念来界说,一般认为人们最早的宗教乃建基于人们面对自然时的软弱无力及恐惧害怕,这就给人们批判宗教的虚幻或虚无留下了口实。施莱尔马赫认为,宗教乃是具有实定性的,宗教个人依其处境而归属不同的类型或宗派,而不同宗派或宗教所具有的共同特征即其对"宇宙的凝视",也正是这种凝视乃构成宗教最为普遍和最高的形式,因为这种凝视使观察者与被观察者合为一体,由此其单独者成为其整体的共构局部、有限者成为无限存在的有机表达。这种凝视所达到的整体关联及整体从属,就是宗教的奥秘所在。在其理论的后来发展中,这种凝视所涉及的观察者对被观察者的归属或依属,则成为其关于宗教即这种"绝对依赖"的表达,而人们的宗教感也就是这种"绝对依赖的感情"。至于要想深入这种"整体"的本质或实质,则不可能仍然是宗教的表达,而只会是"空幻的神话"。对施莱尔马赫而言,宗教反映的正是这种有限之人对无限的比较关系,在这种比较中则获得关于神明的启示。所以说,所谓"依赖感"也就是一种"超越感",当人们意识到自己的时空有限性时，其对永恒无限的凝视就会超越这种有限而使自己归属到突破其时空局限的整全生命之中，使自己成为一种全知、全在、全能之本质的事工；而这种感觉、表达和意识，就是宗教。与这种无限整体的关联就是宗教，就是对涵括却大于世界的上帝之理解。至于众神的具象，对他而言只不过是"空幻的神话"，宗教则需要一种形而上学意义上的领悟。

从宗教史的意义上来看，施莱尔马赫认为宗教又是时间和历史的产物。对于凝视宇宙的不同方式，需要一种历史性梳理，其中有"混沌"之视、"多样元素"之视和"系统"之视：原始人的宇宙是混沌一体的，对于整体无限只有一种昏暗的直觉，这种模糊只会产生偶像崇拜或拜物教；在对宇宙作为"多样元素"的凝视中，人们只有多样性而无统一性，由此则会出现"诸神的争吵"，陷于猜测和怀疑；而在"系统"之视中，宇宙则被视为整体、多样性的统一，以及整全的体系，而这种"一"与"全"在现实世界中则可为"一个上帝""多种宗教"作解释。显然，施莱尔马赫对宗教的历史发展持有进化论的观点，在这三种凝视中，则可分别找到拜物教、多神教、一神教的定位。

施莱尔马赫的研究并不限于宗教，其在哲学、神学、伦理学、解释学、美学等领域都多有建树。他推动了"早期浪漫主义的宗教转换"，倡导建立一种宗教与文化的新型关系，由此带来宗教的"全新转生"，获得对宗教的全新理解。正是他的浪漫神学而影响到了谢林的浪漫哲学和艺术哲学，并促成其向宗教神学的转化。而施莱尔马赫对辩证法的探究，亦启迪人们向苏格拉底和柏拉图回溯。当然，施莱尔马赫对后世影响最大的还是他关于宗教之论，其理论直接触发了宗教哲学、宗教心理学、宗教史学以及比较宗教学的诸多命题。在其思想中，我们可以找到宗教现象学、宗教进化论、宗教整体观等萌芽。特别是西方宗教学的实际奠立者缪勒（Friedrich Max Müller）就直接受到施莱尔马赫的启发，可谓获益匪浅。他接过施莱尔马赫关于"从有限者中窥见无限者的凝视"等话语，对"无限者"的宗教意义加以更深入地解读，从而使宗教理解在"感知无限者"中得到理论升华。因此,施莱尔马赫可以当之无愧地作为西方宗教学的思想先驱。对西方宗教学的理论寻踪,一般也都会又回到他关于宗教的著名论述。

(原载《西哲剪影》,中国社会科学出版社2011年版,本文有扩充。)

第七章

重新认识宗教学之源端：
麦克斯·缪勒评传

一 导论：麦克斯·缪勒的生平与著述

西方宗教学一般以麦克斯·缪勒（Friedrich Max Müller）为其创始人，因为他首先采用了"宗教学"（Science of Religion）这一表述，并以此为主题发表了相关专论。缪勒于1823年12月6日出生在德国的德绍，其父威廉·缪勒（Wilhelm Müller）为著名古典语言学家和浪漫派诗人，28岁时就担任了德绍公爵图书馆馆长，但刚33岁就于1827年英年早逝。幼年的麦克斯·缪勒被父亲的朋友所收养，在一种颇有浪漫主义诗人气质的氛围中长大。麦克斯·缪勒后来亦成为著名的自然主义语言学家，并且以其博学多闻而成为当时乃凤毛麟角的梵文学家、印度学专家、比较神话学家，更是西方宗教学的创始人。他早年在莱比锡大学学习语言学，于1841年就获得了印度学教师资格，1843年拿到博士学位，1844年出版了有关印度文化传统的文集。随后他先后去柏林和法国巴黎深造，在1845年就有了出版印度经典《梨俱吠陀》的构想。缪勒后来得到东印度公司的赞助而到英国伦敦从事研究工作，并于1848年移居牛津，从此在英国度过了50多年，其中大部分时间是在牛津大学万灵学院担任教授和研究员。他于1850年担任其近代欧洲语言学副教授，1854年起成为其全职教授，

1857 年获得牛津大学名誉学者称号，1868 年起担任比较语言学和比较神话学教授。他从比较语言学出发来从事比较神话学的研究，并由此进而创立了比较宗教学学科。此外，缪勒虽然移居英国，仍对德国思想文化有着浓厚兴趣，曾将威廉·谢热尔（Wilhelm Scherer）的《德国文学史》和康德的《纯粹理性批判》译成英文出版。其学术贡献和学术影响使他先后被邀请担任过 9 所大学和学院的荣誉教授，为 13 个学会组织的外国委员和 30 个学会组织的荣誉会员。1900 年 10 月 28 日，麦克斯·缪勒在牛津去世。

缪勒一生著译甚丰，主要学术领域为古印度吠陀经典的研究和比较语言、神话及比较宗教学，曾用了 25 年的时间完成出版 6 卷本译著《梨俱吠陀》（附有塞耶纳的注释）（1849—1874 年由牛津大学出版社出版），并著有《古代梵文文献史》（1859）。此外，他于 1875 年开始主编出版 51 卷本的《东方圣书集》（1882—1910），先后用了约 25 年，为此他还放弃了比较语言学教授这一讲席位置，在其去世那年仅差 3 卷未完成。这一古典文献的整理汇编出版，为宗教学的资料建设作出了巨大贡献。缪勒的学术著作还包括《比较神话学》（1856）、《希腊神话学》（1858）、《民俗学》（1863）、《论传教》（1873）、《德国工作坊拾零》（4 卷文集，1867—1875）、《宗教学导论》（1873，德译本《比较宗教学导论》，1874）、《宗教的起源与发展》（赫伯特讲座，1878）、《论语言、神话与宗教》（1881）、《印度能给我们什么教诲？》（1883）、《自然宗教》（1888 年吉福德讲座，1889）、《物质宗教》（1891 年吉福德讲座，1891）、《神智学或心理宗教》（1892 年吉福德讲座，1893）、《人类宗教》（1894）、《神话学和民间传说论集》（1895）、《神话学论文集》（1897），以及《印度哲学的六种体系》（1899）等。其传记作品包括《麦克斯·缪勒》（2 卷本，1898—1899；德译本《往日时光——老朋友：人生记忆》，1901）、《我的自传：散论》（W. G. Max Müller 编，1901），以及其夫人（Georgina）编《缪勒生平及其书信》（2 卷本，1902）。

二 比较宗教学的创立

1870年，缪勒应邀到伦敦为英国皇家科学研究所作了四次讲演，旨在对世界几大宗教进行比较，向英国学界对之加以初步介绍；这一基本思路在其应邀在伦敦西敏寺的演讲中得以确立。1873年，缪勒将这四篇讲演稿结集出版，取名为《宗教学导论》（*An Introduction to the Science of Religion*），从而率先提出了"宗教学"这一术语，这本书的出版也标志着宗教学这一新兴学科的诞生。1874年，《宗教学导论》的德译本出版，书名则明确定为《比较宗教学导论》，由此明确了"宗教学"最初即"比较宗教学"（die Vergleichende Religiobswissenschaft, or: the Comparative Study of Religion）的基本定位。缪勒曾对其宗教学研究的目的如此表白说："我们想知道，宗教是什么，它在人的精神中有何基础，其在人类历史发展过程中的规律是什么。"① 为此，他强调宗教研究的"科学"性："今天我开始对'宗教学'——我想不如说是在对世界诸宗教进行真正的科学研究之前，对某些必须解决的基本问题——进行系列演讲的时候，我的心情就象当年我在这里为语言学呼吁时的一样。""我知道我将不得不面对顽固的反对者，他们将否认有可能以科学的态度对待宗教，正如他们以前否认有可能以科学态度对待语言一样。"这是因为，"对有些人来说，宗教这个题目似乎太神圣了，不能以科学的态度来对待；对另一些人来说，宗教与中世纪的炼金术和占星术一样，只不过是谬误或幻觉构成的东西，不配受到科学界的注意。"② 缪勒根据自己研究比较语言学的经验，从这种比较的方法出发，认为建立比较宗教学体系的时机已经成熟。他主张对每一个宗教都加以

---

① R. N. Dankekar, "Max Mueller—Comparative Religion and Mythology", H. Rau (ed.), *F. Max Müller—What He Can Teach Us*, Bombay 1974, p. 8.

② 麦克斯·缪勒：《宗教学导论》，陈观胜、李培茱译，上海人民出版社1989年版，第4—5页。

第七章 重新认识宗教学之源端：麦克斯·缪勒评传

平等的研究和检验，以便可以证实辨假、去伪存真。而以前在基督教世界存在对其他"异教"的鄙视和忽略，从而也无法真正弄清楚基督教的面貌；只有对世界各宗教加以科学研究，才可能对自我传承的宗教重新认识，找准其在世界史意义上人类宗教中的真实定位。当时欧洲基督教神学界对于研究多种宗教的要求不以为然，著名教会史学者哈纳克强调只要研究基督教这一种宗教就足够了，宣称"谁不知道这一宗教，他就什么也不知道；而谁能知道它和它的历史，他就知道了一切"①。而缪勒则针锋相对，并借用歌德对语言的评价"只懂得一种语言的人，一无所知"来界说对宗教的理解，强调只知其一则为无知，"只懂得一种宗教的人，其实就什么宗教也不懂"。如果真正有对神圣的敬畏，那也需要对各种宗教的比较研究，这并不会伤害信仰者的感情。只有通过对不同宗教的比较研究，才可能获得真正的信任和依赖，在这种追求真理的精神中获得真正意义上的忠诚和虔信。

缪勒认为，通过比较宗教学，就可以如研究语言学那样，对宗教按其语言等谱系来加以分类。他结合自然神话学派、民俗学、人类学和社会学等研究，主张寻根溯源地从宗教术语的词源学研究入手来获得其语言学、文化学上的意义；"神明"作为"人格化的自然力量"与人之宗教关联，就在于这种自然力量与相关人群接近其所通过的途径首先乃是语言的途径，以这种语言传媒及其意义之追究就产生了宗教。在他看来，原始语言的词根不只是客体之表述，而乃具有主动的性质，结果其丰富含义及混淆不清会给人造成其表述对象自身有其独立和个性的印象，从而诞生了远古的神话。故此，缪勒认为带有这种神话的原始宗教实乃源自古代人"语言上的毛病"。所以，对宗教的科学研究也需要这种找出错谬的批判精神。从"语病"之谬则可辨析出"神名"之原意。缪勒列举的一个经典例子，就是"阿波罗"与"达芙妮"的语义。古希腊神话描述太阳神阿波罗爱上了达芙妮，达芙妮因不能摆脱阿波罗的

---

① 参见兰茨科维斯基主编《宗教学的本质与特征》，达姆施塔特，1974年德文版，第333页。

追赶纠缠而变为月桂树。但从其原始语义来看，阿波罗指"太阳"，达芙妮指"黎明"，这一神话的本意是指东方破晓、朝阳升起这一自然现象，而古人诗意般的语言表达却意为太阳赶跑了黎明，从而白昼到来。此外，"精神"一词乃由"呼吸"衍化而来，"死者"一词则源于"阴影"，它们本来只是某种转借之义，结果却喧宾夺主成为自己的具体特征和实质性内容。这种原初语言之主体性的人格化过程遂使其本来的寓意消失，语言词汇出现意义转换，本来空洞的"神名"（nomina）却成为实在的"神灵"（numina）。根据对印欧各种民族神话中其神名的词根之探，缪勒认为它们都有着相同的词根"照耀"（Div），故而断定这些神话的原初概念都与"太阳"相关，为此他主张古印欧神话乃典型的太阳神话，直到后来面对各种批评才放弃这一见解。

三 宗教学的研究范围及其问题意识

缪勒基于古代语言学谱系而对宗教加以分类，认为世界宗教可以分为三大类型：第一种类型为印欧雅利安谱系宗教，包括古印度婆罗门教、佛教，以及古波斯的琐罗亚斯德教，因而他不仅研究了印度古经《梨俱吠陀》，也探讨了波斯古经《阿维斯陀》，认为印欧语系的宗教注重在自然中发现神名，与自然关联密切。第二种类型为闪族谱系的宗教，包括《摩西五经》所反映的亚伯拉罕传统宗教，即《旧约》所载犹太教，《新约》时期的基督教，以及《古兰经》时代的伊斯兰教。其特点反映出在动态的历史进程中对神明的敬拜。而第三种则为缪勒自己所假定的突雷尼（图兰）语族，他将印欧谱系和闪族谱系之外的宗教都归为此类，主要为古代亚洲的宗教，其中亦可分为北方系统和南方系统，北方系统包括中国的宗教及中亚宗教，南方系统则为泰米尔人的宗教和后来传入的佛教。但缪勒在此并不能说清突雷尼语族宗教神明观念的根源，其分类亦被人质疑。

在西方宗教传统中，基督教的理论神学曾占上风，但这种纯理论的神学在缪勒看来已很难说清楚涉及宗教的大部分问题，因此，以一种比较神学来替代则很有必要。虽然缪勒将其宗教学分为比较神学和理论神学两部分，其真正立意却在比较神学。而比较神学正是要探究整个人类宗教史的所有事实，对之加以全面收集、归类和批判性研究。这种比较方法即比较宗教学的精髓所在，由此而把宗教作为科学观察和研究的对象，深入分析宗教内在和外在的意义。这里，缪勒认为宗教学的研究有两大任务：一是研究宗教的历史现象，即关注已经发生的史实；二是解释宗教的意义，而这种解释应该具有普遍性，对宗教发展的最低阶段和最高阶段都能适用。基于其比较语言学的功底，缪勒强调宗教学研究中语言基础的重要，指出只有熟悉掌握相关宗教的语言，才能真正深入这一宗教而获得对其学说及精神传承的理解。此外，他坚持宗教学研究不是简单的描述，而要具有批判性研究，应该对一切宗教包括基督教加以公平、平等地比较、研究，而不可在此贬低其他宗教、抬高基督教。在比较宗教学研究中，科学"不党"，不要拉帮结派、持有成见。当然，缪勒承认基督教的研究有其独特价值，即如《旧约》所言"应许之地"，给人带来希望，让人做好准备，恰如犹太教作为犹太民族的宗教而曾经成为融通世界的基督教得以奠立之准备。因此，缪勒在一定程度上仍然基于基督教的立场、观点，对基督教在世界宗教中的地位有意抬高，故其"比较神学""比较宗教学"的研究也仍有其局限性。

四 从渴慕"无限"看宗教的本质

缪勒对宗教发展持一种进化的态度，认为宗教史就是如莱辛所讲的"人类的教育"，是不断前进发展的历史。这样，就不要贬损任何宗教，因为每一种宗教的意义本身都乃属于宗教更高意义的一个部分，此即古代宗教原初之义的意义、价值和作用。而各种宗教的旨归就是寻求、归向"无限"，此即人的"信仰天赋"，是"一种心理能力或倾向"。于是，缪勒宣称宗教就是人"领悟无限的主观才能"，指出"宗教是一种内心的本能，或气质，它独立地、不借助感觉和理性，能使人们领悟在不同名称和各种伪装下的无限。没有这种才能，也就没有宗教，甚至连最低级的偶像崇拜和物神崇拜也没有。只要我们注意倾听，就可以在所有的宗教中听到这种精神的呻吟，这是一种渴望，力图要认识那不可认识的，说出那说不出的，渴望得到神和上帝的爱"①。渴慕和追求"无限"，这是缪勒对宗教本质的理解和把握。人的这种精神气质，大概就是伊利亚德所说宗教乃一种"人类学常数"之蕴含。这里，缪勒思想的局限性在于脱离社会实际而空洞地仅从观念形态上来找寻宗教的本质，故而很难从根本上说清宗教的起因及宗教精神所具有的复杂社会蕴含。与社会无关的抽象思辨在宗教认识上看似玄奥、神奇，却不能解决宗教所祈求得到回答的根本问题。为此才有强调社会本质、找出其社会关联的正确宗教认知，此即马克思主义宗教观对缪勒宗教观的超越和扬弃。

不过，从认识论发展的意义上来看，与仅从贬低宗教价值即基于迷信观念来理解宗教的传统认知相比较，缪勒关于宗教追求之"无限"体悟的思想，无疑对深化我们对宗教的认知及其本质洞观很有帮助。很遗憾，缪勒在宗教理解上本已经解决的这一问题，却迄今在一些讨论上仍纠缠不清，故而成为宗教认知上的盲点。其实，如果基于对"追求无限"及其宏观叙说的宗教思维特点之把握，那么对宗教哲理认知上、在科学家为何信教及科学与宗教关系上的一些难点或困惑，则可迎刃而解。应该承认，在宗教认知上明确体现出人类不断在超越自我的努力，其对"无限"或"无限者"的领悟，实质上就是人从局限走向无限、从局部走向整体这种精神努力之思维特征的反映，其中积极的因素明显大于那种消极放弃的情绪。这里，宗教思维则在走向哲理所探究的范围，使人的认知及精神境界都得以提升。如果我们今天要发掘、体会宗教中的积极因素，引导宗教与我们当今社会实现积极的适应，那么则很有必要反思、琢磨缪勒的这一宗教理解及其对宗教本质的界说。至少，缪勒在关涉思辨、逻辑之思想史发展，以及在人类精神科学之基本建构上的贡献是不言而喻的。

---

① 麦克斯·缪勒：《宗教的起源与发展》，金泽译，上海人民出版社1989年版，第15页。

五 神明观念的进化及其"完美境界"的意蕴

除此之外,缪勒还对宗教中最为核心的"神明"观念作出了他自己的解读,即从追求神圣性、完美性来阐释人心目中的"神明"之意。他说,"无论什么地方的宗教,它的意图总是神圣的。一个宗教,无论多么不完善,无论多么稚气,它总是把人的灵魂放置在神的面前;一个关于神的观念,无论多么不完善,无论多么稚气,它总是代表当时的人在心灵上所能达到和掌握的关于完美境界的最高理想。宗教使人的心灵面对这最高的理想,宗教使心灵升高,超过一般的美德标准,最终使人们渴望一种更高尚和更美好的生活——沐浴神之光辉的生活。"① 其实这也表达了人们常说的"止于至善"之精神境界,因而也与传统宗教的神明观念明显有别。当然,将"神明"与"无限""绝对""完美"相联系,人类宗教也经历了曲折的发展,并非一蹴而就的。缪勒认为,这种神明观念乃有其发展的三阶段,最初阶段乃远古宗教中的"单一主神"观念,它们独来独往,各不隶属,在各自领域乃有最高威权;第二阶段即"多神"教的观念发展,这是由远古宗教的"单一主神"观念而导致了"众神"的诞生;第三阶段则为"绝对一神"的观念,其特点即超越一切、至高无上、包罗万象。从自然神经人格神而达绝对一神,缪勒的神学解释学也与传统神学明显不同,而且也并没有停止在所谓"绝对一神"的认知阶段,其思维之路仍在往前延续。这种"绝对一"的整体观已经接近人对世界基质的认识,从而可以大化为"无极",最终归于"道可道,非常道"的"无言"之境,进入"绝对有"与"绝对无"的神秘融会。其神秘之悟即宗教,而其思辨之探则为哲学。故此,现代宗教哲学家约翰·希克(John Hick)才将这种"神明"认知之说深化,也简化到"终极实在"之论。所以,仅仅从"人格神

---

① 麦克斯·缪勒:《宗教学导论》,陈观胜、李培茱译,上海人民出版社1989年版,第129页。

论"来继续说明宗教的理论,在当代社会思想家、理论家的学术话语及其讨论中,显然有老化、过时之嫌;对宗教神明观研究上的与时俱进,应该成为当务之急。不过,缪勒在此仍有其思想的历史局限,即还是未曾尝试脱离从观念到观念的思维窠臼,尚没有也不可能上升到观念与社会的有机关联。所以说,缪勒宗教研究学说中社会实际、实践的缺失,乃其宗教学体系建构中的最大遗憾。

在这种追求"无上完美"、臻于完善的行程中,缪勒认为宗教的不同发展阶段亦有其不同侧重和特色。"缪勒认为宗教产生和发展是沿着三条基本线索展开的,这就是从自然对象中形成物质宗教,从人类自身中形成人类宗教,然后在心理宗教中合流。"① 正是在对"无限"的理解及追求中,人类的宗教得以不断完善和逐渐丰富的表达。在缪勒看来,"不同民族在客体上对自然现象中无限之物的信仰而形成了对'无限'上帝的崇敬,这乃'物质宗教'的发展之途;古代人类在主体上对自我的反思而产生出灵魂崇拜,开始在灵魂与肉体之关系、人的命运与死亡等问题上找到内在的无限,这乃'人类宗教'的发展之途;人们把两种无限综合来看,探讨生与死、有限与无限、空间与时间、主体与客体、灵魂与上帝的相互关系,这乃'神智宗教'或'心理宗教'的发展之途。"② 缪勒基本完成了对其"无限"观念在不同阶段宗教思想中的结合,其留下的则是人类社会之巨大空白。

六 沟通东西的视域和比较批判的方法

在缪勒的宗教学探究中,其基本素材主要是来自印度古代宗教,他所汇编的 50 多卷《东方圣书集》中大多为印度宗教典籍,占 30 余卷。当然,缪勒也特别注意到对中国古代宗教典籍的搜集和英译,包括理雅各(James Legge)英译的"四书五经"等经典。缪勒曾向西方读者介绍

---

① 麦克斯·缪勒:《宗教的起源与发展》,金泽译,上海人民出版社 1989 年版,第 3 页。
② 卓新平:《宗教起源纵横谈》,湖南人民出版社 1988 年版,第 100 页。

说，"中国的古代宗教，即孔子的宗教和老子的宗教的经典已有了极佳的译本，对人类古代信仰感兴趣的人均可通过译本对它进行研究。"① 按照缪勒的理念，比较宗教学的基础研究就是要对宗教经典加以搜集和研究，必须意识到"世界诸大宗教各有作为其基础、贯彻其精神的原始经文"，"正如我们在着手进行语言比较之前，必须知道各种语言最古老的形式一样，我们也必须先对每种宗教最古老的形式有一清晰的概念，才能决定某一宗教的价值，才能把它与宗教信仰的其他形式作比较"。② 以"语言"之途，缪勒试图在宗教研究领域沟通东西方，其思路在宗教比较及对话上能否超越东西方却语焉不详，这在其视域中仍是一个模糊的远方。

尽管缪勒的思考及研究因其时代局限而存有缺陷，其创立的宗教学亦不完善，然其在宗教学科建设上迈出的这一步却极为关键。与以往欧洲的基督教神学研究之本质区别，就在于缪勒所奠立的比较宗教学"能鲜明地表示出它研究的是世界上各种宗教传统（犹太教—基督教传统当然也包括在内），把它们作为观察的现象，而不是作为崇奉的信条来研究。"③ 缪勒在此强调了两点，其一，宗教比较非常重要，没有比较的研究是在自我封闭的藩篱中盲行，此即缪勒"只知其一则一无所知"的名言所喻；其二，宗教研究必须持批判的态度，而绝非护教的辩解或虔信的赞言。缪勒在此宣称，"我认为我们研究宗教史的人所得到的最大的好处，是学会了以批判的态度从事学术研究。"④ 显然，这种观察和批判的态度已与以往在教言教、维护信仰的宗教神学截然不同。而且，在一定程度上也与后来宗教史学所强调的"观察性描述"

---

① 麦克斯·缪勒：《宗教学导论》，陈观胜、李培茱译，上海人民出版社1989年版，第15页。
② 同上书，第15—16页。
③ 埃里克·J. 夏普：《比较宗教学史》，吕大吉等译，上海人民出版社1988年版，第4页。
④ 麦克斯·缪勒：《宗教学导论》，陈观胜、李培茱译，上海人民出版社1989年版，第15页。

和"悬置判断"有着微妙的区别。这是我们研究、评价缪勒的比较宗教学所必须意识到的。当然，缪勒所谓"批判"只是学术意义层面的批判，而并没有涉足政治层面的批判，因此与马克思主义将宗教批判与社会政治批判密切结合也有很大的差距。

缪勒乃旨在"一门关于宗教的科学，以不带偏见地、真正科学地比较人类的一切宗教，或至少是比较人类所有的最重要的宗教为基础的宗教学的建立"[①]，而这样一门科学就是"对世界上各种宗教的起源、结构和特征进行比较，同时考虑确定各种宗教真正的一致之处和歧异之处，它们彼此之间的关系范围，以及将其视为不同类型时，它们相对的高低优劣"[②]。这些定位对于我们真正弄清楚什么是宗教学，什么是其比较方法都非常重要。缪勒由此而开创了宗教研究的一个全新的时代，界定了宗教学的真实蕴含。夏普在评价缪勒的贡献时如此指出，"他已经使'宗教学'这个术语流行开来。……更为重要的是他给予比较的宗教研究以一种推动，一种形态，一套专门术语和一系列观念。"[③] "事实上，在麦克斯·缪勒之前的宗教研究领域中，尽管有广泛而且充分的资料，但却是杂乱无章的。在他之后，人们可以看到，这个领域已作为一个整体服从于一种方法，总而言之，得到了科学的处理。"[④] 对于缪勒所完成的这些"科学的处理"，我们应该有着清晰的认识，由此接着往前走，推动宗教学的科学发展，而不是又退到缪勒之前去重复那些已经过时的话语，更不能从清晰重返迷茫。所以说，我们今天分析研究缪勒的比较宗教学创意，重新认识宗教学之源端，准确把握缪勒的思想精髓及其研究方法的鲜明特点，对于中国宗教学的当代发展和定位，都富有深刻而独特的警醒和启迪意义。

（原载《世界宗教文化》2019年第1期）

[①] 埃里克·J. 夏普：《比较宗教学史》，吕大吉等译，上海人民出版社1988年版，第1页。
[②] 同上书，第2页。
[③] 同上书，第57页。
[④] 同上书，第58页。

第八章

范·得·列欧传略

在西方宗教学的历史上，杰拉都斯·范·得·列欧（Gerardus vail der Leeuw）是一位必须加以关注和提及的重要学者。他虽然不是宗教学创立最早的学术先驱，却因其担任了国际宗教史协会的第一任主席而闻名。范·得·列欧是荷兰著名宗教学者和基督教神学家，曾担任荷兰格罗宁根大学宗教史学和宗教现象学教授，后来又任职为荷兰教育部长。他奠立了西方宗教现象学的庞大体系，参与创建了国际宗教史学术机构即国际宗教史协会，并当选为国际宗教史协会的第一任主席。

范·得·列欧1890年3月19日出生于荷兰海牙的一个基督教新教徒家庭。1902年至1908年他就读于海牙人文中学。中学期间列欧对文学、音乐和艺术有着浓厚的兴趣，曾参加学校管风琴训练班和合唱团，这些爱好使他能歌唱、善弹奏，精通荷兰文、德文和法文，熟悉艺术史和文学史，为后来的发展打下了良好的基础。列欧在中学时开始参加荷兰新教改革教会的宗教活动。他于14岁入荷兰改革教会部长杰里特森（J. H. Gerretseil）博士组织的信仰坚振班，受其影响而对宗教灵性与礼仪问题产生特别的关注。列欧还热衷其他社会公共活动，曾担任过海牙人文中学学生联盟的主席。

1908年至1913年，列欧获得奖学金资助，得以在莱顿大学攻读神学。他除了涉猎基督教神学的各个分支学科外，还重点研习宗教史学和当时尚未被学术界所普遍承认的宗教现象学，并参加艺术系的古埃及文化课程和哲学系的有关课程。在课余时间，列欧参加了荷兰基督教学生会的各种社会活动，并成为学校神学研究协会的会员。作为大学生的列欧，受到了当时各种神学思想和宗教学术思潮的熏陶。他接触到了宗教现象学的早期创立者、荷兰宗教学者商特皮（P. D. Chantepie de la Saussaye）的学说，对其宗教现象学理论产生了深刻的印象，哲学上开始注意德国学者胡塞尔（E. Husserl）现象学和狄尔泰（W. Dilthey）等人解释学的方法论，而神学上他最初接受了介乎正统信仰和自由派现代主义之间的伦理宗教观，后来又逐渐转向自由主义神学立场。

1913年，列欧通过大学神学毕业考试，并得到去德国深造两个学期的机会。1913年的冬季学期，他开始在柏林大学专攻埃及学，研究埃及古代文献。德国首都丰富多彩的文化生活，曾给他许多思想灵感和学习上的便利条件。他师从德国古埃及学者埃尔曼（A. Erman）和塞特（K. Sethe），研习了他们刚刚整理出版的金字塔文献。1914年夏季学期，他转至哥廷根大学学习神学与宗教史学，曾受到哥廷根宗教史学派布塞特（W. Bousset）等人的影响。

列欧在第一次世界大战爆发之前回到了海牙，开始准备其博士学位论文。1916年3月15日，他在莱顿大学神学系通过题为《古埃及金字塔文献中的神之观念》的博士学位论文答辩，获神学博士学位。他的博士生导师为大学宗教史学与宗教现象学教授克里斯顿森（W. Brede Kristensen）。其博士学位论文探讨分析了古埃及宗教中各种"非人间力量"的现象世界，试图借此把握古埃及神灵观念的发展演变。

1916年4月27日，列欧与莱顿神学系学生安娜·卡特琳娜·斯诺克·亨克曼斯（Anrie Catharina Snoeck Henkemans，1890—1946）结婚，婚后不久，他于同年开始其牧师生涯。教牧期间，列欧一方面潜心研究神学，担任杜廷赫姆人文中学神学预备生的教师；另一方面则继续钻研古埃及和古希腊宗教。

1918年夏，年轻的列欧被聘为格罗宁根大学神学系宗教史与神学教义史讲座教授，同时在该校艺术与哲学系教授埃及语言文学，负责《神学百科全书》的主编工作。其大学就职讲演的题目为《在神学学术界中宗教史学的地位与任务》。在讲演中，他把宗教史学看作神学的一个分支学科，并认为宗教史学的研究对神学而言必不可少。第二次世界大战之后，列欧还担任了格罗宁根大学宗教现象学讲座教授和宗教礼仪学教授。在几十年大学任教生涯中，列欧撰写并出版了大量学术论著，其中主要有《历史性的基督教》（1919）、《道路与界限，宗教与艺术关系之研究》（1932）、《宗教现象学》（1933）、《神学导论》（1935）、《原始人与宗教，一种人类学探讨》（1937）、《赞美诗学简史》（1939）、《宗教礼仪》（1940）、《人与宗教，人类学的探究》（1941）、《与诺瓦利斯的沉思时光》（1943）、《圣礼神学》（1949）等。他的《宗教现象学》的初稿为1924年用荷兰文写作出版的《宗教现象学导论》。在反复修改和不断完善的基础上，他终于在1933年推出了用德文撰写的、长达800多页的巨著《宗教现象学》。这部著作的出版轰动了西方学术界，它创立了较为完备的宗教现象学学科体系，也奠定了列欧本人在西方宗教学学术领域中的重要地位。

除了授课教学和著书立说，列欧还积极参加各种学术性社会活动，并参与创建有关学术组织和团体。他曾担任荷兰改革教会宗教伦理学协会主席、宗教礼仪学会会长、教会复兴联盟的领导人之一，以及新荷兰改革教会赞美诗编委会委员。1934年至1935年，列欧当选为格罗宁根大学校长，从1936年起被选为荷兰皇家科学院院士。因他对音乐的爱好和研究，还使他曾一度当选为格罗宁根管弦乐协会和荷兰巴赫研究会的会员及主席。

1944年夏，列欧完成其《荷兰目前形势的评估》（1945年出版）一书，分析评价第二次世界大战以来荷兰的政治及经济等形势，开始积极投入荷兰国内的政治社会活动。他参与了所在政党基督教历史联盟与荷兰工党的联合工作，成为其重要成员之一。1945年至1946年，列欧出任荷兰战后第一届内阁政府的教育、艺术和科学部长。在任期间，他制定了积极的文化政策，对学者和艺术家给予支持和帮助，曾提高教师的工资待遇，实行荷兰文字改革，并任命一些学者为其教育部的官员。他还创办了荷兰过渡时期广播电台、建立荷兰青年协会，使战后荷兰社会的文化教育事业得以复兴和提高。离任之后，列欧曾于1947年出版《民族的文化任务》一书，阐述他的文化教育计划和理想，为荷兰的文化发展出计献策。

1947年起，列欧回到格罗宁根大学重新执教。这一期间，他参与创办《转折》月刊，任其总编辑。第二次世界大战后，西方宗教学研究开始走入正轨，各个学科体系逐渐形成，各国宗教学研究机构也相继成立。列欧在荷兰参加组建荷兰宗教史学会，担任其主席，并积极以荷兰为中心筹备国际性宗教史学会议，准备成立统一的国际性宗教学组织。1950年9月，战后第一次国际性宗教学会议即第七届国际宗教史会议在荷兰阿姆斯特丹召开。这次会议正式通过成立"国际宗教史协会"（International Association for the History of Religions，IAHR）。列欧担任了这次会议的主席，并在会上当选为国际宗教史协会的第一任主席。

列欧对西方宗教学所作出的贡献和他在各学术领域所取得的成就，使他成为战后西方最著名的学者之一。他被选为在布鲁塞尔的比利时皇家科学院和在罗马的林奇科学院外籍院士。1946年他被捷克布尔诺的马萨里克大学哲学系授予名誉博士学位。列欧曾先后接到去阿姆斯特丹大学、乌得勒支大学及美国芝加哥大学担任宗教史学讲座教授的邀请，但他一直留在格罗宁根大学任教。

1950年9月，列欧因肾病而住进乌得勒支医院。1950年11月18日，列欧在乌得勒支逝世，享年60岁。为了纪念这位学术界的伟人，荷兰阿姆斯特丹成立了"杰拉都斯·范·得·列欧宗教艺术基金会"，格罗宁根也建立了"杰拉都斯·范·得·列欧人类学博物馆"。列欧一生所发表的论著和论文共达650篇之多，其中在神学上的代表著作为《圣礼神学》，在宗教学上的代表著作为《宗教现象学》。

（原载《世界宗教资料》1991年第2期）

第九章

伊利亚德对宗教学的贡献

在西方古典宗教学的发展中，伊利亚德（Mircea Eliade）属于最后一位巨人般的学者，他给宗教现象学的体系发展画了一个句号，也使古典宗教学研究在鼎盛时期宣告谢幕。在 20 世纪世界宗教学的舞台中，伊利亚德有其独特意义，他在科学领域和文学领域都著述甚丰、建树独到，其对宗教的批评和护卫均见解深刻、话锋犀利，其特立独行令世人瞩目，其鲜明观点亦成为宗教学科本身的基本问题和关注焦点。而且，其对宗教学之文化功能的强调也使这一学科获得更多的关注和关联，并直接影响到与神学和宗教哲学的对话。其名言"宗教是一种人类学常数"恰如一石激起千层浪，引起了广泛的回应和争议，也使我们能够更好、更冷静地深思宗教的普遍性、长期性问题。

一 伊利亚德的生平及著述

伊利亚德于 1907 年 3 月 9 日出生在罗马尼亚的首都布加勒斯特，1917 年在当地的中学就读，从小就有着"用文学形式来处理科学问题"的幻想，并在其获奖小说《我如何找到哲人之石》中论及炼金术中的神秘思想。这种对炼金术的特殊兴趣后来竟伴随其整个学术生涯。1925 年，他进入布加勒斯特大学攻读文学和哲学，尤其对意大利文艺复兴时期的哲学情有独钟，并于 1928 年以《从马西利奥·费奇诺到乔丹诺·

布鲁诺的意大利哲学》之论文获得学士学位。大学期间他兴趣广泛、博览群书，而且学会了多种语言。这种天资及其广泛联系使之大学一毕业就获得了去印度深造的机会，他于1928年至1931年在印度求学，先是在加尔各答师从达斯古普塔（Surendranath Dasgupta）研习印度哲学、奥义书和印度瑜伽，后因与其老师产生矛盾而转到里希盖什的一个静修所拜什万南达（Shivananda）为师修炼瑜伽。印度瑜伽遂成为其回国后写博士学位论文的主题。此外，他以自己在印度的经历为题材而撰写了小说《弥勒薏》（*Maitreyi*），1933年用罗马尼亚文发表后大获成功，后被译成法文和英文，并于1987年改编为电影《孟加拉之夜》。印度文化传统给伊利亚德留下了深刻印痕，他一生都潜心钻研东方神秘主义，并由此引发了对其东正教神学传统的自我认知。

1934年至1938年，获得博士学位的伊利亚德在布加勒斯特大学任教，主要担任哲学家尤内斯库（N. Ionescu）的助手，并讲授希腊哲学、印度哲学和基督教神秘主义神学，同时也以形而上学史之名讲授宗教史课程。教学之余他还参加了一些文化活动，并组织学者编辑出版《查莫西斯：宗教研究述评》专业杂志，此间他也参加了名为"米歇尔大天使军团"的社会政治运动。20世纪40年代，第二次世界大战的战火也蔓延到了罗马尼亚，伊利亚德作为外交官员被派驻伦敦，1941年至1945年他又任职于驻里斯本大使馆。这一时期他的学术兴趣则主要集中在研究罗马尼亚民谣，他将之称为"离奇文学"。1945年伊利亚德移居巴黎后，其宗教学研究开始走入正轨，用法文出版了《宗教史论著》《永恒回归的神话》等。

1957年，伊利亚德应瓦赫（Joachim Wach）之邀到美国芝加哥大学接任瓦赫之位。他先是主持哈斯科尔讲座，随后担任宗教史系主任和讲座教授，并在其神学院讲授宗教史学。芝加哥时期是伊利亚德学术生涯的顶峰及其学术成果发表的高峰时期，并且奠立了芝加哥大学宗教史研究中心国际知名的重要地位。他于1961年创办了《宗教史》杂志，自1976年主编出版了三卷本《宗教思想史》专著（共三卷四册，其中三卷下册由其弟子在其去世后以德文出版），并主编了16卷的《宗教百科全书》，在其去世一年后由其弟子沙利文（Lawrence Sullivan）等人完成出版。

1986年4月22日，伊利亚德在芝加哥去世。其主要著作包括《弥勒蕙》（1933）、《亚洲的炼金术》（1935）、《克里斯蒂娜小姐》（1935）、《巴比伦的宇宙观和炼金术》（1937）、《冶金术、巫术和炼金术》（1938）、《宗教与神圣：宗教史原理》（1954）、《熔炉和坩埚》（1956）、《神话，梦幻与神秘》（1961）、《老人与官僚》（1967）、《萨满教与古老的入迷术》（1975）、《思慕本源：论人性之源》（1976）、《中心：日记片段》（1977）、《禁止入内的森林》（1978）、《离奇历史》（1978）、《秘术与现代世界：宗教史视域中的时代思潮》（1978）、《宗教思想史》（三卷，1978—1983）、《自传》（二卷，1981）、《百合花》（1982）、《迷宫考验》（1982）、《从扎尔莫西斯到成吉思汗》（1982）、《神圣与世俗：论宗教性的本质》（1984）、《瑜伽：不死与自由》（1985）、《宇宙和历史：永恒回归的神话》（1986）、《永恒的比喻与象征：论巫术—宗教象征》（1986）、《重生的神秘：成年式类型之探》（1988）等。

二 伊利亚德的理论及影响

伊利亚德作为美国宗教学芝加哥学派的领军人物，在宗教学历史上留下了非常重要的一页。在宗教学的命名上，缪勒最初是采用了"宗教学"（Science of Religion，Religionswissenschaft，宗教科学）来为其创立的这门新兴学科命名，但因为宗教学研究的规范性、实定性、科学性被人质疑，这一名称并没有得到普遍流传。当宗教学在北美兴起时，学界因其注重比较方法而称之为"比较宗教学"（Comparative Religion），然而比较一语的运用也有其局限性，故亦未获得普遍认可。在伊利亚德的研究中，他更习惯于使用"宗教史"这一表达，从而与欧洲宗教学家们形成积极的呼应与互动。在多方协调及磨合之中，西方宗教学界目前更容易接受且被多年使用的专门术语已为"宗教史"或"宗教史学"。在这种宗教史的定位中,伊利亚德的选择及使用显然也起到了重要作用。

但从严格意义上来看,伊利亚德本人并非典型的宗教史学家,相反,他被视为宗教现象学的晚期代表,而其研究方法则有着更多的比较宗教学意蕴。如果从其研究的范围来看,伊利亚德跨时空、跨文化的视域则应得到必要关注,他在文学与宗教学之间经常跨界,相关主题亦常在不同领域显现,且极为自然和贴切,表现出其丰富的知识和高度的智慧。在描述古代宗教神话的生花妙笔中,伊利亚德既有空灵与浪漫,亦在具象展示之外凸显出形而上学和本体论的意蕴,给人带来抽象之思。

伊利亚德的研究常将古代人的宗教意向与现代人的非宗教现象相比较,在论述了世俗化的种种表现之后,他认为在现代人的行为及思想中仍然可以发觉其潜在的宗教动因,这表现在世人对政治理论、对社会公义、对道德基准、对生态自然等方面的"神圣化"意向及取向之中。因此,这种人类社会中不可化约的元素就是所谓的"神显"(hierophany),由此"世俗"亦可彰显出"神圣","神圣"并不排拒"世俗"的特殊表达,宗教与非宗教之间并没有一条不可逾越的鸿沟。所以,人在根本上不可能纯粹"世俗"地生活,甚至在反宗教的行动中也可窥见其潜藏的宗教意欲。为此,伊利亚德所言"宗教的人"(homo religiosus)乃有其深刻蕴含,不可仅作表层之解。在比较各种"神圣"与"世俗"现象后,伊利亚德才有着其"宗教乃人类学之常数"的经典表达。

伊利亚德的宗教学研究在世界范围扩大了宗教学的影响,其观点和理论既引起共鸣和传承,亦遭到批评和抵制。在1990年和1996年,国际学术讨论中曾围绕伊利亚德而引起巨大争论,对其如何"还原"的问题亦仁者见仁、智者见智,各不相让。不少学者认为伊利亚德的理论过于主观、过于规范、过于神学,在其人类学、宗教史和现代性的表述中都有许多弱点,甚至认为他不仅不是宗教史家,而且其方法还是"反历史"的。而肯定伊利亚德的学者则指出他对此后西方哲学、神学的积极影响,甚至认为阿尔太策尔(Thomas J. Altizer)的"上帝之死神学"也是受到伊利亚德思想理论的启迪而创发的。此外,伊利亚德的"宗教史"之人性论回归和建立"新的人道主义"之意向,其宗教现象学描述的意义,其相关假设的奠立,以及其将宗教学与神学、哲学的分界,也都是应该值得肯定的。为此,里基茨(Mac Linscott Ricketts)还专门写了《捍卫伊利亚德》一文来为其辩护。可以说,伊利亚德的命运及其功过评说乃是宗教学的一个缩影和生动写照,宗教学的地位迄今没有得到清晰准确的界定,也没有获得社会大多数人的共识和绝对肯定,其筚路蓝缕的艰辛和风雨飘摇的经历可能还得延续。因此,伊利亚德乃至整个宗教学的功过是非、褒贬臧否,仍需留待后人来公正评说。

第十章

西方宗教学与中国当代学术发展

20世纪中国社会科学发展中的一件大事，即西方宗教学的引进和中国宗教学体系的建立。因此，在我们经历的世纪之交和千纪之交，中国学术界所关注的热点之一，即宗教学的崛起和迅速发展。宗教乃人类精神现象和灵性生活，人们对宗教的认知和研究，亦有着悠久的历史。但应该承认，在宗教学作为一门独立学科诞生之前，这种宗教认知和研究或是各种宗教本身的一种内在性研究，体现出对其观念、情感、行为、组织、经籍及文化构建和传统的自我意识与自我剖析，或是其他相关学科所需的一种边缘性研究，展示着这些学科具有的多元知识背景和必要逻辑关联。而不带信仰前提，不为辅助手段，以客观、科学、公正态度为特色的，具有独立学科意识的宗教学，则产生于19世纪下半叶的欧洲。西方宗教学作为社会科学及人文学科中的一门新兴学科，表现出强大的生命力和发展势头，从根本上影响到一百多年来的世界宗教研究。

西方宗教学在这一百多年的历程中逐渐形成了自己的学科研究范围、特定范畴、基本方法和学术流派。宗教学在其范围界定上有狭义、广义之分。狭义宗教学强调其对宗教的客观描述、临境观察和主观理解，旨在展示宗教的现象和状态，而不涉及对宗教的本质定性和价值判断。此即宗教学的最初立意和形态，它将宗教哲学、宗教批评学和宗教神学排斥在外。广义宗教学则包括对宗教意义的探讨、对其本质的揭示和对其价值的评断,以一种开放之态来迎接宗教研究范围的扩大。大体而言,这种广义宗教学乃涵盖宗教史学、比较宗教学、宗教人类学、宗教现象学、宗教社会学、宗教心理学、宗教地理学、宗教生态学、宗教哲学、宗教批评学和宗教神学。此外,亦有一些现代学者主张将宗教考古学、宗教文献学和宗教语言学等纳入广义宗教学的视域。宗教学探究吸引且困惑人之精神世界的一些基本关系,如神与人、神圣与世俗、灵与肉、彼岸与此岸、超越与有限、心灵与社会等,由此构成其研究体系的特定范畴。例如,西方宗教学的创始人麦克斯·缪勒即在其宗教学的开山之作《宗教学导论》中鲜明地展示了其对宗教学最基本范畴"宗教"和"神的观念"的关系体认。在他看来,"宗教"乃揭示出"人的灵魂"与"神"的关系,而"神的观念"则为人之心灵"关于完美境界的最高理想"。顺着这一思路,不少西方宗教学者把宗教理解为人与"神圣真实"相遇、经历、交往的关系。在宗教信仰中,这种与"神圣"交往、相通和结合的关系高于一切,其他任何关系都居从属地位,微不足道。而"神圣"在西方宗教学者鲁道夫·奥托的名著《论神圣》中亦被描述为超然与内在的关系,"神圣"(Numinos)即由"超自然的实体"(Numen)与"对神圣的体验"(sensus numinis)所共构。西方宗教学早期学者对"宗教"和"神圣"的这些经典解释,迄今对我们认识和理解宗教仍有启迪作用。西方宗教学的研究方法则呈多元之态,由此亦构成其分支学科及其不同侧重和各种学派。这些基本方法包括宗教史学的纵向梳理方法、比较宗教学的横向比较方法,宗教人类学等习用的田野调查和实证方法,宗教现象学的中止判断和本质洞观方法,宗教社会学的社会抽样和功能分析方法,以及宗教心理学的象征符号破译和精神分析方法等。西方宗教学的这些理论体系和研究方法已为当今整个世界的宗教学研究及发展奠定了基础、形成了基本模式和框架。

中国的宗教学自 20 世纪 80 年代以来全面展开,并逐步形成了思想理论探讨和史料史实探讨这两大不同方向,推出了一批重要成果。中国学者主要从两个方面展开了对宗教的系统研究:一为宗教心灵层面的研究，二为宗教社会层面的研究。前者触及宗教之精神体验、精神象征、精神观念和情感等"心灵"内容，即对人之"宗教性"的研究。后者则涵盖宗教的社会存在、社会结构、社会功能和社会意义等"社会"内容，即对宗教实存方式的探讨，从宗教的组织形态来看宗教的"群体性""社会性"和"政治性"。这样，我国宗教学的意义和作用大体包括两个层面：一个层面是宗教学关涉许多与人类社会发展有关的"全局性、战略性、前瞻性"问题，具有现实理论意义和实践意义；另一个层面则是宗教学亦涉及许多与人类精神发展相关的基础性、理论性、思想性、历史性和知识性问题，具有弄清人之精神奥秘的人文意义和科学意义。这两个层面和进展将有助于我国宗教学之学科构建的合理性和系统性。

在中国宗教学的现代发展过程中，可以说是翻译介绍与独立研究齐头并进、有机共构。如前所述，宗教学起源于西方，因此，"他山之石，可以攻玉"，西方宗教学的历史经验和学科传统颇值得我们研究和借鉴。我国宗教学发展及其学科基本建设的一大任务，就是对西方宗教学的系统介绍和研究。摸清西方宗教学的发展"历程"和"轨迹"，对我国宗教学达到质的突破和提高不仅必要而且重要。西方宗教学留下了浩如烟海的学术著作，它们是人类文明的珍贵精神财富，值得我们去认真发掘和好好运用。中国学者在近几十年中已陆续翻译出版了一些西方宗教学著作，其中不少为西方宗教学的经典名著，亦有一些为中国读者特别关注、特感兴趣的著述，还有一些则随缘而译，不拘一格。总之，这些著作的翻译出版为我国宗教学的发展起到了重要的奠基作用和促进作用，虽然尚不够系统和全面，给人以挂一漏万之感，却已为我国现代翻译事业增添了活力，且为我国宗教学的资料积累和体系构建提供了重要信息、创造了一个良好开端。

西方宗教学经典著作的翻译出版，对我国宗教学建设是一个必不可少的基础工作。中国自己的宗教学目前仍处于初创阶段，其思路正在形成，体系尚未完备，方法仍需摸索，学派方兴未艾。因此，对西方宗教学的系统了解，可为我国宗教学的发展提供重要启迪和宝贵经验。西方宗教学对我们而言乃有两个层面的意义：其一，了解西方宗教学的历史与体系，走我国宗教学本身应有的重要基础研究之路，是我国宗教学学科必须把握和涵盖的基本内容；其二，这种了解与研究亦体现了我国宗教学应具有的开放性、包容性，注重西方宗教学对我国宗教学发展可能起到的启迪和借鉴作用，使我们的学科建设少走弯路，早见成效。在弄清、把握西方宗教学体系及方法的基础上，我国的宗教学才会成熟、才可能逐渐完善，所以，二者在学科建设的关系上乃水到渠成、承前启后。我国的宗教学只有善于吸收才会真正创新，只有博采众长、才能博大精深。这亦意味着，在当代文化及知识氛围中形成并发展的中国宗教学理应具有世界眼光、全球意识和整体观念，其研究本身既是一种跨文化的对话，亦代表着中国思想学术走向世界、活跃在国际学术舞台。

宗教学在中国社会科学中乃一门年轻而重要的学科，它从一个重要侧面代表着中国当代学术发展，并以其跨学科的特点而沟通了人文社会科学中的众多学科及相关领域，导致其交融互渗和整体联系。在这种意义上，我国宗教学还起到了沟通和跨越东西方的作用，使西方宗教学能够服务于中国当代学术的构建和发展，形成一种中西合璧的学术体系和研究方法。因此，宗教学在中国的兴起，既是中国当代学术发展的重要标志之一，亦是对中国学术体系、构建和学术知识积累的重大贡献。中国的宗教学作为一门新兴学科正受到中国当代学术界和知识界的支持和重视，也为世界学术界所瞩目。

宗教学是为了认识宗教、理解宗教和解释宗教而展开的多层次、全方位探讨。在此，西方宗教学经过百年摸索而为这种认知和解释提供了一些理论框架及研究方法，包括哲学、现象学、社会学、人类学、心理学等范式和体系，它综合、结合各种学科之长而达到一种"科际整合"，形成一门对宗教展开理性、客观描述及分析，对其分支研究特有方法加以系统梳理和总结的独立学科。它以信仰中立、客观研究而与传统上以信仰为前提的神学研究本质有别，为现代人文学术发展增添了一道新的景观。中国宗教学在其基本范式、理论体系和研究方法上乃与西方宗教学相吻合,有着共性和相同之处。而中国宗教学的特点,则是将这种范式及方法与中国文化实际相结合,进而发掘、体现出中国社会文化特色和中国思想学术传承。在此,中国宗教学的特色乃体现在两个方面的结合:与西方宗教学体系及范畴相结合,与中国社会文化和学术传统相结合。

除了其基本体系和学术框架的构建之外,中国的宗教学在当代社会之现实研究和基础研究上均可大有作为。在现实研究上,我们必须高度重视宗教与人类社会政治、经济、思想、文化各方面极为密切而复杂的联系,看到宗教问题对整个世界所产生的深刻影响。这里,宗教学的研究范围会涉及国际政治、民族关系、经济发展、社会转型、法治建设、国家安全、世界和平等重要内容,因而与政治学、外交学、民族学、经济学、社会学、法学等研究有着直接关联。在这一方面,我国宗教学的研究应体现其广泛性、敏锐性和现实性,善于捕捉和发现与国计民生、世界局势密切联系的宗教问题,找准焦点、抓住热点、弄清难点,体现宗教学的重要现实意义及作用。为此,我们宗教学者应以立足国情、立足当代、面向世界、面向现实的积极姿态来分析、研究宗教问题的来龙去脉和宗教发展的最新动向及影响,为我们的现实战略决策提供信息资源和理论依据,为国泰民安、世界和平作出贡献。在基础研究上,我们则应该认识到宗教研究乃全面触及人的精神世界、精神生活、精神象征、精神依托和精神动力等领域,是人类精神奥秘、人类文明之魂的探究。我国宗教学在这种基础之探中则应体现其深度、其睿智及其严谨,此乃"谋心"之学,是对人之"心路历程"的艰辛探讨。在此,我们宗教学者则应解放思想、大胆探索、实事求是、坚持真理,敢于闯入人的精神世界,不怕触及敏感问题。对于前人的经典论述和理论见解,则不仅仅是"跟着说",而更应该根据现实发展来"接着说",体现我们的理论创新和学术进步。我们应该看到,弄清宗教与精神、宗教与理性、宗教与科学、宗教与人生、宗教与文化、宗教与社会的关系,了解人的超然追求和终极关怀,破解人的心灵奥秘和深蕴心理,乃是宗教学所担负的人文社会科学基础研究和理论研究的重要使命。这里，宗教学的探究亦有超越其"纯学术"的意义，其研究和训练也旨在人文精神和科学精神的系统培养和有机结合，使人们得以体悟和洞观人之精神世界的精微与复杂，把握人类信仰现象及其特征，从而引导人们树立正确的世界观、人生观和价值观，获得健康向上的情操和理想，以防止精神生活的偏差或失误。毋庸讳言，宗教学与其他人文社会科学一样，也能起社会教化和精神指导作用。

宗教学因在其广度和深度上触及一些现实社会和思想认知问题，故有其敏感性和复杂性。作为一门现实学问，其学术立意和学术规范会受到其现实存在的影响，宗教学因此应重视其与现实生活和时代发展的关联，其相关表述应注意其"度"和分寸。但作为一门科学探讨，宗教学也有其学科发展自身的规律性、其学科构建的系统性及其学术表述的内在逻辑性。在此，则应体现科学探讨无禁区，学术研究"百家争鸣、百花齐放"的精神及原则，正视宗教学亦存有其不受外因或外界之限的独立、自由之"轨迹"，承认宗教学作为一门独立学术而自有的内在规律和逻辑进路，保障宗教学的正常、健康发展，使宗教研究得以脱敏，回归正常之态。这种对学术发展的宽容和包容，将促进我国学术繁荣，使在我国改革开放过程中应运而生的宗教学能够成长壮大，有位、有为。实际上，宗教学的现实研究与基础研究亦是相辅相成、密切关联的。对现实重大宗教问题的研究，只有建基于宗教学的这种基础性、理论性系统研究之上，才能够真正做到洞若观火、准确把握。没有雄厚基础的现实研究，往往会出现"飘"或"空"的不足，结果导致人云亦云、预测不准的种种失误。

在当前社会转型、"全球化"浪潮席卷世界的现实存在中，宗教问题显得愈益突出和重要，我国的宗教学研究亦任重道远，其学术发展乃历史使然、时代必要，值得有一批有志学者投身其中。中国的宗教学作为中国当代学术进程中的一门新兴学科，有必要两条腿走路，持开放之势，具有全球视域和海纳百川的气魄，即在借鉴中提高，在学习中发展，在开拓中完善。中国宗教学研究者因而应抓住机遇、基于国情，既不排斥，亦不囿于西方宗教学体系及方法，在中国特色的摸索中，在中国学术的构建中，形成自己的话语体系及理论体系，使我国的宗教学研究能与时俱进，获得真正的突破与创新。

（原载《江苏社会科学》2002年第3期）

第十一章

20 世纪的中国宗教学发展

宗教学在世界学术史上为一门新兴学科，始于 19 世纪下半叶，通常以西方学者缪勒 1873 年发表《宗教学导论》首先使用"宗教学"术语为开端。宗教学于 20 世纪初传入中国，逐渐发展成为一门独立学科，它作为中国社会科学、人文科学的重要构成而在 20 世纪中国学术发展中发挥过非常重大的作用，并影响到 21 世纪的中国学术布局及其特色。

中国宗教界的宗教研究古已有之，但多为各宗教本身的经典整理、教理探讨和教义诠释，在 20 世纪之前未能形成跨越各宗教的一门独立学科。随着现代宗教学理论观点、学说体系的引入，中国宗教研究开始其专业化、系统化的进程，由此在 20 世纪真正产生出把宗教研究作为一门不依属各宗教本身信仰和神学范畴的新兴学科。宗教学现已成为中国社会科学的重要组成部分，它既扩大了文、史、哲等传统人文学科的研究领域，同时亦具有跨学科研究的独特意义。

20 世纪初，中国宗教学的一些基本关注及理论观点开始出现。这一领域的学术开拓者们突破了以往把宗教信仰作为学术前提的传统思路及其相关范围，提出了宗教的本质及其在中国存在的意义和特征等问题，此即 20 世纪初中国学界关心和争论的"宗教是什么""中国有无宗教"诸议题。中国宗教学的发轫与"新文化运动"的开展几乎同时，当时曾出现"中国无宗教"之论，由此使对宗教的研讨陷入极为复杂的境地，而关于宗教的是与非等争论至今也仍无定论。

在中国文化传统和学术理解中,"宗教"这一表述乃由"宗"和"教"二字组合而成,二字各与现代意义上的"宗教"相关。其中"宗"字可见《尚书·尧典》中"禋于六宗"之说,而"教"字则可依《易经》中"圣人以神道设教"之论。中国传统宗教儒、释、道等故有"教"之专称。"宗教"二字合并之用本为佛教术语,指崇奉佛陀及其弟子的教诲,以获人生宗旨、达社会教化。故此,一些中国学者认为中国古代并无现代意义上所用的"宗教"概念,宗教学所表述的"宗教"专称被认为最初乃根据日语意译西文"religion"而成,从此使传统意义上的佛教术语"宗教"获得了现代宗教学意义上的新意,因而有"唯此译名假道日本而入中国"的说法。于此,20世纪初的中国学术界形成了中国古代"有宗教"和"无宗教"这两种截然对立的观点,并引发了中国学人对宗教的关注和研究。

最初的中国宗教学研究分为两大方向:一为宗教思想理论探究,二为宗教史料的发掘整理。二者被视为20世纪中国宗教原理研究和宗教史学研究的开创。前者的理论先驱包括梁启超、夏曾佑、蔡元培、胡适、陈独秀等人,后者的奠基人则有陈垣、陈寅恪、汤用彤等。他们在20世纪中国宗教学发展史上有着筚路蓝缕之功。

理论和史料的并重,强调研究方法和考证功底,是中国宗教学形成以来一直凸显并得以保持的一大特色。这不仅反映了中国传统学术上哲学与史学的两大进路,而且更多地体现在二者的交织互渗、有机共构,由此使宗教学自奠立起就具有跨学科意义,构成其开放体系。中国宗教学的开放性还体现在其学术构建上。在20世纪上半叶,中国宗教学的萌芽乃蕴于文史哲诸学科之中,其学术进路从一开始就是比较研究和边缘研究,各学术机构以学术研究的开放性、包容性和开拓性来鼓励学者将其视域扩大到宗教学领域,由此促成了中国宗教学研究队伍的形成和发展,并在很大程度上影响到今日中国宗教学研究机构的学术定位和多元共构。20世纪下半叶的70年代末和80年代初,中国实行体制改革和对外开放,学术研究获得新生并重新繁荣,西方宗教学的体系和成果得以引进,其学术方法和思路亦被人们接受和广泛应用。这客观上促成了中国宗教学作为一门独立学科的奠立，使中国宗教研究进入专业化、系统化的良性发展，由此实现了中国这一研究领域与国际学术界的真正接轨。

一 对"宗教"的基本认知和理论学说

中国学术界对于"宗教"的基本认知在20世纪初乃始于"中国有无宗教"和"宗教是什么"之争。当时的著名历史学家夏曾佑在《中国古代史》一书中将中国古代的各种有神论观念、原始信仰、民间崇拜和宗教存在统称为"中国古代的宗教"，认为宗教在中国乃古已有之。而著名的改革派思想家梁启超在其《中国古代学术思想变迁史》中则提出"中国无宗教"的观点，认为中国思想文化传统乃依赖于"贵疑"的哲学，而"贵信"的宗教在中国之存在却并不典型。按其观点，佛教乃来自印度的外来宗教，在中国并无文化根基；道教以神仙崇拜和方术实践为主，以民俗为特色，其宗教性却不太突出；而儒家以"人"为本，属"世间法"，采取"子不语怪力乱神"和"敬鬼神而远之"的态度，故与宗教格格不入，差之远矣。这种"中国无宗教"的论点在西方宗教学理论被系统引进中国之前颇为盛行，并在中国学术界有着长期的影响。例如，蔡元培的"以美育代宗教"之说就表露出了"中国历来在历史上便与宗教没有什么深切的关系，也未尝感到非有宗教不可的必要"之否教观点。陈独秀亦有中国乃"非宗教国"之论。五四运动时期的中国学界中有不少人都把宗教视为外来之物，其对之贬低、排斥的态度在当时的"非宗教运动""非基督教运动"中得到了典型表述。此后认为"中国无宗教"的学者亦大有人在，如梁漱溟亦曾坚持中国人乃是世界上唯一对宗教兴趣不大的民族，是一个"非宗教的民族"，认为佛教等宗教乃是外域思潮，与中国文化本质所体现的哲学精神是格格不入的。这种观点在当代中国学界关于"儒教"是不是"宗教"的争论中仍时隐时现，并未全然消退。不少学者认为，在佛教传入中国之前中国基本上没有宗教存在，道教也不过是受传入中国的佛教影响而外化为宗教，中国宗教的外来性是非常典型的。明末西方耶稣会士利玛窦来华传教，因认同中国文化"儒服入京"而取得成功。他提出"儒教非教"说而避免天主教与儒教之间的矛盾，防止其在宗教层面及意义上发生冲突和纷争。此后西方传教士中有人反对此说，认为儒教亦是宗教，要天主教信徒必须作出弃儒奉耶之抉择，由此导致"中国礼仪之争"和中西文化冲突，儒教是否为"教"亦成悬案。现代以来，梁启超曾率先坚持"儒教非教说"，从而揭开了"儒教非教"和"儒教是教"这一现代中国学界理论之争的序幕。在20世纪70年代末之前，多数中国学者持"儒教非教"论，认为"儒教是教化之教，不是宗教之教"，以此将儒教置于宗教之外。1978年，任继愈首次公开提出"儒教是教"的论断，从而促成了"儒教是教说"的迅猛发展，响应者、论证者越来越多，"是"与"否"对立观点者的学术论争亦越来越激烈。1998年，李申撰文指出"教化之教就是宗教之教"，认为"教化"在中国文化中最初的基本含义，就是指宗教的教育，从而强调"儒教之教就是宗教之教"。这场尚未结束的争论无疑深化了中国当代学界对"宗教"的基本认知。

　　20世纪上半叶，中国学术界在宗教基本理论、宗教学体系和各大宗教研究上取得了初步成果，中国宗教研究既结合文、史、哲等社会科学研究，又逐渐显现其独立性，开始其系统化、专业化的发展。一方面，各大宗教本身涌现出一批具有现代学术意识、运用新式学术方法的学者。他们尝试以客观的态度观察宗教，以理性的方法研究宗教，迈向将其传统神学与现代宗教学相结合的创新之路。一般而言，这些学者在对宗教的价值评断上基本上持温和、肯定的态度，虽不再以学护教，却仍高度评价宗教。另一方面，宗教界之外的学者则不再持守或维系以往教内研究中的传统信仰立场，其中宗教史研究者多潜心于历史考据方法的运用或西方实证方法的引入，而在宗教思想价值研究上则出现了"脱离宗教"、怀疑或批判宗教之倾向。这种倾向在20世纪20年代前后的"非宗教运动"和"非基督教运动"中达到首次高峰，出现了对中西宗教一概排斥的现象。在20世纪50年代之后，这一倾向亦在政治层面和意识形态领域得以延续，故一度使学术意义上的宗教研究明显退隐。20 世纪 50 年代末至 60 年代，中国内地学术界和理论界围绕宗教政策、宗教信仰自由、宗教与迷信之关系等问题展开了激烈讨论。牙含章、游骧、刘俊望等人先后撰文进行论辩，在社会上颇有影响。1964年，牙含章将其相关论文结集出版，题为《无神论和宗教问题》。这一论争是"文化大革命"前中国内地关涉宗教基本理论问题最为活跃的一次学术交锋，反映了当时中国学术界和政治界对宗教的基本认识和评价。

20 世纪 80 年代以来，宗教理论研究重趋活跃。在对"宗教"的基本认识上，首先出现了如何理解马克思关于"宗教是人民的鸦片"这一表述的争论。由于南方与北方学者所表达的不同观点形成鲜明对照，故有"南北论争"之称，并戏说为"南北鸦片战争"；当然这一表述很不准确，因为南北双方都有不同观点的显现，故而很难以地域划界。这一学术论争的一方认为，不能将马克思这句话理解为关于宗教的定义，更不能将之视为马克思对宗教的简单否定，因为根据其上下文来看，马克思乃基于对信教群众的同情和理解，对宗教产生之根源的深刻剖析，绝非要从根本上否定宗教。而且，当时欧洲在马克思之前已有许多宗教人士用鸦片来比喻宗教，表述了对鸦片镇痛治病功能的肯定，故不同于中国人因经历"鸦片战争"而对鸦片的深恶痛绝。其争论的另一方则认为，马克思这段名言确实指出了宗教起到精神麻醉作用，正视了宗教具有的负面影响；但精神鸦片在本质上不可与物质鸦片相提并论，宗教的镇痛和麻醉作用乃人民的社会需求，在社会问题不能根本解决的情况下，应该承认宗教存在的必要和必然性。实际上北方学者赵朴初、赵复三等人也都撰文对宗教是鸦片之说加以具体分析，不同意将此论作为对宗教的定义或本质界定。这一争论在中国对"宗教"的基本认知上带来了客观分析、准确认识马克思相关论述的积极结果。根据中国学术界的重新认识和理解，马克思主义的核心和灵魂乃在于其对具体问题的具体分析，在于其关于一切都随时间、地点而变化的辩证思想。因此，对宗教的发展演变，也应以能动、辩证的观点来看待。在这场争论中，宗教哲学和宗教批评学的意向已经显露出来。

在研究马克思主义的宗教理论中，中国学术界注意到宗教社会功能的重要性，此即中国宗教社会学研究的开端。这种引进社会学研究方式，从社会视域来对宗教进行的分析和评断乃是中国宗教学在20世纪80年代以来的重要发展。人们从科学、客观、经验实证的角度来研究宗教的社会象征、意义及功能，采用了社会调查、地区抽样、问卷分析、实地观察、历史分析和跨文化比较等方法。在论及宗教的社会意义上，一些学者提出应注意到宗教对社会的正负功能这两个方面，指出宗教具有心理调适、社会整合、社会控制、个体社会化、群体认同、文化沟通、对外交往等功能，其特性并不能被政治理论和意识形态所涵盖。在认识到宗教之社会特性的基础上，中国学者在实践层面上亦强调要积极引导宗教与中国的社会主义社会相适应。最后，中国学术界在宗教研究上进入了从"文化"之综合意义上来分析宗教、研究宗教和评价宗教的阶段。在20世纪末，"宗教是文化"的观点、"宗教文化"论在中国学术界形成热潮。一些学者指出，强调宗教是文化，并不是要用"文化"概念来使宗教认识普泛化、一般化，而是旨在对仅限于意识形态之层面的宗教认知补偏救弊，使社会学意义上的宗教认识再往前迈进。在对宗教的文化诠释及理解上，学者们并不仅仅横向分析宗教社会存在的静态结构，还对宗教在其历史中的动态发展加以纵向把握，从宏观整体上阐明宗教与文化、宗教与文明的关系问题。"宗教是文化"的思想和对宗教作为文化现象的研究，在中国现代社会处境和思想氛围中乃标志着中国学者在全面评价、研究宗教上迈出了关键之步，亦意味着中国学术界的宗教探讨已从政治学、社会学领域扩大到整个文化学范围。这种理解加深了对人类宗教及其灵性存在的认识，发现了宗教思维之形象化、象征化、情感化、意象化和哲学或神学抽象化等特点，从而也在当代中国发展出对宗教的科学及系统研究。不过，在宗教与当代中国社会的关系认知上仍然分歧很大，因说不清这种关系而出现了一些在理论上和实践上自相矛盾的表达及举措，从而使中国的宗教探究极为敏感和复杂。但从总体来看，对"宗教"的上述基本认知和对其理论学说的基础研究，标志着"宗教学"这一对宗教展开科学研究之学科的奠立，它在20世纪中国人文科学和社会科学中成为最年轻的学科之一。

二 佛教研究与佛教学

佛教自传入中国以来，在中国学界影响广远，中国学者对佛教的研究亦成为中国学术史中的重要组成部分。佛教研究涉及的范围很广，包括研究佛教的历史、宗派、经典、教义、修行、仪轨、组织、习俗，以及佛教与经济、政治、社会、文化等方面的关系。在20世纪，中国的佛教研究与现代人文精神及宗教学学科规范相结合，发展成为现代意义上的"佛学"或"佛教学"。由于佛教研究在中国源远流长、历史悠久、基础雄厚，因此它在20世纪中国宗教研究中很快成为一门显学，有许多学者参与其中，其学术成果亦蔚为大观。概而论之，20世纪的中国佛教研究可分为上半叶和下半叶这两个阶段，20世纪上半叶为现代佛学的开创阶段，下半叶后期则为其体系成熟、学科趋于完备的发展繁荣阶段。在20世纪中国宗教研究中，佛教研究乃最为活跃、成果最多的研究之一，而且形成了佛教研究在20世纪首末两端都引人注目的景观。佛教学的这一研究盛况已经延至21世纪。

佛教研究分类较细，人才众多，包括佛教僧伽界、居士界和教内外学术界这三大群体的专家学者。其研究范围大体包括中国佛教和外国佛教研究，中国佛教史研究可分为佛教通史、断代史、地区史、思想史和宗派史研究诸方面。佛教宗派研究则以禅宗、天台宗、华严宗、净土宗、云南上座部佛教、藏传佛教及密教研究等较为突出。一般而论，"佛学"之说过去通常侧重于佛教思想史领域的研究，涉及佛教思想、佛教哲学、因明学、禅学、唯识学研究等方面。佛教研究的另一大重点是史料整理，在佛教两千多年的发展中，留下了卷帙浩繁的经书文献。因此，佛教经典的整理研究是20世纪中国佛教学的重要内容，它包括汉文、藏文、蒙古文佛教大藏经研究和藏外佛教文献研究等。在学界出版完成《中华大藏经》的编纂后，其续编在21世纪继续展开。

此外，20世纪中国学术界在佛教传播史、佛教文化史、佛教考古、美术、音乐、文学、民俗等研究上亦颇有成就。外国佛教研究以亚洲佛教研究为主，重点在印度佛教、南亚佛教、日本佛教和韩国佛教的研究，而对欧美佛教的研究则在20世纪末出现重要进展和突破。目前，在中国佛教通史、世界佛教通史、佛教思想史等研究上都取得了喜人的成就。

在20世纪上半叶中国现代佛教研究的开创阶段，许多学者如陈寅恪、陈垣、胡适、梁启超、汤用彤、太虚、印顺、圆瑛、巨赞、杨仁山、欧阳竟无、蒋维乔、周叔迦、唐大圆、王恩洋、吕澂等都起了筚路蓝缕的作用。这一阶段的佛学研究以佛教史为重点，从断代史研究起步，逐渐发展为系统、详尽的佛教通史研究。在20世纪上半叶中国佛教史研究领域中，汤用彤的名著《汉魏两晋南北朝佛教史》为重要的开创性著作。此书本为汤用彤在大学的授课讲义，初版后于1938年在长沙正式印行。20世纪70年代末，中国佛教研究随着中国内地的学术复苏而重新崛起，形成繁盛发展。纵观20世纪下半叶，佛教研究从传统的佛教史、唯识学、禅宗（此即台湾学者张曼涛所指现代中国佛学研究之三路向）研究深入佛教宗派、哲学、逻辑、因明、文献、考古、艺术、文学、仪轨、社团、经济、人物等方面的系统研究，涌现出任继愈、季羡林、朱谦之、郭朋、韩清净、黄心川、巫白慧、王尧、苏晋仁、杜继文、方立天、楼宇烈、杨曾文等知名学者。这一时期中国佛学研究有了方法论和研究视域上的突破。在20世纪60年代佛教研究仍处低迷状态时，任继愈以其《汉唐佛教思想论集》一书而给人耳目一新之感。其在宗教研究领域带来的开拓和创新，在当时被视为"凤毛麟角"。

20世纪的中国佛教研究形成了百舸争流、起伏跌宕之局面，其学术讨论和争鸣亦不同凡响、特色鲜明。在20世纪初，佛学界围绕《大乘起信论》是否为马鸣所撰而起争论，章太炎对之持肯定态度，而梁启超则著文反对，认为是中国的产物。此后，欧阳竟无、王恩洋、吕澂等人进而指出此书乃小乘论书，并对之作出"外道论，非佛法"的判断。这些说法引起了太虚、陈维东、常惺、唐大圆等人的激烈反对和批驳,直至20世纪90年代,《大乘起信论》之真伪、早晚、出于印度人还是中国人之手等问题的讨论仍在延续。20世纪上半叶,胡适曾为"鼓动禅宗研究"的"一时俊彦"。他以标新立异的研究方法提出"南宗的急先锋,北宗的毁灭者,新禅学的创立者,《坛经》的作者,——这是我们的神会。在中国佛教史上,没有第二个人有这样大的功勋,永久的影响"等奇特观点,其见解虽然不被人们所认同,却在佛教学术界掀起一场风暴,使禅宗成为当时佛学研究的显学。此外,唯识宗研究在中国佛学界亦颇引人注目,学者们对唯识学的传入、法相唯识教义的阐发等多有讨论和商榷,在唯识经典的整理、注疏和研究上更是卓有成就。而在佛教史研究上,除了上述汤用彤的盖世之作以外,陈寅恪的佛学论文匠心独运、别具一格,陈垣的佛教历史考证著作则充分体现出其"搜罗之勤,闻见之博"的学术功力。20世纪80年代以来,体系完备、资料翔实的多卷本佛教史相继问世,其中任继愈主编的多卷本《中国佛教史》展示了其博大精深,而郭朋的佛教史研究系列则使之成为当时我国佛学学者中著述最丰的一人。当然,长江后浪推前浪乃是历史发展的必然趋势,一批研究佛教的中青年学者如方广锠、赖云海、魏道儒、洪修平、班班多杰、潘桂明等已经脱颖而出,这些学界新秀如赖云海所推出的上十卷本中国佛教史之出版亦显得更为厚重。

20世纪中国佛教研究以汉地佛教研究最为深入、系统,其成果亦最多,并有着上乘质量。藏传佛教研究在20世纪下半叶有了较大突破,出现了累累硕果。而印度佛教研究、云南上座部佛教研究、蒙文佛教文献研究等亦逐渐被学界所重视,其研究正初显成效。对国外佛教研究从整体来看则刚刚兴起,主要为描述介绍和客观把握,尚不能系统和深入,尤其缺少微观研究和个案研究。但中国学者对世界佛教综合性的整体把握也在引领世界,独树一帜。在学术发展的横向关联上,佛教学与敦煌学、藏学研究的关系也越来越密切。

三 道教研究与道教学

  道教研究在中国亦有较长的历史，中国学者普遍关注在中国土生土长、作为中国传统文化重要组成部分的道教。因此，在20世纪中国学术发展中，随着20世纪初有"国学"之称的中华传统文化研究之兴起，道教研究遂成为国学研究的重要组成部分和不可或缺的内容。1977年以来，道教研究形成热潮，并步入学术规范、系统的进程。在中国宗教学体系的构建中，道教研究自然被纳入其内。这样，道教研究逐渐被人称为"学"，并有了"道教学"之表述。这一学问即以道教为其研究对象，系统描述和分析道教作为社会现象、人类文化和信仰意识而体现的内涵和外延，并对其价值、本质、发展、特性和规律加以揭示和阐释。道教学的研究领域及其分支则包括道藏及道经整理研究，道教的历史、思想、哲学和神学研究，道教的斋醮、科仪和符咒研究，道教外丹术和内丹术研究，道教的医药和养生研究，道教文学艺术研究，道教宫观山志研究，道教金石研究，道教文化比较研究，道教人物研究，道教神仙及民间信仰研究，以及儒释道三教关系研究等。

  20世纪上半叶为中国道教研究的开创阶段。1900年，敦煌莫高窟藏经洞发现了大量道经抄本，这为道教研究作为一门专门学问的重新起步提供了重要资料和必要准备。晚清学者贺龙骧、彭翰然等人于1906年重新刻印《道藏辑要》，线装涵芬楼本《道藏》亦于20年代出版，丁福保也编辑出版了《道藏精华录》。清末至民国初年有一批道教丛书问世，均为现代道教学的开展奠定了基础。这一时期的著名道教研究学者包括陈垣、汤用彤、陈撄宁、陈国符、刘师培、翁独健、许地山、蒙文通、王明、傅勤家等人，他们的道教著述成为这一研究领域的奠基之作。20世纪中国道教研究的第二阶段为50年代至70年代后期，内地学者的道教研究较为沉闷，著述极少，而港台学者的研究则较为活跃，成果颇丰。台湾学者萧天石在此间整理出版了《道藏精华》，香港学者饶宗颐在50年代出版的《老子想尔注校笺》亦乃开拓性的道教学名著。南怀瑾、钱穆以及海外华裔学者柳存仁的道教研究也取得了令人瞩目的成就。

20世纪中国道教研究的繁荣发展始于70年代末，由此出现道教学研究机构，形成专业队伍。这一阶段在学术研究上较为活跃，多有成果的学者包括任继愈、汤一介、王利器、卿希泰、钟肇鹏、陈鼓应、李养正等人，陈耀庭、朱越利、陈兵、胡孚琛、葛兆光、刘仲宇、王卡、卢国龙、李刚、詹石窗等中青年学者亦脱颖而出，使道教研究的发展有了后劲。这些学者的研究成果包括道教典籍整理和道教词典的编纂，道教通史和专史的研究，道教思想、理论及哲学的研究，道教文化、文艺、音乐、宫观、方术、炼丹、养生、金石、科仪等研究。学者们将道教视为中国传统文化的重要组成部分，因此在其研究中亦特别注重道教在中国社会文化中的地位与作用、"道"之蕴含、道教与儒佛之关系以及道教的文化交流和国外道教研究状况等问题。在与道教相关联的中国民间信仰研究领域，则推出了民间信仰历史及"宝卷"研究等成果，比较活跃的学者包括傅惜华、李世瑜、马西沙、路遥、李丰懋、宋光宇、郑志明、韩秉方、濮文起、黎志添、王见川等人。有关"道"这一研究的深层次探讨，将会触及中华传统文化的本真及其奥秘，值得特别关注。

四 基督宗教研究

基督宗教研究作为中国宗教学的研究领域之一乃是20世纪以来的发展。这一研究包括对其三大教派天主教、东正教和新教（新教在中国社会亦习称基督教、耶稣教或更正教，1949年以后则通称基督教）的全面研究。在20世纪上半叶，基督宗教研究基本上属于神学研究之范畴，其基础研究和理论探讨大多在中国基督教会及其神学院内展开，只有陈垣等少数学者在史学领域作了一些中国教会历史的考证研究。此外，胡适、陈独秀和蔡元培等著名学者在五四运动前后亦撰文对基督宗教有所评论，但以价值判断为主。

从20世纪初至1949年，基督宗教作为一种外来信仰体系和文化代表受到了各种挑战和冲击。其在中国的发展经历了五四运动、"非基督教运动"、中国天主教会的"中国化"和中国基督教的"本色化"运动、"三自爱国运动"等历史事件和政治风潮。由于关涉基督宗教的思想和文化上的交锋与碰撞较多且较为激烈,在中国现代史和现代学术发展上形成过许多热点和聚焦问题,故使其学术研究和理论争鸣亦非常活跃。20世纪初,基督宗教研究以编译工具书、翻译西文著作和中国学者的专题研究为主,涉及的范围包括基督宗教在世界的传播发展和在中国的历史,尤其以基督宗教与中国思想文化的比较、对话为重点,教会学者王治心、吴雷川、吴耀宗、李荣芳、徐宝谦、赵紫宸、诚静怡、诚质怡、刘廷芳、谢扶雅、谢洪赉、韦卓民、马相伯、英敛之、徐宗泽、方豪、罗光、吴经熊等人对之有着深入、系统的研究,构成了中国基督宗教研究的主要阵容。学术界陈垣、张星烺、向达、朱维之等人的专题研究,亦形成了20世纪上半叶中国基督宗教研究的主要内容。

1949年至1977年,中国学术界开始围绕文、史、哲等方面来开展对基督宗教相关内容的研究。这一阶段中国内地教会内部体现其神学特色的研究趋于消沉,而港澳台地区则保持了其神学探究的发展态势,与此前的研究保持了一定的衔接关系,比较活跃的教会学者包括张春申、房志荣、李震、项退结、邬昆如、傅佩荣、沈清松、黄一农、汤清、杨森富、林治平、查时杰、李志刚、李炽昌、林荣洪、温伟耀、卢龙光等人。由于"文化大革命"及其他政治运动的影响,中国内地的基督宗教研究在此间建树不多,专著和译著屈指可数,其研讨也大多为政治层面和意识形态领域的定调,其他领域则成为禁区。

1977年以后,中国内地的基督宗教研究迎来了全新发展。自此以来,中国内地人文社会科学领域的学者成为基督宗教研究的主要力量,其著、译等研究在中国社会产生了前所未有的重要影响。这一阶段的特点,一是中国内地高等院校和研究机构中有一大批从事文、史、哲研究的学者转向专心致力于基督宗教研究,这一现象无论在中国历史上还是在世界范围内都是极为独特、引人注目的,但也导致了相应的猜忌或怀疑,有着复杂后果;二是中国学界组织了系统的翻译工作,从而使基督宗教学术著作的汉译远远超过了其他宗教学术著作的汉译,翻开了中国翻译历史上的重要一页。中国历史上有几次翻译高潮，唐朝前后的翻译高潮以翻译佛教经典为主，而当代对外著作的翻译虽然全面展开，但在宗教研究领域则以基督宗教的著作翻译为主。与之相呼应，中国基督宗教的学者亦在教会神学教育领域推出了一些研究著作和译作。但这些著译主要是面向教会和信徒，在中国社会及其学术界影响不大。

20世纪70年代末以来的中国基督宗教研究包括世界基督教史、圣经、基督教神学与哲学、基督宗教在华发展史、基督宗教文化、国际汉学与基督宗教等领域，其中以思想史和中国教会史为重点，体现出当代中国基督宗教研究的两大特色或两种路向。二者各有侧重，但亦相互联系和沟通。在这一时期，教内外的著名专家学者赵复三、江文汉、郑建业、朱谦之、徐怀启、丁光训、陈泽民、陈增辉、章开沅、朱维之、涂世华、傅乐安、尹大贻、马雍等人起了承上启下的重要作用。自20世纪80年代以来，一批学术新秀也崭露头角，推出大量学术研究成果，如历史领域的顾长声、林金水、林悟殊、朱维铮、耿昇、汤开建、李天纲、张西平、顾卫民、孙尚扬等人，思想领域的唐逸、赵敦华、王晓朝、杨慧林、刘小枫、何光沪、张志刚、李秋零等人，以及教会教育和圣经研究领域的马敏、徐以骅、梁工等人。这些研究一方面对世界基督宗教的历史与现状、精神传统与当代思潮等有着宏观把握和纵横阐述；另一方面则回溯、反思了基督宗教在华发展的复杂历史，其与中国思想文化的碰撞和交融，以及其适应中国社会的经验教训等。这种比较和对照对中外文化关系、"全球化"与"本土化"、世界文明与中华文明的关系等多视角审视和深层次思考亦提供了启迪和借鉴。

五　伊斯兰教研究

20世纪中国的伊斯兰教研究始于民国初年伊斯兰文化的复兴，由此使20世纪上半叶的中国伊斯兰教研究空前活跃、著述甚丰，形成前所未有的局面。这一时期不仅在中国穆斯林当中造就了一大批精通教理、学识渊博的知识文化人，而且在中国学术界亦出现了许多潜心钻研伊斯兰教的专家学者，如陈垣、金吉堂、白寿彝、达浦生、王静斋、哈德成、马以愚、傅统先、马坚、陈汉章等人。至20世纪末，伊斯兰教研究已成为中国宗教学的重要组成部分，其研究领域包括世界伊斯兰教、伊斯兰教史、教义学和教法学、当代伊斯兰教、中国伊斯兰教、古兰经学和伊斯兰文化艺术等。

20世纪上半叶为中国伊斯兰教研究的开创阶段，其学术活动包括汉译《古兰经》及其他伊斯兰教典籍的翻译研究、伊斯兰教研究学术刊物的创立，以及中国伊斯兰教历史和概貌的系统研究等。20世纪20年代，《古兰经》在中国的全译本问世，随着各种汉译《古兰经》的出版，中国的"古兰学"得以奠立。在学术刊物方面，学术品位较高的伊斯兰教刊物《月华》于1929年创办，而顾颉刚主编的《禹贡》通过白寿彝的参与于30年代后期出版了两期"伊斯兰教研究"专号，曾在当时中国学术界引起轰动。关于中国伊斯兰教历史和概貌的研究在这一时期亦有众多著译力作推出。

1949年至1977年，中国内地的伊斯兰教研究成果不多，少量著述一般被归入文、史、哲研究范围而不明显。1977年以来，中国伊斯兰教研究迎来了繁荣兴盛的最佳发展机遇，在古兰学、伊斯兰教工具书、历史、教派、哲学思想、伊斯兰教与国际政治和民族文化、人物、文学艺术等研究领域都获得巨大进展，其研究的广度和深度远远超出了以往任何一个时期。在这一阶段，伊斯兰教学术讨论极为活跃，1980年至1986年，中国学者相继在银川、兰州、西宁、西安、乌鲁木齐召开全国性伊斯兰教学术研讨会。这五次会议被视为中国当代开展伊斯兰教研究的"里程碑"，对奠定、促进全国伊斯兰教学术研究的开展起了极为关键的作用。从此，中国伊斯兰教研究的学术出版如雨后春笋，呈现生机，无论是史料整理还是研究论著的发表都达到了空前之状。

在20世纪最后20余年的伊斯兰教研究中，中国学者从多层面分析、阐述了伊斯兰教的历史、现状及特点。例如，在《古兰经》的翻译和伊斯兰教工具书的编纂方面，出版了权威性《古兰经》汉译本和维吾尔语译本，推出了一系列介绍、研究《古兰经》的著作，从而使

"古兰学"获得重大发展,而伊斯兰教词典、百科全书的出版也为人们认识伊斯兰教提供了丰富知识和全方位的审视。在伊斯兰教综述和世界伊斯兰教研究方面,学者们比较关注阿拉伯世界和伊斯兰教现状问题,其重要研究涉及当代伊斯兰复兴运动、伊斯兰教原教旨主义倾向、伊斯兰教与国际政治的关系等问题。在伊斯兰教历史研究方面,其重点乃中国伊斯兰教,所涉及的领域包括中国伊斯兰教历史和教派门宦史、伊斯兰教与中国传统文化、伊斯兰教史料整理等方面。此外,在伊斯兰教史学、教法学、哲学思想、人物评传,伊斯兰文化、文学、教育、科学、艺术等研究方面亦成绩斐然,令人瞩目,涌现出金宜久、吴云贵、李兴华、冯今源、王家瑛、周燮藩、秦惠彬等知名学者。这些研究不仅提高了中国宗教学的研究水平,而且有较好的社会影响,对民族文化的继承与弘扬、民族团结与合作的提倡产生了积极作用。

六 其他宗教研究

20 世纪的中国学者还开展了对其他宗教的研究,其范围大体包括中国和世界古代宗教神话、世界各民族宗教和中国少数民族宗教、儒教或中国宗法性传统宗教、犹太教、印度宗教(如婆罗门教、印度教、耆那教、锡克教和印度佛教等)、摩尼教和琐罗亚斯德教、新兴宗教等方面的探讨。但与上述各大宗教的研究相比较,这一领域的研究则显得相对零散和薄弱,尚有许多空白需填补,有很大潜力可发掘。

在中国和世界古代宗教、民族宗教及儒教的研究上,自然以中国宗教思想文化渊源及其特征的研究为主。中国学者在如何界定中国古代宗教及其信仰传承上分歧颇大,形成鲜明对立的两种看法。一种看法认为在佛、道之外还存有一种可称为中国传统"宗法性宗教"的"正宗大教",这一"大教"对中国社会上层和民间都有深远影响,体现出中国传统宗教的典型特色。另一种看法则认为中国人的所谓"正宗大教"即儒教,儒教源自殷周时期的天命神学和祖宗崇拜思想,以及孔子所创立的儒家学说,其发展则经历了秦汉之前的前儒教时期、南宋的儒教体系完成时期、明清的儒教发展凝固时期以及清末和民国初年儒教在中国本土走向衰落时期。儒教的宗教特性虽然在当代中国内地已不复存在，但其影响却潜移默化、深入人心，在中国港澳台地区和东南亚国家及海外华人社团中，儒教的宗教形态仍以不同方式得以保留和延续。争论的双方各持己见，迄今仍未达成共识。在这一领域比较活跃的学者包括任继愈、牟钟鉴、李申、张践等人。

犹太教研究在20世纪中国亦得以展开，在20世纪初已有少量论著出版，引起学界注意。这一研究在80年代以来取得了突破性进展，形成了中国当代犹太学的基本框架。不过，中国学者对犹太教的界定和理解存有认识上和观点上的分歧。有些学者对犹太教的理解限于其作为《旧约》的宗教即所谓"《圣经》犹太教"或古代犹太教，从其与基督宗教相关联的视域来研究之。而不少当代学者则强调犹太教并不是《旧约》的宗教，以超出基督宗教认知范围的眼光来对"《旧约》"之说质疑，称《圣经》犹太教为以色列宗教，并指出犹太教的历史发展乃经历了古代犹太教、拉比犹太教、中世纪犹太教和近现代犹太教这四个阶段，因此对犹太教的完整理解应该涵盖这四阶段的历史全貌。从总体来看，中国学术界的犹太教研究包括涵盖较广的犹太文化研究、中国犹太人和犹太教研究以及严格意义上的犹太教作为犹太民族宗教的研究这三个方面。其中中国犹太人和犹太教研究始于19世纪和20世纪之交，乃中国学术界关注的热点，早期研究成果包括洪钧、张相文、叶瀚、时经训、陈垣、魏维贞、张星烺、沈公布、黄义、魏亦亨、关斌、徐宗泽、方豪、翁独健、陈增辉等人的考证论著。20世纪80年代以来，这一研究进入新的发展阶段，潘光旦、江文汉、王一沙等人推出了不少研究成果。犹太文化研究兴起于20世纪80年代，相关学会和研究中心相继成立，研究丛书亦大量出版，其视域触及犹太社会、犹太民族、犹太文化、犹太思想、犹太传统、犹太复国主义、犹太人与国际政治等方面，并在中国学术界形成了独特的"以色列—犹太学研究"，如山东大学以傅有德为代表的犹太思想及犹太哲学研究，南京大学以徐新为代表的犹太文化史研究，以及河南大学以张倩红为代表的中国犹太人及当代以色列研究等。把犹太教作为一种宗教和传统文化的专门学术研究在中国仍然相对薄弱，在20世纪二三十年代有少量著译问世，80年代以来方有新的进展，开始由犹太学转而侧重于犹太教学，并且取得了一批研究成果，出版了颇有价值的犹太教概论和相关专论。

印度诸宗教的研究涉及婆罗门教、印度教、耆那教、佛教和锡克教等，为宗教学与印度学交叉的边缘学科。20世纪中国学者对印度思想、文化、哲学、宗教、艺术等展开了广泛研究，涵盖印度古代文明和现代发展各方面，其成果多为概论性著作，而专项研究则相对较少。在这一领域的著名学者包括徐梵澄、季羡林、巫白慧、黄心川、黄宝生等人。摩尼教与琐罗亚斯德教的研究属于古代波斯宗教传统的范围，与伊朗学研究相关。20世纪初，陈垣、冯承钧等人开拓了这一研究领域，但视点多集中在这两种宗教在中国的流传；20世纪80年代以来，林悟殊、王见川、龚方震、元文琪等人进而扩大了其研究领域，使这两种宗教不仅仅被作为中国古代民间宗教来探究，而被置于更广远的文化视域和更深刻的历史洞见之中。

中国民间宗教的研究在20世纪初始见端倪，由外国学者德·格瑞特率先涉足。1923年，陈垣发表《摩尼教入中国考》，标志着中国学者开始系统研究中国民间宗教。此后，李世瑜等人投身于民间秘密宗教及其宝卷的研究，为20世纪上半叶这一研究之凤毛麟角。20世纪下半叶，夏家骏、喻松青、戴玄之、李守礼、李世瑜、路遥、濮文起等人亦推出研究专论。1992年，马西沙和韩秉方出版其力作《中国民间宗教史》，代表着这一研究在资料掌握、系统及体系化上达到了质的飞跃。在此阶段的中国民间宗教研究上，台湾学者宋光宇、郑志明、李丰懋、庄吉发、王见川等人亦成绩卓著。

新兴宗教研究在20世纪中国宗教学领域中为最年轻的分支，始于1977年之后。目前，中国学术界对新兴宗教的定义、特点、背景、作用、影响等已有初步探讨，并以专项课题来对之加以深入、系统的研究。其探究范围大体包括新兴宗教、新宗教思潮、"新时代"运动、新兴民间宗教、邪教、新"灵学"以及各种新兴"准宗教现象"的分析、论述。这一领域的学者认为，新兴宗教指始于19世纪末，尤其在20世纪下半叶大量涌现的一些脱离传统宗教常轨、提出某些新教义或新礼仪的宗教运动和宗教团体，如对摩门教、巴哈伊教的探究即属于这种类型。特别是在巴哈伊教的研究上，蔡德贵的著述较多，成果丰富。新兴宗教与传统宗教的不同乃在于它们是随着世界现代化进程而出现的，具有典型的反传统特色。这些新兴宗教有其与众不同的特点，大致体现在如下一些方面：一是声称拥有新的宗教真理，拥有不同于传统宗教的独特教义和经典，体现出一种标新立异，或是对传统宗教教义的修改，或是对多种宗教教义的综合及整合；二是提出这些教义者当时多为仍存活于世的现代人，他们以新兴宗教教主的身份而自称这些教义直接来自神，他们独自拥有与神沟通的特权；三是其神圣崇拜多转化为对世人（教主）的崇拜、对综合性神灵的崇拜、对宇宙未解奥秘的崇拜、对人体潜能（特异功能）或生命力的崇拜、对高科技发展之无限可能的崇拜等；四是强调其信仰团体之团契性和与社会保持距离或相脱离，要求信徒服从其领袖或教主、以无条件对之跟从、听命的皈依来求得今世平安和来世幸福。由于新兴宗教在现代社会层出不穷、名目繁多，因此深入展开这一研究，对于当代中国社会不仅具有理论意义，而且有着现实意义。

七　结　语

20世纪中国宗教研究为中国学术发展史上的重要一页。宗教学作为仅有百余年历史的新兴学科在中国则基本上为20世纪的学术产物。中国宗教学作为中国学术研究的重要组成部分虽起步较晚，却发展迅猛，潜力无限。20世纪初为中国宗教学的开创时期，体现为自我学术意识的萌生以及学术研究之独立意向。在20世纪上半叶，中国宗教学步入其现代学术之初步发展阶段，在宗教基本理论、宗教学体系构建和相关宗教研究上已有所建树和发展，起到了积累资料、厘清思路、培养人才之作用，从而为形成具有中国特色的当代宗教学奠定了基础。

20世纪下半叶，尤其是中国实行改革开放的几十年中，中国宗教学经历了机构建立、专业学术队伍形成和学术研究趋于繁荣之发展过程。1964年，中国科学院世界宗教研究所在北京成立，这标志着中国学术界有了从事宗教研究的专业机构。来自不同学术领域的学者组成了中国第一个宗教学研究群体，由此从根本上启动了中国宗教学的学科发展。1977年，世界宗教研究所归属于新成立的中国社会科学院，开始了稳定而系统的学术研究。1978年，中国社会科学院研究生院建立，世界宗教研究系在全国首次招收宗教研究专业的研究生，此即中国系统培养现代宗教学人才之肇端。随后，一批高等院校和省市社会科学院相继组建宗教研究所或研究中心。于是，一个新的学者群体和新的学术专业在改革开放的中国迅速崛起，并以其独特的研究和成果形成了世界范围的影响。

就其发展经历和研究特色而论，具有新兴学科特性的中国宗教学，一方面积极吸收西方宗教学之长，运用或借鉴其相关研究方法、体系构建，以起"他山之石，可以攻玉"之效；另一方面则充分发挥中国学者的主观能动性和学术特长，以便能另辟蹊径、后来居上。因此，中国宗教学注重描述性与规范性、狭义与广义、宏观与微观、整体与个案研究的有机结合，既有对宗教现象的整体把握和通史展示，亦有对各宗教具体问题的深入剖析和考证诠释。这样，中国宗教学以侧重宗教基本理论、宗教学科体系的特点而体现出其与当代世界宗教学的有机接轨，同时以对各种宗教历史的考证、甄别和思想文化特征的勾勒、展示来反映出中国学术治史的专长和功力。这两个方面的有机结合，使中国宗教学既显明了当代世界宗教学发展的共性，亦保留了中国学术传统的特性。20世纪中国宗教学的奠立及发展为其走向世界、自立于世界学术之林奠定了雄厚基础。在中国宗教学界专家学者的共同努力下，中国宗教学一定能在21世纪迎来新的腾飞和繁荣。

（原载《20世纪中国社会科学·宗教学卷》，广东教育出版社2009年版。）

第十二章

中国宗教研究的历史回顾

对宗教的探究在中国有着漫长的历史。在中华民族发展的各个历史时期，人们都从不国的角度对各种宗教进行过描述和评论。如佛教典籍的翻译与注解、《古兰经》和《圣经》的翻译与诠释，以及其他宗教文献的整理与评断，都曾是中国文化学术史上的大事。此外，人们对于生与死、苦与乐、善与恶、神与鬼、灵魂与肉体、精神与物质、堕落与升华、消沉与超然、受难与拯救等宗教性认知及价值问题也曾展开过长期、反复的讨论和争辩。

但是，把宗教探究作为一门独立的宗教学学科，却是当代中国文化发展中的新生事物。这种性质的研究最初发端于哲学、历史学、语言学和民族学等领域，在20世纪初开始为中国学者们所涉足，而真正形成其独立学科则要晚至20世纪70年代以后。在世界学术史上，宗教学始于19世纪下半叶，一般以西方学者英籍德人东方学家麦克斯·缪勒（Friedrich Max Müller, 1823—1900）1873年发表《宗教学导论》，首先使用"宗教学"（Science of Religion）一词为其开端。由此可见，宗教学在整个世界学科门类中乃为一门新兴学科，仅百余年的历史。宗教学作为一门独立学科于20世纪初传入中国，与当时新文化运动前后各种外来思潮涌入中国大致同步。当时西方学者探究宗教的思路、方法、体系给中国学者带来了启迪，从而促成这一学科在中国的迅速发展。20世纪既是中国宗教研究引入、吸纳西方现代宗教学理论体系、进入其系统化和专业有序发展的时代，亦是中国宗教研究进展神速、成果卓著的重要世纪。

清末民初，中国学术界受西方自然科学和哲学上各种新学的影响，以及对民族危亡的沉思和反省，开始兴起一种怀疑并批判传统、接受新学和西学的启蒙思潮。这种思潮也引起越来越多的中国学者关注对宗教的理论认识和历史探讨。其结果，作为以往学术前提的儒、佛、道等传统信仰立场被突破，一批在人文学科领域潜心于宗教研究并提出独到见解的学者脱颖而出。在宗教思想理论探索上，梁启超、蔡元培、胡适、陈独秀等人都多有阐发，在当时起到了振聋发聩的作用。不过，他们大多持一种否定宗教的态度，并且不希望宗教在中国存在和发展。例如，梁启超曾提出"中国无宗教"的惊人之论，还率先主张"儒教非教说"，形成对中国传统宗教文化的独特审视和价值批判。在梳理、总结清代以来中国学术思想史的同时，他亦以其"近世科学方法"而深入研究了中国佛教。在五四新文化运动所推崇的理性科学主义思潮感染下，蔡元培提出了"以美育代宗教"的主张，认为"美"乃精神追求的最高境界，这对现代中国的宗教观及其真善美的维度也形成了广远的影响。胡适利用从西方获得的实证方法和相关学术信息，在基督宗教和佛道两教研究上发表了独到见解，尤其是其对禅宗历史的理论发掘和史料考证，因为明显标新立异而曾在中国学术界引起强烈反响。陈独秀则对儒教和基督宗教进行了比较研究，其对儒教的批判和对作为"爱的宗教"之基督教的相对肯定，说明其认知一方面与五四运动的思想主流相吻合，另一方面却形成与20年代"非基督教运动"意味深长的不同。不过，他认为在科学昌明的时代还是应该以科学来取代宗教。

从广义而言，这一时期对宗教的理论探讨还包括康有为、严复、孙中山、章炳麟、李大钊等人的著译和言论，他们对宗教的褒贬臧否曾影响了一代中国人的宗教观。在宗教史学领域，陈垣、陈寅恪、汤用彤和张星烺等人则有着筚路蓝缕之功。尤其是陈垣以其深厚的学术功力和缜密的史学考证对各种宗教在中国的历史发展进行了系统、深入的探究。陈垣博学多闻、涉猎广泛，其考证研究的范围包括元也里可温教、开封一赐乐业教、火祆教、摩尼教、基督教、伊斯兰教、佛教和道教等，由此开创了中国现代学术界中颇受关注的宗教史料考证学派。陈寅恪是中国现代学术史上的一位奇才，他国学功底深厚，且曾留学多国，精通数门外语，还熟识梵文和不少西域古代语言。其宗教史研究涉及中国佛教源流、敦煌宗教文献和摩尼教经典考证，以及西方学者对中国古代宗教的分析探究等。汤用彤亦学贯中西，精通梵文、巴利文等。他开创了中国佛教断代史的研究，并为中国佛教通史之探打下了重要基础。在这一时期，一些研究中国传统宗教的学者往往都有在西方留学或取得专业学位的经历，因而在中西学术之打通上占有较大优势。他们一方面熟悉中国学术的史料爬梳功夫，有着坚实的国学底子；另一方面又精通外文，学术视野开阔且方法新颖，故可占得学术发展的先机，成为相关学科的引路人或领路人。这种精通西学又能娴熟运用中国史料整理方法之融通在张星烺身上得到了典型体现，他在研究自然科学之际，亦在中西交通史研究上独辟蹊径，其汇编的中西交通史料为中国学者研究中西宗教提供了极为丰富的第一手材料。

从20世纪初至1949年，中国宗教研究步入现代学术发展的初级阶段。在现代学术氛围中，人文社会科学领域的不少学者从文史哲等学科的比较研究和边缘研究逐渐转向专门的宗教学术研究，而宗教界的许多学者亦积极开展对其所属宗教及其他宗教的现代学术探讨，并获得了重要学术成果。在这一时期，中国学术界在宗教基本理论、宗教学体系构建和各大宗教研究上均有所建树，积累了资料，理清了思路，培养了人才，为形成具有中国特色的宗教学创造了有利的条件。

1949年以后，特别是中国实行改革开放的几十年来，中国宗教研究进入了学术发展的繁荣阶段。1964年，中国科学院世界宗教研究所在北京成立。该所的建立标志着中国学术界有了从事宗教研究的专业机构，来自各个学术领域的学者形成了中国第一个宗教学研究群体，这一专业群体推动了中国宗教学作为独立学科的创立，由此亦从根本上带动了中国宗教学的学科发展。1977年，中国社会科学院在原中国科学院哲学社会科学部的基础上得以成立，世界宗教研究所从此归属于这一新成立的中国社会科学及人文学科的最高学术机构。曾有学者对中国社会科学院的世界宗教研究所与美国哈佛大学的世界宗教研究中心加以比较，认为哈佛大学的这一中心主要是为各地学者交流提供了一个学术平台，而中国的这一研究机构的建构性、实体性则更强。

1978年，中国社会科学院研究生院建立，其世界宗教研究系在全国首次招收宗教研究专业的研究生，开始了系统培养宗教学人才的工作。此后，一批高等院校和省市社会科学院亦相继建立起宗教研究所或宗教研究中心。这样，一个新的学者群体在改革开放的中国迅速崛起，很快就形成了世界范围的影响。这种具有新兴学科特色的当代中国宗教研究注重宏观与微观、整体与个案研究的有机结合，既有对宗教现象的整体把握和通史展示，亦有对各宗教具体情况的深入剖析和考证诠释。与中国学术历史传统相吻合，20世纪中国宗教研究一方面侧重于宗教基本理论、宗教学科体系等问题，体现出当代宗教研究的发展特色，另一方面则有着对各种宗教之中国特色及其思想文化特征的深入研究，反映出中国学术治史之专长。这两个方面的有机结合使中国宗教研究既显明当代世界宗教学发展的共性，亦保留了中国学术传统的特性。

在宗教学基本理论研究上，中国学者曾围绕"中国有无宗教"和"宗教是什么"展开过深入研讨和激烈争论，形成了截然对立的观点。20世纪50年代和60年代，中国学者又围绕着宗教、信仰、迷信之关系而进行了思想交锋和学术争鸣。自20世纪70年代末80年代初以来，中国学者随着改革开放、思想解放的过程，发扬学术民主和学术自由的精神，在理论上大胆创新、勇于突破禁区，使中国宗教研究取得了丰硕成果。这一阶段的学术讨论非常活跃，先是围绕宗教究竟是否为"鸦片"，以及对这一表述应如何理解展开了研讨，随之探究了宗教的社会功能、集体"无意识"或心理底蕴问题，最后又深入宗教的"文化"研究和理解、宗教与精神文明建设和与社会主义社会相适应等问题。在这些分析研究中，出现了百花齐放、方法多元的繁荣局面，中国学者注意吸纳国际学术界的最新成果，体现出现代学术的创新精神。

在佛教与佛学研究上，20世纪上半叶为中国现代佛学的开创阶段。

佛教僧伽界、居士界和学术界这三大群体的学者步入了现代学术研究的历程，涌现出太虚、印顺、圆瑛、巨赞、扬仁山、欧阳竟无、吕澂、熊十力、梁启超、汤用彤、胡适、陈寅恪、陈垣等名家。20世纪下半叶则为中国现代佛学的繁荣阶段，佛教研究从佛教史、唯识学、禅宗研究发展到佛教各宗派的研究、佛教哲学、逻辑、因明学、佛教经济、佛教人物等方面的系统研究，涌现出任继愈、郭朋、楼宇烈、杜继文、方立天、杨曾文等知名学者。佛学研究在中国宗教研究中成为最为活跃、学术成果最多的研究之一，其成绩斐然、蔚为大观。

在道教和中国民间宗教研究上，中国学者的探索领域包括道藏及道经整理研究，道教文学艺术研究，道教丹术和内丹术研究，道教金石研究，道教与中外文化比较研究，道教人物研究，道教与自然科学发展关系研究，儒释道三教关系研究，道教神仙及民间信仰研究，中国民间宗教史研究和宝卷整理及研究等。这些研究在史料发掘、理论创新、系统梳理上均有重大突破，加深了对道教作为中国传统文化重要组成部分之意义的认识。

在基督教研究上，中国学术界自20世纪50年代开始从历史、哲学、政治、文化、中外交流和社会现状调查等角度对其三大教派天主教、东正教、新教（在华习称基督教、耶稣教或更正教）加以系统研究。但这一研究的全面展开和重大突破则归功于1977年以后中国学术界的全新发展。其研究领域包括世界基督教史、圣经探究、基督教神学与哲学、中国基督教史、基督教文化等方面，而以中国基督教为重点，体现出中国学者的研究特色和侧重。研究者一方面对世界基督教的历史与现状、精神与当代思潮等加以宏观把握和纵横阐述，另一方面则具体回溯了基督教在华发展的复杂历史，与中国思想文化的碰撞和交融，以及基督教适应中国社会的经验教训等。这些探究对中外文化关系、"全球化"与"本土化"、世界文明与中华文明的关系等多视角的审视和深层次的思考亦提供了重要启迪。

在伊斯兰教研究上，中国学者的兴趣表现在世界伊斯兰教、伊斯兰教通史、教义学和教法学研究、当代伊斯兰教、伊斯兰教与国际政治、伊斯兰教与民族文化、中国伊斯兰教史、古兰经与古兰学、伊斯兰哲学、伊斯兰文学和艺术等方面。这些研究不仅在中国穆斯林当中造就了一大批精通教理、学识渊博的知识文化人，而且在中国学术界亦培养出许多潜心钻研伊斯兰教的专家学者，并对民族文化的继承与弘扬、民族团结与合作的提倡产生了积极作用。

此外，20世纪的中国学者还开展了对其他宗教的研究，大体包括中国和世界古代宗教神话、世界各民族宗教和中国少数民族宗教、儒教或中国宗法性传统宗教，犹太教、印度宗教（如婆罗门教、印度教、耆那教、锡克教和印度佛教等）、摩尼教和琐罗亚斯德教、新兴宗教等方面的深入探讨。其中以中国宗教思想文化渊源的研究为主。有的学者认为在佛、道之外还存有一种可称为中国传统"宗法性宗教"的"正宗大教"；有的学者则指出这一"正宗大教"即儒教，儒教源自殷周时期的天命神学和祖宗崇拜思想，以及孔子所创立的儒家学说，其发展经历了秦汉之前的前儒教时期、两汉的准儒教时期、魏晋隋唐的儒佛道三教并立时期、北宋的儒教体系形成时期、南宋的儒教体系完成时期，以及明清的儒教凝固时期，进至清末和民国初年，儒教在中国本土则走向衰落，但其海外影响依然强大。犹太教研究在20世纪80年代以来得到了突破性进展。其范围大体包括较为宽泛的民族宗教的犹太教研究，而中国犹太人的历史、中国犹太教乃是中国学者关注的焦点，并取得了不少研究成果。印度诸宗教和摩尼教、琐罗亚斯德教的研究填补了中国在世界宗教史研究的空白，故其研究虽显得零散、薄弱，却意义独特。新兴宗教研究在中国始于1977年之后，为宗教研究中较新的分支学科。目前，中国学者对新兴宗教的定义、特点、背景、作用、影响等都已有初步探讨，并立有专项研究课题。这方面的探讨大体可包括新兴宗教、新宗教思潮、"新时代"运动、新兴民间宗教，以及各种"准宗教现象"的分析和论述，其深入展开不仅有理论意义，亦有现实意义。

中国宗教研究是20世纪中国学术研究的重要组成部分，是其整体发展的一个独特缩影，而宗教学作为仅有百余年历史的新兴学科在中国则属于20世纪以来学术界的全新发展。对于这门学科，中国社会舆论中仍存有不少疑问和误解，其学科及学者的定位在人们的认识中还相当模糊，从而导致了这一学科发展的特别复杂与艰辛。中国宗教学科及其学者的处境问题，在整个世界学术界都是一种特例，其不必要的敏感和猜测导致这一学科虽为新创却举步维艰，其结果也不利于中国当代的整体学术发展及文化建设。其实，中国宗教学的脱颖而出在整个世界学术发展中都迎来了最好的发展机遇，因此我们应该及时排除各种人为的障碍，抓住这一难得的机遇而尽快步入世界学术舞台，体现我们的思想话语和学术作为，发出"中国好声音"。所以，中国社会舆论的理解、支持至关重要，大家都应该多了解、关心这一学科的现状及发展。于此，我们回顾、总结20世纪中国宗教研究的发展历程、学术全貌和已获得成就，也有助于中国学术界通过这种梳理、概括而认清自身在世界宗教研究中的地位与意义，以迎来21世纪中国宗教学的全面展开和繁荣兴盛。

（原载《欧美同学会会刊》1999年第1期）

第十三章

陈垣与中国宗教学研究

对于陈垣先生的研究，自中国改革开放以来已经卓有成就。陈垣先生被视为中国现代学术发展"百年学脉"中的一位大家，其"援古证今"的史学成就令人敬佩和折服。不过，迄今的研究主要谈陈垣先生在史学领域的突出贡献，其中当然也特别包括他对宗教史的专门研究，但这种研究虽"专"却"窄"，很难涵括陈垣先生在中国宗教学研究中的成就与地位，因此应在这一领域对之加以较为系统的阐述和研究。可以说，陈垣在宗教历史方面的系统研究范围广、力度深、成果卓著，是中国现代宗教研究历史上当之无愧的第一人，起到了对这一学科的开创和引领作用。

陈垣先生字援庵（亦作援菴、圆庵、圆菴），1880年阴历十月初十出生于广东新会县石头乡富冈里，1885年随父移居广州，幼年入私塾攻读"四书五经"，少年即博览群书，称"余少不喜八股，而好泛览"；1896年入大馆学习，1898年在蒙馆教书，1907年入博济医学院学西医，1908年转入光华高等医学院，暑期曾赴日本，1910年毕业留校任教；1911年参与创办并主编《震旦日报》副刊《鸡鸣录》，1913年当选众议院议员，迁居北京；1917年开始撰写《中国基督教史》，完成辅仁社课题《元也里可温考》并印行，这是陈垣第一部史学著作；1918年编写《基督教史目录》，完成其首篇佛教论文《记大同武州山石窟寺》；1919年在西四缸瓦市伦敦会由司徒雷登施洗入教，校勘入华耶稣会士著作多篇，并写有多篇序跋；1921年筹办北京孤儿工读园并任园长，创办北京平民中学并任校长，年底署理教育部次长；1922年受聘北京大学国学门导师，任京师图书馆馆长，任北大国学门和史学系组织的明清史料整理会委员，完成《火祆教入中国考》和《摩尼教入中国考》；1923年任教于燕京大学，完成《元西域人华化考》；1925年在新建立的北京公教大学辅仁社任副社长；1926年任辅仁社社长，聘为公教大学副校长；1927年任燕京大学国学研究所所长，任定名为私立北平辅仁大学的副校长；1929年任辅仁大学校长，北平师范大学史学系教授、系主任；1935年受聘为中央研究院评议员，1937年任北平研究院特约研究员；1939年被罗马教廷授予"圣大揆国加徽骑都尉"；1941年发起成立辅仁大学史学会；1948年赴南京出席中央研究院第一次院士会议；1949年担任新中国成立后的辅仁大学校务委员会委员；1950年担任教育部接收后的辅仁大学校长；1952年担任辅仁大学并入的北京师范大学校长；1954年任中国科学院历史研究所第二所所长，当选第一届全国人大代表；1955年当选为中国科学院哲学社会科学学部委员；1959年加入中国共产党，1960年出席全国人大二届二次会议，为主席团成员，出席北京市政协二届二次会议，为主席团成员；1965年当选为全国人大第三届常委会委员；1971年6月21日，陈垣先生病逝。

陈垣先生在宗教史研究领域善于考证、著述甚丰，主要成果包括《元也里可温考》（1917）、《罪言序》（1919）、《耶稣基督人子释义序》（1919）、《重刊铎书序》（1919）、《灵言蠡勺序》（1919）、《辩学遗牍序》（1919）、《大西利先生形迹识》（1919）、《三版主制群征跋》（1919）、《开封一赐乐业教考》（1919）、《浙西李之藻传》（1919）、《万松野人言善录跋》（1919）、《火祆教入中国考》（1923）、《旧约三史异文考》（1923）、《基督教圣经审定之经过》（1923）、《摩尼教入中国考》（1923）、《摩尼教残经》（1923）、《元西域人华化考》（上）（1923）、《元基督徒之华学》（1924）、《基督教入华史略》（1924）、《书内学院新校慈恩传后》（1924）、《再论遵主圣范译本》（1925）、

《拟编中西回历三历岁首意见书》(1925)、《名理探影印本跋》(1926)、《中西回史日历》(1926)、《泾阳王徵传》(1926)、《关于基督教文字事业的一封信》(1927)、《华亭许缵曾传》(1927)、《元西域人华化考》(下)(1927)、《回回教进中国的源流》(1927)、《休宁金声传》(1927)、《回回教入中国史略》(1928)、《云冈石窟寺之译经与刘孝标》(1929)、《大唐西域记撰人辩机》(1930)、《敦煌劫余录》(1931)、《雍乾间奉天主教之宗室》(1932)、《佛教能传布中国的原因》(1933)、《吴渔山晋铎二百五十年纪念》(1936)、《墨井道人传校释》(1937)、《墨井集源流考》(1937)、《吴渔山年谱考》(1937)、《吴渔山先生年谱》(1937)、《吴渔山先生入京之酬酢》(1937)、《清代学者像传之吴渔山》(1937)、《汤若望与木陈忞》(1938)、《释氏疑年录》(1939)、《语录与顺治朝廷》(1939)、《明季滇黔佛教考》(1940)、《清初僧诤记》(1941)、《明末殉国者于阶传》(1941)、《南宋初河北新道教考》(1941)、《从教外史籍见明末清初的天主教》(1943)、《马相伯文集序》(1947)、《天主教徒英敛之的爱国思想》(1951)、《在中国佛学院教学问题讨论会上的发言》(1961)、《在道教研究工作座谈会上的发言》(1961)、《谈北京双塔寺海云碑》(1961)、《佛牙故事》(1961)、《中国佛教史籍概论》(1962)、《关于徐光启著作中一个可疑的书名》(1962)、《法献佛牙隐现记》(1962)、《鉴真和尚失明事质疑》(1963)、《道家金石略》(1988)等。按其归类，其中研究"古教"的著述有《元也里可温考》《开封一赐乐业教考》《火祆教入中国考》《摩尼教入中国考》等；研究基督教的著述有对其入华"四期"即"唐代景教""元也里可温教""明代天主教"和"耶稣新教"时期的大量研究考证；研究伊斯兰教的著述有《回回教进中国的源流》《二十史朔闰表》《中西回史日历》《回回教入中国史略》《回教汉文著述表》等；研究佛教的著述有《佛教史籍概论》《释氏疑年录》《明季滇黔佛教考》《清初僧诤记》等；研究道教的著述则有《道家金石略》《南宋初河北新道教考》等。

陈垣先生早年受洗成为基督教新教信徒，却担任了原属天主教的辅仁大学的校长,这在中国宗教对话、宗教包容的发展史上也有着独特意义。陈垣先生担任大学校长长达 47 年之久,这在中国教育史上是极为罕见的;而陈垣先生的宗教身份,以及其所任校长之大学在宗教信仰、政治归属上戏剧性的变化,也折射出陈垣先生丰富的人生经历和中国社会变迁的多元复杂。在中国现代教育史上,我们不仅要认识主张"以美育代宗教"的大学校长蔡元培,同样也要了解像陈垣这样希望化解外来宗教为"中华宗教",其本身又具有宗教徒身份的中国大学校长。难能可贵的是,陈垣先生不仅以开放之态吸纳外来文化,而且还积极推动"把中国文化历史的遗迹介绍给西方人"。其亲自题定为《华裔学志》("华"指中国人,"裔"专指远方的人民;西文 Monumenta Serica,直译为"丝域的史迹")这一汉语表述的西文学刊,已经是蜚声海内外、有着很高学术地位的著名汉学杂志。

　　当然,陈垣先生虽有基督徒身份却不刻意"护教、阐教",其真正兴趣乃是在对宗教的"理性""客观"和"历史性"学术研究,这恰好就是宗教学的学科底蕴。其以信仰来超越自我、望穿时空,却以科学来对待学问、潜心研究。也正是这一立足和定位,使陈垣先生开创了"现代意义上"的中国宗教学研究,成为中国宗教史学的第一人。其宗教史学的研究在中国最早,且成就与贡献也最大。在中国现代学术史上,陈垣先生以其执着的信仰精神、深厚的学术功力、扎实的史料搜集功夫、广博的版本目录知识和缜密的史学考证方法而对各种宗教在中国的历史及其发展变迁进行了系统、深入的研究。而且他不只是就宗教而研究宗教,乃更多从大文化、跨学科的视域来展开研究,"在宗教史、历史文献学、元史、年代学、避讳学等历史学各个领域都有精深的造诣"①。他于 1917 年完成的《元也里可温考》,既是他的第一部宗教史专著,也是中国宗教史研究的首部专著。正是在这一意义上,陈寅恪先生盛赞陈垣先生为"中国宗教史的开创者",认为"中国乙部之

---

　　① 参见刘贤《学术与信仰——宗教史家陈垣研究》,中国社会科学出版社 2013 年版,第 2 页。

中，几无完善之宗教史，然其有之，实自近岁新会陈援庵先生之著述始"①。陈垣先生始于元代基督宗教的研究，从此而进入宗教史学领域，先后探究了元也里可温教、开封一赐乐业教（犹太教）、火祆教、摩尼教、基督宗教、伊斯兰教、佛教和道教等，取得了巨大的学术成就。这种宗教史研究在中国学术史上，实际上是起了"补正史之阙"的重要作用，因为这些宗教多为外来宗教，过去曾被视为"邪""夷""淫僻"而被正统史家所忽略；尤其是基督宗教等由此而不被《四库》等官方史书所收录。但陈垣先生在宗教史研究上坚决反对"夷夏之辨"，主张诸教平等，应以客观、公平态度来对待各种宗教。为此，他很认同宗教学关于"参与性观察""同情性理解"的研究态度。不过，基于其自身信仰背景及其"学道"需求，陈垣先生在其宗教史研究中显然更多投入到基督宗教的历史研究之中，他"尝以乾嘉诸儒治史之法，治旧新约"等基督教典籍、史料，留下了大量研究成果。鉴于陈垣先生的宗教史研究重考证而略思辨，其所形成的学派故被称为宗教史料考证学派，并且形成了此后中国宗教史研究的考证特点。

陈垣先生虽然"内感民族文化之衰颓，外受世界思潮之激荡"，却并不走文化保守主义或"全盘西化"的两个极端，而是采取了客观、科学、积极的学术态度。"他用外来宗教入华的例子，阐明他的'中华文化观'，表示对中华文化的坚定信心，同时又保持开放，不拒绝外来宗教文化的影响。"② 这些深刻的思想，都寄托并体现在陈垣所著的外来宗教史的研究之中。陈垣先生在其宗教史研究中表现出真挚的中华文化情怀，在字里行间都流露出"中华文化观""民族文化观"，以及在学术把握上要"把汉学中心夺回北京"的强烈使命感和巨大决心。这样，陈垣先生在宗教史研究方法上也展示了其比较、改进、提高的意向和努力，并意识到自己以"汉文史料"争胜的长处和短处，故而鼓励

---

① 参见刘贤《学术与信仰——宗教史家陈垣研究》，中国社会科学出版社2013年版，第3页。

② 同上。

其后代及学生有相关弥补和外向开拓。

总之，陈垣先生的一生，就是在这种中华文化意识激励下以"爱国"之情、"开拓"之境来读书、研究、治学、立说。他以独特的学术敏锐及先见而捷足先登，开辟、创立了中国的宗教史研究，成为中国宗教学毋庸置疑的先导。因此，在回顾、总结中国宗教学的发展历程时，我们理应以陈垣先生为起点、为开端。

（参见刘贤《学术与信仰——宗教史家陈垣研究》卓新平"序"，中国社会科学出版社2013年版。）

第十四章

任继愈与中国宗教学体系的创立

任继愈先生是中国马克思主义宗教学的开创者和奠基人,是中国第一个建制性专门研究宗教学的机构世界宗教研究所的创始人及第一任所长。他不仅创建了作为新中国第一个国家级宗教学术研究机构的世界宗教研究所,而且为中国宗教学的学科体系之发展和建设作出了卓越贡献。任继愈先生在宗教学研究中,尤其在马克思主义宗教观研究、儒教研究、佛教道教研究等领域亦卓有成就、硕果累累。

任继愈字又之,1916年4月15日出生于山东平原县;1934年考入北京大学哲学系,1938年毕业,1939年考取西南联大北京大学文科研究所研究生,攻读中国哲学史和佛教史,师从汤用彤、贺麟两导师,1941年获硕士学位;1942—1964年在北京大学哲学系任教,讲授中国哲学史、宋明理学、朱子哲学、华严宗研究、隋唐佛教、佛教著作选读、逻辑学等课程;1956年加入中国共产党,兼任中国科学院哲学研究所研究员;1959年10月13日,毛泽东主席与任继愈先生就宗教问题进行谈话,称赞任先生用马克思主义方法研究佛教乃"凤毛麟角",这次谈话使毛主席特别关注宗教研究,并于1963年底批示要建立研究世界宗教的学术机构;1964年,任先生受命组建中国科学院世界宗教研究所并任所长;1978年,任先生提出"儒教是教"说,担任中国无神论学会理事长;1979年,首次全国宗教学研究规划会议召开,任先生主持了这一会议并担任中国宗教学学会会长;自1978年起,任先生担任中国社会科学院研究生院教授、国务院学位委员会学科评议组成员和哲学组召集人、国家古籍出版规划小组委员、中国西藏佛教研究会会长、中国哲学史学会会长、国家社科基金宗教组召集人,并当选为第四届至第八届全国人大代表;1985 年起,任先生担任世界宗教研究所名誉所长;1987—2005 年,任先生担任北京图书馆馆长;1999 年,任先生当选国际欧亚科学院院士;2005 年,任先生担任北京图书馆名誉馆长;2009 年 7 月 11 日,任先生因病在北京逝世。

任继愈先生一生著述甚丰,主要著作包括《老子今译》(1956)、《魏晋玄学中的社会政治思想略论》(1956)、《范缜"神灭论"今释》(1957)、《墨子》(1961)、《汉唐佛教思想论集》(1973)、《老子新译》(1978)、《中国哲学史论》(1981)、《中国佛学论文集》(1984)、《中国哲学发展史》(1985)、《任继愈学术论著自选集》(1991)、《佛教史》(1991)、《老子全译》(1992)、《任继愈学术文化随笔》(1996)、《佛教与东方文化》(1997)、《墨子与墨家》(1998)、《天人之际》(1998)、《任继愈自选集》(2000)、《竹影集》(2002)、《任继愈禅学论集》(2005)、《皓首学术随笔·任继愈卷》(2006)、《老子绎读》(2006)等。此外,任先生还发表了众多学术论文,主编有多种学术专著、丛书及辞典等。

对任继愈先生的学术贡献加以回顾,可以包括如下一些方面:

第一,任先生对中国宗教学学科的开创有巨大的贡献。在任先生创立世界宗教研究所这样一个国家建制性的研究机构之前,中国的学术界只有零星的、个别的学者对宗教展开研究,不成规模,不成体系。但是,自 1964 年以来,任先生使中国的宗教学正式进入了一个学科体系发展的阶段。所以,面对今天中国宗教学发展的这样一个非常繁荣兴盛的景观,我们必须饮水思源,追思任先生在这个领域的重大贡献。

第二,任先生强调用马克思主义来指导宗教研究,这是非常重要的。运用马克思主义宗教观,要突出的一个是指导思想,一个是方法论。任先生反复强调,要用历史唯物主义、辩证唯物主义的立场观点和方法来研究宗教问题;而且,任先生指出,对马克思主义,尤其是对马克思主义宗教观方面的理解要有一个整体全面的把握，就是说要读马、恩、列的原著，并且要对之有系统、全面的理解和把握。我们研究宗教，坚持马克思主义的指导思想和正确的研究方法是非常重要的。

第三，任先生强调，宗教研究要有世界眼光。在《任继愈宗教论集》中，我们看到很多的著述都谈到了我们研究宗教是面向世界宗教的，应对世界的宗教现象进行深入系统的研究。正是基于这个考虑，宗教研究所定名为世界宗教研究所，由此就可以获得一个开阔的视野，占有非常高的学术地位。从这个意义上来讲，任先生强调研究宗教，一是要注意学科发展的与时俱进，再一个就是要使我们的研究视野开阔、全面，此外还要有非常精准的问题意识。任先生在学科发展的时候特别强调人才培养，并亲自从全国各地召集来众多人才，从而形成了今天中国宗教学研究的强大阵容，这些学者也已成为当代宗教研究队伍中的骨干力量。

第四，任先生在学术上的独特贡献，还包括任先生强调儒教是宗教。这样，对于我们认识儒教的宗教性，对中国人的宗教性究竟怎样理解就提供了一个重要视域，使我们对这个问题能加以关注，并进行认真的思考。我觉得，今天对"儒教是教"的这个意义还是没有讲透，虽然相关的争论和讨论非常之多，看法也各不相同，但是任先生审视中国人的宗教性的敏锐眼光，是极为独到的；对儒教是教的理解既使中国人的宗教理解可以与国际接轨、达成共识，又能抓住把握宗教的最本质、最根本的内涵。从世界范围来看，对宗教性的理解是认识宗教的关键所在，其他则是次要的、附带的。任先生关于儒教是教的深刻洞观，在这些观点各异的讨论中并没有真正被领悟。从宗教性上，尤其是结合中国人的思想文化传统来看待中国人的宗教性，这方面的发掘仍不是很够。所以，我个人认为，以往的有些讨论太过于表面化，甚至太过于意识形态化。那么，从宗教学的角度来说，应该对之加以更深入的发掘。

第五，任先生非常强调宗教研究与无神论研究的有机结合。应该说，任先生既是中国宗教研究的积极提倡者、推广者，也是中国的无神论研究的积极提倡者和推广者。从宗教学的研究来讲，有两个层面非常值得关注,一个是宗教学研究的学术性,中国是个文化大国,宗教学一定要站在世界的前列,要有很高的学术水准,这一点是任先生一直所强调的。打基础、练基本功要有一种深刻的思维,要有敏锐的眼光,同时强调系统全面,搞好对宗教学的综合研究和梳理,这一点非常重要。另外,宗教研究、宗教学不只是一个纯学问的问题,它有其社会政治的关联性。这样,宗教研究就要根据国情、世情来加以展开。为此,宗教学研究既要坚持创新,有学术开拓,同样也有这样一个现实关注的任务。也就是说,我们今天的宗教学研究不要变成一个学术的象牙宝塔尖,而必须为我们的改革开放的大局服务,我们要全面贯彻落实党中央关于宗教方面的方针政策,并在学术研究中得以体现,这是一个非常重大的任务。从无神论研究方面来讲,任先生在这里也反复强调,无神论主要是从思想手段,从宣传教育方面来展开。马克思主义无神论是马克思主义宗教观的有机构成,我们理应弄清其基本理论和核心思想,把握其原则、策略。但我们不能把任何无神论都等同于马克思主义无神论,而应对历史上出现过的各种无神论思潮加以研究、甄别和反思。我们的宗教研究当然要体现出马克思主义无神论思想,不过这种体现不是僵化的、静止的、教条般的,而应该是辩证的、发展的、与时俱进的。这也有两个层面,一个是从宣传教育方面,我们要了解无神论宣传教育的对象,要加以落实,不能空谈。另一个是无神论要研究,这种研究是升华理论探讨,使无神论有更高的学术水准和更多的知识积淀,而不是仅停留在空洞的口号上,没有学术理论和知识蕴含,这中间就有一个普及与提高的辩证关系。在这方面还有许多问题值得我们去探索。科学无神论只能是马克思主义无神论,对之需要认真学习经典作家的原著,加以潜心研究,弄清马克思主义无神论究竟有什么内容,宣传无神论应该有什么策略,其根本目的是什么,以及什么是其得以实施的科学途径。把自己想当然的朴素想法推出来,直接违背经典作家对相关问题的明确表示,这不是科学无神论,更不是对马克思主义基本观点的持守和捍卫。对此,我们的确值得认真对照和反思。研究科学无神论并不是那么简单就行的,这也是非常严肃、科学的学术探讨。随着无神论研究的深入发展,以前的研究框架显得已经远远不够。所以，宗教学研究与无神论研究一定要有机结合，今后的合作发展的前景还很广远，不同的学术观点是可以商榷的，真理越辩越明。这样，我们国家的学术才会繁荣，我们的学术也才会提高。从这个意义来说，我们纪念任先生，在宗教学研究和无神论研究方面，就更要进一步地向前发展，这样才能无愧于我们学术研究的时代性、科学性，无愧于我们在任先生培养下担负着中国学术发展，尤其是宗教学发展的重任。

当代中国宗教学的奠立，归功于毛泽东主席的积极提倡和任继愈先生的具体实施。1964年世界宗教研究所成立，标志着中国宗教学发展的一个新起点，即从学者个人的单独研究而进入了学术机构群体合作的研究发展，体现出学界群体、整体的优势。随着中国改革开放和1978年恢复招考研究生，中国宗教学开拓、腾飞的时代终于开始。而真正引领这一时代、有着筚路蓝缕之功的，正是任继愈先生。

宗教学研究中有一种观察和理解称作"体验"，而我个人走上宗教研究这条道路，也有着独特的"体验"，这就是与任继愈先生的"结缘"或"缘分"，即直接来自任继愈先生的引领和指点。虽然我本人不是任先生的嫡传弟子，没有专攻任先生指导的专业课程，而我开始专注并研究宗教，以及后来在宗教学之路上的一步步发展，却都是在任先生的指引下、关怀下、鼓励下、提携下而成长起来的。因此，任先生是我选择宗教研究的引路人，也是一直在关注、指导我三十多年宗教学术生涯的恩师。

在"文化大革命"期间，我偶遇机会闯入了当时在我湖南家乡的一所"高校"，成为一名因高中毕业直接上学而资格不够的"工农兵学员"。失而复得的读书机会使我对学习有一种特殊的好感和疯狂，尤其开始在哲学社会科学及相关的人文学科领域广泛涉猎、博览群书。正是在这一学术求索、寻觅阶段，我有幸间接认识了任继愈先生，知道了任先生及其开展的中国哲学史和宗教研究。在那一"读书无用"的时代，我却读到了任先生撰写的《中国哲学史简编》，以及其主编的四卷本《中国哲学史》（当时已经出版前三卷），开始对思想、精神探究产生浓厚的兴趣。任先生对湖南有一种特殊的感情，而我这位当时盲目求知、东探西闯的"知识青年"无意中却与任先生结下了缘分。这对于我这样在那时还从未走出过湖南、显然"土到家"的内省青年而言，确实是一种天赐、一种恩遇！"高校"毕业后我"留校任教"，但直接就被送下农村与贫下中农打成一片。三年多的农村生涯使我再度远离书籍，失去了钻研学问的机会，却也得以接触中国社会的真实，并且深刻地体认到中国基层或底层社会的艰辛和渴求。因此，1977年底终于回到学校的我再次燃起求知的渴望，而且对社会科学开始情有独钟；当然这种努力也是不甘心因为缺乏知识而被开始改革开放的社会所淘汰。在省城长沙高校三个月的进修苦读后我回校执教，同时也获知了世界宗教研究所招考硕士研究生的消息。已有了"大学生"身份的我那时已不可能再考大学，而且自己身边就有一群1977年招考的大学生就读。想从"老师"身份改变为"学生"的我只能下定决心考研求学。在任先生的鼓励下，我鼓足勇气报考了宗教学专业。

　　1978年夏我第一次走出湖南，来到北京参加研究生复试。终于，我见到了敬仰已久的任继愈先生，也认识了世界宗教研究所最早参与建所的一批前辈学者。在中国社会科学院当时称为"八号楼"的小楼上，任先生非常关心地询问了我的情况，介绍了研究所的发展前景。作为世界宗教研究所第一批硕士研究生复试者中最年轻的一员，研究所的前辈老师们对我的知识结构进行了考查，也进一步了解了我的研究方向和从事这一学术领域的意向及决心。任先生的关怀，老师们的兴趣，使我坚定了研究宗教的信心，这实际上也迈出了我此后宗教研究学术生涯的第一步。

　　这一年的金秋十月，我如愿以偿，来到北京进入中国社会科学院学习，正式接受国内宗教学最早的"科班训练"，成为中国宗教学领域"黄埔一期"研究生中最小的一员。许多令人仰慕、以前只能在书中读到的学术大家、名师，现在竟成了可近距离接触的老师！当时那奇妙的感觉和激动的心情是难以用笔墨来描述的。我们作为第一批的研究生，参加了不少由任先生亲自讲授的大课，同学们在一起也经常讨论任先生的治学方法、学术研究上的指导思想，尤其是对马克思主义宗教观的理解和运用。这一期间，我们认真拜读了任先生所著《汉唐佛教思想论集》，而且，在任先生著作后记中所引用的马克思在《〈黑格尔法哲学批判〉导言》中所说的三句话，也成为我们最初所认识的用马克思主义指导宗教研究的"三把钥匙"。因为自己报考的是国外宗教研究方向，所以任先生在我就读硕士期间就鼓励我争取出国深造，认为研究国外宗教应有实际接触和了解的基础和经验，要"入其内""出其外"，不隔且深求。任先生甚至还曾推荐我到加拿大多伦多大学进修，只是因为当时教育部规定未毕业研究生不能出国攻读，研究所才改派其他学者赴加学习。这种世界意识和全球眼光为我们研究所的学术研究展示了大视域、拟定了大手笔，奠定了我们全方位、多层次宗教研究的重要基础。

硕士研究生毕业后，我留所工作。院里曾一度借调我到外事局工作，有关领导希望以此能帮助我锻炼办事能力，增加社会活动经验。但任先生知道后，劝我以打好学术基础为重，主要精力仍应放在钻研学问上。在他看来，"办事能力"对我固然重要，却并非当务之急。这样，我在很短时间就结束了借调工作，回到研究所继续从事专业研究。在毕业后不到两年，所领导就积极推荐我出国攻读博士学位。任先生告诫我研究宗教必须要有世界眼光，世界宗教研究所的基本任务就要求我们放眼世界、开拓视域，而对宗教学的方法、体系也应有比较系统的了解、把握。任先生的鼓励，使我在走出自己宗教学术生涯的第一步后，再次鼓足勇气迈出新的一步，上更高一个台阶。

五年留德生涯，我保持了与任先生的联系，而且也一直得到任先生的关注和关心。1988年底我学成回国，任先生已不再担任研究所所长，但仍然是我们研究所的名誉所长。这样，我仍然也保持了与任先生的密切联系。在出任北京图书馆馆长后，任先生还组织了不少宗教学研究课题，其中有些课题也邀请我参加。所以，我仍有机会经常不断地与任先生讨论学问，聆听到他的教诲。此外，在国家社科基金宗教学评议组，我们也定期与任先生一起讨论中国宗教学的发展、课题的设定和开展等问题。任先生还推荐我主持国家社科基金的重大项目，并在他因年事已高而退出国家社科基金评委会时推荐我继任宗教学评议组负责人之位，使我站到了参与、推动中国宗教学发展的第一线。

在我担任研究所副所长、所长期间，我一直保持着与任先生的联系，不断向先生请教治学之道、治所之方，得到不少启迪、受过许多教诲。回国二十年来，我春节期间只要在北京都会去看望任先生，向先生汇报研究所的工作与发展，请教为学为人之道，也不时去北京图书馆任先生的办公室登门拜访，求学求教，任先生也总是非常耐心地听取研究所的进展，对研究所取得的成绩也感到非常高兴和满意，并且对研究所发展有许多前瞻、设想和建议，我们共同讨论，研究，也有许多同感和共识。因此，我们研究所的治所和治学仍然不断得到任先生的具体构设和指点，研究所的前进和成就也多有任先生所付出的心血和努力。回顾自己这三十多年的学术生涯，一直都有任先生的关心、鼓励、呵护和指导。任先生总是默默地关心人、帮助人，从不张扬，也决不考虑个人的任何得失。常言说："滴水之恩，报之涌泉。"任先生对我们改革开放以来的首批宗教学研究生应该是有着"涌泉之恩"的，他却从不要求回报点滴。这种高拔、宁静和谦逊，令人敬佩、让人感动！现在任先生已经辞世，我们将以感恩之心，非常珍惜地留住这永恒的纪念。

在撰写这篇文章时，正值任先生逝世十周年前夕。我个人也于一年多前离开了担任二十个年头的世界宗教研究所所长岗位，退居二线。回顾和反思自己在世界宗教研究所的学术生涯，更是深深怀念和衷心感谢任继愈先生。任继愈先生是中国当代著名学者，是影响了新中国整整一代人的哲学家和宗教学家。

虽然任继愈先生离开我们已经十年，但任先生留下的学术事业仍需我们继续努力发扬光大，任先生的学术精神是我们的宝贵财富，我们世界宗教研究所的成员有责任把这种独成建制的中国宗教学发展好，在中国宗教研究领域保持引领作用，并争取尽早在世界宗教研究的学术舞台引人注目，带来中国风格、形成中国学派、建立中国体系，从而在以往引进西方宗教学这种"美人之美"的借鉴、吸纳之后也要奉献"中华之美",使中国宗教学为世界宗教学在新时代的创新发展作出贡献。让我们守住任继愈先生给世界宗教研究所和中国宗教学留下的这一独特学术传承,继承前辈的伟业继续来开拓创新,把世界宗教研究所越办越好,使中国宗教学体系以其独特而优杰的风采自立于世界学术之林。

（参见《纪念任继愈所长图文集》,中国社会科学出版社2010年版,并参考笔者在"追思任继愈——《任继愈宗教论集》出版座谈会"上的讲话。）

下编　宗教学的体系

第十五章

略论西方思想界对宗教的理解

顾名思义,"宗教学"即对"宗教"现象的科学研究。但真正要回答"什么是宗教学"这一问题,在西方学术界却有不同的理解和看法。研究者首先面临着"宗教"作为宗教学的研究领域究竟指的是"什么"这一问题。这里,学者们提出了"宗教"的概念、定义问题。本文本着百家争鸣的精神,试对西方思想界对宗教定义的理解加以介绍和分析,对中西宗教概念加以简单比较,并谈点个人的粗浅看法。

一

西方"宗教"(Religion)一词源于拉丁文 religio。但 religio 一词在拉丁语中有不同的含义和来源。古罗马哲学家西塞罗(Marcus Tullius Cicero,前106—前43)在其著作《论神之本性》(*De natura Deorum*)中首先使用了 relegere 一词来表述"宗教"。这里,relegere 意指在敬仰神灵上的(重新)"集中"和"注意"。宗教 religio 的另一词源为拉丁文动词 religere,词义为"重视""小心翼翼"和"仔细考虑",表示对神灵崇拜的严肃认真。① 这两种表述都涉及人在祖先崇拜、敬仰神灵和

---

① 参见西塞罗《论神之本性》第2章第28、72节。其中译本《论神性》译文为"而那些一丝不苟地观察并重复敬神仪式的人则被认为是宗教的(religious),这个词源于动词 relegere(一遍又一遍地读)",石敏敏译,汉语基督教文化研究所2001年版,第82页。

献祭等宗教礼仪中的态度和行为。此外，罗马修辞学家拉克汤提乌斯（Lucius Caelius Firmianus Lactantius，约250—317）的著作《神圣制度》（*Divinae institutions*）和罗马基督教思想家奥古斯丁（Aurelius Augustinus，354—430）的著作《论灵魂的数量》（*De quantitate animae*）也曾使用 religare 来表述"宗教"。Religare 意为"结合""合并"和"固定"，在这里特指神与人之间、神与灵魂之间的重新结合。[①] 所以，"宗教"（Religion）在拉丁文中的原意为人对神圣的敬仰、义务和尊崇，以及神人之间的结合、重归于好。

古希腊人对"宗教"概念也有着不同的表述。他们把对神的敬畏和虔诚称为"奥赛贝亚"（eusébeia），把宗教戒律、禁令和礼仪称为"特热斯凯亚"（thréskeia）。而把人在神圣面前的羞怯、畏惧称为"塞巴斯"（sébas）。此外，希腊文"拉特热亚"（latreia）由最初"为报酬的服务"之意而演变为专指对神的敬仰等。为此，古犹太神秘主义哲学家斐洛（Philo Judaeus，约前30—约50）把"拉特热亚"视为"敬仰"（特拉裴亚，therapeia）的同义词。在古希腊文中，没有与拉丁文"宗教"（religio）完全相同的专门术语。

新希伯来文中用 dat 来表示"宗教"，它源于阿拉梅文 dāt，为"命令""律法"的派生词。《旧约圣经》《以斯拉记》中常用此词来表示"神的律法"或"国王的律法"。

伊斯兰教《古兰经》中将伊斯兰教称为"安拉的宗教"，阿拉伯文 din 一词在穆罕默德时代被普遍用来表示"宗教"，原意为"礼仪""习惯""权力"和"法庭"，后来才专用于表示由穆罕默德创建的穆斯林宗教团体，称此为真正的宗教。"伊斯兰"系阿拉伯文动词不定式 islām 的音译，原意为"顺服"，其分词形式为 muslim，"穆斯林"，原意为"顺服者"。该词源于动词 aslama，词根为 salima，意为"神圣"。aslama 在古阿拉伯诗歌中常用为表达"完全的奉献"，在穆罕默德时代

[①] 参见拉克汤提乌斯《神圣制度》第4章第28节，奥古斯丁《论灵魂的数量》第36章第80节。

则演变为对安拉的"完全顺服"。

在琐罗亚斯德教中，daēnā 一词为"宗教"之意。此词原意为"最内在的本质""精神之我""个性"和"意义"，在波斯古经《阿维斯塔》的《亚斯纳》(Yasna，意为"赞颂")中常被引用。①

印度"宗教"一词在梵文中为 dharma，南传佛教则用巴利文 dhamma 表示，该词音译为"达磨""达摩"，意为"法"。在佛教中用来指"佛法""一切法""心法"等。这一概念表述在藏文中为 Chos，在蒙文中为 Shashin。

古日耳曼的"宗教"概念 ē 或 ēwa 意为"神的律法"，或"秩序"。基督教传入后与基督教术语"约"混用，如《旧约》《新约》在古日耳曼文中为 diu alte ē 和 diu niuwe ē。凯尔特人则用 crabud（"信任"）和 iress（"信仰"）来表述"宗教"。

古墨西哥阿兹特克人则用了许多阿兹特克术语来表示"宗教"概念。如 yecnemiliztli 意为"正确的、神圣的生活"，teoyptica nemiliztli 意为"宗教的生活"，tlamanitiliztli 意为"礼仪""律法""实现祖先遗留下的'传统'"，teoyotl 意为"精神的""属灵的"，等等。②

中文"宗""教"二字，在古代中国早已含有现今"宗教"的意义。"宗"的含义为"祖庙""祖先""宗族""归向""尊崇""本源""派别"等，已揭示出"宗教"中组织形式、结构、礼仪等方面的意义。而"教"意为"教化""教育""学说"，除了专门的宗教观外，还有思想、世界观，以及哲学学说之意。"教"强调了"宗教"中世界观、思想、理论、学说上的意义，早被用来专门表示人们对神道的信仰。如《易经·观》中指出："观天之神道，而四时不忒，圣人以神道设教，而天下服矣。"儒家经典《中庸》中也认为"天命之谓性，率性之谓道，修道之谓教"。这里，"教"的"宗教"含义已很明显。受中

---

① 参见《亚斯纳》第 44、46 章。
② 以上相关术语参见 G. 兰茨科维斯基《宗教学导论》(Günter Lanczkowski, *Einführung in die Religionswissenschaft*, Darmstadt, 1980)，第 21—23 页。

文"教"字影响，日文的"宗教"也称"教"（kyō），朝鲜文也为hak。中文"宗教"二字合用作为一词原为佛教术语，佛教以佛所说之为教，佛弟子所说的则为宗，宗为教的分派，合称宗教，是指佛教的教理，"宗教"这一表述随之作为佛教术语而传入日本，只是在近代日本文献翻译西文religion为"宗教"之后，才被普遍用来指一切对神道的信仰，成为现代意义的"宗教"表达。

二

探讨宗教一词的语源有助于我们对宗教概念的理解，但"宗教"词源意义上的界说并不等于给"宗教"下定义。迄今为止，西方宗教学理论界尚未有确切的、普遍公认的"宗教"定义。我们一般认为，宗教包括有神论观念、礼仪经典和教职制度这三要素。有神论观念为宗教的世界观部分，礼仪经典为宗教传统的凝固，而教职制度则体现了宗教的社会结构。宗教集三者为一身，缺一不可。但不少西方宗教学者认为，这一界说过于狭隘，因为宗教定义内涵越大，其外延则越小，不足以说明人类复杂的宗教现象。他们把一切崇拜超自然的神秘力量的行为都视为宗教，而由于对"神"理解的复杂化，他们很难对"宗教"与"信仰"、"宗教"与"法术"、"宗教"与"世俗虔诚"加以区分，从而认为"宗教"乃人的天性，无人没有宗教意识。此即伊利亚德（Mircea Eliade）所言"宗教乃人类学常数"之意。在此，西方对宗教的理解关键在于人的"宗教性"，而中国社会却普遍认为"宗教性"并不代表宗教，甚至也不承认人皆具有所谓的"宗教性"，由此在强调其"世俗性"时否定了"宗教性"的存在。

关于宗教的定义，马克思从社会经济制度和阶级压迫现象上提出问题，认为"宗教是那些还没有获得自己或是再度丧失了自己的人的自我认识和自我感觉"，"国家、社会产生了宗教即颠倒了的世界观，因为它们本身就是颠倒了的世界"，"宗教是被压迫生灵的叹息，是无情世界的感情，正像它是没有精神的制度的精神一样。宗教是人民的鸦片"。① 显然，这是与社会密切关联的宗教理解。恩格斯则从人类认识论上思维为存在的反映这一角度考虑问题，认为"宗教是在最原始的时代从人们关于自己本身的自然和周围的外部自然的、错误的、最原始的观念中产生的"②；"一切宗教都不过是支配着人们日常生活的外部力量在人们头脑中的幻想的反映，在这种反映中，人间的力量采取了超人间的力量的形式"③。这种宗教定义是站在宗教信仰之外、从社会的物质生产水平和人类对自然及社会的思想认识能力出发来探讨宗教的本质，以求揭示宗教产生、发展和消亡的规律。当然，一般认为上述表述只是马克思、恩格斯对宗教的相应理解，而并非严格意义上的宗教定义。

西方学术界对宗教的理解多种多样，关于宗教的定义也众说纷纭，没有定论。不过，从其最基本的理解来看，当代西方宗教学家也把宗教视为人与超人间力量之间的一种关系。宗教涉及人类自身和自然界，是一种人生观和世界观。但在宗教信仰之内，人们则强调人对这种超人间力量的信仰和依赖，并把这种超人间力量视为"神圣真实"。"宗教"即指人类个人或团体与这种"真实"的内在或外在性交往，与这种关系相比，其他一切关系都居于从属地位，微不足道。为此，门辛（Gustav Mensching）指出："我们因而将宗教定义为与神圣真实体验深刻的相遇，定义为受神圣存在性影响之人的相应行为。"宗教是"对称为神圣的那些真实的经历"，是"与神圣的相遇和人的反应"。④ 范·得·列欧（Gerardus van der Leeuw）将宗教定义为对那种施与神圣、升华人生的

---

① 马克思：《〈黑格尔法哲学批判〉导言》，《马克思恩格斯选集》第一卷，人民出版社1972年版，第1—2页。

② 恩格斯：《路德维希·费尔巴哈和德国古典哲学的终结》，《马克思恩格斯选集》第四卷，人民出版社1972年版，第250页。

③ 恩格斯：《反杜林论》，《马克思恩格斯选集》第三卷，人民出版社1972年版，第354页。

④ 参见K.加林主编《宗教的历史与现状》第5卷，蒂宾根（德文版）1961年版，第961页。

"力量"的独特关系。布尔克哈特（Jakob Burckhardt）说，"宗教是人类本性那种永恒的、不可摧毁的形而上学需求的表述"。但这种神圣敬仰在不同的部落、民族和团体中都各不相同、自有特色。① 施莱尔马赫（Friedrich Schleiermacher）则从人类心理出发而把宗教描述为那种"绝对的依赖感"。泰勒（Edward B. Tylor）把宗教称为"对灵性存在的信仰"。② 而海勒尔（Friedrich Heiler）则宣称宗教"不是哲学，不是世界观，不是神学，而是与神圣的交往"，③ 宗教"不是关于这一真实的辩证学说，而是一种对它的生动经历，一种与它的交往、相通和结合"。④ 这里，西方宗教学者强调宗教为人的经历、人的行为和决策，是人自下往上对超人间力量的探求和向往，表达出人的主体意向和愿望。但是客观上是否有这种"真实"存在，以及所指"真实"是否具有神圣性，则是人们的分歧及争论焦点之所在。宗教理解故此亦陷入这种虚与实、真与伪的纠结之中。综合各种宗教定义，美国宗教学家罗纳德·卡万纳赫指出，"宗教是人们的深思熟虑的信念的多种多样的象征性表述，并是对该信念的适当反应，该信念对于他们是有着无限的价值的"⑤。

三

为了超越有神与无神之争，有些西方思想家便从人对"绝对"的探讨和人对"文化"的认识上来给宗教下定义。在这方面，宗教思想家蒂利希（Paul Tillich）是典型代表。一方面，他把宗教定义为"那对

---

① 参见 H.J. 舍普斯《宗教：本质与历史》，慕尼黑（德文版）1970 年版，第 13 页。
② 参见 J. 哈斯廷斯主编《宗教与伦理百科全书》第 10 卷，爱丁堡（英文版）1918 年版，第 663 页。
③ 参见 J. 赫费尔、K. 拉纳尔主编《神学与教会词典》第 8 卷，弗莱堡（德文版）1963 年版，第 1164 页。
④ F. 海勒尔：《人类的宗教》，斯图加特（德文版）1982 年版，第 37 页。
⑤ 参见 W. 霍尔主编《宗教研究导论》，锡拉丘兹（英文版）1978 年版，第 1 章；译文引自《世界宗教资料》1984 年第 2 期，第 56 页。

我们来说终极而绝对有关的东西"，而"宗教存在则意味着，询问人生终极而绝对的意义"。① 在他看来，人类思想的每种作用，人类生存的每个领域都与这"绝对"相关，从而都潜藏着宗教的意境。在政治思想中，在哲学观念里，在文学描述上，在科学探究内都有着宗教的意义和尺度！因此，他把人生的各种信仰、世俗生活中的各种虔敬行为、人类的责任感和义务感都用"宗教"来加以解说。另一方面，蒂利希认为，人类文化的统一性也在于宗教。他强调，人类文化成果所体现的一切，按其内容来说都是宗教的。宗教构成一切文化的内部意义，宗教是文化的实质，文化是宗教的表现形式。他说："正如文化在实质上是宗教，宗教在表现形式上则为文化。其区别只是在于，宗教意味着实质、绝对的意义基础和极点，而形式作为象征则为其服务；文化意味着形式，即相对的意义，而实质即绝对的意义只能通过独立的形式间接得以感知。当人类存在完善、独立的形式对其有限性和对无限的追求已一目了然时，文化便达到其最高阶段。"② 蒂利希所理解的"文化"即政治、哲学、科学和艺术等"世俗领域"。他声称，文化若无宗教内容，则空洞无聊，而当文化与绝对相关，它则获得了宗教的尺度。蒂利希只是在这一前提下强调宗教与文化的统一，认为与文化脱离的宗教会变得"原始低下"。

当然，在我们看来，蒂利希的这一观点将文化与宗教的关系弄颠倒了。我们也认为，宗教是人类思想文化的重要组成部分，但文化是本质性的，宗教只是文化的表述形式。不同的宗教只是不同文化的表现形式，反映出不同的文化特色。因此，"我们不把世俗问题化为神学问题。我们要把神学问题化为世俗问题"；"我们不是到犹太人的宗教里去寻找犹太人的秘密，而是到现实的犹太人里去寻找犹太教的秘密"。③

---

① 蒂利希：《论宗教作为人类精神的功能》，《蒂利希全集》第5卷（德文版），第39—42页。
② 蒂利希：《身临边缘》，斯图加特（德文版）1962年版，第49页。
③ 马克思：《论犹太人问题》，《马克思恩格斯全集》第1卷，人民出版社1956年版，第425、446页。

同理，我们不把文化问题化为宗教问题，而把宗教问题化为文化问题；我们不是到宗教里去寻找文化的秘密，而是到人类文化中去发现人类宗教的秘密。宗教反映出文化，而文化则是相关社会存在的反映。在人的社会中，我们可以看到不同民族、不同国度、不同阶层、不同时代的区别，而包括宗教的文化则是这种区别的典型反映。

  文化具有多种层次、多种形式。宗教只是文化的一种表述形式。除宗教信仰之外，文化还有社会制度、哲学观念、文学艺术、道德法律、科学理论等形式。不错，宗教观念常常以文化的形式表述出来，如哥特式教堂、巴罗克艺术、神庙金殿、圣乐圣剧、灵修文学等；不同宗教思想在不同的文化风格上得以凝聚、体现，使之出神入化、栩栩如生。而且，宗教中也包含着许多哲学、律法、道德和艺术展现。但宗教观念本身作为整体来看，却是一定人类文化的表现。不同的宗教反映了不同的文化背景，体现了不同的文化传统。它只是不同民族精神文化的象征性、神话性表述。宗教以想象的、象征的语言表达了一定的文化内容。人类文化的斑斓多彩才决定了世界宗教的多种多样，不同文化的交流、融合才形成了各种宗教的接触和混合。通过文化的传播才促进了宗教的传教和对话。对于世界各民族来说，并没有一种绝对、包罗万象的宗教，而只有体现不同地域、不同民族文化特色的具体宗教如基督教、伊斯兰教、佛教、道教、犹太教、印度教等。宗教依赖于文化，有其具体的文化前提。当然，在一定社会文化氛围中，宗教也参与了其文化特色、特性的塑造，并成为相关文化的表现形式。一种宗教能被外在民族接受，本质上体现了其固有文化与外在文化通过相互妥协、演变和融洽而形成的综合。宗教外观形态的变化只是其文化内容变化的反映。因此，我们应从宗教个性中归纳出宗教共性，而不应以宗教共性来替代宗教个性。抽象的宗教观念是从具体的文化内容上概括出来的，离开其文化土壤，它只能是子虚乌有。所以，离开具体，不能谈抽象；离开特殊，不能谈一般；离开个性，不能谈共性。宗教作为人类精神文化来理解，也就是说应从人类文化发展中来探讨宗教的本质。

四

从以上可见，西方宗教学家对宗教定义的理论是众说纷纭，莫衷一是。许多定义内涵不清，外延无限，难以具体把握人类宗教现象的特征和本质。有时，他们把"宗教"与"信仰"混为一谈，认为二者都有相同的精神特征。有时，他们则将二者加以区别，如蒂利希和朋谔斐尔（Dietrich Bonhoeffer）都认为，宗教体现了自下而上的运动，为人对绝对的探索，而信仰和启示却体现了自上而下的运动，为绝对在人世的降临。有人称崇拜绝对为宗教，崇拜相对则为迷信。为此，他们把弗雷泽（Sir James G. Frazer）提出的宗教早期的"法术"实践视为一种低于宗教的"世俗"实践，说它体现了世俗的权力，是以理性的方式来运用前科学时期的"科学"，为人类技术、艺术之母。而"世俗虔诚"则被看成一种"准宗教"或"宗教之外的宗教"，因它强调世界秩序的神圣性，将人类组织绝对化，视人的工作具有无限的价值。西方宗教学家认为，虽然对各种政治学说的信仰，对同时代人的敬慕，对政治领袖、英雄战士、运动员、音乐家和艺术明星的崇拜等不能与宗教信仰等量齐观，却应引起宗教学者在研究人类宗教现象时的重视。所谓"准宗教"，西方宗教学者理解为对世俗之物有意识地神圣化，它们可以是各种信仰，可以是无组织或有组织的各种运动，但这些信仰和运动的目的对它们自身而言，却有着无限的价值意义。因此，在这种目标下，"准宗教"的特点也是富有狂热、激情和献身精神，而且在信仰上往往也不容他说。在西方宗教学者看来，这种"准宗教"也是人类的一种崇拜、信仰形式，与宗教有着千丝万缕的联系。为此，丹麦宗教哲学家霍尔姆（Søren Holm）声称，"二十世纪也展示出，宗教的需要是如此根深蒂固，以致人们的生存不能没有宗教。从哲学家的角度出发，伏尔泰说，如果上帝不存在，人们也必须发现他；从社会学上来看，今日的情况也与之类似。因此，保罗在《罗马人书》第1章第23节所说的言论迄今尚保持着它那令人惊奇的确实性：'……永恒上帝的美好在其形象中已应用于有限的人生'。所以,二十世纪带来了众多的准宗教,或有神话与教义,或无神话与教义,不过,这些准宗教却始终要与宗教等量齐观"①。这种"准宗教"观导致了一种"泛宗教论",它把一切世界观、人生观,一切对科学知识的信赖和对感情、心理经历的依属,以及一切对此岸性的强调都囊括在内,不加区分。涉及人类宗教之维,应该说在神圣与世俗、彼岸与此岸、超然与自然、外在与内在之间有着明确但并不十分清晰之界线。

给宗教下定义的困难,使不少西方宗教学者放弃了这一努力,而强调在宗教定义理解上的开放性。对于他们来说,"一种完全确切而同时包容一切的宗教定义是不可能的"②。为此,英国宗教学家库克(S. A. Cook)强调对宗教定义的多重理解和这种理解在深度、广度上的不断发展、开拓。对于宗教,"不同的人们会给以不同的解说。而一个人在其宗教观念上对于宗教是什么或不是什么也会动摇不定;不过,这种观念不仅在同一社会的各个成员中会不同,甚至在同一成员的一生中也会发生变化"③。为了防止在宗教定义上的纠缠不清和争论不休,西方宗教社会学家便提出一种宗教的"功能概念"来解围。杜尔凯姆(Emile Durkheim)把了解宗教的内容视为宗教社会学的任务和目标,而韦伯(Max Weber)也强调宗教的定义不是在宗教研究的开端,而是在宗教研究的终结才能达到。他们注重对宗教在不同社会生活中的"功能"和作用加以研究,认为宗教定义并非科学研究的前提,而是它的结论。只要对宗教的科学探究尚未结束,对宗教定义的理解也就需继续深化。

对宗教定义的探讨,反映了人们对宗教现象理解上的不断深化和更新。诚然,西方思想界对宗教定义的理解有偏颇、片面之嫌,但他们从

---

① 霍尔姆:《过去的终结》,蒂宾根(德文版)1963年版,第25页。

② 参见 E. 法尔布施主编《宗教与神学袖珍词典》第4卷,哥廷根(德文版)1983年版,第239页。

③ 参见 J. 哈斯廷斯主编《宗教与伦理百科全书》第10卷,爱丁堡(英文版)1918年版,第662页。

各个角度提出的问题却对我们了解复杂的宗教现象有启迪作用。科学的宗教观，应是对宗教加以全面、历史的解说，捕捉宗教的变迁，洞察宗教的发展，揭示宗教的本质，说明宗教的根基。因此，对宗教的理解应是多层次、全方位的理解，对其探索应持开放的态度。我们应全面地、辩证地、发展地看待宗教定义和宗教本质问题，解放思想，开阔视野，对宗教从经济、政治、思想、文化多方面进行综合研究，在人类文化这棵活生生参天大树上揭示宗教之花的秘密。

（原载《世界宗教研究》1988 年第 4 期）

第十六章

论西方宗教学研究的主体、方法与目的

宗教学成为一门独立、完整的学科，是近百年来对人类宗教现象进行广泛、深入的科学研究之结果。西方宗教学反映了西方学者对宗教现象所进行的纵向和横向研究，在一定程度上反映出西方思想文化在近现代的发展。

对世界宗教之全面的、历史的比较探究，产生在人类经济、文化、思想和政治的发展已具有全球性意义的时代。地理上的新发现、不同文化的接触以及对远古文明的发掘，使人类对自己的过去和现在都有了新的认识。随着社会生产力和科学技术的发展，人们感到对世界整体的认识已不再是一个"遥远的梦幻"，而是活生生的现实。但世界整体的统一性却体现在人类文化的多元性之中，西方基督教世界观在这里也遇到了"宗教多元性"的问题。面对斑斓多彩、纷繁复杂的文化、宗教现象，有些西方学者出于其阶级狭隘性和历史局限性，强调西方文化和宗教是至高无上的，对其他文化持排斥、否定态度，甚至将其他信仰和宗教崇拜视为异端邪说、大逆不道。但是，越来越多的西方学者已逐渐认识到其他文化和宗教的价值与意义，从而向自己提出了了解、研究其他文化和宗教的任务。其结果，从单纯的西方文化学发展为人类文化学，从单纯的基督教神学发展出西方宗教学。

由西方学者首创的宗教学，虽仍有其时代和阶级的局限性，却对人类宗教现象进行了不少有价值的研究和探索，提出了不少发人深思的理论和值得借鉴的方法。诚然，不少西方宗教学者仍保有其传统宗教信仰，甚至过分强调其宗教情感在宗教研究中的作用，但多数人已不再以其宗教信仰作为自己研究的前提，并不再坚持所信宗教的至高无上性和中心主体性，而是努力在对话、了解和求同存异的气氛下进行探讨。这就给西方宗教学也带来了一些积极的成果，使人们对宗教现象的认识提高到一个新的阶段。

今天，我们要建设和发展我国自己的宗教学，不仅应坚持以马克思主义思想为指导，用辩证唯物主义和历史唯物主义的立场、观点、方法来研究宗教的历史和现状，而且也应对西方宗教学的理论、体系和方法等有一定的了解和研究，以便能够吸取其经验教训，吸收其合理成果。

一 关于宗教研究的主体

宗教研究的主体问题，是指由"谁"来研究人类的宗教现象。在西方宗教学的形成过程中，人们对这一问题有着不同的看法。

最初，在基督教神学影响下，一些宗教学者认为"宗教学"属于基督教神学中"自然神学"的部分，是神学的一个分支，其研究者理所当然是基督教神学家。他们企图从基督教之外的诸种宗教中推出"神启"，认为其他宗教体现了"普遍""一般"的神启，只有基督教才体现了神在基督身上的"特殊"启示。普遍启示与世界各种宗教的关联，使基督教并不脱离人类宗教的普遍存在。这样，神学家们既保住了基督教的优先地位，又可涉及其他宗教。这种观点虽然随着与各种宗教的对话而有所修正，人们认识到应该用普通宗教学来取代自然神学，但一些神学家仍认为普通宗教学也是基督教神学的一种基础。

当然，宗教学在基督教神学范围内的形成，也受到了一些著名神学家的非难。如德国著名基督教教会史家哈纳克（Adolf von Harnack）就认为，研究宗教学对神学家不仅无用，而且有害，因此不允许神学系开展对其他宗教的探究。瑞典宗教学家索德布鲁姆（Nathan Söderblom）1901年在乌普萨拉大学开始其宗教史学讲座时，则有着不同看法，他虽强调宗教史学同属于神学，却主张在神学学科范围内开展对其他宗教的研究，而且认为这种研究对神学非常必要。但哈纳克的意见则正好相反。在同一年他担任柏林大学校长时发表的《神学系的任务和普通宗教史学》这一著名讲演中，他突出了基督教神学的意义，认为对于神学家来说，研究基督教就已足够，不必展开对普通宗教学即其他宗教的研究。对此，西方宗教学奠基人之一、著名英籍德人比较语言学家缪勒（Max Müller）曾尖锐指出，"谁只知道这一种宗教，他就什么也不知道"。但哈纳克当即尖刻地回答说："谁不知道这一宗教，他就什么也不知道；而谁能知道它和它的历史，他就知道了一切。"[①] 哈纳克认为，对每一宗教的研究都不可脱离与之密切相关的民族的整个历史，包括这个民族的语言、文献、社会和政治状况等；如果只想研究其宗教而不顾其他，则不过是一种幼稚之举，正如要研究植物却不去研究其整体而只去研究其根部或花瓣一样，其结果会毫无收益。在某种意义上讲，宗教创造了语言，而语言史又反映了宗教的历史；人们只有知道了其细微之处，才能够来解说宗教；进而言之，一个民族的经济状况、政治局面和社会结构，对于解释它的宗教思想及其礼仪都是不可缺少的。哈纳克强调，研究宗教史而不结合研究该民族的语言和历史，这种学术态度是极不严肃认真的，其学术水平也只能是一知半解。从这一考虑出发，他认为要神学系来从事普通宗教史和比较宗教学的研究是根本不可能的。对于某一具体宗教史的研究，应归属于哲学系和语言学系的有关专业。为此，哈纳克提出：第一，基督教的研究是神学系义不容辞的任务，不能转到其他从事普通宗教史研究的科系中去，所以神学系不应解散，也不能使基督教的中心地位变得模糊不清。第二，如果不注意那些曾对基督教产生过强烈影响、渗入了基督教本质的外在宗教，也不可能对基督教的起源和发展进行详尽的研究；在这种意义上，重视基督教与其他宗教现象的比较，也是必要的。第三，对其他宗教知识的了解，从理想的意

[①] G. 兰茨科维斯基主编：《宗教学的本质与特征》，达姆施塔特（德文版）1974年版，第333页。

义上讲对于了解整个人类宗教史是必要的，基督教神学如能从这些方面扩大其研究领域，当然也是一种成就；但神学家仍应以研究基督教为主，普通宗教史学家则可以研究其他宗教为主。显然，哈纳克不主张神学系再抽出时间精力来研究其他宗教，而坚持要集中精力来专门研究基督教及其社会历史背景和与之关联的个别宗教，认为此外的探究则超出了神学系的能力和精力。他在神学系对宗教学的排拒，反而促成了宗教学在神学系之外的学系创立和发展。不过，缪勒仍认为哈纳克的这种不愿研究其他宗教的思想过于狭窄，因为其结果不仅影响到神学家的研究视野，而且也不利于基督教自身研究的纵深发展。也正是在缪勒与哈纳克的这一辩论中，确定了西方宗教学发展的方向及趋势，从此宗教学作为一门新的人文学科在其他人文社会科系蓬勃发展，而宗教学研究在传统的神学系却日趋衰微。

其后，欧陆辩证神学的中心人物巴特（Karl Barth）和其他代表人物如布龙内尔（Emil Brunner）、布尔特曼（Rudolf Bultmann）等人，对宗教学也持否定态度。他们对基督教之外的任何宗教都加以排斥，对其研究也毫无兴趣，认为上帝只在耶稣基督那里有过启示，而其余宗教对神学家来说毫无本质性意义，没有理由去对之研讨。

由于哈纳克在基督教思想界很有权威，巴特等人的辩证神学也曾流行于德国及其邻国，这些国家大学神学系的宗教学研究当时因受他们影响而没有很大进展，几乎处于停滞状态。

与此同时，不少宗教学家强调神学应被宗教学取而代之。如以衮克尔（Hermann Gunkel）、韦雷德（William Wrede）和布塞特（Wilhelm Bousset）为代表的宗教史学派就认为，应从人类思想史的整个过程上来看待基督教的发展，基督教只是诸多重要历史事物中的一个，所以基督教神学应隶属于整个宗教学研究。这一学派从对伊斯兰教、犹太教和基督教的比较研究，逐渐扩大到对巴比伦—亚述、埃及、希腊等古代宗教的研究。他们强调，必须研讨古代各种宗教对基督教《圣经》的影响，从宗教史学的角度来解释《旧约》《新约》的内容；近代发展起来的圣经学也只是整个宗教学研究中的一个部分。为此，他们还要求基督教神学研究也走宗教学研究的道路。在这种意义上，德国宗教学家霍尔施顿（Walter Holsten）认为，西方宗教学的历史即是它从基督教神学中解放出来的历史。

基督教神学与宗教学的区别，就在于前者以基督教信仰为前提，是这种信仰的自我思考；后者则没有这种前提，它只研究宗教的历史事实，而不研究其神学意义，更不会去对之宣教、弘教。此外，来源于基督教神学的"启示"，对于宗教学来说并不是一种科学的概念，而只是一种信仰的概念，因而不被作为基本范畴来普遍采用。这些宗教学者认为，上帝是否在拿撒勒的耶稣身上启示了自己，是否在历史和自然中启示了自己，这只有信仰才能自我回答，并不能加以科学的确定。因此，宗教学不对"启示"加以解释，认为它只能作一种神学的解释，根据信仰与否来确定。总之，宗教学必须与神学划清界限，必须中止这种具有信仰选择或定位的判断。

不过，深受其宗教传统影响的一些宗教学者却认为，宗教研究者都应有一定的宗教信仰。在他们看来，如果没有宗教的意境和体验，没有对宗教生活的参与，没有对宗教神秘意义的心领神会，那就很难深入宗教之内，把握宗教的真谛和本质，说清楚宗教的奥秘。他们强调，研究者自身的宗教经验是理解各种宗教的媒介和前提。这种主张和态度显然在排拒没有宗教信仰的人来涉足宗教研究，且多以说不清楚的宗教"体验"为借口。殊不知这种托词实际上会使宗教学脱离科学理性而重归神秘虔信，结果会与科学及其知识学科无缘。在比较宗教学的最初阶段，这些带有传统宗教信仰印痕的学者曾从基督教信仰出发来研究、比较其他宗教。只是随着宗教研究的深入，各种宗教对话、接触的不断扩大和深化，他们才放下了唯我独尊的架子，退一步认为宗教研究者起码应有一定的宗教经历，但对这种经历往往语焉不详。

但是，这种观点也受到从神学之外来研究宗教的一些学者的批判。他们认为，如果以一种宗教信仰来作为研究的前提，必定带有不少先入之见，跳不出其宗教模式的樊篱，从而妨碍对宗教的科学研究。宗教学从一开始就立意于其"科学性"，故而一开始就称其宗教学科为"科学"（science of religion，Religionswissenschaft）。而且，宗教信仰不同，也会对其他宗教产生不同的理解，作出不同的解释。因此，他们强调，宗教研究者应该不受宗教本身的影响，最起码要不受其宗教信仰的局限，其从事宗教学研究的基本前提就是要"悬置"其宗教信仰，以保证能对宗教问题作出不带偏见的客观分析和正确评价。他们将宗教学视为一门人文科学，甚至将其归入文化人类学专业，以便和神学相区别。这样，宗教学便与语言学、历史学、考古学、人类学、社会学、哲学、心理学、文化学等人文科学的研究结合了起来。

二 关于宗教研究的方法

西方宗教学的方法论，在很大程度上吸收了现代自然科学和社会科学发展的成果。宗教研究者集思广益，各有侧重，形成了丰富多彩的研究方法。

一般而言，宗教学都把语言学、考古学、心理学、地理学、社会学、民族学、人类学、文化学、历史学等作为自己科学研究的辅助学科。它借助于这些学科的研究方法，却又形成了自己的特色。

从宗教学的研究范围来看，主要有纵向研究和横向研究两种方法。

纵向研究即宗教史的研究。它从宗教所经历的历史发展这一角度来研究宗教。这种从历史着眼的方法便于对宗教存在的时间性加以把握，洞察宗教发展的历史与现状。它寻根求源，以编年史的顺序来描述宗教的阶段性和历史的发展变迁，重现古代宗教的风采，勾勒各种宗教的演变，探究各民族宗教历史沉浮的原因，进而研究总结宗教历史发展的规律。在此，宗教学研究基本上是客观意义上描述性的、还原性的研究，注重史料的搜集、证据真伪的甄别，而不对其还原、描述的宗教史实加以主观意义上的价值判断或本质定性。

横向研究则是各种宗教之间的比较研究。这种方法注意宗教在空间地域上的不同和形式种类上的多样。它从不同宗教的比较出发来寻找宗教的共同本质和意义，归纳宗教的典型形式和特征。当然，这种比较是以确信"理解"其他宗教的可能性为前提的。正如现代自然科学，尤其是现代物理学在认识论、方法论上的发展一样，在宗教研究的主客体关系上，对于主体对客体对象的"理解"也有着三种不同的认识：其一，认为研究对象绝对可以理解，通过研究可得到确凿可靠的真理；其二，认为这种研究只有相对的意义，应对其成果保留一定的怀疑，以便今后检验和纠正；其三，认为对研究的对象"原则上"不能给以确定的结论，而只能根据具体事物和自己的具体经验对其作出相应的表态，即进行所谓"方法实证论"的探讨。

在宗教的比较上，西方宗教学者一般采用如下两种模式：一是形式上的比较，涉及对宗教历史发展过程和其结构形式的比较，这种结构包括宗教的社会结构如宗教组织、团体、机构等，宗教的理论构成如宗教中的神话、教义、学说等，以及宗教的实践活动如礼拜、献祭等仪式；二是内容上的比较，即探求各种宗教在内容上的一致性，如在理论上把宗教分为一神教、多神教等，从不同的宗教中找出共同的、本质的东西。

宗教学研究也注意与宗教的文化环境、社会环境相关联的研究方法。这种研究有着双重意义：一方面，基于宗教的发展对文化、社会发展的影响，探讨如何从宗教中产生了艺术、科学、哲学和社会组织等；另一方面，强调人类文化、社会对宗教的反作用，研究文化和社会因素如何促进宗教的形成和发展。当然，这种文化史、社会史的观察方法与我们所理解的不尽相同，但是，对于西方过去只强调对纯宗教事件和纯思想史加以描述的研究方法来说，这种综合性探讨无疑是极有价值的补充。它扩展了宗教研究的领域，开阔了宗教研究者的视野。不过，这种研究上将宗教与其社会相关联仍然仅是浅层面的，尚未如马克思主义经典作家那样悟透人类社会存在对于宗教的意义及价值。

值得一提的是西方流行的宗教现象学方法。宗教现象学以比较宗教学为基础，但它是更抽象、更本质性的比较。宗教现象学者认为，宗教比较可分外部比较和内部比较，一般比较宗教学主要是强调外部比较，如对宗教形态和其历史变迁的比较，对宗教礼仪、习惯、祷告等形式的比较，由此曾形成宗教类型学的发展；而对比较各种宗教的内在意义、本质，发现其类似、相同或不同之处，却有所忽略。他们认为，外表相似或历史形态相同的宗教，会因其内在意义和本质的不同而大相径庭，互不相关；如果仅从纯语言形式、表面礼仪和外在形态上进行比较，就可能失之毫厘，谬之千里。因此，有必要用现象学的方法来对这些比较加以深化、澄清和更正。在宗教现象学看来，宗教史学对于宗教来说只是确切知道发生了什么和怎样发生的，而对发生之事的意义却毫无所知，不得见教。为此，宗教现象学不顾及宗教的历史发展，而是首先从纷繁复杂的宗教现象中归结出它们的不同结构。他们觉得，只有这种"结构"才能帮助人们不依赖于宗教现象在时空中的位置和它对外在文化环境的依属而阐明这些现象。由此，宗教现象学便能达到一种普遍有效性，而这正是只研究各种宗教历史的宗教史学所望尘莫及的。

"宗教现象学"一词虽然早被西方学者所运用，但其理论的真正形成，却深受德国哲学家胡塞尔（Edmund Husserl）的现象学的影响。宗教现象学的真正奠基人、荷兰宗教学家范·得·列欧（Gerardus van der Leeuw）所著《宗教现象学》的理论基础，便是胡塞尔的现象学。胡塞尔将其现象学视为一种认识论，称为"纯粹意识"的科学。这种纯粹意识的方法得到许多宗教现象学者的赏识和采用。所谓"纯粹意识"，即抽去时空因素、清除经验成分之后的意识，现象学就是对这种意识的直觉把握。这一学说包括两个基本概念：一为"中断判断"（epoche），即把现实世界的一切放入一个"括弧"，对之不加任何断定，故而称为中止或悬置主体之判断；当人们运用这一方法观察世界时，如同处于听众的地位，对所得到的任何概念都不会加以主体、主动的判断。二为"本质洞察"（eidetisches erfassen），即对本质的直观，在纯粹的内在直观中把注意力集中于多样性中保持不变的东西，把握所谓的"绝对材料"。在二者关系中，"中断判断"为"本质洞察"的基本前提。现象学方法在宗教现象学中运用，就是说把所有视为宗教的现象都作为有效的研究对象来看待，对之加以不带先决条件的把握和理解，其目的是找出宗教现象中的"本质"（eidos）。所谓宗教现象学，也就是说它只关心宗教现象而不去作出判断，它只是进行本质的描述而不涉及宗教的真理问题，即不给以价值评价。因此，荷兰宗教学家布利克尔（C. Jouco Bleeker）认为，宗教现象学的方法旨在追求如下三方面的目标：第一，它要发展现象的"理论"（theoria），即对宗教现象无偏见、纯客观的研究，以求了解其本质；第二，它要寻找现象的"理念"（Logos），包括宗教作为历史现象和观念现象的结构如宗教中的相同形式，作为宗教之"根源""开端"而不可能再去追本求源的因素，不同宗教类型的结晶点，以及界定各种宗教的本质特征和特性；第三，它要追求现象的"圆极"（entelecheia），即宗教发展的终极基础，它得以延续的原因和方式。①

无可置疑，这种宗教现象学方法也有其弱点。除了它过于强调原始宗教现象之外，其理论中关于克制性"观察"和参与性"理解"的解释也互相矛盾，难以自圆其说。②

三　关于宗教研究的目的

宗教研究的目的之探究，与宗教学的形成和发展有着密切关系。在西方宗教学的形成过程中，我们可以看到，许多学者最初是从不同的角度来研究宗教的，他们各有自己不同的研究目的；随着时间的推移和宗教学的逐渐成熟，人们研究宗教的目的才逐渐接近，日趋统一。

从语言学、考古学角度研究宗教，其目的主要是研究语言的区别及其历史发展变迁，研究古代历史和扩大考古发掘的成果。因此，它属于

---

① G. 兰茨科维斯基主编：《宗教学的本质与特征》，达姆施塔特（德文版）1974年版，第198页。

② 如范·得·列欧一方面强调对宗教现象不加判断地在旁边观察，与之保持一定距离，另一方面却认为宗教"现象是有关主体的客体，也是有关客体的主体"，因而人们在观察中要参与、理解这些现象，为之作出见证，甚至应把宗教现象引入"自己的生活之中"，靠亲身经历来弄清宗教的意义，理解宗教的结构。参见列欧《宗教现象学》，蒂宾根（德文版）1977年版，第768—788页。

语言学和考古学的辅助学科,从严格的意义上讲,它不是宗教学意义上的研究。但是,我们又不可忽视它们之间不可分割的联系:没有对宗教的了解和研究,语言学和考古学的研究与成果都会受到影响;同理,没有语言学和考古学的研究作为辅助手段,宗教学也很难有所进展。这种关联及界限使当前宗教学虽频频运用二者的方法,却没有严格意义上的宗教语言学和宗教考古学等专业学科发展。

值得注意的是,西方宗教学与基督教传教士有着一定的关联,一些有关各原始民族和文明民族现存宗教的研究往往就是传教士们在实际的传教工作中进行的。他们出于传教的目的来研究各地域、各民族的宗教,通过这些研究又加深了他们对宗教学意义的认识。例如他们利用比较宗教学,就能够在文化高度发展民族的宗教中找出与基督教的相通之处,使基督教得以更好地传播和"本色化";运用宗教人类学,则能够加深对原始宗教的理解,使基督教得以在信奉这些宗教的民族中生根、开花、结果;了解宗教心理学和社会学,则能使传教士在异域传教中得以克服更多的困难,取得更大的成就。通过对其他民族宗教文化的更好理解,也使不少西方传教士放弃了自己的偏见,更注意不同宗教之间的对话、理解和不同文化思想的接触、交流。如德国新教传教士尉礼贤(Richard Wilhelm)本是由同善会派来中国传教的,但在与中国文化的接触中,他的兴趣却转向对中国文化和宗教的研究。他曾说过,在他手下没有一个中国人入教。但他在翻译、研究中国古代经典,尤其是儒家经典上却硕果累累,卓有成就,并开创了德国最早的汉学研究机构。他曾与北京大学的不少著名学者结下了深厚的友谊,并为中国思想文化在西方的传播作出了巨大的贡献。

此外,有些西方神学家研究宗教,目的是要从其他宗教中找出与基督教教义相符合的宗教观念,研究上帝在各宗教中的"普遍启示"和在基督教中的"特殊启示"之间的联系和区别,以及"自然神学"和"基督教神学"之间的联系和区别等,为把基督教定为"绝对宗教"而寻找依据和凭证。如天主教神父施密特(P. Wilhelm Schmidt)的"原始一神论",就是想从理论上使世界宗教现象与基督教的上帝创世论相吻合。当然，这些先入之见的"研究"，其目的和方法都受到不同的诘难和非议。

不少宗教学研究者指出，宗教学研究与神学研究的目的是不同的，二者虽然能在一定程度上相互补充，但其领域在事实上是有区别的。神学研究的目的，在于探讨某种确定的"启示宗教"。从不同宗教的兴趣和利益出发，有着不同的神学，如天主教神学、新教神学、犹太教神学、伊斯兰教神学等。在实质上和形式上，神学的目的都是要论证其所属宗教为唯一的真实宗教，是要为其实际目标服务，如培养教牧人员，维护宗教教义，促进信徒灵修等。清楚可见，神学对宗教现象的这种研究是以自身为其目的的。与之相反，宗教学的研究目的不是为哪一种具体宗教服务，而是出于纯理论的兴趣，志在对客观事实及真理的探讨。它旨在了解各种宗教的特点，寻找不同宗教中的关联和共性。因此，从宏观上看，宗教学涉及整个人类宗教领域；从微观上看，它从各个角度来探讨某一宗教的特质和细节，弄清其来龙去脉，总结其发展规律。从这一意义上讲，宗教学研究的目的，不是为了维护宗教研究者自身所信奉的宗教，不是以信仰为前提、通过研究来促进信仰，而是要对整个宗教现象及其本质加以客观、理性的描述和理解，对宗教作出科学的解释。

西方宗教学的定义，也通过宗教研究目的的确定而得以阐明。所谓"宗教学"，从狭义来讲，指对宗教现象及其本质的客观描述和主观理解；从广义来讲，还包括对宗教意义的探讨，对其本质的揭示和对其价值的评价。不同的研究角度，不同的研究方法，便决定了宗教学的不同分类。

（原载《中国社会科学院研究生院学报》1988 年第 4 期）

第十七章

宗教学的"人学"走向

当代宗教学最著名的代表人物之一、美国芝加哥大学教授伊利亚德（Mircea Eliade，1907—1986）曾指出"宗教"乃是一种"人类学常数"，非常精辟地将宗教学与人类学有机相联。宗教学是关于人的精神追求和信仰依属的一门学问，与研究"人"的本质、属性、类别的"人类学"本来就有其不解之缘。当然，宗教学的研究较专，而人类学涵括则更广，二者叠合部分已形成"宗教人类学"这一专门领域，并推出了众多的系统成果。宗教人类学的研究在当代中国方兴未艾，正得到宗教学界和人类学界的关心、支持。因此，中山大学人类学系出面组织主办"田野中的宗教"学术研讨会，是对中国当代学术史上人类学与宗教学之学科结合的实际贡献。借此机会，谈点自己对宗教学的"人学"走向的断想和随感。由于思不成熟、论不系统，尚请各位专家学者帮助、指正。

一 历史的回顾

宗教学作为一门专业学科的诞生只有一百多年的历史，它以麦克斯·缪勒（Friderich Max Müller，1823—1900）1873年发表《宗教学导论》为标志。但人类对宗教现象的观察与研究却源远流长，这与"认识你自己"的人类学探究可以说是同步共行。应该承认，人类学作为学科本身也经历了漫长的历史嬗变。

从人类学视域来关注宗教,在西方传统中可以追溯到古希腊时代。希罗多德(Herodot,约前480—前424)曾论及异域人种中"受神所宠爱"的民族,修昔底德(Thukydides,约前455—前397)也谈到雅典人与斯巴达人的民族精神及其信仰差异。色诺芬尼(Xenophanes,约前565—约前473)则注意到人种与信仰的关联,故而说出了"埃塞俄比亚人说他们的神皮肤是黑的,鼻子是扁的;特拉基人说他们的神是蓝眼睛、红头发的"① 经典名言。在希腊化时代,叙利亚人波赛多尼俄斯(Poseidonios,约前135—前51)曾描述了不同人种的宗教文化生活,并用"狄莫斯"(Thymos)来说明北方凯尔特人和日耳曼人的精神气质,用"逻各斯"(Logos)来勾画南方希腊文化范围各民族的心理气质,以形成北方"自然民族"与南方"文化民族"之对照。②

在欧洲漫长的中世纪,人们有过"地理大发现"的喜悦,由此亦引发了对"人种""人类"及其宗教的再认识。中世纪开始东西方的真正交流,在西方人感到东方"鞑靼"(Tatar)人的强大及其威胁时,亦听说其有对各种宗教宽容和同等对待的态度,由此自教宗英诺森四世(1243—1254年在位)开始向东方遣使传教、通好的努力。在这一时间,冯·鲁布鲁克(Wilhelm von Rubruck,约1215—1270)、马可·波罗(Marco Polo,1254—1323)、柏郎嘉宾(Giovanni de Piano Carpini)和约翰·孟德高维诺(Giovani da Montecorvino)先后东来,他们以书信、游记等形式记载了其冒险东来的传奇性经历,对沿途和目的地的风土人情、民族、宗教作了生动描述。"十字军东征"则使西方人接触到"阿拉伯人的东方"及其伊斯兰教,并对非洲"黑人大陆"及其宗教亦有所窥探。此后,哥伦布(Christoph Kolumbus,1451—1506)"误"闯"印度",维斯普奇(Amerigo Vespucci,

---

① 北京大学哲学系外国哲学史教研室编译:《西方哲学原著选读》上卷,商务印书馆1983年版,第29页。

② 卓新平:《宗教起源纵横谈》,湖南人民出版社1988年版,第54—55页。

1454—1512）对之乃"美洲"的更正，又使"新大陆"的原住民及其宗教成为人类学意义上的研究对象。

欧洲近代以"人"的发现为开端，无论是文艺复兴和宗教改革的"人文主义"，还是笛卡尔（Decartes）"我思故我在"的人之自我主体意识，都说明了在宗教认识及整个世界观上"人性"的回归和对"人"的突出。17世纪的帕斯卡尔（Blaise Pascal）曾从宗教灵修的角度探问"人究竟是什么"，此后的法国思想家孟德斯鸠（Montesquieu）、卢梭（Rousseau）、达兰贝尔（d'Alembert）、孔多塞（Condorcet）、圣西门（Saint-Simon）等人则兴起法国社会人类学思潮。而英国学者弗兰西斯·培根（Francis Bacon）、莫尔（Thomas More）、亚当·斯密斯（Adam Smith）、里德（Thomas Reid）、赫奇逊（Franes Hutcheson）、斯宾塞（Herbert Spencer）、斯图尔特（Dugald Stewart）和弗格森（Adam Ferguson）等人在此前后亦表达了类似的社会人类关注。在德国，康德继其"我们能够知道什么？"（纯粹理性批判）、"我们应该做什么？"（实践理性批判）和"我们可以希望什么？"（判断力批判）这三大问题之后，又提出了"人是什么"这第四大问题，形成哲学人类学之思；赫尔德（J. G. von Herder）曾从综合的角度论及人类的统一和上帝对人类命运的影响，而尼采（Friedrich Nietzsche）则以其"上帝死了"的惊人口号抬出其"超人"理论。

19世纪乃人类学真正诞生的世纪，同时也是宗教人类学创立的时代。尽管德国人洪特（M. Hundlt）已于16世纪初采用"人类学"为其书名，其研究却仅为人体解剖和生理内容。但在19世纪，这种人类学的创意和涌动已几乎是全方位的。在自然发展史意义上，人类学研究受达尔文（Charles Darwin）"进化论"的影响而出现了繁荣；除达尔文的著作《人类起源及性的选择》之外，赫胥黎（T. H. Huxley）出版了《人在自然界中的地位》一书，海克尔（E. H. Haeckel）发表了《人类发展史》等专著。在文化人类学和社会人类学意义上，此间问世的经典著作包括巴斯蒂安（P. W. Adolf Bastian）的《历史上的人类》（1860）、梅恩（Maine）的《古代律法》、巴霍芬（Bachofen）的《母权制》（1861）、库兰治（F. de Coulanges）的《古代城市》（1864）、麦克伦南（Mclennan）的《原始婚姻》（1865）、泰勒（Edward Burnett Tylor）的《对人类早期历史的研究》（1865）和《原始文化》（1871）以及摩尔根（Morgan）的《亲族体系》（1871）和《古代社会》（1877）等。德国思想家狄尔泰（Wilhelm Dilthey）在发表其著名的《精神科学导言》（1883）之前，就已于1875年出版了《论人类、社会和国家科学之历史研究》，并基于对"笛卡尔二元论人类学"的探究而出版了其成果《新人类学的基本特征》，不过狄尔泰在此论及的"新人类学"仍是16—17世纪的医生、自然科学家和哲学家的研究成果，尚无根本性的"新"突破。但在19世纪上述综合学科的准备下，"人类学"作为一门独立、新兴的学科已达"呼之欲出"之境。

英国学者泰勒（E. B. Tylor, 1832—1917）被视为"人类学"的创始人，他既有"人类学之父"，又有"宗教人类学之父"的尊称。其代表著作即1871年出版的《原始文化——关于神话、哲学、宗教、艺术和风俗的发展的研究》，故19世纪70年代也被视为文化人类学和宗教人类学诞生的年代。在此后的发展中，宗教人类学与文化人类学携手并进，涌现出最早的宗教学家。宗教学的创始人缪勒于1878年出版了《宗教的起源与发展》，1882年出版了《人类的宗教》，泰勒本人于1881年出版了《人类学——人和文明研究导论》，史密斯（William Robertson Smith）于1889年发表其《闪米特人的宗教讲演录》，弗雷泽（James G. Frazer）于1890年出版其巨著《金枝》。这些新学科的领军人物从一开始就体现出跨学科的特点，尤其在宗教学与人类学领域格外突出。例如，缪勒同时也是比较神话学家和语言人类学家，泰勒使宗教人类学与文化人类学珠联璧合，弗雷泽曾首先使用"社会人类学"一词，施米特（Wilhelm Schmidt）于1906年创办《人类》杂志，并组建人类学研究所，而弗洛伊德（Sigmund Freud）亦被视为心理人类学的重要代表。在19世纪和20世纪之交，宗教人类学逐渐形成其学科形态及其理论方法。不少学者以其突出的研究成果和匠心独运的理论方法而使宗教人类学自开创以来很快就获得丰富的资料积累，打下坚实的学科基础，并形成其基本理论体系和框架。除上述开创者之外，这一时期作出贡献的知名学者还包括科德林顿（R. H. Codrington）、杜尔凯姆（E-mile Durkheim）、马莱特（R. R. Marett）、兰格（Andrew Lang）、马林诺夫斯基（Bronislow Malinowski）、拉德克利夫—布朗（Radcliffe - Brown）、本尼迪克特（Roth Benedict）等人。

应该承认，宗教人类学作为一门边缘学科和新兴学科，在其理论构建、方法运用和研究范围等方面也存在有内涵不清的问题，其对人之本性或本质的探讨，其心理学、现象学视域及方法，以及对社会结构和社会功能等侧重，使其学科内容及方法亦与宗教社会学、宗教现象学、宗教哲学甚至宗教心理学等有重叠、类似之处，因而许多早期宗教学家同时被这几门分支学科视为其开创者或学科推动者。如裴塔佐尼（Raffele Pettazzoni）、埃文斯·普里查德（E. E. Evans - Pritchard）、伊利亚德等人，就被尊为多个学科的著名代表。尽管有这些近似和相同之处，但宗教人类学作为一门学科的存在仍在两个层面得到典型体现，其一是个案层面的调研，尤其是以田野调查的方法来具体剖析某个社会群体的宗教生活，显示出其客观描述、以达真实还原的特点。其二是理论层面的比较，它通过比较众多个案的异同而找出其内在规律，作出其意义的解说。在此，宗教人类学乃将宗教学最初论及的两个基本学科宗教史学和比较宗教学融为一体，既有其纵向历史坐标，给出其发生、演变的曲线，又有其横向比较剖面，找出其结构关联和功能影响的扇形。这样，人们对宗教人类学的内涵与外延仍能得到一个基本轮廓。

20 世纪的人类学和宗教学都得到全面发展，正逐渐达其体系完备。人类学和宗教人类学的专业化、细节化，已使非专门研究者对之却步、缄口。其研究成果亦呈琳琅满目、美不胜收之态。但是，其学科领域的"流动""漂移"并没有停止，人类学与宗教学的交织更有新的发展和收获。为了对这一动态发展加以概括和小结，德国著名学者伽达默尔（H. G. Gadamer）和福格勒（P. Vogler）自 1972 年起主编推出了 7 卷本的《新人类学》丛书，其中第 1、2 卷为《生物人类学》（1972），第 3 卷为《社会人类学》（1972），第 4 卷为《文化人类学》（1973），第 5

卷为《心理人类学》（1973），第 6、7 卷为《哲学人类学》（1975）。在 1981 年，萨林斯（Marshall Sahlins）出版《历史的隐喻与神秘的真实》一书，"历史人类学"进入学界的视线。魏策克尔（Carl Friedrich Freiherr von Weizsäcker）于 1984 年发表《人性花园——论历史人类学》，亦提出了"历史人类学"的概念及理论。此外，新教神学家潘能伯格（W. Pannenberg）自 1961 年推出其专著《人是什么？从神学看当代人类学》，并且在此简本基础上扩展为篇幅更大的专著《从神学看人类学》，于 1983 年出版。另一著名新教神学家莫尔特曼（Jürgen Moltmann）也在 1974 年出版《人：当代冲突中的基督教人类学》一书，由此也推出了"神学人类学"学科。这样，对"人"的研究更为全面和透彻，人的各个层面如"作为动物的人""作为社会的人""作为历史的人""作为信仰的人"或"作为灵性的人"等，都得到相应学科，尤其是人类学各个分支的追踪观察和深入研究。而且，几乎所有的这些人类学分支都涉及宗教问题；反而言之，所有宗教学的分支亦论及"人"，即人之宗教信仰的各个层面，各种意义。在西方文化历史传统及思想精神语境中，其从"神学"到"人学"，又从"人学"回到"神学"之观照的发展，既是应该深入探索的学术历史，也是颇值玩味的"人"之心路历程。

二 学科的定位

"宗教学"是对"宗教"现象的科学研究，但只有"人类"才有宗教，因而它也是一门专项的"人类学"研究。"人类学"即关于"人类"的学说，西方"人类学"（anthropologia）一词的应用可以追溯到古希腊哲学家亚里士多德，他以此作为对人类自然历史的研究，从而开始有关于"人类"（anthropos）的"学问"（logos）。如前所述，"人类学"作为专门学科术语的使用则晚至 1501 年，当时由德国学者洪特（Magnus Hundlt）用来指人体解剖和人的生理研究。然而，"人类"本是动物与文化的统一体，故而有其"动物性"和"文化性"这双重意义。"人类学"在传统意义上仅指对人的"动物性"的研究，由此构成生物人类学和体质人类学，加之此后古人类学对"灵长类"的研究，形成其自然科学的基本定位。不过，对人的"文化性"的研究亦受到学术界的重视，从而开始尚未定型的"人类学"自近代以来的跨学科发展，在自然科学和人文社会科学领域均获其合法存在。自19世纪上半叶，欧美相继出现以"人类学"或"民族学"命名的研究学会，而1863年英国创立的伦敦人类学学会，就包括对人类"体质"和"文化"这两大范围的研究。这种学科发展在其传统体系意义上曾达至体质人类学、文化人类学、考古人类学和语言人类学这四大分支学科，而其理论、方法的应用在与其他学科的结合中又产生了应用人类学的众多分支学科，并形成其跨学科性质。这样，人类学在当代意义上乃是具有移动性学科边界的新兴学科。在改革开放的初期，中国学界由于历史原因的相对封闭而对"人类学"的跨学科发展认识不到位，没能及时跟进，如那时老一辈学者朱光潜与学界新秀李泽厚等人关于"人类"术语的原型及引申之辩，就可窥见一斑。

在"文化"意义上对"人"的研究，促成了人类学在人文学科方向上的发展。学者们对"人类"的种族、社会、心理等结构和本质都进行了深入的研究。而且，卡西尔（Ernst Cassirer）从其"文化哲学"的角度来解答"人的问题"时，提出人之生命体除了"感受器"和"效应器"这两套系统之外，还有包括"象征"在内的"符号"系统。其生命体的感受器系统接受外部刺激，效应器系统则对这些刺激作出反应；而靠"象征"符号系统，人对外部刺激的反应就不再是直接或本能的反应，而是经过思想加工的间接反应，即"文化的"反应。[①] 因此，卡西尔认为，人与其说是"理性的动物"，还不如说是"符号的动物"；人就是能够利用"符号"去创造"文化"的动物。从对"文化"定义的强调出发，人类学对"人"的现代研究就更具有现代人文—社会科学综合性学科的性质。在这一层面，人们已观察到社会人类学、文

---

① 卡西尔：《人论》，甘阳译，上海译文出版社1985年版，第32—33页。

化人类学、心理人类学、历史人类学、政治人类学、城市（都市）人类学、宗教人类学、象征人类学、感觉人类学、哲学人类学和神学人类学的迅速发展。

随着对人的探究越来越侧重其"文化"性，宗教学、神学和人类学的关联遂越来越密切，人类学的现代意义离自然科学的范畴也就越来越远。卡西尔曾说："人不再生活在一个单纯的物理宇宙之中，而是生活在一个符号宇宙之中。语言、神话、艺术和宗教则是这个符号宇宙的各部分，它们是织成符号之网的不同丝线，是人类经验的交织之网。人类在思想和经验之中取得的一切进步都使这符号之网更为精巧和牢固。人不再能直接地面对实在……人的符号活动能力（symbolic activity）进展多少，物理实在似乎也就相应地退却多少。在某种意义上说，人是在不断地与自身打交道而不是在应付事物本身。他是如此地使自己被包围在语言的形式、艺术的想象、神话的符号以及宗教的仪式之中，以致除非凭借这些人为媒介物的中介，他就不可能看见或认识任何东西。"①象征符号体系在宗教中得到全面的应用，它以各种神圣符号（象征）而表达了人超越自我的需求及能力。正是在这一意义上，我们说宗教是"文化"，而宗教学亦是人类文化学研究。20世纪初，美国人类学家曾把专门研究人类文化的部分称为"人类文化学"，此后英国学者将之称为"文化人类学"。这样，宗教学就与文化人类学结缘，而宗教人类学作为边缘、交叉学科也自然成为宗教学和文化人类学的分支学科。

宗教人类学主要是从发生学的视域来研究宗教这一人类社会实体及文化形态的起源、成长、变迁和进化之发展过程，注重宗教的纵向方面，尤其是具体宗教事象的发生及发展，以探讨其文化意义。这里，宗教人类学的立意是宗教学的，其对象范围也是历史学所关注的，而其探究方法及基本范畴则大多来自社会学和人类学。人类宗教类型大体可分为"原生性宗教"和"创生性宗教"两类。从原始时代的氏族—部落宗教发展到文明时代的民间信仰，原生性宗教源远流长；而宗教独立社

---

① 卡西尔：《人论》，甘阳译，上海译文出版社1985年版，第33页。

团的创立及其传教发展,则使创生性宗教影响强大。按传统的视角来分析,宗教人类学一般侧重于对这种"原生性宗教"及其现代发展的研究,它主要研究那些迄今仍处于"初民"阶段或无文字发展的"原住民"宗教,以考古发掘来勾勒人类远古的"原始宗教",以及用田野调查等方法研究乡村、边缘或少数民族地区的民族宗教、民间信仰或其社区、村落宗教信仰的发展演变,由此形成"田野中的宗教"之主题及其"田野调查"之方法。这种研究以个案或微观研究为主,强调研究者亲临其境,甚至以所谓"参与性观察"来获得第一手材料,达其研究的准确可靠。目前,这种"参与"和"体验"正被运用到一种"修行人类学"的构建之中,其研究理论及方法再次受到宗教学界业内人士的高度重视和推荐推广,并已获得可喜的研究成果。

然而,从现代学科发展的角度来看,宗教人类学又不仅仅局限于田野调查和原始材料的搜集整理,也不再限于乡村、原住民、边缘地区或"原始"社会形态,"田野"成为实地调研的表述,其研究者则已从村落走向都市,从对原住民和少数民族的研究扩大到对市民和主流民族的研究,从对"原生性宗教"之探到关注"创生性宗教"的辐射、嬗变,而其个案研究亦立足于找到普遍规律及意义,从所掌握的材料中发现新的解释和达到理论创新。宗教人类学领域的许多开创者和著名人物对这一学科的贡献,并不仅仅在于他们的调研方法和材料收获,更主要的乃在于他们在理论上的开拓和新意。尤其是"象征人类学"的出现,"表明宗教人类学由材料收集、材料分类整理,并在此基础上提出宗教发生、发展理论的阶段,经过深入到社会层面的功能或结构的分析,进而转入文化意义的探索阶段"[①]。也正是在这一意义上,我的同事金泽教授认为,"宗教人类学在根本上是一种理论探讨,它运用各种实际调查和理论分析的方法,比较和解释不同文化群体中宗教事象的相似性和相异性,从而使人们能够更清晰地认识、理解和把握人类文化以及宗教文化,调整个人和社会群体的精神生活,推动当代社会发展进程中的宗教

---

① 金泽:《宗教人类学导论》,宗教文化出版社2001年版,第21页。

问题的化解"①。

　　宗教之"人"与"人"的宗教，在宗教人类学探讨中得以凸显和细究。除了对"人"的理解和定义加以"文化""灵性精神"等象征符号意义上的说明之外，宗教人类学亦对"宗教"的理解和定义提出新见，以便更准确、更全面地界定并论说宗教。其实，对"宗教"的定义正如对"文化"的定义纷繁、多样、众说不一之状相似。这种对灵性之人的关注涉及许多层面。从哲学、神学的层面上，"宗教"被定义或理解为"人领悟无限的客观才能""人的终极眷注（关切）"②或"人实现根本转变的一种手段"③；即关涉绝对性、终极性、神圣性的概念定义；从文化学、语言学的层面上，宗教被理解为人类文化的核心追求和动力，或是人用各种象征符号来构建"神圣"体系的尝试和努力；从经济学、政治学的层面上，宗教被视为以"超人间的力量的形式"来"幻想的反映""支配着人们日常生活的外部力量"④，而宗教作为"正信"与"迷信"及其他任何异端邪说相区别的标准则为其与国家政治的关系，以及后者对其是否"认可"或"认同"的态度；在此"宗教"之定义亦取决于其被国家政体及社会公众所承认或肯定的程度；从心理学、精神现象学层面上，宗教被施莱尔马赫（Friedrich Schleiermacher）视为人的"绝对依赖的感情"，被奥托（Rudolf Otto）称为人"对神既敬畏又向往的感情交织"，亦被弗洛伊德（Sigmund Freud）称为人的"负罪感"，是人释放精神压力和负担的表现；从社会学层面上，宗教被看作反映"社会关系"之总和的"人的本质"之折射，是国家、社会所产生的"颠倒的世界观"，⑤但宗教中

---

① 金泽：《宗教人类学导论》，宗教文化出版社2001年版，第32页。
② 蒂利希：《文化神学》，陈新权、王平译，工人出版社1988年版，第8页。
③ 斯特伦：《人与神：宗教生活的理解》，金泽、何其敏译，上海人民出版社1991年版，第2页。
④ 恩格斯：《反杜林论》，《马克思恩格斯选集》第三卷，人民出版社1972年版，第354页。
⑤ 马克思：《〈黑格尔法哲学批判〉导言》，《马克思恩格斯选集》第一卷，人民出版社1972年版，第1—2页。

的"神圣"也被视为"社会统一体的象征",乃社会结合之整体的象征表述,此外亦被称为涵括社会意识、社会行为的社会建构或社会组织体系;从人本学层面上,宗教被费尔巴哈(Ludwig Feuerbach)解释为人以"类"的"本质"升华来克服自己有限、不足的诸种努力;而从人类学的层面上,宗教认知则从抽象走向具体,从"形而上"的概括走向"田野中"的描述,即从细节、微观上展示、再现普遍存在的人的信仰生活、其灵性认识及行为的现实,其对宗教的理解或界定则为现实生活中世人的信仰追求及其特征、传统和发展演变。在人类学的视域中,民族、民间、民众、民俗意义上的宗教被得以重视和强调,从而显出其由个案到普遍、由局部到整体、由点到面的认知进步或发展,故而也有细节的突出,剖面的放大之特色。如果说哲学、政治学、社会学意义上的宗教理解更关注人类社会文化体系中的"大传统""精英文化"或"文本"模式,那么人类学意义上的宗教理解则可能更侧重于其"小传统""民俗文化"或"田野"模式。二者可互补,但不能彼此取代。无论从哪一方面,宗教理解或界定的核心,似乎都应在把握"人对神性的问答和人的神圣维度",并弄清其展示方式。在当代中国宗教研究中,这种人类学意义上的"宗教"调研尚不够重视、不够发达,从而可能出现因对局部、细节的"不清"而导致对整体、规律的把握"不准"。正是基于这种考虑,我们在宗教人类学意义上的研究必须加强,以深入对"人"及其"宗教性"和宗教行为表现的了解、勾勒和总结、概括。

总之,宗教人类学使宗教学中的"人学"走向得以凸显,使其对"人群"的宗教生活得以分析、研究。它就像一面镜子照出了宗教学中的"人学"意向及情趣,说明整个宗教学乃围绕"人"、围绕"人的宗教性"来展开思考和探究,发现规律和意义。宗教人类学坚持对人之"活生生的宗教状况"加以体验、捕捉和描述,其学术兴趣在于各种宗教信仰群体及个人的生活表述和由此带来的宗教乃至相关社会的变迁。如果说中国宗教研究在初级阶段较多注意"同情性理解"的研究态度的话,那么现在则更需要"参与性观察"的深入。在强调、注重国情调查研究的当代中国，宗教学亦应有更多的"人类学"转向，走向田野、走向乡村、走向基层，多作实地调研，掌握第一手材料，悟透事物的本质。用人类学习用的比喻来说，"活鱼要在水中看"，了解宗教也必须深入宗教生活、宗教人群之中来调查、研究，看到宗教及其相关人群的流变、互动，从而把握一种"鲜活的宗教""动态的宗教"，体会到现代宗教发展的脉搏跳动，从宗教之"情"（况）这一重要侧面达到对当代中国"人情"（况）、"国情"的真正认识。

外文参考文献：

Frazer, James, 1985. *The Golden Bough*. New York: Macmillan.

Gadamer, Hans-Georg; Vogler, Paul, (Hg.) 1972. *Neue Anthropologie*. Bd. 1, Bd. 2, Biologische Anthropologie. Stuttgart: Georg Thieme Verlag.

——, 1972. *Neue Anthropologie*. Bd. 3, Sozialanthropologie.

——, 1973. *Neue Anthropologie*. Bd. 4, Kulturanthropologie.

——, 1973. *Neue Anthropologie*. Bd. 5, Psychologische Anthropologie.

——, 1975. *Neue Anthropologie*. Bd. 6, Bd. 7, Philosophische Anthropologie.

Moltmann, Jürgen, 1974. *Man: Christian Anthropology in the Conflicts of the Present. Philadelphia*: Fortress Press.

Mühlmann, W. E., 1984. *Geschichte der Anthropologie*. Wiesbaden: AULA-Verlag.

Tylor, Edward Burnett, 1870. *Researches into the Early History of Mankind and the Development of Civilization*. London: Murray.

——, 1873, 1874. Rrimitive Culture: *Researches into the Development of Mythology, Philosophy, Religion, Art and Custom*. 2 Vols. London: Murray.

Pannenberg, Wolfhart, 1983. *Anthropologie in theologischer Perspektive*. Göttingen: Vandenhoeck & Ruprecht.

Sahlins, Marshall, 1981. *Historical Metaphors and Mythical Realities: Structure in the Early History of the Sandwich Islands Kingdom*. Ann Arbor: The University of Michigan Press.

Smith, William Robertson, 1889. *Lectures on the Religion of the Semites*. London:

A. and C. Black.

Weizsäcker, Carl Friedrich von, 1984. Der Garten des Menschlichen. *Beiträge zur Geschichtlichen Anthropologie*. München, Wien: Carl Hansel Verlag.

（原载王建新、刘昭瑞编《地域社会与信仰习俗——立足田野的人类学研究》，中山大学出版社 2007 年版。）

第十八章

当代宗教研究中对"人"的关注

当代宗教学研究与人文主义相关联,这是著名宗教学家伊利亚德的一大贡献。蔡彦仁博士从"全球化"的氛围中系统而深入地探讨了伊利亚德的"新人文主义",为我们回顾20世纪宗教研究的发展,反思当代宗教学的"问题意识"提供了重要视域和参照。

一 对"人文主义"之回顾

"人文主义"(Humanism)在西方语境中本指自文艺复兴以来的人文主义思潮或思想流派,以及与之相关的学术、文化和教育运动。在此,"人文主义"之表述乃有人文精神、人文关怀、人道主义、人本主义等蕴含。当然,这种对"人"的关注和以"人"为维度在西方传统中亦可追溯到古希腊哲学家普罗泰哥拉(Protagoras)的名言"人是万物的尺度"。而在当代社会,人文主义则是西方世界经历"世俗化"之"祛魅"后崛起的世俗文化的重要代表。目前,我们则能看到传统人文主义的危机,"世俗人文主义"(Secular Humanism)的兴起,以及后现代思潮宣称"人的消失""主体已死"之"反人文主义"(anti-humanism)这种复杂、多元之景观。

一般而言,人们对"人文主义"有着比较积极的评价,认为其主旨乃突出人的存在与地位,关注人的精神与境界,强调人的价值与尊严，捍卫人的权利与自由，维护人的独立与个性，支持人的追求与理想，实现人的本真与升华。但在当代有关人文主义的辩论中，对之褒贬臧否仍并存。一方面，人文主义被视为对人的自由和尊严之哲学维护而受到赞赏；另一方面，它却被看作现代社会文化对人的压逼、使之边缘化的意识形态烟幕，从而遭到谴责。因此，对"人"的评价，"人文"之维及其限度在宗教和世俗领域都是一个关注焦点。

在世界宗教发展中，"神""人"关系乃永恒话题。当普罗泰哥拉喊出"人是万物的尺度"这一口号后，即遭到柏拉图（Plato）等人的反对，并重新强调"神明才是万物之尺度"。近代文艺复兴和宗教改革以"人的发现"为标志推崇一种从"神本"到"人本"的过渡，而现代"危机神学"却重新强调对"神性"之维的发现和对"人性"局限的暴露。由于"神本"与"人本"的张力，"神治"与"人治"的抗衡、宗教与人文主义的关系乃成为问题。在此，人们所关注的是，宗教中有无人文主义，宗教表述乃一种人文主义，还是反人文主义或超人文主义？

其实，宗教的基点乃在于"人"，它是对人的此在处境之体认，以人的超脱为旨归。宗教在此乃两维并重：一个维度是人的"超越追求"，即人自下往上的纵向打通，旨在实现理想的"神人关系"，由此亦使人达到升华和超拔。这种"神人合一"的"超越"中涵括了人对"自我"及其"自然"之超越。另一个维度则是人的"人文关怀"，即一种横向贯通，旨在以其"博爱"精神和人间关怀来建立和谐友善的"人际关系"。在此，自然有着宗教在人世的立足及其人文情趣，有着宗教对人的"此在"和"当下"处境的正视及关心。由此可见，宗教中的"人文"因素乃不言而喻的，宗教并不必然要与人文主义形成张力。

阿伦·布洛克（Alan Bullock）在回顾西方人文主义传统时曾剖析了西方思想史上看待人和宇宙存在的三种模式：一是超自然的模式，以中世纪神学为代表，其焦点在上帝，人的存在乃属于神的创造；二是自然的模式，以自然科学为代表，其焦点在自然，人的存在乃自然构成、属自然秩序；三是人文的模式，以人文主义为代表，其焦点在人本身，人的存在乃是人学、神学和科学认知的出发点。在他看来，这种人文主义的认知有三个特点，即从人的经验出发，强调人的自我价值与尊严，突出人的批判性思考。这些特点在以人文思想为指导的近现代人文学科各领域中亦得以充分体现。

二 作为"人文学科"的宗教研究

宗教研究自其作为"宗教学"（Religionswissenschaft，Science of Religion）诞生起，就是一门"人文学科"（Humanistic Studies）。宗教学者在此开展的宗教研究即基于一种"人文主义"的精神，立足于对"人"及其"心灵"的探究和剖析。例如，西方宗教学的创始人麦克斯·缪勒（F. Max Müller）就在其开山之作《宗教学导论》中指出，宗教"总是把人的灵魂放置在神的面前"，而"神的观念"则"总是代表当时的人在心灵上所能达到和掌握的关于完美境界的最高理想"。[1] 他对宗教的认知和审视都是人文主义的、以"人"为出发点的。在他看来，宗教乃是人"领悟无限的主观才能"，是人的"一种内心的本能，或气质，它独立地，不借助感觉和理性，能使人们领悟在不同名称和各种伪装下的无限"；是人"力图要认识那不可认识的，说出那说不出的"一种"渴望"。[2] 由此可见，宗教学的研究从一开始，就基于对人的"精神追求"和"灵性渴望"之关注。

宗教中最为基本和核心的乃其"宗教性"的理解。美国宗教学者斯特伦（Frederick J. Streng）指出，揭示人之"宗教性"的真谛乃在于发现人所达到的"根本转变"或"根本超越"，而宗教正是"实现根本转变的一种手段"（a means to ultimate transformation）。这里，斯特伦界

---

[1] 麦克斯·缪勒：《宗教学导论》，陈观胜、李培茱译，上海人民出版社1989年版，第129页。

[2] 麦克斯·缪勒：《宗教的起源与发展》，金泽译，上海人民出版社1989年版，第7、15页。

定宗教的思路及方法亦是人文主义的,即基于人、关涉人、以人为主体。他认为,"所谓根本转变是指人们从深陷于一般存在的困扰(罪过、无知等)中,彻底地转变为能够在最深刻的层次上妥善地处理这些困扰的生活境界。这种驾驭生活的能力使人们体验到一种最可信的和最深刻的终极实体"。"通过这种转变过程,人们使自己的生活达到一种他们认为具有最高价值的生活境界。"① 显然,宗教学的视野已将宗教中的"终极关怀"与"人文关怀"有机相连。

从这种人文主义的认知出发,伊利亚德提出了其人皆为"宗教人"(homo religiosus)的预设。在他看来,宗教乃与人性本质密不可分,它存在于人类的各个民族、各种文化之中。此即他所强调的宗教乃一种"人类学常数"(anthropological constant)之本意,由此亦可理解为何他把"宗教人"作为人的基本"存有模式"。在现代社会发展中,这种"人"之"人文性"或"人性"理解遭到冲击和一定程度的损害,"人"被其社会、政治和经济等因素所掩盖,从而再次变得模糊不清。为此,人文主义的诉求在宗教研究领域亦需更新。伊利亚德提出其"新人文主义"(New humanism)的见解,恰如蔡彦仁博士所言,正是以"宗教人"之说来重新强调并确定人的内在主体性及其价值,是"以人的'性灵'为主轴,以人的具体生存处境为关怀焦点,又以世界文化为思考幅度的新认知、新视野"②。

三 全球化进程中"人"的处境及其"宗教"

蔡彦仁博士反思伊利亚德"新人文主义"的一个重要观照,即当下全球化的进程及在此之中的"人"与"宗教"。本来,"原初的现代性"(Proto-modernity)乃包括对"人"的发现,所强调的是人的"进

---

① 斯特伦:《人与神,宗教生活的理解》,金泽、何其敏译,上海人民出版社1991年版,第2、3页。
② 参见蔡彦仁教授的会议论文《全球化与宗教研究:再思伊利雅德的"新人文主义"》。

步"与"理性"意识。这种"现代性"对宗教而言亦有其复杂关系。一方面，正如蔡彦仁博士所指出的，"现代性"会排斥传统的宗教观，其"去除以神、神圣、超自然等形上层面为思维与行动的参照指数"代表着对传统宗教的"祛魅"。但另一方面，"现代性"也并不完全排斥宗教及其神圣维度，它乃刺激了一种"人文宗教"的发展，并使不少传统宗教通过"革新"而达其"现代化"。此外，我们谈论的"全球化"亦是这一"现代化"进程的自然产物或必然结果。

蔡博士指出，"全球化"的兴起与"西方的海外殖民经验"有关，是西方列强强权势力扩展与操作的结果。自西方发现"新大陆"、开掘"新世界"，并向这些"新界"移民以来，"全球化"就已悄然开始。但历史的吊诡则在于这样一种反向发展：当西方列强和殖民势力渗入海外，形成世界范围的统治及霸权时，西方的宗教亦传遍全球，故不再属于"西方的宗教"；而殖民化的形成及其解体，亦使不少弱小国家或民族的民众移入西方"本土"，并带来其"东方的宗教"。麦克斯·缪勒在开创宗教学、对"东方"宗教圣书加以搜集整理、编辑、研究时，绝没有想到这些东方的佛教、印度教、伊斯兰教等亦会成为在"西方本土"流行的宗教。基督宗教作为在西方形成其包罗万象之发展的宗教，却在这一"全球化"中消解掉其"西方性"、失去其"西方"主体及自我意识。因此，"全球化"的结果是不再有"纯粹"的"西方"或"东方"宗教，相关国度中之人的"民族""人种"界线亦不绝对，这些宗教的"中心"或"边缘"已经模糊、暗淡，而其信仰民众也是复杂、多元之整合。就伊利亚德的"新人文主义"而论，宗教研究的视域自然要涵括这一交融互渗、我你难分的"世界宗教"现象，并关注与这些宗教密切相连的"宗教人"之复杂组合，由此方可透析"全球化"可能会带来的"世界意识""世界文化""世界体系"和"世界人格"。

蔡博士在其论文中非常精辟地分析了"全球化"背景中现代宗教的一些特色，但有些认知尚待进一步厘清。首先，宗教影响之领域。按照一些宗教学家如贝尔（Peter Beyer）的见解，宗教似乎已离开"公共领域"而进入"私人领域",由此形成了从"群体化宗教"往"个人化宗教"的过渡。实际上,宗教作为一种"社会存在"和"群体意识",不可能从"公众领域"根本退隐,而人们谈论颇多的"公民宗教"(civil religion)亦为一种沟通宗教"群体"与"个体"的有效努力。其次,宗教的"神圣性"之维。蔡博士认为,"全球化下的宗教逐渐地销融'神圣'与'世俗'的分野","全球化的特征和结果即是模糊了'神圣'与'世俗'的区隔"。但宗教一旦彻底失去其本来的"神圣"之维则不再是"宗教"。宗教作为有限之人对"绝对整体"或"终极实在"的灵性渴望和模糊把握,势必保留其"神圣""神秘"甚至"神话"之维。其在古代社会如此,在现代社会亦然。因此,宗教虽然已经"入俗",却不应该也不可能根本"流俗"。最后,宗教的"超脱"与"入世"。蔡博士以佛教为例,谈到"宗教原来的'出世'、'舍离'特质,已调整为'入世'、'涉入'的积极走向"。因此,现代佛教的典型之类乃"涉入型佛教"或"人间佛教"。诚然,现代宗教已经扬弃了传统蛰居深山修行的做法,投身于现实社会之中,但其宗教境界的"灵修""禁欲"和"超凡脱俗"精神仍需保留。这种"修行"并不在其形式或地域,而在于一种"超越"精神之提倡。此乃宗教"入世"后"洁身自好"的底线要求。对此,古代中国先贤曾有"大隐住朝市"①之说。宗教改革时期的加尔文虽反对"遁世禁欲",却在现世社会、实际生活中提倡其禁欲精神,旨在达到一种"主动性自我克制"的现世苦行和禁欲;而现代社会中的许多宗教徒也主张"以出世的精神做入世的事情"。

四 全球化氛围中的宗教研究

伊利亚德的"新人文主义"提出了当代世界宗教研究的"整体观",即以跨学科整合研究之"整体学域"来真实而客观地反映作为现

---

① 白居易:《中隐》。

实宗教之实践者的"整体之人",即伊氏所言之"全人"。当然,这种"全人"并不代表宗教中所理解的人可以具有完美和整合的人性、体现"神的形象"之"全人"理念,① 而是指在复杂的"全球化"景观中对当代"宗教人"多层次、全方位、本质性的整体把握。

按照蔡彦仁博士的理解,这种"见树又见林"的整体性宗教研究,在内容上应包括既研究传统宗教,又探讨新兴宗教;既追溯这些宗教之起源,亦追踪它们之扩散;既阐述其正统、本原,也分析其异化、嬗变;既诠释其"宗教性",更关注其"社会性"。而在方法上,这种宗教研究则应是科际整合——跨领域研究,即应有着开放和不断扩展的学术"边缘"或"前沿";它既应有传统意义上多取"静态"的"文本"研究,也要大量增加具有"动态"意义的"田野调查""参与观察""实地考证""口传访谈"等多元研究方法。基于多元、各异之方法的引入,宗教研究亦会增加更多的新领域和新课题,形成广远而充满希望的发展前景。

总之,蔡彦仁博士结合全球化进程中的宗教研究而重新发掘、探究伊利亚德所倡导的一种现代整体视域的"新人文主义",其视角新颖,思路清楚,阐述透彻,为我们现代学人在宗教研究上继往开来提供了一个范例。

[本文为2004年8月28—29日由中国社会科学院世界宗教研究所、灵鹫山佛教基金会及世界宗教博物馆在北京联合主办的"全球化进程中的宗教文化与宗教研究"海峡两岸学术研讨会上的发言,即回应台湾政治大学宗教研究所所长蔡彦仁教授的会议论文《全球化与宗教研究:再思伊利雅德的"新人文主义"》,原载《宗教比较与对话》(第五辑),2004年。]

---

① 林治平:《QQQQ的人生——全人理念与现代化》,基督教宇宙光传播中心1998年版。

第十九章

宗教学术研究对宗教理解的贡献

宗教学术研究是为认识宗教、理解宗教和解释宗教而进行的多层次、全方位探讨。宗教界自身的宗教研究乃源远流长、成果丰硕，但这种研究一般被教外人士视为宗教界的自我意识、自我认知和自我表述。宗教学术研究作为人文社会科学领域的一门独立学科，则始于19世纪下半叶，以西方学者麦克斯·缪勒（Friedrich Max Müller）于1873年发表《宗教学导论》，率先使用"宗教学"（science of religion）术语为开端。与以往宗教界对其"神圣"或"神明"之超越言述明显不同，这一独立性宗教学从一开始就有其主体性、人文性意向。例如，缪勒认为，宗教乃揭示了"人的灵魂"与"神"的关系，旨在达到人的灵性内在与神圣超越的沟通。宗教在此表达了人的上下求索、内外沟通，它既是反映人之神秘内在性的"心学"，亦为展示人之不可企及的超然存在的"形上学"。由此可见，宗教体现出人的认知和追求，有着明显的主体性和人文情趣。甚至关涉宗教信仰之核心"神"的观念，缪勒亦解释为"人在心灵上所能达到和掌握的关于完美境界的最高理想"。[①]这种学科性宗教研究于20世纪初传入中国，在20世纪下半叶形成专门性学术研究机构，遂发展为一门有理论、有方法、有体系的独立学科，

---

① 麦克斯·缪勒：《宗教学导论》，陈观胜、李培茱译，上海人民出版社1989年版，第129页。

成为当代中国社会科学及人文学科的重要组成部分,并为当代中国社会的宗教认知和宗教理解带来重大改变。本文即尝试对中国大陆教外学者的这一宗教学术研究加以简要分析和反思,以此谋求与中国台湾教内学者之宗教研究的比较与对话。

一 宗教学术研究中的宗教认知之回顾

中国教外学者对宗教的学术兴趣始于20世纪初对中国文化的定位及其有无"宗教性"的讨论。我们应该指出,当时代表中国新文化运动之主流的一些领军人物和教外学者,在认知层面基本上对宗教持否定态度,其观点尤其表现在对"中国无宗教""儒教非宗教"等见解之持守上。此一观点的坚持开始了100年来中国学术界宗教学科研究和宗教价值讨论意味深长的序曲。

(一) 20世纪初关于中国有无"宗教"及其意义的讨论

1902年3月,著名思想家和学问家梁启超在《新民丛报》上发表《〈论中国学术思想变迁之大势〉总论》,明确指出"吾国有特异于他国者一事,曰无宗教是也"[①]。他认为中国学者有重哲学、轻宗教的传统,而哲学"贵疑"、鼓励探究精神,故优于"贵信"之宗教。在他看来,孔子乃哲学家、经世家、教育家,而不是宗教家,因此"儒教非教"。而佛教自印度传入中国后主要是"光大其大乘之理论",其信仰乃"智信而非迷信""兼善而非独善""入世而非厌世""无量而非有限""平等而非差别""自力而非他力"[②],故而已与宗教本质有别。新文化运动时期的北大校长、被誉为"学界泰斗"的蔡元培亦顺着这一思路而提出"以美育代宗教"说。他虽然承认中国古代可能曾与宗教有过某种关联,却强调"中国自古以来在历史上便与宗教没有什么深切的关系,

---

① 夏晓虹编:《梁启超学术文化随笔》,中国青年出版社1996年版,第78页。
② 同上书,第93—98页。

也未尝感到非有宗教不可的必要"。① 蔡元培"舍宗教而易以纯粹之美育"的主张其实大有将宗教扫出中国文化之门的架势。新文化运动的另一位著名代表胡适，在开展佛教、道教等研究的同时，亦阐述了其对宗教的贬斥。他认为，过去那种"神道设教""见神见鬼"的"宗教的手段在今日是不中用了"，其宗教只能是那种关注现实、关注社会的"社会的不朽"或"大我的不朽"。② 由此可见，近代中国教外学者对宗教的学术关注乃多以对宗教的否定认知为开端，且对宗教在中国文化中的定位和归属多持排斥态度。一方面，这导致中国现代学者对宗教虽有人文性探究，其立场、态度却显露出世俗性偏颇。其代表如梁漱溟所言，"中国人肯定人生而一心于现世；这就与宗教出世而禁欲者，绝不相涉"；儒教"从本质上说……不是宗教，而是人生实践之学"。③ 另一方面，这也引起教内学者对"宗教"这一汉语表述在中国现代文化语境中是否恰当的反思。如基督宗教哲学家谢扶雅曾在其1950年出版的《宗教哲学》一书中指出，"宗教"在中国文字上的意义"不过一神或多神之崇祀而已"，故此并不涵盖"无神之佛教"和"介乎有神无神之间之儒教"，也不能包括西文 religion 所意蕴的"神契经验及伦理行为"。于是，他曾建议用"道"字来译 religion，因为"道兼涵体用两面，religion 亦具宗旨及方法两面"。④

（二）20世纪下半叶中国大陆学术界对宗教的理解和研究

20世纪下半叶之初，这种世俗性、此岸式宗教认知和宗教批评在中国大陆得以延续，并在意识形态上得到加强。宗教学术研究曾一度成为理解宗教乃"颠倒的世界观"之注脚和诠释。在对宗教的意识形态批判和价值否定中，人们虽然注意到宗教的"群众性、民族性、国际

---

① 桂勤编：《蔡元培学术文化随笔》，中国青年出版社1996年版，第85页。
② 欧阳哲生编：《胡适学术文化随笔》，中国青年出版社1996年版，第53—62页。
③ 李凌己编：《梁漱溟学术文化随笔》，中国青年出版社1996年版，第72、88页。
④ 谢扶雅：《宗教哲学》，山东人民出版社1998年版，第204页。

性、复杂性和长期性"问题，但其宗教研究基本上为政治学层面的探讨。至20世纪70年代末期，中国大陆实行改革、对外开放，其宗教学术研究虽柳暗花明，所面临的却也是拨乱反正、百废待兴的艰巨任务。

自20世纪80年代以来，中国大陆教外学术界对宗教的认知大体经历了三个阶段，即对"宗教是否为鸦片"的讨论、对"宗教的社会功能"的辨析以及对"宗教是文化"的肯定。此即对宗教由否定到肯定性认知的关键性转变阶段，由此亦可回溯出当代中国大陆宗教学术研究意味深长的演进。

1. 关于"宗教是否为鸦片"的讨论

针对"宗教是否为鸦片"，中国大陆学术界在20世纪80年代早期和中期，曾展开了一场如何理解马克思（Karl Marx）关于"宗教是人民的鸦片"这一表述的争论。由于当时南方与北方部分学者的不同观点以及南方与北方刊物所载文章的不同态度形成对比，故有"南北论争"之称，当然这种表述并不准确，因为南北两方均有不同意见，故不可以地域来界定相关论争。这一争论的核心问题包括"宗教究竟是不是鸦片""鸦片的功能应如何看待""宗教是鸦片这一表述是否适用于中国"这三大内容。对于第一大内容，中国大陆学术界早已对马克思的这一表述耳熟能详，此时提出这一讨论本身，对一些学者而言，实质上是要否定"宗教是鸦片"之说。在大陆社会政治认知语境中，这些学者采用一种发展观来看待马克思的论断，即换一种思维或思路来对之重新理解和诠释，这也是其讨论的复杂性和现实性之所在。不过，对之简单否认谈何容易，这种强调宗教是鸦片的观点仍存，但其引起的对中国社会本身的评价问题却少有人去深究，强调者也无视对其的逻辑推论。对于第二大内容，不否认"鸦片论"的学者亦基于当时对鸦片镇痛治病功能的承认，认为宗教的镇痛和麻醉作用也是人民在历史现实中的社会需求。在19世纪的欧洲，鸦片是一种贵重的止痛药，在马克思之前已有许多学者和宗教人士用鸦片来比喻宗教，如德国文豪歌德（J. W. Goethe）、思想家海涅（H. Heine）、黑格尔（G. W. F. Hegel）、费尔巴哈（L. Feuerbach）等人。而对于第三大内容，许多学者则强调

"鸦片论"并不适用于当代中国，其理由有二：一是19世纪的欧洲与20世纪下半叶的中国已有时空巨变，现有社会不再是"颠倒的世界"；二是19世纪中叶以来的中国人经历了"鸦片战争"这种奇耻大辱，对"鸦片"感到深恶痛绝，故而不应再用鸦片来比喻宗教。这一争论所带来的积极意义是人们开始冲破禁区，以历史的眼光和辩证的观点来看待宗教的发展演变，并以公正、客观之态度来真正找寻、把握宗教的本质和意义。

2. 关于"宗教"的"社会功能"说

在对"宗教的社会功能"的辨析方面，中国大陆学术界深受宗教社会学理论及其方法的影响，关注宗教对社会发展的作用和在社会结构中的位置。在这一宗教社会层面的认知和研究中，学者们超越了意识形态上对宗教的定性和定位，而从科学、客观、准确、经验实证的角度来研究宗教的社会象征、意义及功能，并更加集中注意力在社会调查、地区抽样、问卷搜集、统计分析、实地观察、历史回溯和跨文化比较等方法。学者们由此注意到，宗教在中国大陆对社会亦有着社会整合、社会控制、心理调适、个体社会化、群体认同、文化交流等功能。例如，从宗教的社会整合功能来看，宗教发挥着巨大的社会组织和社会聚合作用，可对其社会成员进行价值和行为两个层面的整合。如果宗教与其存在的社会相协调、相适应，这种整合则具有积极的正面功能，而产生社会求同、认同和向心的作用，宗教在此带来的影响力和约束力，都会远远大于其现实社会本身对信徒的影响和约束。但如果宗教与现实社会脱离，具有离心倾向，其整合对这一社会而言则为一种负面功能。从宗教的社会控制功能来看，这种控制包括对人们外在行为举止的控制，和对人们内在心理精神的控制，前者具有强迫性，后者则可表现出自觉性，而且后者所产生的社会效果会更为明显、更加重要。"举头三尺有神明"虽为外在的"强迫"，却导致其信者内在的"自觉"。如果宗教与其社会有共识并且相吻合，就可能协助其政府促进对社会的良性控制，而有积极引导作用。但若宗教与其社会不相协调甚至有着抗衡，其对信徒的社会控制则可能使社会的不稳和冲突加剧。从宗教的心理调适功能来看，其对社会群体或个体所进行的"心理安慰"或"心理治疗"，在社会发展尚不太健全、不太平稳，人们物质和精神生活条件尚不太完满、不太理想时，特别重要和必要。这里，宗教为信徒提供的安全感和精神慰藉能使其以一种"平常心"和超越境界来对待生老病死与贫富祸福，解除其心理烦恼和精神压力，由此产生社会"安全阀"的作用。从宗教的文化交往功能来看，宗教乃文化传播和交流的使者，其"宣道"和传播促成了不同文化之间的沟通与认识，从而使不同文化、不同社会、不同民族之间的人群能够达到相互了解、理解和谅解，从而"求同存异"，至少可以"和而不同"。如果没有宗教文化的存在，人类文明势必大为逊色。宗教的这些社会功能复杂多样，并不能被政治理论和意识形态所涵盖。有些学者亦指出，宗教这些社会功能的正负性"在一定的社会条件下会发生变化，由强弱变化到显潜变化。在总量不变的情况下，宗教的每种正负功能在一定的社会条件下都可能发生变化，可能相应地扩大和缩小，它们彼此消长，你扬我抑。……决定宗教正负功能变化的因素虽然很多，但在我国，社会对宗教所持的态度如何是影响宗教功能变化的一个相当重要的因素。换言之，宗教正负功能的变化都离不开社会所给予它的条件，是社会条件决定每组宗教正负功能彼此的消长与扬抑"[①]。

3. "宗教文化"论的提出和建立

"宗教是文化"这一观点的提出，代表着中国大陆学术界正面、肯定性评价宗教的一个关键转折点。20世纪80年代中期，针对大陆学术界关于"宗教"与"鸦片"的论争，一些学者开始从"文化""文明"的角度来看待宗教，从而出现将宗教视为"文化"并对之展开"文化研究"的学术思潮。在当时大陆，社会舆论大多仍对宗教持否定、消极看法的氛围中，"宗教是文化"命题的提出乃具有打破僵局、使宗教认知柳暗花明的历史意义。鉴于中国社会和学术界对"文化""文明"的肯定、积极看法，不少学者凸显从"文化"的综合意义上来分析、

[①] 戴康生、彭耀：《社会主义与中国宗教》，江西人民出版社1994年版，第69页。

研究、评价和界定宗教,强调"宗教文化"与人类文化、文明的整体、内在乃至核心关联,由此而开辟了认知、理解和研究宗教的一个全新视域。这种"宗教文化论"认为,宗教是文化,并不是要用"文化"概念来促成宗教认知的普泛化、一般化或常规化,更不是在"文化"中"化解"或"化掉"宗教。其宗旨乃在于突破限于意识形态层面的宗教认识,从社会学层面的宗教分析上再往前深入,用宗教理解来为人类文化画龙点睛,并厘清宗教与人类文化的关系、厘清宗教文化的内涵与外延,把握宗教文化学的体系、范围、意义和特点。所以说,"宗教文化"之立论和得到公认在中国大陆乃标志着其宗教研究及相关体系已涵盖并超越了传统意义上的政治学、社会学、哲学等对宗教的认知和理解,其理论特点和研究方法是从整个文化学的范围、从对人类"文化性"的体悟,来展示并剖析宗教思维及其表述的形象化、象征化、意象化、抽象化、情感化、社会化和历史化等层面,对人类宗教及其灵性存在作全面探究和客观评价,由此揭示宗教的本真和特征,展现其与人类生活及个我生命的密切关联。虽然在能否建立一种"宗教文化学"的体系上大家观点不一,但宗教的文化存在及其意义却已获得较大共识。概言之,"宗教文化"意义的提出及其研究的展开,意味着当代中国大陆学者在宗教的系统研究上迈出了关键的一步,标志着中国大陆宗教学术研究已走向成熟,开始了与全球范围的宗教学研究发展的真正接轨。

二 将宗教研究作为一门"谋心"之学

关于宗教学的体系,首先人们习惯从精神层面来思考。在中国大陆,宗教研究主要属于人文基础学科,其研究全面触及人的精神世界、精神生活、精神象征、精神追求、精神动力等领域,反映出人在精神上所追求的人性陶冶、人格升华、人文充盈之情趣和境界,因而是对人之"心路历程"的探索和对人之"精神现象"的询问及回答。因此,宗教研究乃"谋心"之学,乃"精神现象学",亦是人心追求超越之"道"

的"形上之学"。虽然人是有限的实存，但人心之求却超越沉潜、驰骋无羁。而这种"心"之上下求索正体现出人的宗教精神，展示了人的宗教性。其"究天人之际"的理念与哲学的探究相似，但其不限于理性的"心"之境界和"激情"又使其与哲学有别。① 大陆学者在探究宗教这种人之精神现象时，故而特别关注其"理学"与"心学"的关联和区别，以便弄清宗教与精神、宗教与理性、宗教与科学、宗教与人生、宗教与文化的关系，了解人的超然追求和终极关怀，达到真实正确的宗教理解。

为了真正体悟和洞观人的精神世界的精微和复杂，把握人类信仰现象及其宗教精神特征，大陆教外学者所从事的宗教研究即包括"入乎其内"和"出乎其外"这两种探索。一般而言，教内学者的宗教研究乃有"在其内"的定位和言述，即有其信仰前提或关注，有其思想沿革和流传，有其神学语言及规则。这是宗教研究与其他任何研究最大的不同之处，因为教内研究者自身受到其信仰的影响，故而会有所谓"在教言教"的局限。而教外学者的宗教之探在此虽然不受"教"之限制，却因"不在其内"而似乎隔了一层，被信教者批评为"没有体验，何能求真"，故而也有"入乎其内"的必要，并应为之付出努力。所谓"入乎其内"，一是对相关宗教之"宗教性"的体悟，感受并把握其宗教体验；二是与教内学者、宗教领袖及信教群众就其信仰前提、神圣象征和宗教传统展开交流、进行对话；三是关注宗教自身的发展及其在社会生活中的定位、作用和影响。"入乎其内"，以能从这些内在层面上达到对宗教的真正体认和理解，对宗教真谛作出"不隔"的解释和研究。这就是"田野"调查方法所要求的"参与性理解""内涵式探究"。为此，研究者需尽力把握宗教现象的思想核心和精神真髓，并深

---

① 正如帕斯卡尔（Blaise Pascal）所言，"人心有其理智，那是理智所根本不认识的"，"感受到上帝的乃是人心，而非理智。而这就是信仰：上帝是人心可感受的，而非理智可感受的"。在此意义上，他认为宗教信仰者的上帝"不是哲学家和学者的上帝"。参见帕斯卡尔《思想录，论宗教和其他主题的思想》，何兆武译，商务印书馆1995年版，第130页。

入探讨与各宗教本质及身份直接相关的神学、道学、经学、佛学、禅学等研究之问题、方法和目的。这就要求研究者"对话"而不是"独白","观察而后言"而不是"先入为主"的武断。所谓"出乎其外",则是回到宗教学研究的基本原则,即跳出单纯某一宗教的立场和视角之外,从普遍的角度和开放的态度来研究各种宗教,"悬置"研究者本身的信仰前提或立场,以避免"身在庐山之中"而不识"庐山真面貌"的封闭。宗教学研究不以研究者自身信仰为其必要前提,因此和以其信仰为前提并由此出发对其信仰本质加以理性或神秘阐释的宗教神学等不尽相同,而是各有区别和侧重。这里,教内学者亦应以开明和开放的姿态来参与这种更广范围的宗教研究,尊重宗教学研究的原则和规范,吸纳其客观描述和理性认知的方法。尤其在全球化进程中,世界各种宗教处于并存共在之格局,其交融互渗已不可避免。在这种情况下,宗教界的精神领袖及其学者在持守自身信仰的同时,更应有世界眼光和全球关怀,应以天下为己任的胸襟来展开宗教比较、对话、沟通、交流和研究,对己对人、对不同宗教和教外价值体系作出具有超越自我和超然精神的理解及阐述。其实,西方当代的一些神学院校已经走出了以往的局限或基督教的"一统天下",而已吸纳、邀请其他宗教的学者来参与其"神学院"的教学和建构,其中甚至亦有无神论者的身影。所以,宗教学要求当代"神学"也应该发展为一种"世界神学""全球神学",面对全世界的宗教现象乃至整个人类的精神世界。这种"谋心"之学的"入乎其内"和"出乎其外",乃是教内教外宗教学者的双向互动、以达到必要的共识和求同。即使在以持守信仰为前提的对话中,人们亦应清醒地认识到,从信仰出发并坚持其信仰原则的"排外论""包容论""平行论""相互渗透"和"多元论"这五种对话态度均有其局限和不足,难达理想或最佳的平等对话之境。①

大体来看,宗教学研究作为一门"谋心"之学,可以包含"究天

---

① 雷蒙·潘尼卡(Raimon Panikkar):《宗教内对话》,王志成、思竹译,宗教文化出版社 2001 年版,第 1—13 页。

人之际"和"探文化之本"这两大层面。

（一）"究天人之际"的宗教研究

在世界宗教研究中，中国的学者们通常将"究天人之际，通古今之变，明中西之交"作为其全力以赴的使命。在此，宗教研究乃被视为一种关系学说，即"天人之际""神人之间"的上下探索。这种关系涉及神圣与世俗、形上与形下、超然与内在、彼岸与此岸、永恒与短暂、绝对与相对、无限与有限、本在与实存、终极与现实、整体与局部、一本与万殊等，宗教中一般乃以"神与人"来对之涵括，而中国文化语境中则往往以"天与人"之相应表述来与之对应。当然，这种"关系"之探乃人心之探，体现出人的宗教精神和灵性境界。它既有着攀缘之高拔，亦有着回溯之幽深。正如古代基督宗教思想家奥古斯丁（Aurelius Augustinus）在其认知自己与认知神明方面，对上帝所达到的一种超越和内在相交织的神秘体悟："你幽邃沉潜，在我心坎深处之外，你又高不可及，超越我心灵之巅。"① 在西方"二元对立"的认知中，奥古斯丁的知己认神既承认这种区别，却也想找寻二者之可能关联，其彼与此、高与低、外与内、主与客不是分开的或绝对"二元分殊"，而是靠一种内在的关联或关系达到了整合及共构，至少有着一种"心灵感应"，此即宗教意义上"神与人"的融会契合，亦即中国思想传统认知中"天与人"关系上的"天人感应"或"天人合一"。

在中国文化语境中，这种宗教学意义上对"天人关系"的体悟和研究大致表现在对"天道"与"人道"、"天文"与"人文"、"天学"与"人学"的辨析和诠释。它乃一种上下之间的纵向关系。

1. "天道"与"人道"

"道"之本义为路，有"通达可行"之意，表示"沟通"和"连接"。老子在《道德经》中将"道"之"通贯天人"含义加以发挥，由此构成一种"天道"与"人道"关联、相合的整体世界观和价值观，

---

① 奥古斯丁：《忏悔录》，周士良译，商务印书馆1981年版，第43页。

亦表现出中国古人的宗教体认。在与西方宗教的沟通中，"道"之另一蕴含即"言"亦得以彰显，而"言述""言说"亦为一种交流，亦有"通达"之意趣。由此，"道"与"言"遂成为中西宗教思想对话及交流中的关键术语之一。鲁迅曾说，"中国根柢全在道教……以此读史，有多种问题可以迎刃而解"①。其含意即包括对中国宗教精神中道法自然、超越心性之体悟。在对"道"的理解中，老子以"道"在"象帝之先""似万物之宗"的思想而提出"道"的先在性和创生性："有物混成，先天地生。寂兮寥兮，独立不改。周行而不殆，可以为天下母。吾不知其名，字之曰道。"②老子凸显"道"的形上性和本源性，以"道可道，非常道"来表达"道"作为"天地之始"的"无名"，即"不可道"的"常道"所具有的超越性和抽象性，相应于《易经》"形而上者谓之道"之说。但老子既强调"道"在自然万物之先，也承认"道"在天地万物之中，这与西方中世纪神哲学史上唯名、唯实之争中关于"共相"在宇宙万物"之先""之中"和"之后"的认知颇有相似之处。这种将"道"与神圣性、超然性和内在性相关联的思路，亦使不少现代中国宗教思想家将"道"与西方语境中所理解的"宗教"（religion）相等同。如谢扶雅曾言："若求中国辞书中足与 Religion 相当之名，惟'道'家勉可充数。道兼涵体用两面，Religion 亦具宗旨及方法两面；道可以完全表出个人与宇宙本体之嘘吸关系，同时亦不遗落个人对于社会之活动及适应。"③

中国许多思想的文献渊源可以追溯到《易经》，其表述形成了中华智慧的基本思路和话语表述体系。中华文化的整体思维、阴阳共构、圆融和谐等基本观念已经在《易经》思想中始见端倪。《易经》对"道"亦有解说和区分，为研究者追溯"道"之宗教含义提供了重要线索。

---

① 鲁迅：《鲁迅书信集》上卷，人民文学出版社 1976 年版，第 18 页。
② 老子：《道德经》，第二十五章。
③ 谢扶雅：《宗教哲学》，青年协会书局 1950 年版，第 250 页。

《易经》云："一阴一阳之谓道，继之者善也，成之者性也。"① "有天道焉，有人道焉，有地道焉。"② "立天之道，曰阴与阳。立地之道，曰柔与刚。立人之道，曰仁与义。"③ 在此，"天道"具有神圣的维度，故有"神道"之说，并与宗教理解形成关联。如《易经》所言："观天之神道，而四时不忒，圣人以神道设教，而天下服矣。"④ 孔子亦强调，"天命之谓性，率性之谓道，修道之谓教"⑤。

所谓"天道"，即"天"与"道"之义的结合。在中国思想传统中，"天道"涵盖颇广。自然意义上的"天道"，反映"天道自然"之自然律，即自然现象所表现出的普遍性、恒常性、规律性和秩序性。"天道运而无所积，故万物成。"⑥ 神性意义上的"天道"或"天帝之道"则反映上天意志。在此，"天"乃具有宗教上的形上、超越、主宰、本原和伦理等蕴含。恰如董仲舒所言："天者，百神之君也"；⑦ "天者，万物之祖，万物非天不生"；⑧ "察于天之意，无穷极之仁也"，"仁之美者在于天。天，仁也。"⑨ 由此可见，在中国思维的整体观特性中，"天道"并非纯然"形而上"意义的"绝对另一体"，而为超越性与内在性的有机共构。"天道赏善而罚淫"⑩ "天道福善祸淫"⑪ 等均表达了天意在人世的体现。而对于天人之间的中介者、"天"在人世间的代表"天子"来说，"所谓道，忠于民而信于神也"，⑫ 天子须按此准则来"替天行道"。这种神性意义之"天道"乃以其开放性和整体性而

---

① 《周易·系辞上》，第五章。
② 《周易·系辞下》，第十章。
③ 《周易·说卦》，第二章。
④ 《周易上经·观》。
⑤ 《中庸》，一章。
⑥ 《庄子·天道》。
⑦ 《春秋繁露·郊义》。
⑧ 《春秋繁露·顺命》。
⑨ 《春秋繁露·王道通三》。
⑩ 《国语·周语·中》。
⑪ 《书经·汤诰》。
⑫ 《左传·桓公六年》。

引申出社会意义上的"天道"及道德形上学意义上的"天道"。前者指基于人际关系、群体共存的社会律，成为社会秩序的神圣象征，即所谓"君人执信，臣人执恭，忠信笃敬，上下同之，天之道也"①。后者则指"仁爱之道"的普遍性，即以一种绝对命令来确立"明乎善""诚其身"的原则。尤其在这种社会和道德层面上，"天道"与"人道"的直接关联得以彰显，凸显了"仁义礼智，天道在人"之理念，正如孟子所强调的，"诚者，天之道也；思诚者，人之道也"②。

"人道"显然是人对"天道"之回应，也就是按照这种神圣意志在人世推行相应的做人的道德规范。"人道经纬万端，规矩无所不贯。"③这种"人道"的规范性或规矩化使之与"人伦"相关联。于此，"亲亲、尊尊、长长、男女之有别，人道之大者也。"④它甚至在社会细胞之"家庭"中乃作为其社会基础而被确立："父父、子子、兄兄、弟弟、夫夫、妇妇，而家道正；正家而天下定矣。"⑤这里，"人道"所要求的乃其实践性和持之以恒。"道虽迩，不行不至。"⑥这种修身养性之实践与其形上抽象的神性理念乃珠联璧合、相得益彰。而"吾道一以贯之"⑦亦强调了这种实践上的专一、有恒。"人道"之履行遂形成了中国宗教传统中的"圣人""至人"或"君子""大人"之说，以表达其在修行上所达到的"完人"境界。也就是说，人之修行是具有超越意义的，从"人道"之践履而形成了一种神圣、崇高的宗教人格。例如，在其描述中，"圣人久于其道，而天下化成"；⑧"圣人明于天人之理，达于自然之分，通于治化之体，审于大慎之训"⑨。"圣人者，道之

---

① 《左传·襄公二十二年》。
② 《孟子·离娄上》，十二章。
③ 《史记·礼书》。
④ 《礼记·丧服小记》。
⑤ 《周易下经·家人》。
⑥ 《荀子·修身》。
⑦ 《论语·里仁》。
⑧ 《周易下经·恒》。
⑨ 阮籍：《通老论》。

极也。"① "至人"则是"文明在中，见素表璞。内不愧心，外不负俗。交不为利，仕不谋禄。鉴乎古今，涤情荡欲"。② "至人不得已而临天下，以万物为心，在宥群生，由身以道，与天下同于自得，穆然以无事为业，坦尔以天下为公。"③ 这种"至人"不仅"造立仁义，以撄其心"，"神贵之道存乎内"，而且亦"劝学讲文，以神其教"。同样，"君子之道鲜矣"，④ "君子以言有物，而行有恒"，⑤ 故为社会楷模。"君子"以其超然情怀在现实人生中表现出一种"平静""淡泊"的心境。"君子知形恃神以立……修性以保神，安心以全身，忧喜不留于意，爱憎不栖于情，泊然无感，而体气和平。"⑥ 所谓"大人"则指魏晋时期阮籍所描述的其"自我意识已与宇宙的最高的自然本体合而为一"这种精神境界之体现者：⑦ "夫大人者，乃与造物同体，天地并生，逍遥浮世，与道俱成，变化散聚，不常其形。"⑧ 这种"大人"既超凡脱俗，"天地制域于内，而浮明开达于外"，却又能返璞归真，"养性延寿，与自然齐光"。

在对"天道"与"人道"的把握中，宗教研究者可以发现，中国文化传统的宗教体验和心境既有其神秘主义的境界，亦有一种自然主义的情趣。以此观察世界宗教现象，可以找到许多类似或相似之处。所以说，对宗教的理解不能囿于其对"天道"之究，而也应发现其"人道""人本"之情怀。这种"天路历程"或"心路历程"并非虚无缥缈的"梦幻"之游，其上下求索和内外沟通乃体现出宗教人格的执着和真诚。可以说，其求"真"和守"诚"本是宗教探究者和信仰者的两大原则，由此方可为"君子"。恰如中国古代思想家所强调的，"君子之

---

① 《史记·礼书》。
② 嵇康：《卜疑》。
③ 嵇康：《答难养生论》。
④ 《周易·系辞上》，第五章。
⑤ 《周易下经·家人》。
⑥ 嵇康：《养生论》。
⑦ 任继愈主编：《中国哲学发展史》（魏晋南北朝），人民出版社1988年版，第168页。
⑧ 阮籍：《大人先生传》。

所以动天地、应神明、正万物而成王治者，必本乎真实而已"；①　"诚"乃"君子所以怀万物也。……诚者，天地之大定，而君子之所守也"。②

2. "天文"与"人文"

"天文"与"人文"在此亦指一种宗教性理解，两者之相关即为神人之间的上下沟通和联系。"天文垂象于上"③，"观乎天文，以察时变"④。所谓天文，不只是从物质主义或自然主义的视域来理解天体在宇宙间运行等现象，而更是从宗教神圣或神秘意义上来看待上天或上帝的意志及其在天上所表现出的征象。这种"天迹"反映出上天之统摄性，颇有"天网恢恢，疏而不漏"之境。在此，"天文"乃是对"人文"的启示或开化，二者有着"启迪"与"回应"之双向互动，其"天人之交"的心灵感应是宗教性的，但它同时既是神秘性的，亦是智慧性的，表达了"神明"与"文明"之关联。

"人文"所言本乃人间事务，指人类的社会制度和各种文化现象。"文明以止，人文也。……观乎人文，以化成天下。"⑤　"人文"按其文化理念而具有一种"人文精神"或"人文关怀"，故有人文主义之说。但"人文"亦不离"天文"，其"人文关怀"乃受到"终极关怀"的指导或影响，"人文之兆"有其天启和神意。就"人文"的内容来看，在中国古代表现为"制礼作乐"，⑥ 后人亦将之解释为"诗书礼乐"，通达此者即"文人"或"人文学者"。然而，这种"诗书礼乐"中就蕴含着宗教思想，体现出宗教信仰和宗教精神。况且，"制礼作乐"本身原为宗教礼仪，反映出某种宗教制度和规范。按其本源，宗教研究应从人的文化、文明现象中看出其神圣维度，以"人文"之究来探测

---

①　荀悦之言，见《申鉴·政体》。
②　杜恕之言，见《全三国文》卷四十二。以上参见任继愈主编《中国哲学发展史》（魏晋南北朝），第157页。
③　《论衡·订鬼》。
④　《周易上经·贲》。
⑤　同上。
⑥　《尚书·吕刑》。

"天文"所涵括的"天道""天理"和"天德"。在这种理解中,"文明"并不与宗教相对立或相抗衡,二者乃以"天文"和"人文"的沟通来达其有机共构。

在儒家传统中,"天"之本真为"仁",故有"仁之美者在于天。天,仁也"①和"化天志而仁"②之说。同理,儒家亦认为"人"的本质、"人文"的核心乃"仁","仁者人也",③而且与"礼乐"相关联,"人而不仁,如礼何?人而不仁,如乐何?"④在此"天"之"仁"与"人"之"仁"亦有一种宗教意趣上的吻合及协调。其实,"仁"与"爱"通,表达出"爱"的精神。孔子将"仁"解释为"爱人",⑤孟子则称"恻隐之心,仁也"。⑥这在中国古代文化中几乎已成共识,天人之间有着"仁"这一公共伦理维度。因此,儒家之外的古代诸家亦有类似思想,如墨子之言"仁,仁爱也";⑦庄子之论:"爱人利物之谓仁";⑧韩非子说"少欲宽惠行德谓之仁";⑨凡此种种。而作为"天文""人文"之本的"仁"及"仁爱"仍然乃体现出宗教的境界。在基督宗教传统中,对神而论乃"上帝是爱""上帝爱人",对人而言则将"爱神、爱人"作为其最大诫命和人生目标。由此,中国宗教思想中"仁者爱人"的"仁爱"精神乃与基督宗教中"爱上帝"和"爱人如己"的"博爱"精神相汇相通。"天文""人文"以其互为呼应的"仁爱"思想提供了一种具有宗教向度的平等博爱观,它使超越性"天文"和内在性"人文"有机联结,构成"天人合一"之整体。

---

① 《春秋繁露·王道通三》。
② 《春秋繁露·为人者天》。
③ 《中庸》,二十八章。
④ 《论语·八佾》。
⑤ 《论语·颜渊》:"樊迟问仁,曰爱人。"
⑥ 《孟子·告子上》。
⑦ 《墨子·经说下》。
⑧ 《庄子·天地》。
⑨ 《韩非子·诡使》。

3. "天学"与"人学"

"天学"在中国思想语境中乃天主教信仰与中国文化的有机结合。此说源自明末清初来华耶稣会士及其追随者,即皈依天主教的中国人士对其信仰学说的理解和表述。"天学"在此乃"天主"之学,即现代表述所言之"神学"。利玛窦(Matteo Ricci)曾作《天主实义》,亦称《天学实义》,旨在"传授天主经旨,迪人为善"。① 在其看来,这种"天学"乃普世公理,可放之四海而皆准。"此天主道,非一人一家一国之道。自西徂东,诸大邦咸习守之。圣贤所传,自天主开辟天地,降生民物至今,经传授受,无容疑也。"② 当然,"天学"绝非超然独语,与人世无关。相反,"天学"虽为形上之学,却仍然可为人所领悟、把握。"人则超拔万类,内禀神灵,外睹物理,察其末而知其本,视其固然而知其所以然,故能不辞今世之苦劳,以专精修道,图身后万世之安乐也。"③ 为了传播"天主之学",当时的中国天主教徒李之藻曾编纂刊印《天学初函》,将这种"天学"理论收入其中。由此,有着基督宗教"神学"本质的"天学",即是对中国语境中的"天道""天文"之界说。

如果说"天学"的理论逻辑是由上至下,以"天启"的方式来传授"天主之言",那么近代以来西方基督宗教界所出现的"人学"转换,则是以从下往上的进路,通过"人"的理解、体悟来把握"天学"。它虽为"人之言",其旨归却为对神性本真的通达。因此,这种"人学"仍为"神学",即以"人"而言"神",以人之"心性""心理"和"心灵"来体悟、领会和把握"神明"及其"神圣"。在现代思想体系中,这种"人学"故而也称为"神学人类学"(theological anthropology)。

在中国古代思想语境中,并无这种直接与"天学"相对应的"人

---

① 《天主实义·上卷·首篇》。
② 同上。
③ 同上。

学",但其观照并不缺乏。例如,在中国文化传统中讨论人之"心性"即"人性"的"性学",实质是这种"人学"。而中国古代的"仁学"在打通天人之际更是有着"人学"的蕴含。"仁"本身就也关涉人际关系,是一门对人、对己的学问,更是一种人伦智慧。在此,在中国文化语境中既有着"天学""人学"之对,亦有着"神性""人性"之比。而且,"性学"就是悟透"人性"之学,而在这里"性"也的确有着沟通"天""人"之蕴含,如孔子言:"天命之谓性,率性之谓道。"其对"性"与"道"尤其是"天道"之关联亦可在子贡所言"夫子之言性与天道,不可得而闻也"① 等感触中得以体会。"性"不仅有形而上之含义,其在"天""人"之间亦有着形而下的人文、人伦意义。也就是说,人若事"天"、奉"天",则必须"修身""养性",恰如孟子所说,"存其心,养其性,所以事天也。夭寿不贰,修身以俟之,所以立命也"。②

在"天学"与"人学"、"天道"与"人性"之间,人的"修养""升华"乃有着"修道之谓教"这一人文"化"成的过程,此即"宗教"本真所在及其实践之目的。人的"本性"与其"命运"相关,其"转化"过程乃一种"天路历程"。在此,"性相近也,习相远也",③其转变既有人之主体的努力,亦受其外界环境的影响。这里并无殊途同归,而只有"灵修"使然。荀子指出,"性者,天之就也……不可学不可事而在人者,谓之性,可学而能可事而成之在人者,谓之伪";④ "性者,本始材朴也;伪者,文理隆盛也。无性则伪之无所加,无伪则性不能自美";⑤ 人性的升华在于"化",而"化性"则有"修养"之必要,"性也者,吾所不能为也,然而可化也";⑥ "从人之性,顺人之情,必

---

① 《论语·公冶长》。
② 《孟子·尽心上》。
③ 《论语·阳货》。
④ 《荀子·性恶》。
⑤ 《荀子·礼论》。
⑥ 《荀子·儒效》。

出于争夺，合于犯分乱理而归于暴。故必将有师法之化，礼义之道，然后出于辞让，合于文理，而归于治"。① 与中国传统"人之初，性本善"的人性乐观主义表述不同，宗教中的人性论则更多论及人性之"恶"、人性之"罪"和不足，以提醒人们人性"改造""转化"之必要。如基督宗教的"原罪论"即强调人性的不足、有限，以及悔改之必要。其"天学"即达及"人学"，让人自惕、自省。明末清初的中国天主教徒李九功就曾强调"天学"要求人"记过不记功"，因为"记过，则常见不足，而生惭生悔"，② 从而达到人性涤炼、教化之目的。

综上所述，"究天人之际"的宗教研究乃从"天"与"人"之间的上下纵向关系来看待超然、自然与人世。这种探究乃触及"人心"对宇宙本原、世界终极及其与此在人世、人生关系的问与答。在其理解中，研究者既体悟到这种宗教把握之"神圣"或"神秘"维度所内含的超越性、超然性和彼岸性，却又能从其神性整体观而看到宗教对"主客二分"之极端的克服，从而在其宗教心性和理论上实现"天人合一"，达到"神人相融"。所以，在"究天人之际"的"心路"上，宗教研究可以其"谋心"之举而揭示宗教心灵对有限自我的体认及其超越自我的努力。

（二）"探文化之本"的宗教研究

如果说"究天人之际"的宗教研究侧重于"天""人"之间的上下纵向关系，侧重于一种"纵向打通"，那么，"探文化之本"的宗教研究则需突出"文化"或"文明"之间的左右横向关系，即人世之间的一种"横向沟通"。诚然，宗教心境乃钟情于超然之探和内在之思，但宗教存在却离不开其四周的文化氛围、文明熏陶和社会处境。此即"宗教是文化"所强调的宗教之"文化"意义。

---

① 《荀子·性恶》。
② 李九功：《慎思录·自惕箴》第三集，第四十三条。见钟鸣旦、杜鼎克主编《耶稣会罗马档案馆明清天主教文献》第九册，台北利氏学社2002年版，第223页。

宗教中的思辨、形上意义必须靠语言、文化形式来表述。在其传播、交流过程中，亦有文化相遇、文化沟通和文化融合的问题。此即"文以载道"的必要性和必然性。宗教与文化的关系，可以从两个方面来审视：

一方面，不少宗教学者认为宗教乃体现出文化的本质性，是"人"及"人性"和"人文"的根本要素。伊利亚德（Mircea Eliade）曾强调人类的宗教禀性乃是一种"人类学常数"（anthropological constant），故人皆"宗教人"（homo religiosus）。基于宗教，才有人的文化意义，才可言及"人文主义"或伊利亚德所提出的"新人文主义"。蒂利希（Paul Tillich）认为，宗教在于询问人生终极而绝对的意义，因而人文在其各个方面都会有着宗教的境界，它涵括政治行为、哲学思想、文学艺术和科学研究。所以，他坚持人类文化成果所体现的一切，其根本内容都是宗教的，宗教是文化的实质，而文化则是宗教的表现形式。为此，他提出了一种"文化神学"的思路和构建。① 霍尔姆（Soren Holm）亦指出，文化是以科学、道德和艺术三种形式来实现：科学基于认识，而认识与理智相连，科学所追求的乃真；道德关乎伦理，而伦理与意志相连，道德所追求的乃善；艺术反映美学，而美学与情感相连，艺术所追求的乃美。但真、善、美正是宗教所探究的根本问题，由真善美而通达神圣，此即人类宗教的意境。霍尔姆为此而总结说：没有宗教，各种文化形式便失去效用和依据；没有文化形式，宗教则被架空。两者乃有如下关系：宗教为"本质理性"，是文化形式的存在基础；而文化则为"认识理性"，是宗教观念的认识基础。②

毋庸置疑，上述见解乃是从宗教的本质、终极、抽象超越意义上来提出宗教在文化中的普世性、本真性和先验性。这种以宗教为"人"、为人之"文化"定性的意向在现代社会尤其是在其世俗化氛围中自然

---

① 蒂利希：《文化神学》，陈新权、王平译，工人出版社1988年版，第50—64页。
② Soren Holm, *Religionsphilosophie*, W. Kohlhammer Verlag, Stuttgart, 1960, pp. 234–235.

亦受到质问和挑战，其神圣维度或多或少正被削减。如果将宗教作为一种文化实体来看待，则会看到具体宗教乃与具体文化相关联，起码在其起源阶段乃如此。所以说，在人类生活世界中的所谓"世界宗教"或"普世宗教"并非其本质意义上的"普世性"或"先验性"使然，而乃文化发展、传播和交融的结果。在这一意义上，一种宗教在其本初和本源上乃代表着一种具体文化，因此，具体宗教在其传统上或溯源上乃有着其"文化认同""文化自知"和"文化自觉"的义务或使命，其超脱性、普世性则仅有相对意义。

另一方面，许多宗教研究者亦认为，宗教作为人类社会、文化之实体或群体，在其传播、扩散和发展中乃有着文化相遇、文化对话和文化交流的问题。在此，宗教的"自我意识"与其开放、开明的程度之间仍存有一定张力，而其从"自我意识"走向"世界意识"的认知思路和实践途径也不尽相同。这样，宗教与文化的关系故有文化对话或对抗、文化交融或碰撞、文化吸纳或取代等复杂构建。而"文明冲突"与宗教相关联也就不足为怪。不过，从历史经验来看，宗教战争曾反映出文化冲突，而宗教和平亦曾带来文化共存。如果说，宗教作为文化本质的理解乃一种形上之探，那么，宗教在文化中与不同文化的关系则为一种宗教文化存有的内在之探。宗教能否及如何达到其"世界意识"和"世界人格"，成为"世界宗教"或"世界文化"，这显然会触及宗教中的"文化心态"或"文化心理"问题。宗教所反映的碰撞与交流，在人类文化发展中恰如一个硬币的两面。

对宗教在与不同文化接触及对不同文化的态度上，即宗教的"文化化"（culturation）及其程度，宗教研究者有如下的分析和探究。

1. 宗教的"文化披戴"

宗教"文化化"的问题涉及宗教横向传播中的"我""你"关系，往往与一种宗教在异质文化氛围中的生存、适应和"本土化"或"本色化"相关联。对宗教而言，即是如何在该宗教传播的"本土"或"本地"体现和实现其"普世性"。宗教的这种文化接触及文化交融乃有不同层面，其触及和深入文化的方式及程度亦各异。

所谓"文化披戴"(acculturation)指宗教进入异质文化或其本色化过程的初级阶段，即对这一文化的"表层"理解或认可。在社会学意义上，这种"文化披戴"乃不同文化相遇时彼此相互接近、接触的方式方法，以沟通其原本不相同的社会实存、文化体验和传统解释。因此，"文化披戴"已表现出不同文化间的相互尊重、宽容，甚至各自的必要妥协和让步。它构成了"文化融入"的必要条件和前提。

在文化的横向交流中，这种"文化披戴"是一个能动的历史发展过程。文化相遇不是静态的、不变的，而是变化、起伏之动态。虽然它为一种表层交往和初级适应，却并非能够一蹴而就。既为"文化披戴"，则必须有一定的"文化理解"。宗教的"文化披戴"大体表现为对相关本土文化的表层适应，如在宗教宣道和崇拜礼仪中使用当地的语言、风俗、习惯、服饰、音乐、艺术，在宗教场所的建造和宗教机构的组建上采用当地的建筑样式和社群形式等。有些人强调信仰传播的"原汁原味"，但这种绝对"原"是根本不可能做到了，因为其语义在翻译过程本身就会出现"失真"的情况，是一种"译可译，非本义"的权宜和文化让步。在刚刚步入文化交流的初级阶段即"翻译"过程时就已经出现了"解释"之问题，任何语言翻译都只是力求尽量接近的解释。利玛窦在其来华传教的初期就曾"薙须剃发"，按照佛教僧侣打扮而以"西僧"自称。此即他根据对中国文化当中佛教的理解而实施的"文化披戴"。但随着其传教经历的增多和对中国文化理解的深入，他认识到儒家思想对中国人的影响和感染，遂又易僧服为儒服，蓄须留发，改称"西儒"，并以"儒服入京"而取得成功。其实利玛窦的内心也是非常纠结的，他已经预感到这种"让步""妥协"会带来的深层次问题，预料到其"礼仪之争"迟早会爆发。为此，他在去世前已经毁掉了自己留下的全部写作，估计就是恐怕给他身后带来"非议"而早有的自我预防。

大体而言，"文化披戴"旨在相关宗教与某种本土文化达到"形似"，以求得这一文化对该宗教"同情"或"认同"，并对之加以一定程度的"文化吸收"。这种外在的"披戴"或"文饰"在其基本教义思想和信仰体系上仍持守其原则，保留其本真，而对其相遇的本土文化则试图加以相应改变，带来其自我涵化。因此，宗教的"文化披戴"仅是一种初级的、低层的双向互动，企图达到一种其社会表面的适应，它要更多地保留宗教本身的"自我意识"，而其"认同"意向则仅为一种姿态。"披戴"作为策略和手段，其目的主要仍是单向性之"传"。

2. 宗教的"文化适应"

宗教的"文化适应"表现了宗教在其发展传播中一种更为开放、更加开明的姿态。在此，"文化适应"（enculturation）与"文化融入"含义接近，但前者多表示社会学意义上的"吸纳"，而后者则为神学意义上的"交融"。所谓"文化适应"即指宗教在某一地域中的文化学习过程，以其吸纳、掌握这一文化的方式来达其宗教在此地域的社会化。文化乃人之心理、社会现象，不同文化有反映其不同心理因素和社会特征的神秘符号及象征体系。宗教的"文化适应"即透过认知、学习而将这些文化密码和符号象征破译、解读，进而吸纳、接收为己体。这也正是当代哲学、宗教学重视并倡导研究符号、象征的意义所在，即在"符号"的世界中将之还原为"意义"。当然，这种"文化适应"在其吸纳过程中亦有文化"同化"甚至"重构"之可能。钟鸣旦（Nicolas Standaert）曾指出，宗教文化适应中的一种现象，就是"一个外来的宗教，经历一些改变，在接受它的文化中，自取一新的面貌"。[①] 佛教在中国的文化转型即是一个典型的实例。源自南亚的佛教在进入中国本土后对中国文化有深远的吸纳，由此形成中国特色浓厚的中国佛教，变为中国传统文化中的一大重要构成，而与其孕育、发源之地的佛教特征则逐渐疏远。这种中华佛教与原初印度佛教的区别之大乃是有目共睹的。

在宗教的"文化适应"中，宗教与本土文化之间亦存有张力。如果地方文化的影响比重较大，则有可能改变或同化与之接触的外来宗教。这一宗教在吸纳异质文化的过程中，亦会主动或被动、有意识或无意识地发生"质"的改变，从而失去原有的"自我意识"和"文化身

---

① 钟鸣旦：《本地化：谈福音与文化》，陈宽薇译，光启出版社1993年版，第31页。

份",另换一种新的存在方式。佛教在中国文化中的"重构",犹太教在中国社会中的"化解",即是历史明证。

3. 宗教的"文化支配"

在宗教的文化传播中,以强势文化为背景的宗教在异质文化中亦可能形成一种"文化支配"(cultural domination)或"文化统治"及"垄断"的局面。在这种情况下,本土传入的"新宗教有可能逐步改变原有文化的制度、思考或表达的模式,结果便产生一种深度的文化疏离或割让"。① 这里,其宗教母体文化的影响比重较大,因而可以改变或同化与之接触的相关文化。基督宗教、伊斯兰教和佛教在其历史传播发展中,显然曾出现过这种结果,使相关地区的文化发生改变,甚至使其原住民的本有文化及宗教消失,染上了相应的输入而来的文化及宗教色彩。

论及宗教的这种"文化支配",评论者所持立场、角度不一则评价不同。对于来自强势文化的宗教而言,它乃强调一种"跨文化化"(transculturation)或"世界文化"(world culture),而其本身则自然为这种"跨文化化"或"世界文化"的代表。相关宗教往往会以其他文化体系的"跨越性"和"普世性"为理由来占领、取代其他文化的势力及影响范围。例如,基督宗教在近代中国的传播就曾以"中华归主"的口号而表达了"基督宗教占领中国"之蕴含,强势且咄咄逼人,由此导致了基督宗教与中国文化摩擦、冲突的经久不息。在"全球化"的今天,任何宗教若想开展平等的、公正的文化交流,都需对其"普世性"诉求和"跨越性"代表加以反省和检讨。

从弱势文化一面来看,这种强加性或强迫性的"文化支配"则被斥为"文化帝国主义"或"文化殖民主义",它对弱势文化会带来"文化异化"和"文化灭绝"的危险。在历史上,与这种"文化支配"相关联的多为"血与火"的高压与强迫,由其带来的皈依或抗争亦成为社会不安因素或隐患。当弱势文化按照"常规性"方式无法与之抗衡

---

① 钟鸣旦:《本地化:谈福音与文化》,陈宽薇译,光启出版社1993年版,第30页。

时,"非常规手段"则会出现,并且可能导致令人震惊、恐惧的场景。所以说,这种"文化支配"表达的乃"唯我独尊"之"文化霸权",它与宗教所追求的平等、和谐、公正、神圣显然是格格不入的。在当今世界发展中,我们要坚决反对政治、经济、社会上的强权支配,亦应清除在深层次上隐藏的"文化支配"之心理积淀。在坚决反对任何形式的恐怖主义时,也必须彻底清除产生恐怖主义的任何根源。

4. 宗教的"文化融入"

"文化融入"(inculturation)亦称为"进入文化"或"文化化",它与"本土化"(indigenization)和"处境化"(contextualization)相呼应。本来,这一术语最早于1962年在梵蒂冈第二届大公会议召开前不久,为天主教耶稣会士马逊(Joseph Masson)所运用,强调天主教在当今应以各种形式达其"文化融入"之必要。此后,耶稣会在1974—1975年召开的第32届大会文献中频频使用这一表述,而1979年发表的教宗文件亦首次采用了此术语。基督宗教运用这一术语,本与其宣教上的文化"适应""协调"相关联,但也有其传统的理论依据,其在神学上即对"道成肉身"(incarnation)的一种文化解读。[1] 但随着宗教文化之间对话的发展和深入,这一术语已得到普遍应用,并已具有"信仰与文化或文化之间不断对话"之定义。[2]

所谓"文化融入"乃指相关宗教的精神本真深入某一本土文化之中,通过双向互动、对话沟通而达到一种内在的相融和结合。它一方面是宗教对本土文化的施予,另一方面也是其对本土文化的接受,从而形成既扬弃又升华两者的"文化重构"。在此,宗教与文化会以一种双向的契合而实现彼此之间的"神似",获得深蕴的文化及灵性意义。因此,"文化融入"既不是浅尝辄止的"文化披戴",也不是被动性的"文化适应",更不是强制性的"文化支配"。"文化融入"乃一种主客

---

[1] Aylward Shorter, *Toward A Theology of Inculturation*, Geoffrey Chapman, London, 1988, pp. 10 – 11.

[2] Ibid., p. 11.

呼应、我你对话，其实现的重构过程乃蕴有创新，它既给相关文化带来更新和鲜活的生命力，亦会导致相关宗教在其神学理论上和存在形态上的突破。

当然，"文化融入"虽是在宗教与文化关系上较新且被人推崇的观念，其真正在实践中得以实施却颇为困难。其宗教或文化本真、意识及身份乃有其传统积淀和承袭，二者的重构故而亦为一个较长的、潜移默化的历史过程。在现实社会中，这一"文化融入"仍为宗教与文化所追求的理想之境。但在"全球化"处境中走向"世界意识""世界文化""世界宗教"之途上，它乃代表着方向、未来和希望。

5. 宗教的"文化互存"

现实社会真正对"文化融入"之反应或体现，则应是宗教的"文化互存"（interculturation）。在现代化的过程中，其"全球化"趋势使世界的"每一个地方或任何地方"都有着同样的地位和意义。随着科技的发展、交通的便捷、信息的同步，以及人口的流动、迁徙，传统文化的"边界"正在消失，传统宗教的"中心"亦在去除。所谓"跨越文化"实际上是由"文化交织""文化互存"来实现。因此，以往的"文化设防"已变得软弱无力，宗教及文化的"纯粹性"已不复存在，而其"自我意识"和"身份认同"也越来越困难。"文化互存"反映出当代宗教与文化你中有我、我中有你的状况。传统意义上的"世界宗教"有其地域、民族、文化上的分化、多元，已难有绝对统一的"身份"和"中心"。而其传统范围内的本土、异域之界限亦已变得模糊不清。例如，基督宗教已不再是传统理解上的西方宗教，其中心自20世纪以来经历了从西往东、自北向南的转移。伊斯兰教亦不再局限于阿拉伯世界，而在西方各国有着蓬勃发展。佛教的东方色彩也正逐渐减弱，其在西方等地的传播则有着惊人的成功。此外，各宗教传统之内教派林立的发展使之难有完全统一的"认同"，其"正统"与"异端"、"正教"与"异教"之争已明显淡化。而取代"基督宗教"（Christianity）的则正是其多元化的"基督诸教"（Christian Religions）。

在宗教之"文化互存"的现实中，其"共在"之途乃是"对话"

与"沟通"、"理解"与"和解"。任何"唯我独尊""当仁不让"的态度都会影响到这种"互存"与"共在"。其共求生存的艺术与智慧乃彼此尊重、相互谅解、求同存异、和平共处。宗教在"文化互存"的处境中至少应开展宗教之内、宗教之间和宗教之外这三个层面的对话。而宗教的文化对话正是人与人之间的沟通、心与心之间的贴近，以争取其灵性意义上的共识、共鸣。就目前状况而言，潘尼卡（Raimon Pannikkar）认为，世界"通向和平之路"乃中止宗教战争而实现"文化裁军"。① 而宗教理解、对话则与世界和平密切关联，按约翰·希克（John Hick）之说，"没有宗教理解就没有宗教对话"。孔汉思（Hans Küng）更是强调，"没有宗教对话就没有宗教和平"，"没有宗教和平就没有世界和平"。② 由此，宗教在"生活世界""文化领域""现实社会"中则从"谋心"之超脱层面进入"谋事"之实际层面。

三 将宗教研究作为一门"谋事"之学

由于宗教不仅有其"形上""灵性"层面，亦有其"实存""社会"层面，宗教的存在与发展介于"神圣"与"世俗"之间，因此中国大陆学者也从社会应用学科的角度而将宗教研究作为一门"谋事"的学问。所谓"谋事"，指要解决与宗教相关联的具体现实问题。这里，宗教研究则涉及国际政治、民族关系、经济发展、社会转型、法治建设、国土安全、世界和平等重要方面。宗教学与政治学、外交学、民族学、经济学、社会学、法学等研究有着密切联系，亦体现出一种跨学科、多向度的"科际整合"（Interdisciplinary Integration）。正是在对宗教"谋事"层面的研究上，研究者看到了宗教与人类社会政治、经济、思想、文化各方面的关联，意识到宗教本身因为也是相应的社会组织、

---

① 雷蒙·潘尼卡（Raimon Pannikkar）：《文化裁军——通向和平之路》，思竹、王志成译，四川人民出版社1999年版。

② Hans Küng, *Projekt Weltethos*, Piper, München, 1990, p.13.

群体存在而特别复杂，故而需要以一种"问题意识"来对待宗教问题的特殊复杂性和敏感性。尤其在当前"全球化"的发展中，中国大陆学者乃将这一层面的宗教理论与实践问题放在了"全局性、战略性、前瞻性"之高度。

（一）宗教与"全球化"

宗教与人类社会的紧密联系在"全球化""地球村"之当下处境中得以凸显。由于宗教与政治、社会、民族、文化、历史问题的复杂交织，许多宗教问题在全球化过程中很容易形成局部地区的难点、焦点和全球性的热点、重点。这些宗教问题的解决与否及如何解决，会对整个世界的格局和发展走向产生深远影响，甚至有可能改变历史进程和人类命运。在当前国际舞台上，政治、经济的较量和竞争往往会以宗教冲突、宗教纠纷、宗教自由、宗教人权等问题之争的形式来表现。因此，人们非常关心在这种现实氛围中"宗教可能导致什么""宗教应该提倡什么""宗教可以避免什么"，对宗教的社会作用既有担心，亦充满希望。在这种研究中，宗教学体系则是属于政治、经济、社会、外交等实用范围的"实学"学科建构。为此，中国大陆学者特别关注全球化进程中世界宗教与中国宗教的特点和发展趋势，并以其建言献策来加以有效"谋事"，努力发挥其思想库、智囊团的积极作用。

1. 全球化与世界宗教

在全球化进程中，世界宗教的鲜明特点是面对世界、面对社会、面对现实、面对个体。大多数宗教已改变其"蛰居隐修""遁世避俗"的生存及生活方式，从而全方位、深度地进入世界，进入社会，进入人世生活。这样，世界宗教从整体而言乃表现出如下三个层面的发展趋势。

其一，世界宗教有着世俗化、公民化、现代化的趋势。

所谓宗教的"世俗化"至少包括两层含义：（1）指宗教的"非神圣化"，即传统神圣观念的"祛魅"、神圣象征的退隐和神秘符号的破译。现代人乃以当今流行的理性、现实、实证和还原化解释来取代世界宗教诸观念、意象、仪规的神圣、神秘及神话化解释，出现了宗教认知及理论阐述的"非神话化"局面。(2)指宗教"进入世界",真正成为"世界中的宗教"。各大宗教均强调其现实意义和现实关怀,以回返现实、直接面对人生、温暖人间来体现其"生活中的神圣"。这样,世界宗教已多为"涉入型"宗教,如"慈悲济世""庄严国土"的"人间佛教","社会福音""社会参与"的基督宗教,"两世吉庆""重在现实"的伊斯兰教,以及"济世度人""助国化民"的中国道教等。当然,"世俗化"在贝格尔(Peter L. Berger)看来,亦指宗教中"神圣"与"世俗"领域的分殊,社会中意识、文化及制度与宗教的脱离,而这种"世俗化的根子可以在古代以色列宗教最早的源泉中发现。……'世界摆脱巫魅'在《旧约》之中就开始了"。[①] 此外,"世俗化"也指在现代社会中宗教领袖的"官员化"和宗教组织的"政治化",宗教在"世俗"大潮中随波逐流,失去其"神性"之维。

所谓宗教的"公民化"乃指世界宗教已进入"私人领域",成为"个人化"的宗教。在此,宗教的"公民化"亦称宗教的"国民化"或"市民化",这在北美"公民宗教"(civil religion)中极为突出。在全球化的现代社会中,以往社会"万流归宗"的传统现象不复存在,宗教不再拥有"神治""一统""君临天下"的权威。因此,一种新的"公民宗教"乃以其"公民宗教"意识和"公共神学"理论来设法填补宗教因其制度性、建构性和组织性作用衰减而留下的空白与不足。这种"公民化"虽使宗教成为公民个体的私事,却为宗教"平信徒"社会作用的发挥提供了空间,而宗教以"个我性""公民性"融入现代社会后,仍可使其"公民宗教"与"公民社会"和谐共处。

所谓宗教的"现代化"则指世界宗教的"跟上时代""与时俱进",因而是其"现代"意识对社会现代发展的积极适应。"现代性"的特点乃是强调"此时""现在"和不断"更新",所提倡的即是"进步"与"发展"的观念。宗教的"现代化"代表着世界宗教在观念上

---

① 彼得·贝格尔:《神圣的帷幕:宗教社会学理论之要素》,高师宁译,上海人民出版社1991年版,第135页。

实现了宗教从"神本"往"人本"的过渡,在制度上促成了其从"神治"到"法治"的转变。但宗教在改革或摒弃其已经滞后的观念及制度的同时,仍试图以新的价值理念之适应来为现代发展提供动力,成为现代社会"可持续发展"的"潜在精神力量"。因此,这种"现代化"的革新使世界宗教仍能活跃在现代社会的大舞台上。

其二,世界宗教有着多元化、本土化与普世化的趋势。

全球化在使世界变"小"的同时,并没有达到世界政治、经济、军事、文化、宗教的"一体化"或"单一化"。相反,世界的多极发展、多元走向乃更为明显。相关宗教在其特定的民族、地域、文化领域曾有过相对的"统一",一些世界宗教以此为基础亦有过"大一统"的局面。然而,全球化带来的多元涌动、多元抗争和多元发展已将这种格局打乱,宗教的分布出现重组,各教各派的独特性或个殊性得以强调。因此,伴随着当代社会政治上的多极和信仰上的分化,世界宗教的多元发展亦更让人眼花缭乱。在这种状态下,人们已不再能够奢谈宗教的"统一"或"中心"。

与世界宗教的多元化趋势相关联,宗教的"本土化"或"本土意识"正得以加强。由于世界宗教原有的"一统"被虚化或弱化,其相关宗教及教派的地方特色则更加突出。人们所接触、面对的具体宗教均为其具体地域、具体民族、具体文化环境中的生动体现。全球化氛围中的宗教存在乃展示了其"跨越文化"和"进入文化"的辩证统一。其理论、实践正越来越多地反映出其"本土"特征,表现为与本土文化的结合或融合。所谓世界性宗教的"一体"作为一种象征则被逐渐消解和消化。

与此同时,世界宗教亦出现了与"多元化""本土化"看似矛盾却内在一致的"普世化"趋势。这种"普世"诉求乃与全球化进程中的"世界意识"相吻合。当然,这种宗教的"普世性"或"普世化"并非政治控制、体制垄断意义上的,而为信仰联谊、社会合作意义上的。在其独特化的定位中,相关宗教或其教派仍有着信仰求同的需求,以增强其宗教上的凝聚力,达到其社会行动上的相互呼应和协调。于是则有了多元一体、多元共构之尝试的"世界宗教""世界神学"或"世界信仰"。具体而言，这种"普世化"乃反映在相关宗教之同宗联合上，其结果也就是这些宗教之世界联盟的建立与发展，如世界基督教联合会及其推行的"普世教会运动"、伊斯兰教世界联盟、世界犹太人大会以及世界佛教徒的联谊合作等。在这种联合中，各宗教派系所承袭的教义、礼仪之"异"得以保留，其"普世"举措则主要反映在其社会实践上所力求在相关决策及行动上达到一致与协调，以实现"合则存"的目的。

其三，世界宗教发展中亦有着极端主义、原教旨主义、价值干涉和反主流文化等趋势。

中国大陆学者在价值层面充分肯定宗教的同时，也在社会层面关注到世界宗教现实存在上的复杂性，从而不回避世界宗教在全球化发展中亦有宗教极端主义、原教旨主义、价值干涉和反主流文化等逆流。如果不加以积极引导和认真防范，这些趋势有可能给当代世界发展带来负面影响，并使人们对宗教的认识变得扑朔迷离。目前世界上发生的不少暴恐事件，直接或间接也与相关宗教或其极端、保守思潮相关联，由此引发了人们对其宗教整体的误解或偏见，甚至宗教方式的冤冤相报也已经出现，这一切都给当今世界发展带来极为不安也非常不好的信号。所以，研究这些新的现象、防范宗教的极端走向亦乃当务之急。宗教研究者对之必须积极面对而不能回避、退缩。

2. 全球化与中国大陆宗教发展

中国大陆的改革开放恰好赶上了世界全球化的进程，并在政治、经济、法律、文化等方面迅速卷入其中。因此，中国大陆的宗教已不再生存在与外界隔绝的"真空"之中，而深深受到全球化带来的社会开放、文化互渗的影响。据此而论，中国大陆地区的宗教则可能会有如下一些发展变化：

首先，中国大陆宗教的"全球意识"会不断加强。在中国大陆五大宗教构建中，有四大宗教（即佛教、伊斯兰教、基督教和天主教）本来就属于世界宗教的范围。而在中国本土生长的道教也已获得全球性影响。由于全球化使各国政治、经济、文化之间的距离感减少、透明度增大，这五大宗教已跳出其过去与世隔绝的"孤岛"存在状态，在与之相同的宗教间寻求一种跨地区意义的个体及群体认同。所以，它们肯定会正视自己与世界宗教的关系及联系，在坚持相关原则的前提下扩大国际交往和交流，在观念和实践上争取其跨越国度、广泛联络的"信仰联盟"。尤其当这些宗教意识到自己在其存在的社会被误解、被孤立或被边缘化的时候，这种"外求"则可能被激化而会更加明显。

其次，中国大陆宗教亦已进入一种全方位的多元发展。这种"多元"一是表现在开始复苏的宗教"自我意识"和"自我认同"之多元，已经不能以一种"统一"或"合一"的观念来涵括。二是宗教的分布和发展形式的多元，各种宗教在不同地域、不同民族、不同社会阶层中已经出现复杂交织、变动不定。三是宗教信仰形式和活动形式之多元，如在组织形式上有着"有形"和"无形"组织的各自发展，其"建构性"或"弥散性"有着共存；在信仰内容上有着"世俗"和"民俗"的不同分化，在传播方式上有着多种渠道的复杂交织，而在文化意识上则有着"大传统"与"小传统"的对峙或共构。四是宗教体制及建构之多元，延续约半个世纪的"五大"宗教并存格局受到挑战，更多宗教存在形式时隐时现，尤其是一些传统民间宗教和当代新兴宗教相继亮相。这样，当代中国大陆宗教的图谱将更加丰富，也更为复杂。

最后，中国大陆宗教在社会上正日趋活跃，并开始与大陆主流意识形态、社会舆论展开深入、广泛的对话。尤其在价值观念、政治意识层面的对话上，这些宗教乃表现出其积极性和主动性。当然，研究者亦注意到，在这些方面要真正达到宗教与社会发展的双向互动也并非易事，其"求同存异""团结合作"将仍有着艰巨、漫长的"磨合"过程。值得注意的是，一旦宗教积极适应社会的努力受挫，则也会出现其消极对待的嬗变，甚至可能会寻求另一种价值、意义和思想的选择。

（二）宗教与政治

在宗教之"谋事"层面，其研究的一个重要课题即宗教与政治的关系。这种"政教关系"涉及宗教与人类社会结构的关系，影响到宗教的社会地位及作用。总体而论，宗教与社会政体即国家的关系之间存有"政教合一""政教协约"和"政教分离"这三种模式，由此而形成其社会结构之不同。

"政教合一"指宗教结构与社会结构乃合二为一或相辅相成，这在人类上古、中古至近代的历史时期十分明显，如西方基督教国家、东方佛教国家和阿拉伯世界的伊斯兰教国家等。在"政教合一"的结构中，宗教信仰与相关的民族意识、政治主张等通常是等量齐观，从而政教不分，两者共构一体。于此，宗教的价值诉求、意识形态和思想理论乃起着支配作用。历史上的政教合一形态有二：一是严格意义上的政教合一，宗教领袖乃国家元首，掌握着实际权力；二是以"国教"形式来维系的政教合一，但国家最高权威不一定为宗教领袖，或仅有象征性的宗教权力。

"政教协约"是政教关系由近代政教合一，走向现代政教分离之间的一种过渡形式，这在西方国家政教关系的发展中尤为明显。当这些国家中的宗教失去其传统上的国教地位时，其国家政体通常会以某种政教协约、协议、非官方或实际上的友好协商来重新确定其政教关系。在此，宗教通过这些协约而在有限领域仍保留一些相对权利，政教之间有着一定程度的相互谅解和互利互惠。

"政教分离"则是当前大多数国家所采取的政教关系形式，其特点是政教两者各有其不同的势力范围或影响领域，但宗教不再作为政治实体而在国家政治及政权中存在。宗教亦不再是一种参政议政的力量或组织。这种"政教分离"在其实施之初却有不同状态，有的为一种自觉、友好的分离，因此宗教的作用会顺利地从社会"表层"转移到精神"潜层"；有的则为一种强迫、敌意的分离，这为此后的政教冲突或纠纷留下了隐患，其政教关系故有其敏感性和复杂性。西方政教分离产生在宗教改革运动后的"教随国定"之发展中，当时出现了"在谁的领地，信奉谁的宗教"（Cuius regio，eius religio）[①] 这一典型趋势。主流宗教信仰因其传统的延续而仍得以保留，但在政教分离的国度中，世俗政权的主导作用和决定性影响则越来越明显。

当然，上述三种形式并不能涵盖人类社会的所有政教关系，三种形式的实施亦只能相对而言。在同一国度中，会有几种形式混杂并存的可能，各自的理念也仅有相对的实现。例如，中国的政教关系就为一个特例，有着复杂组合。在历史上，中国的政治统治者本身会信仰一种甚或多种宗教，但其政治和政权却不受限或受制于宗教，其政权的宗教政策往往是对宗教信仰宽容，甚至对宗教发展加以扶植，但对宗教活动、宗教组织机构却管理甚严。而中国的宗教通常也是靠依附、依靠政权来发展，有时还有一定程度的"参政"，既受到政权的支持又受其控制。这种模式则很难简单地用"政教分离"或"政教合一"来概括，自古代颛顼实行"绝地天通"策略以来，中国政教关系实际上处于"政主教从"的状况，这是中国宗教存在的一大特点，亦是当前政教关系研究中的一个难题。

概言之，宗教与政治的关系是宗教在"谋事"上的核心和焦点，它由此而决定了宗教与社会、宗教与民族、宗教与经济等利益关系。诚然，在灵性意义上和神圣的向度上，宗教不可能与政治完全等同，宗教有其"超越"或"超脱"的理解及把握。但在社会实存中，宗教的本质与政治的本质却有着一定的内在联系，许多宗教的吁求亦是政治的表述，许多宗教的活动也可理解为政治的行为。一方面，"教随国定""在谁的领地，信奉谁的宗教"，因而"不依国主，则法事难立"，[②] 宗教有着对政治的依存，政治甚至对于宗教有着绝对权力。但另一方面，

---

① 威利斯顿·沃尔克（Williston Walker）：《基督教会史》，孙善玲、段琦、朱代强译，中国社会科学出版社1991年版，第432页。

② 《高僧传·释道安传》。

"政出于教",① 许多政治问题、社会关系乃源于宗教,故不可能彻底摆脱与宗教的关联。因此,宗教与社会政治从根本上来讲并不可能完全脱离。宗教甚至可能为国之"大事",此即"民族、宗教无小事"之说。正因为这样,中国大陆对宗教的社会理解才更侧重于其政治理解和政治分析,这乃人们洞观或评述大陆宗教的奥妙所在。从这一政治维度来理解中国大陆的政教关系,许多谜底就会显露,许多问题亦会迎刃而解。

限于篇幅,本文仅从宏观上对中国大陆宗教学术研究的意向和进路加以简单勾勒,这种"点击"自然不可能很周全,有待今后补苴罅漏。文章的侧重在于大陆教外学者对宗教的认知历程,及其从"谋心""谋事"两大层面对宗教的理解和界说。这是研究中国宗教学学科体系定位的重要因素。可以说,中国大陆这种教外学术群体所展开的大规模宗教研究,在当代世界学术史上也是颇为罕见和独特的。而且,其研究在中国大陆社会上对宗教的客观、正确和真实理解乃有着积极、有益的贡献。大陆学术界的宗教研究虽然历史较短,却发展迅猛且成绩斐然。尤其令人高兴的是,海峡两岸已在宗教理解和宗教研究上开始深入、坦率、友好的学术对话及交流。它自然会给我们带来许多新的研究视域和认知亮点。为此,我们衷心希望,这一良好态势能在未来得以保持和发展。

(原载卓新平主编《宗教比较与对话》第5辑,宗教文化出版社2004年版;释了意主编《觉醒的力量——全球宗教对话与交流》,宗教文化出版社2010年版,第一章。)

---

① 《国语·楚语·下》。

第二十章

展开多层次的宗教探究

宗教是一种多层面的文化统一体，这已逐渐成为人们的共识，宗教学研究亦应该作为文化体系的研究来看待。因此，我们对宗教的探究，理应采取多视角、多层次的方式来展开，以揭示世界文化的丰富多彩和博大精深。宗教作为人类文化的表现形式，既是一种意识形态和精神现象，又是一种组织形态和社会现象。它关涉人类自我的独存及其群体之共存，有着国际、民族、政治、历史、传统、道德、价值、心理等诸多因素。我们不能以削足适履的生硬态度来将宗教加以简单归类，而必须在宏观把握、整体审视的基础上来具体问题具体分析，实事求是地研究宗教，理解作为人之精神生活和社会生活的宗教现象。

根据对宗教的整体审视，可以看出，宗教所体现的特点集中表现为人类历史发展过程中一种强调个人及群体之灵性存在、寻觅终极意义、体悟升华境界、以求真为善、虔诚笃信来超越自我、臻于神圣的文化现象。当然，宗教乃各种因素的复杂集合，这里所论宗教主要是从哲理、精神境界层面来界说，而不是对日常所见基层信徒宗教崇拜现象的抽象拔高或溢美评说。在宗教学科领域，我们主要是针对哲学家、思想家的宗教意向及其理论阐发来研究，不是表层现象的描述，而乃本质因素的分析。就其存在本质和价值意义而言，宗教表现出对人类存在及其认识之有限性、相对性的体认和突破这些局限的努力，即以其文明创造、社会实践、道德规范和崇拜礼仪等形式来表达对无限、永恒、绝对的敬畏、倾慕及神往，并由此构成其追求真、善、美、圣的价值观念、致知取向和行为举止。学术层面的宗教研究，必须面对宗教界的知识精英，与其哲学家、神学家、思想家、作家、诗人的宗教理解展开深层对话。如果各说自话、互不沟通，那么这种研究只能是无的放矢、毫无意义。低层次的大批判之论，没有学术含量，对方不仅不服，而且还会报之以轻蔑鄙视、嗤之以鼻。所以马克思主义经典作家马克思、恩格斯认为把宗教简单地视之为"无知""骗人"之论，不仅不会解决问题，反而会让对方反感、小瞧。所以，必须站在哲理的高度来敏锐地观察宗教、睿智地论说宗教。这种宏观上的宗教理解会促使我们从宗教本身之纵向性上对宗教灵思、灵视、灵修、灵悟和灵感的精神意义及生存意义加以深入探究。例如，对宗教灵思所涵盖的神学、玄学及其哲理之研究，就是旨在弄清楚宗教的终极关怀和形上探究之真实底蕴及现实价值；对宗教灵视所反映的外观、内省之揣测则体现出人们认识宗教心理或其潜意识的努力；对宗教灵修的观察与研究实际上是要对其实践层面的修行和体验加以科学说明及客观评价；而对宗教灵悟及灵感的把握也涉及对其非理性或超理性因素如情感宣泄、神秘感悟等的洞察和揭秘，此外还有对宗教艺术及宗教美学之真谛的琢磨与推敲。基于宏观整体的宗教之探，有着其抽象性和普遍性。它乃通过破译、描述、分析、诠释来理解并界说宗教这一存在于人类文明之深层结构中、对其发展变化有着重大影响或直接制约作用的精神力量。其精神意识、本质构成之层次上的宗教探究，除了传统意义上的各宗教神学、宗教哲学、宗教价值形态学、宗教伦理学之外，亦包括现代学术氛围中形成的宗教语义学、宗教诠释学、宗教文化学、宗教现象学和宗教评断学等。此外，纵向性的宗教内在之探还有宗教历史沿革、宗教文献典籍、宗教体制建构，及其律法、规范、礼仪、伦理道德和习俗传统等层面的研究。

就其存在及表现形态而言，宗教既是一种精神追求，又是一种社会实存。它必然与其存在及发展的社会氛围产生关联，而且自身也是一种社会群体存在形态和具体组织机构。宗教在此亦有其现实关切和社会思考。这样，对于宗教的探究则必须从横向上认识宗教与社会及时代的有机联系和交融互渗。宗教之具体存在及其社会关系的复杂性，使这种探究只能是多层次的，而不可以单一独论。从其社会存在而言，没有抽象的宗教发展，而只有非常具体、变动不居的宗教呈现，这与抽象意义上的宗教思想、精神之探是显然不同的。人的宗教存在和信仰生活都体现在各种具体宗教组织机构及其社会活动之中，因此我们的宗教社会研究必须要接地气，深入社会去观察、分析，而不可自我封闭在抽象研究的书斋中坐而论道，不能想当然地空发议论。若要从总体上认识宗教灵性追求之本质，就无法回避不同宗教之类型比较和各种信仰之间的沟通及对话问题。这时则必须还原到宗教的社会本质，找出不同宗教各自不同的社会个性，在此基础上来进行比较、归纳、抽象、提升。如比较神学、比较宗教学研究，宗教的排斥与宽容、对抗与对话问题之探求，宗教认同、趋同和各教派合一现象之剖析等，都涉及宗教在具体时空中的社会呈现，这也是对宗教加以横向比较研究的前提。除了各宗教之间的关联与比较，还有在更广泛的社会和文化意义上宗教对其外界的联系、适应和变革。为此，我们应以较为广远的视野来分析研究宗教与社会、国家、民族、政治、政党、法律、公义、秩序等关系，关注其在人们思想文化生活及文学艺术等创作中的积极参与或重要体现，认识到宗教在国内动荡与安稳、国际冲突与合作中的作用及意义。这些研究涉及宗教实存、宗教现状、宗教政策、宗教法规、宗教协调、政教关系，以及宗教民族特色和社会作用等层面。它们之间既相互关联，却又彼此区别，由此构成了宗教社会学、宗教政治学、宗教民族学、宗教传播学等边缘学科或新兴学科。必须承认，探究作为社会实存的宗教无疑会遇到一些敏感问题。但研究者不可能也不应该回避这些敏感问题，若因敏感而无视或躲避，无助于问题的揭示和解决，视而不见、听而不闻，则势必贻成大患；当然，在触及这些敏感问题时也应对其研究的方式，以及其研究成果的表述持谨慎态度，有尽量周全的考虑。如果不去接触社会关注的焦点问题、回避一些关键的讨论或争论，我们的研究工作就会失去其时代感和参与社会变革的机会。

毋庸讳言，作为文史哲等人文学科意义上的所谓纯学术性宗教研究层面，则有其学科上的相对独立性和超时代性。学科发展有自身的惯性和规律，有时会得到其当下社会处境的认可或认同，但有时也可能"不合时宜"，因过于超前或不甘流俗而暂时不被社会多数人所理解或肯定，这时学界的"孤独自表"或"孤芳自赏"也可能成为"独唱"甚至"绝唱"，历史上可以说不乏其例。对此，研究者应持有坚持真理的风骨，也要有尊重学术规律、维护学术规范、持守学科发展的勇气。这时学者至少应该洁身自好、独善其身，即使可能没有殉道的英雄出现，也不要有任何事后诸葛亮的投机心态。学术研究虽然不可能根本脱离其社会及时代氛围，但超前或滞后的情况却确有存在；其存在与发展的可能实际上主要是靠营造一种学术气氛，在一定学科范围内的同行学者中达成共识、产生共鸣。所以说，学术小范围的气候非常重要，一旦学术风气以正气为主则能保住其学科的科学性、严肃性和独立性。学界需要"浩然正气"，学者应该"宠辱不惊"，有着穷究学问的执着精神和持之以恒。回顾人类思想史和学术史，从来就不是风平浪静地走过来的，而人类社会在经历了千百年的风云变幻、跌宕起伏之后学术犹存、学者犹荣。为此我们必须看到，这些纯学术性的研究虽然不可绝对地"为学术而学术"，其研究却也往往无法应景、应急，或马上产生某种具体、直接的实用功效，因而在短时期内不会被社会所承认或珍视。有时人们会不屑地问道："你们那些看似深奥的研究有什么用呢？"这就好似鄙视那些价值连城的文物之碗罐瓷瓶静摆在橱窗中而无日常碗筷之用一样无知。的确，不少思想的火花在历史上被人们当作萤火虫之光而无视其忽闪忽现、任其自生自灭，而不去捕捉、掐灭就算万幸了。但这些熄灭了千年之久的光亮会再现，甚至得以照亮世界的进程；这些沉寂了数代以后的声音会再响，甚至可能成为时代的强音。同理，以这种求真悟道之研习为己任的执着追求者应以一种望穿时空的审视和耐得寂寞的毅力来静心于其历史巨著的构思、完善体系的创建、学术见解的突破，以及文化遗产的发掘和整理。刨根问底不停息，语不惊人誓不休。这种研究或许缺乏较强的现实感，除受少数同仁的青睐之外而不为社会公众所问津。但它乃追求一种"永恒的现实"和"持久的价值"，找寻着"跨越历史的沟通"和"克服文化障碍的交流"。其成果亦会具有一种历史凝重感和经久不衰之魅力。殊不知不少"赶时髦"的研究或许不过是"过眼烟云""昙花一现",很快就被淘汰或被彻底遗忘。许多人文学科的产生并非人之实用之所需,而乃人之本性之所致,与人的生命本原休戚相关,是人具有根本性、超越性的所思所想。因此,宗教研究不能放弃或忽视这种类型的系统工程或长期目标。其立项选题应该经受住时间的考验。立志于此的研究者应自强不息,不必急功近利,也不需以成败论英雄。而社会同道也应对之表示必要的关切和认可,最大限度地争取社会的同情或理解。

当然,中国学者的宗教研究应体现中国特色。但我们应扬己之长、避己之短,侧重于中国宗教各领域的研究,同时又要以开阔的胸襟来迎接外来思潮,对之加以批判性审视,持"去伪存真、去粗取精"的扬弃之态,以此展开中国与世界的对话。换言之,我们在研究内容上要更多体现中国特色,拿出自己独有的成果以自立于世界学术之林,而在研究方法上则应吸收国际上的最新学术成就,在博闻多见、博采众长、知己知彼、虚怀若谷的基础上进行中外比较研究,参与全球性学术研讨和发展。对于中外宗教的探讨,一方面要从中国文化背景中看外来宗教在华出现的矛盾冲突、适应调整、对话理解和契合汇通之演进过程;另一方面也要从世界文化背景中看中国宗教对世界宗教发展的参与、其在世界文化大潮中的融合。实际上,许多外来宗教已经成为中国文化不可分割的重要组成部分,而儒佛道等历史悠久的中国传统宗教亦已获得普世性的影响,成为世界文明的重要体现。宗教之民族性和世界性既包括其传统的积淀和扬弃,也有着对外来全新文化因素的改造和吸收。宗教的流传已成为不同文化交流、融会和趋同的典范。因此,我们对中外宗教不宜作狭隘理解和简单区分,而要基于中国学者这一认识主体和中国文化发展这一立足点来使我们所从事的中外宗教研究达到辩证统一、相得益彰。

另外,这种多层次的宗教研究既要看到宗教结构之相对静态,又要注意宗教发展之绝对动态。这样,我们所采取的研究方式应是开放的、能动的、发展的,即注重宗教在不同时间、地点和条件下的发展变化,理解宗教内涵的丰富多样、宗教存在的多姿多态,洞察社会与宗教发展演变上的多向性、互动性,以及其文化模式上出现的嬗变和转型。从这一立场出发,我们对宗教的认识在空间上应该是多层次、全方位的,在时间上应该是变化、发展和辩证的。而且,在看到宗教所处之社会文化大氛围的限定性和制约性的同时,亦应重视宗教自身存在所具有的相对独立性和特殊性。

看到对宗教多层面认识和多层次探究的必要性,是我们健全宗教学科体系和构设研究课题的基础与前提。在对中国及世界各种宗教的系统研究中,应有基础和应用课题兼行、本土和外域研究并举,历史与现状探讨互顾之基本要求。由此进而根据自身或其研究机构的学术意向和能力,并结合其学科及社会需求来加以调整,以突出重点、形成梯队,做到有主有从、有长远有眼前,使学术活动和谐活跃、充满生机。而且,宗教研究者还可以研究中心或课题组合等形式展开社会横向联系与合作,促成其学者同人之学术协调和共进。这种立体、有机的多层面宗教探究,是我们深入理解和认识宗教之必要。我们应该通过研究宗教特有的各种灵性表现形式来弄清其精神实质、通过剖析其复杂的社会关联而把握其文化蕴含。这样,我们的宗教研究工作就能在我国目前文化发展、学术繁荣、精神文明建设中发挥能动作用,成为其有机构成。

(原载《世界宗教资料》1994年第2期)

第二十一章

关于中国宗教学研究的几个问题

在当代中国宗教学发展中，中国社会科学院世界宗教研究所和北京大学的宗教学研究都有着非常重要的地位和极为独特的意义。在1963年，即50多年前，毛泽东主席在一份文件上作出了"加强宗教问题的研究"的重要批示。这个批示对于中国开展专门的、学术的、建制性的宗教研究具有重要推动作用。在这个重要批示指导下，1964年，任继愈先生以北京大学哲学系的教师为主，组建了当时隶属于中国科学院的世界宗教研究所，中国的宗教研究由此出现了质的突破。因此，北京大学和世界宗教研究所乃是中国当代社会建制性宗教研究之源端。其带动了中国宗教学研究的扬帆起航，尤其是在中国改革开放的这40年取得了飞跃发展，基本形成了中国宗教学研究体系和学科格局，推出了众多研究成果。但随着其研究的深入，不同见解亦逐渐涌现。最近几年来，在中国社会舆论上出现了一些对中国宗教学的学术性质和学科意义的议论、商榷和思考，笔者就此尝试作一些必要的探讨及评析。

一 关于宗教学的学科性质

宗教学在中国属于人文学科，目前在中国学科领域为归属于哲学的二级学科，由于这是一门相对年轻的学科，相关学者尝试使其成为我国人文社会科学一级学科的努力尚未成功。宗教学的学科特点就是对宗教展开客观、科学、历史性研究，最初被理解为一种客观描述性的学科，此即所谓"狭义宗教学"；后来亦增加了规范性的内容，故而扩展为"广义宗教学"。但其基本性质就是以"悬置"宗教信仰为前提来对宗教展开系统研究。当然，宗教学的产生有其社会文化背景和学术知识及经验的积淀，当时西方近代哲学、语言学、历史学、人类学、文献学等学科的独立发展及其提供的知识结构使西方的宗教学得以萌生，而且这种宗教学方法与以往基督教会内宗教研究的根本不同之处，就是系统运用了比较研究、田野调研等新的方法，使之不纯为书本知识，还增加了实践内容。应该承认，近代宗教学发轫于西方宗教学，但宗教学这一学科独立发展的基本特点，就是脱离西方基督教神学的范围及信仰前提而倡导中立的比较宗教研究和宗教史研究。这种分离以西方宗教学创始人之一、1873年发表《宗教学导论》的英籍德人、比较语言学家麦克斯·缪勒与德国基督教教会史家哈纳克关于"一种宗教"（指基督教）或多种宗教研究的著名争论为标志，缪勒强调对多种宗教的比较研究，认为"谁只知道这一种宗教，他就什么也不知道"。西方宗教学因强调多宗教的比较研究和宗教史研究，从而发展为与基督教神学分道扬镳的新兴学科，并且取得了广远的学科发展和国际影响。此外，虽然最初研究宗教学的西方学者多为基督徒，他们在方法论上却最终确定了不以其宗教信仰为研究前提的原则，由此形成了与基督教神学的本质区别。对于这一新生的宗教学学科之科学意义，后来的宗教史学家夏普曾如此评价说："在缪勒之前，宗教领域虽然广泛而且充分，却是杂乱无章的。在他之后，人们看到这个领域已成为一个整体，服从于一种方法，简言之，得到科学的处理。"① 今天中国的宗教研究在学科意义上已发展为系统的宗教学，其中当然也包括对西方宗教学的探究。宗教学的学科性质决定它要对各种宗教包括基督教展开研究，其研究者也包括具有宗

---

① 埃里克·J. 夏普：《比较宗教学史》，吕大吉等译，上海人民出版社1988年版，第58页。

信仰的学者，但宗教学的基本特征就是其研究不以任何宗教信仰为前提，有宗教信仰的学者在这种研究中自然也应不受其宗教信仰的指导和影响。如果没有弄清楚这一基点，实际上也就是没有真正理解究竟什么是宗教学。目前社会对宗教学研究的一大误解，就是把宗教学等同于基于宗教信仰的研究，从而对之颇持偏见，对研究者也多有讽刺、贬损，甚至提出各种似是而非的判断、批评，严重妨碍了这一学科的正常发展。所以，宗教学理解上的拨乱反正乃当务之急，这会直接影响到中国宗教学的存在、发展及前途。

二 关于对宗教经典的搜集、整理和翻译

宗教学的一大基础和研究任务，就是要有其研究的资料基础。西方宗教学最初的开创者就是从资料积累开始的，不少宗教人类学家做了大量的田野调查，积累了丰富的第一手资料，如泰勒发表的《原始文化》，弗雷泽出版的12卷本《金枝，对法术与宗教的研究》等，就是这些经典文献的典型代表。而缪勒自1875年以来就搜集、主编出版了51卷的《东方圣书集》，其中除了包括众多印度古代宗教经典之外，也收入了当时已被译为西文的四书、五经、《道德经》等中国经典。宗教经典的搜集、整理和翻译，是深入了解宗教历史和教义的基本前提，当前国际上流行的经文辨识（Scripture reasoning）正是以这些经典的翻译、解读、诠释和比较研究为特色。没有对相关宗教经典的搜集、整理和翻译，则根本谈不上对宗教深入而系统的研究。我们常说，人文学科的研究一靠资料搜集，二靠正确方法；而方法的运用则体现在对所掌握资料的科学驾驭上。可以说，积累、梳理、消化宗教资料这一过程乃是必需的，是宗教研究的基本功。

资料积累对于中国宗教学的发展也是至关重要的，任继愈先生在创立世界宗教研究所时为其设定了两项基本任务，即积累资料、培养人才。为此，在中国改革开放以后学术研究开始进入正轨、宗教学正式在社会亮相之际，其研究人员的一大任务就是搜集、整理宗教经

典，系统翻译宗教名著，以便为此后的深入研究打下坚实的基础。其中任继愈先生亲自领衔主编的《中华大藏经》就是一项重要成果，曾引起学术界乃至整个社会的普遍关注。此外，道藏、儒藏等经典的编辑、出版也得到国家的大力支持。除了中国本土的宗教经典得以整理、出版，世界范围的宗教经典之整理、翻译也受到重视。例如，中国学术界此间也汉译了伊斯兰教经典《古兰经》。这类译本以其高质量、准确性而也得到相关宗教界的认可，得以在其宗教范围内运用、流行。而对基督教的经典之翻译、研究，也是硕果累累、成绩斐然，不少汉译著作还被列入"汉译名著"的范围之内。实际上，这些宗教经典不少本身就有很高的文献、史料价值，其中有一些还属于人类文化宝贵遗产，意义独特，当然非常值得对其整理、译介和研究，使之得以系统出版或再版。为此，不能简单地把宗教经典的整理、翻译和出版等同于"传播宗教""宣传宗教"，而应该作出严格的学术区分。

三 如何看待宗教文化及其现实意义

改革开放以来，对宗教的理解经历了对宗教是否为"鸦片"的争论，以及提出"宗教是文化"的见解。从文化的构成及发展来看宗教，本来是很自然之事，但因 20 世纪 60 年代"文化大革命"对文化的歪曲和对宗教的否定，文化和宗教的关系在人们的认识上就成了问题。其实，人类的宗教发展是与人类的文化发展相交织、相呼应的，文化（culture）一词在西方传统中有着从与农耕文明相关的"开垦""耕作"之意到"教化""崇拜"等信仰蕴含的演绎、引申，而中文的文化一词所指的"文治"和"教化"也没有完全排斥宗教与之相关的寓意及功能。马克思主义经典作家在谈及宗教反映"人类本质的永恒本性"时并没有否认其对人之"文化性"的反映。毛主席也注意从文化的角度来看宗教。毛主席在 1947 年转战陕北途中见到一处寺庙时，曾告诉身边工作人员：那是文化，是名胜古迹，是历史文化遗产。毛主席明确指出"文化包括学校、报纸、电影等等，宗教也在内"。① 此外，江泽民同志也论及"我国宗教在其产生和发展的过程中，与我国文化的发展相互交融"② 这一重要观点。

宗教文化是人类文化的有机构成，宗教的文化内容是相关民族或人群的文化背景、文化传统之展现，有其社会及历史蕴含。这里，不能把"宗教是文化"视为宗教与文化的完全等同，更不是用文化来对宗教定义，因为它们都是人类社会经济存在的复杂反映。我们论宗教是文化或解读宗教文化，其旨归是让人们注意到宗教与人类文化的密切关联及在文化发展演变中的重要作用。这种宗教文化认知在我们当代中国更有着现实意义，即弘扬宗教文化、剔除其迷信糟粕，使宗教信仰者有更高的文化修养和精神境界，让宗教更好地服务于社会主义社会、在社会主义文化大发展大繁荣中有积极的适应和独特的贡献。宗教文化反映出相关民族或人类社团的文化传承，是其文化体系的有机建构，因而在形成其文化软实力时有其用武之地，故此在当今社会的文化建设中大有必要积极引导，使之得以尽力发挥其促进文明进步的文化功能。

四 中国宗教学应结合现实、为党和政府的宗教工作建言献策

虽然宗教学属于基础研究学科，却与现实问题密切关联。"民族、宗教无小事"，宗教研究理应为现实服务。中国宗教学至少应在如下两个方面结合现实，为党和政府的宗教工作作出应有的学术贡献。

一是中国宗教学的研究应该探究并鼓励各种宗教在华的"中国化"发展，科学总结、归纳其"中国化"的正确道路和可行方法。宗教应该入乡随俗、适应并融入其所在社会，任何宗教都不例外。宗教的这种"中国化"涉及政治、社会、经济、民族、文化、思想、语言等领域，

---

① 《建国以来毛泽东文稿》第3册，中央文献出版社1989年版，第583页。
② 《江泽民文选》第3卷，人民出版社2006年版，第388—389页。

值得认真研究。在各大宗教中，属于中国社会文化传统的应该"固本"，突出并彰显其中华文化特色；而由外传入的宗教则应该积极适应中国社会文化，成为其有机构成，为当代中国发展提供正能量、正功能。中国宗教学研究应该鼓励我们尽可能多地团结广大信教群众，特别是争取、团结占世界人口约三分之一的广大基督徒，使之"化"为我们的朋友，而不是"异"为我们的对手。在构建和谐社会、争取世界和谐的努力中，宗教要为这种和谐、和平起"柔化""同化""融合""共构"作用，这是宗教学研究理应积极推动的，宗教研究者应为之提供理论依据和历史经验，展示发展前景和正确道路。

二是中国宗教学要为党和政府的宗教工作、宗教政策建言献策。在中国社会主义的社会存在和中国共产党作为社会领导的核心力量在执政管理这一现实处境中，党和政府自改革开放以来关于宗教工作的基本思路是"将信教群众作为可以主动发挥作用的一方，更多地从积极方面来看待宗教"，旨在"使信教群众在全面建设小康社会的宏伟目标下最大限度地团结起来"。① 习近平总书记强调指出，要"巩固和发展最广泛的爱国统一战线"，以"最大限度团结一切可以团结的力量"，其中包括"发挥宗教界人士和信教群众在促进经济社会发展中的积极作用"。② 为了争取广大信教群众与党和政府同心同德，中国宗教学研究应该积极响应党中央的号召，认真贯彻落实党的宗教工作基本方针，以学术研究、学理探索的方式来积极引导宗教与中国社会主义社会相适应、参加中国和谐社会的建设。为此，中国宗教学应在捍卫宪法、依法保障公民宗教信仰自由上展开研究，应该配合党和政府工作、积极参与学术研究机构和高等院校培训、培养爱国爱教的宗教领袖和青年骨干，应该探索、总结新时期党和政府宗教工作的新举措、新思路、新经验，应该系统全面地发展中国特色社会主义宗教理论，应该开拓具有中国资

---

① 胡锦涛：《不断巩固和壮大统一战线，共同建设中国特色社会主义》，《人民日报》2006年7月13日。

② 《习近平谈治国理政》，外文出版社2014年版，第41页。

源、中国经验的中国特色宗教学学科体系，应该积极与宗教界及其理论学说展开对话，弘扬优秀宗教思想文化传承，坚决批驳各种各样的歪理邪说，防范并粉碎任何以民族、宗教之名为掩护来分裂祖国、搞政治渗透的阴谋。对于这些研究发展，中国宗教学义不容辞，应为人先。

在这50多年来，中国社会发生了巨大变化，具有建制意义的中国宗教学亦从无到有，顺利发展。尽管社会上对宗教学的理解还存在一些问题，尽管宗教研究者仍然受到各种误解的干扰和影响，但中国宗教学的整体大局是健康的、充满活力的。世界的变革、时代的发展、中国的崛起，都需要我们科学认真、持之以恒地研究宗教。今天，在实现中华民族伟大复兴的中国梦的努力中，中国宗教学方兴未艾、任重道远。

（原载《中国宗教》2013年第11期）

第二十二章

中国宗教学理论研究

宗教学理论研究，是指源自各宗教研究却超越其具体研究而获得的普遍性、规律性宗教理论和方法研究。其特点即以客观的、中立的、理性的立场和方法对宗教进行学术观察、描述、分析和研究。这种研究的最初推出既不基于宗教信仰而展开神学和宣教意义上的介绍和阐述，也不以反对和批判宗教的态度来指责、评断宗教。以这种观察性、描述性和分析性为特色的宗教学在世界学术史上为一门新兴学科，始于19世纪下半叶，以西方学者缪勒（Max Müller）于1873年发表《宗教学导论》首先使用"宗教学"（亦译"宗教科学"，science of religion）术语为开端。这种以研究各种宗教为己任，却又不同于各种宗教信仰的宗教学于20世纪初传入中国，并逐渐发展为一门独立学科，成为20世纪中国社会科学及人文学科的重要组成部分。

一 宗教学理论研究在中国的兴起及发展沿革

（一）中国宗教学的兴起

中国的宗教学理论研究始于20世纪初，当时受启蒙思潮、西学东渐和西方宗教学理论引入的影响，中国学界开始译介西方的宗教学理论，进而对宗教的一些基本问题及宗教本身存在的意义与价值展开讨论，提出了中国学者的相关认知和独特见解。在此之前，中国的宗教研究基本上为教内学者和相关人士对其教义、经典、礼仪等的整理、诠释和阐述。这在佛教、道教、儒教、基督宗教、伊斯兰教中都有悠久历史。但其研究成果多为护教、宣教和弘教的著作，故谈不上客观的、现代意义上的宗教学研究。

中国宗教学的兴起大体在 20 世纪初至 1949 年这一阶段，此即中国宗教学理论研究的第一个阶段。清末民初，中国学术界广受西方自然科学和各种哲学思想的影响，加之对民族危亡和中国传统思想文化的沉思及反省，开始兴起一种怀疑和批判传统、积极接受新学和西学的启蒙思潮。这一新兴学术潮流的涌现，一方面表现出"脱离宗教"的意向，有着对宗教的否定和批评；另一方面则体现出中国学界有越来越多的学者在关注并投身于宗教问题的理论认识和历史探究。这样，以往作为学术前提的传统信仰立场被扬弃，教内学者逐渐改变其立场以适应社会变迁、学术发展环境，而在教外人文学科等领域则有一批潜心宗教研究、方法新颖、见解独到的学者脱颖而出。此间中国学界推出了一批有关宗教基本理论、概括各大宗教和追踪宗教思潮的学术论著和译著，如简又文编《新宗教观》（1922）、汪秉刚著《宗教大纲》（1923）、黄景仁译《宗教概论》（1925）、张钦士编《国内近十年来之宗教思潮》（1927）、谢颂羔著《宗教学 ABC》（1928）、林超真译《宗教、哲学、社会主义》（1929）、邓毅译《唯物论与宗教》（1930）、钱亦石著《通俗宗教论》（1931）、刘剑横著《唯物的宗教观》（1932）、蔡任渔著《几个宗教问题》（1935）、虚心著《宗教通论》（1935）、林伊文译《宗教本质讲演录》（1937）、慕奥译《什么是宗教》（1937）、王一鸣译《现代宗教论》（1938）、徐宗泽著《宗教研究概论》（1939）、陈金镛著《中国的宗教观》（1939）、赵景松译《宗教与近代思想》（1941）、大同著《宗教学》（1947）等。

在中国宗教学理论研究兴起之初，中国学界颇为关心且展开激烈讨论的问题乃"宗教"是什么、中国有无宗教、儒教是否为宗教、宗教的意义及其与中国社会思想文化的关系等。在中国宗教史及学术史上，"宗教"这一术语乃由"宗"和"教"二字合并而成，二字此意则源自《易经》中"圣人以神道设教"和《书经·尧典》中"禋于六宗"之说。二字合并之"宗教"在中国古代最早见于佛教的表述，如梁朝袁昂（459—540）在其《答释法云书难范缜神灭论》中就已论及"仰寻圣典，既显言不无，但应宗教，归依其有"。"宗教"在这种传统理解中本指佛教中崇拜佛陀及其弟子的教诲，"教"即佛陀所言，"宗"则佛陀弟子所传，由此获人生宗旨、社会教化之意。而现代意义上的"宗教"专称及其概念则是根据日语意译西文"religion"而成。中文"宗教"术语通过佛教典籍的翻译传入日本，其佛教界最初将语言难以表达的真理称为"宗"，而关于这种真理的教义则为"教"。随着与西方文献的接触，日本明治政府的文书自 1868 年起将西方 religion 译作"宗教"，以指西方各国信仰的各种教派。由此，"宗教"与 religion 相关联，后又"假道日本而入中国"，如黄遵宪（1848—1905）在其 1887 年完稿、1895 年出版的《日本国志》中已多次沿用日文"宗教"术语，论及日本佛教会、神道会、耶稣会、天主会等"关于宗教"的"社会"。日本当时译用之"宗教"表述也已经其他途径而不断进入中国，并不时为人们所提及。但当时对这种西汉对译是否恰当并没有形成共识，也有人不同意将 religion 汉译为"宗教"，如在 1893 年参加美国芝加哥万国宗教大会的唯一中国代表彭光誉就认为 religion "于华文当称为谶纬之学"，故而在其《说教》中将 religion 之音译"尔厘利景"汉译为"巫"之意，并称基督宗教的传教士、神父、主教为"祝"。对于这一意译是否准确，能否用"宗教"恰当表达西文"religion"一词，中国学界在 20 世纪上半叶乃有不同看法，与"宗教"相关联的对译术语还包括"巫教""神教"等。对应中国儒教传统的宗教理解，常用术语则为"礼教""孔教""圣教"等，而中国道教等崇道之传统信仰认知却有着对宗教虚实结合的"天道"理解及相应表达。例如，王治心在《中国宗教思想史大纲》（1940）中曾指出，"宗教"在中国多被理解为"有形式的组织"，从而消解了西文"religion"中本有的"无形式的精神"和人心中的"崇敬"之意；这种"形式"化、"制度"化和"组织"化使"religion"原本具有的意义"缩小了"。而谢扶雅则在其

《宗教哲学》(1950)一书中指出,"宗教"在中国文字上的意义,"不过一神或多神之崇祀而已",从而不能涵盖"无神之佛教"和"介乎有神无神之间之儒教",也不能包括"religion"所意蕴之"神契经验及伦理行为"。因此,他认为比较贴切的翻译应是以"道"字来译"religion",因为"道兼涵体用两面,religion 亦具宗旨及方法两面"。①

论及中国古代有无宗教,20 世纪初中国学界亦形成了截然对立的两种观点。清末民初的历史学家夏曾佑在其《中国古代史》中将中国古代的各种有神论观念、原始信仰、民间崇拜和宗教存在都称为"中国古代的宗教",认为宗教在中国乃古已有之,并无例外。与之针锋相对,同时代的思想家梁启超则在 1902 年 3 月《新民丛报》上发表《〈论中国学术思想变迁之大势〉总论》,指出"吾国有特异于他国者一事,曰无宗教是也"。②梁启超认为孔子是哲学家、经世家、教育家,而不是宗教家,并在当时率先提出"儒教非教说"。在他看来,中国学者有重哲学、轻宗教的传统,二者之区别就在于哲学贵疑,宗教贵信。至于自印度传入中国的佛教则为外来宗教,而其入中国后亦"光大其大乘之理论",故与其他宗教有别。这一立论实乃中国学界中关于佛教传入中国之前中国并无宗教之说的肇端。在同年(1902)12 月的《新民丛报》上,他进而发表《论佛教与群治之关系》一文,指出佛教在华已不同于传统宗教之表现,其信仰乃"智信而非迷信""兼善而非独善""入世而非厌世""无量而非有限""平等而非差别""自力而非他力",所以"有益于群治",由此对佛教甚至也作了非宗教性解释。此后,梁漱溟亦承续此说,强调"中国无宗教",认为中国人乃是世界上唯一对宗教兴趣不大的民族,即一种"非宗教的民族"。他曾在《中国民族精神所在》一文中指出,"中国人肯定人生而一心于现世;这就与宗教出世而禁欲者,绝不相涉"。③ 为此,

---

① 谢扶雅:《宗教哲学》,青年协会书局 1950 年版,第 250 页。
② 卓新平主编:《20 世纪中国社会科学·宗教学卷》,广东教育出版社 2009 年版,第 601 页。
③ 同上书,第 17 页。

他也坚持"儒教非教说",强调儒佛二者本质有别,儒家立足于"人",属"世间法",而佛教复归于"佛",属"出世间法"。在这些论述中则不难看出,相关学者对宗教的认识其实非常模糊,其标准不一,说法上出入亦很大,如在对待儒、佛上即可见一斑。

关于宗教的意义和宗教与中国的关系,一些中国学者亦进行了重要的学术性探讨。此间,蔡元培曾先后发表《以美育代宗教说》(1917)、《关于宗教问题的谈话》(1921)、《以美育代宗教》(1930)和《美育代宗教》(1932)等文,提出"以美育代宗教"的论点。在他看来,"宗教只是人类进程中间一时的产物,并没有永存的本质"。而"将来的人类,当然没有拘奇仪式,倚赖鬼神的宗教。替代他的,当为哲学上各种主义的信仰",至于宗教在中国的存在,蔡元培亦认为没有必要:"中国自来在历史上便与宗教没有甚么深切的关系,也未尝感非有宗教不可的必要",为了取代宗教在过去历史上曾有过的功能,蔡元培提出了"以美育代宗教"的主张,其基本论点即认为宗教已为过去问题,而宗教之内容,现在也可以科学的研究解决之。在此,他论及了宗教与智育、德育、体育和美育的关系,指出原初宗教与人之知识、意志和感情这三种精神作用之关联,并论证了在"人智日开、科学发达"之进程中宗教与政治、道德和教育的分离。他分析说,宗教在人类古代曾集各种教育于一身,其中如"生自何来?死将何往?创造之者何人?管理之者何术"等为智育,宗教"以神道为唯一之理由",此即"知识作用之附丽于宗教者也"。而去恶行善、持诚守规、提倡利他等为德育,"此意志作用之附丽于宗教者也"。宗教中的礼拜、舞蹈、巡游、朝觐等为体育;而宗教建筑、雕刻绘画、诗歌文学和音乐舞蹈等"皆是以考见其爱美之思想",故为美感或美育,"此又情感作用之附丽于宗教者也"。由于当时"精神作用至为浑沌,遂结合而为宗教",加之"并无他种学术与之对,故宗教在社会上遂具有特别之势力"。但随着社会文化日渐进步、科学发达,学者掌握了科学方法来解释自然、人生和社会,逐渐出现了"知识作用""意志作用"和"离宗教而独立"的结果,仅剩情感作用即所谓美感或美育与宗教相关。自近代以来,美育亦有与宗教分合之两派。蔡元培为此指出,"以此两派相较,美育之附丽于宗教者,常受宗教之累,失其陶养之作用,而转以激刺感情"。以宗教充美育,则因宗教的强制性、保守性和局限性而不能成为纯粹的美感。若以美育代宗教,以美为普遍性而达"纯粹之美育",则可使人陶养感情,形成"高尚纯洁之习惯"。他的结论是:"鉴激刺感情之弊,而专尚陶养感情之术,则真如舍宗教而易以纯粹之美育。"① 蔡元培的这一主张在五四新文化运动前后在中国学界和社会上曾形成广远影响。

在中国宗教学的初创阶段,另一位新文化运动的著名代表胡适,亦在研究佛道教等宗教史的同时,阐述了其对宗教的基本看法和态度。他在1919年2月的《新青年》上刊登《不朽——我的宗教》一文,将宗教持守的"神不灭论"之"不朽"与《春秋》《左传》上关于"立德""立功""立言"之"三不朽"相对照和比较,认为"灵魂灭不灭的问题,于人生行为上实在没有什么重大影响";而肯定"德""功""言"这三种不朽则是"实在的"。不过,胡适承认上述"三不朽论"亦有"只限于极少数的人""没有消极的裁制"和"范围太含糊"这三层缺点和不足。因此,他提出一种"社会的不朽"或"大我的不朽"论来推崇,以强调自我现在的"小我"对于永远不朽的"大我"须负重大责任。胡适认为,过去那种"神道设教""见神见鬼"的"宗教的手段在今日是不中用了。还有那种'默示'的宗教,神权的宗教,崇拜偶像的宗教,在我们心里也不能发生效力,不能裁制我们一生的行为。以我个人看来,这种'社会的不朽'观念很可以做我的宗教了"。②

新文化运动中这些批评、否定宗教的观点,直接影响到20世纪20年代"非基督教运动"和"非宗教运动"在中国学界之兴起。然而,在自由讨论的氛围中,也有一些中国学者从理论上对宗教及其作用加以肯定性的阐述。例如,简又文等人于1922年4月发表"对于非宗教运

---

① 卓新平主编:《20世纪中国社会科学·宗教学卷》,广东教育出版社2009年版,第602—605页。

② 同上书,第606—611页。

动宣言",要求主张"非宗教"的学者用"物质的事实、历史的事实和心理的事实"来与他们讨论,"以学理相见于文字上",而不要再用在西方已被废弃的17—19世纪的学说来"塞责和愚人"。这些肯定宗教价值的中国学者也强调自己"是用科学的精神和方法,专门研究宗教学的",他们号召无论是肯定还是否定宗教的学者应以这一学科之科学、理性基础为出发点,"共同研究宗教或非宗教的真理",从而为中国学术及社会作出贡献。①

围绕着"宗教"的定义和特征,中国有无"宗教"和宗教在中国有无存在意义或价值等问题,中国学界展开了激烈的讨论和争辩,出现了截然对立的观点和态度。这些学术交锋和回应使中国宗教学刚刚问世就被国人所瞩目、为学界所关注,它们形成了20世纪中国宗教学理论研讨的第一次高潮。

(二)1949年至1976年中国宗教学的理论兴趣

1949年以来,中国内地学术界的宗教研究重新开始。由于政治原因,这一时期的中国宗教学理论研究相对滞后,学术气氛亦不太活跃。但与20世纪上半叶相比,宗教学研究的群体意识已逐渐加强,出现了各研究部门和高等院校的学术联系及合作,并初步形成专业化、机构化的发展。在此之前,中国宗教学研究则仅为单独的、零散的和随意的研究,其学科意识并未觉醒。20世纪50年代以来,中国内地的宗教学研究以人文学术界的学者为主,而宗教界的学者研究则趋于隐退和消沉。这与港澳台地区宗教研究以教内学者为主体的局面形成鲜明对照。

这一时期中国内地关涉宗教学的理论兴趣主要在于对马克思主义宗教观的介绍和诠释,将之作为对宗教工作及相关社会实践的依据和指导。其对宗教的基本认知和评价则为否定的、批评的,认为宗教作为一种意识形态和上层建筑乃是"颠倒的世界观",产生于存有剥削、压迫

---

① 张钦士:《国内近十年来之宗教思潮》,燕京华文学校华北公理会出版社1927年版,第210—211页。

的私有制社会这一"颠倒的世界"。在私有制社会这种苦难的现实世界中,宗教对被压迫者具有一种"鸦片"的作用,从而被剥削者、统治者所利用。不过,直接"向宗教宣战"也是错误的,正确之途应是消除宗教得以产生的社会根源即私有制,消除社会的不公和异化。只有当作为宗教存在之基础的社会剥削和压迫等异化现象消除之后,宗教才可能自然消亡。然而,在社会主义社会的初期,宗教作为旧社会的"残余"仍会存在下来并对社会产生影响,其逐渐消除是一个漫长的历史过程,因此对信教群众要以宣传教育为主,对之启发帮助并解决其实际困难和问题,以促进其觉悟。这里,对信教群众的基本工作态度和原则应是"引而不发",而"无须旁人过早地代庖丢菩萨"。①

除了上述政治层面和意识形态上对宗教的基本认知之外,这一时期的中国宗教学理论研究还注意到宗教与群众、社会及历史文化的关联。中国内地党政部门自20世纪50年代就曾提出承认宗教具有"群众性、民族性、国际性、复杂性和长期性"这"五性"之说。而毛泽东主席本人亦关注和重视对宗教的研究,他认为宗教"至今影响着广大人口","这是个群众问题",亦是一种历史文化现象。因此,毛主席赞成"研究各种宗教的经典,研究佛教、伊斯兰教、耶稣教等等的经典",并从批判性继承和跨学科研究的角度指出"不批判神学就不能写好哲学史,也不能写好文学史或世界史"。②他还具体对佛教进行过研究,认为要真正弄懂中国传统文化,对之加以继承和弘扬,就应该深入研究佛教和佛学。与此同时,周恩来总理亦曾明确表示,我们不仅要研究各种宗教的历史、理论、现状,而且要深入地研究各种宗教的教理、教派、教义,要真正地懂得宗教。这样,中国的宗教学理论研究在这一时期体现出了与社会科学理论和统一战线理论密切结合的时代特色。

中国宗教学理论研究在这一阶段亦出现过一次研讨热潮,一些学者曾围绕有神论、宗教、迷信三者之间的关系和区别展开了争论,一度引

---

① 《毛泽东选集》(合订本),人民出版社1967年版,第33页。
② 《毛泽东文集》(第8卷),人民出版社1999年版,第353页。

起学界关注。1959年至1964年，牙含章发表的一些文章引起了游骧、刘俊望等人的回应，由此产生了"宗教是否为迷信""宗教"与"迷信"有无区别、"马列主义宗教观"与"资产阶级宗教学"区别何在的讨论。针对游骧和刘俊望论述"宗教同有神论观念、迷信的关系"之文章及其提出的"宗教和迷信是一回事"的论点，牙含章则认为"宗教是迷信，但并不是一切迷信都是宗教"。按照牙含章的观点，并不是所有的有神论观念都是宗教，有神论观念只是产生和形成宗教的一个条件；无论是"自发宗教"还是"人为宗教"，其形成都必须包括"神灵观念""教义和宗教礼仪活动"以及"宗教职业者"这三个条件。这种想法后来在吕大吉等人关于宗教的定义上得到肯定和扩展。这种对宗教内容的分析一方面对20世纪上半叶"组织性""制度性"的宗教认知有了回应，另一方面则为1976年以后中国内地关于"宗教"概念或定义的讨论埋下了伏笔。甚至在20、21世纪之交中国学术界关于"建构性"与"弥散性"宗教的区别上又再次触及。牙含章认为，"宗教"内容的内涵较大、外延则较小，故不能涵盖有神论观念和迷信，尤其是封建迷信。因此，在认识到它们之间的关联时，必须注意其区别和特殊性，否则就会"夸大"宗教，甚至"承认一切封建迷信也有'信仰自由'"，从而不利于贯彻落实宗教信仰自由的政策，所以必须把"封建迷信"与"宗教"严格区分开来。牙含章论述这些观点的文章《和资产阶级"宗教学"划清界限》发表后，又引起了更广泛、更深入的学术讨论，有些学者对牙含章和游骧等人的对立观点都持不同意见，认为宗教与迷信本质有别，界限分明，绝不可以混为一谈和过度关联。此后牙含章将其参与讨论的文章结集出版，题为《无神论和宗教问题》（1964）。但总体来看，这一时期关于宗教基本理论研究的著作文章不多，译著也只有陈修斋等译《自然宗教对话录》（1962）、杨永等译《宗教的起源》（1964）等少量著作问世。但自"宗教"是什么、中国究竟有无宗教的问题提出来以后，就一直困扰着中国学术界乃至整个社会，迄今仍无对之清晰而得到公认的回答。

（三）1976 年以来中国宗教学体系的创建

1976 年以来是中国宗教学理论发展的第三阶段，这一阶段在中国体制改革、对外开放、解放思想、繁荣学术的大好环境下理论研究最为活跃，学术成果亦最为丰富。中国学者对宗教的本质、定义、起源、作用、历史发展、社会功能等进行了深入研究，涌现出不同的学术流派、理论观点和研究方法。在宗教学的定义、范畴、方法和研究领域或范围等理解上，学者们各抒己见、百花齐放。例如，一些学者认为宗教学应是对宗教的"客观性描述"，在这种描述中应"中止判断"；另一些学者则坚持宗教学亦应包含"主观性评断"，不能回避对宗教本质的界定和对宗教价值的判断；还有一些学者提出宗教学应是"描述性研究"与"规范性研究"的有机结合和齐头并进。在宗教学体系的划分上，有人持"狭义宗教学"之见，即走"描述宗教"之路，有人则强调应将宗教学发展为"广义宗教学"，即涵盖"判断宗教"之任务。大家各持所论、畅所欲言，展开思想交锋，形成学术争鸣的活跃气氛。

在这一阶段，中国学者先后出版了许多论述宗教学基本理论的著作，形成了不同见解的各种流派，为中国宗教学理论体系的构建打下了良好基础。其重要成果包括陈麟书编《宗教学原理》（1988）、吕鸿儒等著《宗教的奥秘》（1989）、赖永海编《宗教学概论》（1989）、吕大吉主编《宗教学通论》（1989）、赵锡琪主编《宗教学》（1990）、卓新平编《西方宗教学研究导引》（1990）、罗竹风主编《宗教学概论》（1991）、卓新平著《世界宗教与宗教学》（1992）、吕大吉著《西方宗教学说史》（1994）、罗竹风主编《人·社会·宗教》（1995）、张志刚著《走向神圣——现代宗教学的问题与方法》（1995）、陈麟书主编《宗教观的历史、理论、现实》（1996）、龚学增主编《宗教问题概论》（1997）、施船升著《马克思主义宗教观及其相关动向》（1998）、吕大吉著《宗教学通论新编》（1998）、卓新平著《宗教理解》（1999）等。

在对"宗教"的基本认识上，中国学术界自 20 世纪 80 年代以来围绕宗教与鸦片、宗教的定义、儒教是否为宗教、宗教道德、宗教文化之理解以及如何积极引导宗教与社会主义社会相适应等问题展开了激烈讨论。针对"宗教是否为鸦片",中国学术界在 20 世纪 80 年代早期和中期曾展开了一场如何理解马克思关于"宗教是人民的鸦片"这一表述的争论。由于南方与北方学者的不同观点,以及南方与北方刊物所载文章的不同态度及取向形成对比,故有"南北论争"之称。但以"南北"划界很不准确,因为北方亦有不少学者发表了与南方学者观点相似的文章。这一时期的代表性论文包括谦学的《从宗教与鸦片谈起》(1980)、张继安的《学习马克思关于宗教的几个基本理论问题》(1982)、吕大吉的《试论宗教在历史上的作用》(1982)、徐如雷的《宗教是社会主义社会的上层建筑》(1985)、赵复三的《究竟怎样认识宗教的本质》(1986)、宗尧的《试析马克思青年时期对宗教的认识发展——兼谈对"宗教是鸦片"的理解》(1986)、江平的《认真学习马克思主义的宗教论和党的宗教政策》(1986)、俞朝卿的《再论宗教的本质和社会作用》(1987)、吕大吉的《关于宗教本质问题的思考》(1987)等。在这场讨论中,一些学者仍坚持认为"宗教是人民的鸦片"这一说法乃"概括了宗教的本质,说明了宗教的社会作用",指出"宗教就如同人们吸食了鸦片以后所产生的幻想一样,人们妄图在这些幻想中得到暂时的安慰"[①]。因此,马克思这段名言的确指出了宗教有精神麻醉作用,宗教在社会具有负面影响。不过,这一方学者承认精神鸦片在本质上不可与物质鸦片相等同,宗教的镇痛和麻醉作用也是人民在历史现实中的社会需求;当社会问题尚不可能获得彻底解决时,宗教的存在也是必然的、不可避免的。另外一些学者则认为,不能将马克思这句话理解为其对宗教的定义或论及宗教的主要观点,更不能将之视为马克思对宗教的简单否定和批评。根据这句名言的上下文来分析,可以看出马克思对宗教的论述乃基于对信教群众的同情和理解,最多也是哀其软弱、怒其不争。他对宗教产生之根源的探讨研究并不是要从根本上否

---

① 张继安:《学习马克思关于宗教的几个基本理论问题》,《世界宗教研究》1982 年第 4 期。

定宗教，而是指出宗教所反映的人类经济、政治和社会现实。而且，19世纪的欧洲在马克思之前就已有许多学者包括宗教人士用鸦片来比喻宗教，如基督教布道家克伦玛，思想家海涅、黑格尔、费尔巴哈等人，"可见，'宗教是人民的鸦片'这句话的发明权，归到海涅或费尔巴哈名下，或许更恰当些。无论海涅或费尔巴哈都把宗教描述与从外面'滴入受难人民的苦杯'，'向他施用鸦片'"，"在马克思写下这句话的时候，鸦片是一种贵重的止痛药，穷人用不起，穷人有苦痛就转向宗教，以求解脱"。① 马克思借用"鸦片"来比喻宗教，也是基于当时对鸦片镇痛治病功能的承认。"这同后来视鸦片为毒品有一个时代的差距。而19世纪中叶以来的中国人，经历的第一次奇耻大辱就是鸦片战争，痛恨鸦片，视之为西方殖民主义用以毁灭中华民族的毒剂，这种认识和由此引起的强烈感情反应是很自然的。"② 在中国这种国情下，有着对"鸦片"的深恶痛绝，因此不能把马克思借用当时欧洲的这句话简单地搬到19世纪中叶"鸦片战争"之后的中国来运用。"如果把宗教的本质简单地说成是'鸦片'，就会认定它对人们只有'麻醉作用'，从而闭眼不看它在历史上起了各种不同的作用的复杂情况，也不看今日我国各民族绝大多数宗教徒，在中国共产党领导下，和广大人民一道建设社会主义的事实。"③ 这一争论在当代中国对"宗教"的基本认知上带来了分析、认识马克思相关论述的积极结果。吕大吉后来在总结这一认知进程时指出："马克思主义世界观和宗教观可以为我们的宗教研究提供认识论和方法论的指导。但是我们决不能把马克思主义这个观点或那个理论当成现成的结论或永恒不变的教条，更不能把马克思、恩格斯、列宁的个别论断当成证明的工具。……马克思、恩格斯、列宁并不曾建立一个完整的宗教学体系。他们的宗教理论并没有穷尽宗教问题的各个方面，也不是绝对真理。对待马克思主义的宗教理论，我们不能

---

① 赵复三：《究竟怎样认识宗教的本质》，《中国社会科学》1986年第3期。
② 同上。
③ 同上。

持宗教徒式的迷信态度,不能用经典作家的语录去代替对宗教现象的具体分析。"① 根据中国学术界的重新认识和理解,马克思主义的核心和灵魂乃实事求是,对于具体问题作具体分析。因此,对宗教的发展演变,应有历史的眼光,应以能动、辩证的观点来看待其时空变化,由此真正找准、把握宗教的本质和意义。不过,也必须承认,这一争论所涉及的问题并没有得到根本解决,甚至在深层面上来看基本上没有得到解决。在其后的发展中,宗教问题一有波折,就很容易又回到这一争议上来。

在重新认识、研究马克思主义的宗教理论中,宗教社会功能、正负影响的重要意义开始被中国学术界所注重。这种对宗教的社会分析和探究,标志着中国宗教社会学的创建及其独有特色。引进社会学的研究方法,从社会视域来对宗教加以分析、评断,是中国在20世纪80年代以来的重要进展。可以说,在宗教学的各分支学科中,宗教社会学是最为被人所关注的,也是其发展最快、最易被人们所接受的学科。在此,中国学者特别关注宗教与中国社会的关系问题,从宗教与社会、宗教道德与社会文明、宗教与社会经济基础及上层建筑等关系上对宗教进行多层面的社会剖析。这方面的成就包括戴康生、彭耀著《社会主义与中国宗教》(1996)和其主编的《宗教社会学》(2000)、冯今源的《宗教道德与社会主义精神文明建设》(1997)等论文。在这一研究中,学者们从科学、客观、准确、经验实证的角度来研究宗教的社会象征、意义及功能,采取社会调查、地区抽样、问卷搜集、统计分析、实地观察、历史分析和跨文化比较等方法。在论及宗教的社会意义上,一些学者指出,宗教对社会具有正负功能,宗教在中国社会主义制度下仍有着心理调适功能、社会整合功能、社会控制功能、个体社会化功能、认同功能、文化功能和交往功能等;而且,宗教这两种正负相对应的社会功能之间"在一定的条件下会发生变化,由强弱变化到潜显变化。在总量不变的情况下,宗教的每种正负功能在一定的社会条件下都可能发生变

---

① 吕大吉:《宗教学通论》,中国社会科学出版社1989年版,第33页。

化，可能相应的扩大和缩小，它们彼此消长，你扬我抑。……决定宗教正负功能变化的因素虽然很多，但在我国，社会对宗教所持的态度如何是影响宗教功能变化的一个相当重要的因素。换言之，宗教正负功能的变化都离不开社会所给予它的条件，是社会条件决定每组宗教正负功能彼此的消长与扬抑"①。宗教这些社会功能复杂多样，并不能被政治理论和意识形态所涵盖。为此，一些学者认为，应突出宗教道德在社会上的积极作用，使之能够参与中国社会主义精神文明建设。在认识到宗教社会特性的基础上，可在实践层面上促进宗教与社会的协调，积极引导宗教与中国的社会主义社会相适应。不过，没有价值维度支撑的社会道德也很难讲透，因此在宗教道德的评价上也颇费周折，更无比较明确的结论。

基于对宗教本质的重新认识和对宗教社会功能的交流梳理，中国学者在"宗教"定义的研讨上取得突破。在继承与发扬的意义上，不少学者认为，对马克思主义的宗教观和前人所取得的成就不仅仅是"跟着说"，更重要的应是"接着说"，有所创新和发展。吕大吉在1987年发表《关于宗教本质问题的思考》，基于其对"以神为中心来说明宗教的本质和规定宗教的定义""把信仰主体的个人体验作为宗教的本质和基础"，以及"以宗教的社会功能来说明宗教的本质并规定宗教的定义"这三个层面的分析和思考，他认为宗教的基本因素分为"内在"和"外在"两类，宗教的体系结构分为三个层次，由此提出了宗教的"观念""体验""行为""组织与制度"四要素说，并对宗教的意义作了如下表述："宗教是把支配人们日常生活的外部力量幻想地反映为超人间、超自然的力量的一种社会意识，以及因此而对之表示信仰和崇拜的行为，是综合这种意识和行为并使之规范化的社会体系。"② 吕大吉还基于这一定义及其四要素说来构建一种中国宗教学体系，在其《宗教学通论》等著作中加以详尽阐述和进一步发挥，从而对20世纪80年

---

① 戴康生、彭耀：《社会主义与中国宗教》，江西人民出版社1994年版，第69页。
② 吕大吉：《关于宗教本质问题的思考》，《中国社会科学》1987年第5期。

代以来中国宗教学的框架、体系之构设形成了重要影响。通过学术交流和沟通，吕大吉在进一步修改和补充其论点后，在《宗教是什么？——宗教的本质、基本要素及其逻辑结构》（1998）一文中重新厘定其宗教定义："宗教是关于超人间、超自然力量的一种社会意识，以及因此而对之表示信仰和崇拜的行为，是综合这种意识和行为并使之规范化、体制化的社会文化体系。"① 这种宗教定义引起人们的广泛讨论，卓新平、李申、周国黎、孙波等人曾先后发表了他们的相关看法。卓新平从"宗教性"与"宗教群体"两方面来界定宗教，指出"宗教性"内涵小、外延大，乃宗教的精神、心理意义，是一种普遍现象；"宗教群体"则内涵大、外延小，为宗教的社会、构建意义，体现为群体区别明显的信仰组织形式。而从文化学意义上来看，"宗教是人类历史发展过程中一种强调个人及群体之灵性存在、寻觅终极意义、体悟升华意境、以求真为善、虔诚笃信来超越自我，臻于神圣的文化现象"，宗教指"人类在认识其有限、相对之际仍以其文明创造来表达其对无限、永恒、绝对的倾慕、向往，并由此构成其追求真、善、美、圣的价值观念、致知取向和行为实践"。② 所谓宗教"采取了超人间的力量的形式"，即指其对"神圣"与"超越"的理解和追求，表现出人之认知把握的"整体观"特征。周国黎则认为，"宗教的本质是人类现实的弱小力量与人类仍无法企及的终极需求之间的矛盾"，"宗教的特征是神性力量"，"宗教是人类暂且借助神性力量来替代现实弱小的人类力量以满足人类终极需求的社会历史现象"。他进而强调"宗教伦理构成了宗教的本质要素，而宗教信仰和宗教法律则构成宗教的特征要素"。③ 此外，还有其他关于宗教的定义或本质的见解也纷纷亮相。不同的宗教理解和宗教定义，在中国学术界形成了激烈的学术讨论，同时亦引发了对

---

① 吕大吉：《宗教是什么？——宗教的本质、基本要素及其逻辑结构》，《世界宗教研究》1998 年第 2 期。

② 卓新平：《当代宗教问题之思》，《当代宗教研究》1997 年第 2 期。

③ 周国黎：《从土耳其世俗化看宗教的演变》，《世界宗教研究》1998 年第 3 期。

宗教本质及定义更深层次和更准确的探究及把握。综合而论，当代中国比较容易接受的宗教定义更多体现为一种社会学层面的定义，其过多过大的内涵使其外延缩小，对宗教的理解故而远比国际社会所承认的狭窄，让人产生一种"宗教"与中国无缘的感觉。其实，世界范围的宗教界定虽未达共识，却远比中国所通行的理解简单，而其较小的内涵也使宗教理解的外延扩大，从而与中国的宗教定义形成明显的差异。

20世纪80年代以来，中国学术界在宗教研究上又进入了从"文化"之综合意义上来分析宗教、研究宗教和评价宗教的阶段，出现了将宗教视为"文化"并对之展开"文化研究"的学术思潮，形成"宗教是文化"的观点或蕴含丰富的"宗教文化论"。中国传统中的宗教研究通常将宗教视为信仰体系和社会历史现象，1949年以后则主要从意识形态的角度来看待宗教。20世纪80年代中期，针对学术界关于"宗教"与"鸦片"的论争，一些学者开始从"文化""文明"的角度来看待宗教，突出从"文化"的综合意义上来分析、研究、评价和界定宗教，提出了"宗教文化"命题，由此开辟了宗教研究的一个全新视域。在这一期间，赵复三在一些学术报告中谈到宗教与文化的关系问题，并于1985年在《群言》《天风》等刊物，以及同年11月在《人民日报》（海外版）撰文，提出应该科学地、全面地认识宗教，强调宗教是各民族精神文化的重要组成部分，而一个民族的宗教则为构成该民族文化的重要内容。从此，论述宗教与文化关系的文章和著作逐渐增多，包括朱来常著《宗教与文明》（1986）、马德邻著《宗教：一种文化现象》（1987）、卓新平著《宗教与文化》（1988）、汤一介著《中国传统文化中的儒道释》（1988）、牟钟鉴著《中国宗教与文化》（1989）、刘国梁著《宗教与中国传统文化》（1990）、张志刚著《宗教文化学导论》（1993）、赵林著《西方宗教文化》（1997）等。学者们讨论了宗教与人类文化的关系，宗教文化的内涵与外延，宗教文化学的体系、范围、意义和特点等。一些学者指出，强调宗教是文化，并不是要用"文化"概念来促成宗教认知的普泛化、一般化或常规化，而是要突破限于意识形态层面的宗教认识，在社会学层面的宗教分析上再往前迈进。因为"文化"表示的"中性"定位可以使宗教理解获得更大的空间,减少其讨论的敏感性,这在中国社会氛围中尤为重要;但若将宗教泛"文化"化,则也可能使宗教本身的独有特征在这种"泛化"中"划掉",结果反而会失去宗教讨论的原初意义。当然此时的中国学术界亟须解放思想、拓展研究空间,这种宗教文化学的构建在当代中国因而有着独特意义。但不曾想到的是,国际社会的风云变幻却又使宗教卷入到当代社会的"文化战争""文明冲突"之中。"文化"的积极形象因而再度被消解。

除了综合性宗教文化研究及其体系构设之外,对各宗教的文化研究亦取得进展。在对待中国宗教的文化理解上,针对中国传统上"儒教文化"之说,牟钟鉴提出关于中国"宗法性传统宗教"之说,认为中国宗教文化与西方相比有"宗法性强烈、皇权支配教权、多样性与包容性、注重宗教社会道德功能的人本主义精神"这四个特点;他认为宗教应包括宗教信仰(基本宗旨和虔信的感情)、宗教理论(较系统的教义、学说和戒律)、宗教实体(教团组织、信徒、制度、设施、财产及宗教活动)、宗教文化(在宗教影响下形成的多层多向文化),并指出其之所以"特别强调要把'宗教文化'引入宗教概念的外延之中,是由于宗教并非一种孤独的思想游魂在空中飘来飘去,它总要附着在某种文化实体上,通过一定的文化系列在社会生活中发生实际的作用,例如通过宗教道德、宗教哲学、宗教文学、宗教艺术、宗教习俗、宗教典籍、宗教活动等,影响人们的思想情趣,成为社会精神生活的一个组成部分。宗教概念中有了'宗教文化'这一外延最广泛的层次,宗教研究就会走出单纯的'教义宗教'的狭小圈子,进入极广阔的天地"。[①]其关于"宗法性"之论主要关涉中国传统宗教的性质,而其对"宗教文化"的阐述则扩展了宗教研究的范围,形成意义深蕴的开拓,推动了宗教文化的探索。这一时期有关宗教文化的研究成果明显增多。在佛教文化研究上,这方面的著述包括罗照辉等著《东方佛教文化》

---

① 牟钟鉴:《中国宗教与文化》,巴蜀书社 1989 年版,第 4—6 页。

(1986)、葛兆光著《禅宗与中国文化》(1986)、张曼涛主编《佛教与中国文化》(1987)、方立天著《中国佛教与传统文化》(1988)、杨曾文主编《佛教文化面面观》(1989)、何云著《佛教文化百问》(1989)、净慧主编《佛教与中国文化》(1990)、赖永海著《佛道诗禅——中国佛教文化论》(1990)、孙昌武著《中国佛教文化叙说》(1990)、魏承恩著《中国佛教文化论稿》(1991)、陈兵著《佛教禅学与东方文明》(1992)、魏道儒著《宋代禅宗文化》(1993)、段玉明著《中国寺庙文化》(1994)、王尧主编《佛教与中国传统文化》(1997)、张弓著《汉唐佛寺文化史》(1997) 等。在道教文化研究上，相关著述包括葛兆光著《道教与中国文化》(1987)、卿希泰著《道教文化新探》(1988)、刘仲宇著《中国道教文化透视》(1990)、王卡主编《道教文化面面观》(1990)、卿希泰主编《道教与中国传统文化》(1990)、萧萐父和罗炽主编《众妙之门——道教文化之谜探微》(1991)、葛荣晋主编《道家文化与现代文明》(1991)、《道教与传统文化》(1992)、卿希泰和詹石窗主编《道教文化新典》(1996)、朱越利主编《中国道教宫观文化》(1996) 等。伊斯兰教文化的研究著作包括冯今源等著《伊斯兰教文化百问》(1989)、金宜久主编《伊斯兰教文化面面观》(1991)、张治江等主编《伊斯兰教文化》(1992)、林松等著《回回历史与伊斯兰文化》(1992)、纳忠等著《传承与交融：阿拉伯文化》(1993)、秦惠彬著《中国伊斯兰教与传统文化》(1995) 等。基督宗教文化研究著述则包括卓新平主编《基督教文化面面观》(1991)、杨慧林等主编《基督教文化百科全书》(1991)、章开沅等主编《中西文化与教会大学》(1991)、张治江等主编《基督教文化》(1992)、董丛林著《龙与上帝——基督教与中国传统文化》(1992)、朱维铮主编《基督教与近代文化》(1994)、马佳著《十字架下的徘徊——基督宗教文化和中国现代文学》(1995)、卓新平著《基督教文化百问》(1995)、杨慧林著《罪恶与救赎——基督教文化精神论》(1995)、刘小枫主编《道与言——华夏文化与基督文化相遇》(1995)、章开沅主编《文化传播与教会大学》(1996)、汪维藩著《中国神学及其文化渊源》(1997)、王晓朝著《基督教与帝国文化》(1997)等。此外，在20世纪90年代开始的犹太教文化研究上，推出了顾晓鸣主编的"犹太文化丛书"和傅有德主编的"汉译犹太文化名著丛书"，其专著则包括朱维之、韩可胜著《古犹太文化史》(1997)、潘光等著《犹太文明》(1999)。在对宗教的文化分析和解释上，中国学者以纵横两大坐标来审视宗教在历史中的动态发展和其社会存在构建上的静态结构，多层次、全方位地对宗教与文化及文明的关系加以整体阐述。"宗教文化"之视域标志着中国的宗教学研究及其体系构建既涵盖又超越了传统意义上的政治学、社会学以及哲学等对宗教的认知和把握，其理论特点是从整个文化学的范围、对人类"文化性"的体悟来展示并剖析宗教思维的形象化、象征化、意象化、抽象化和情感化等层面，对人类宗教及其灵性存在作全面探究和客观评价，以揭示宗教的本真和特征。可以说，宗教文化学研究意味着中国学者在系统研究宗教上迈出了关键的一步，也是中国宗教学体系的一大特色，标志着中国宗教学正走向成熟。

二　中国宗教学理论体系的构建及研究

（一）对西方宗教学的译介及研究

20世纪中国宗教学的创立得力于西方宗教学理论体系和研究方法的引进。因此，对西方宗教学的译介和研究起着极为关键的作用。在20世纪初，中国学术界对西方宗教学的研究基本上是以翻译、介绍为主。在20世纪80年代重新形成的宗教研究热潮中，对西方宗教学的译介也占有很大比重。这种"他山攻错"的办法体现出"海纳百川、有容乃大"的宽阔胸襟，为中国宗教学的奠立和发展提供了重要的借鉴和准备工作。

对西方宗教学的译介通常集中在宗教史学、比较宗教学、宗教哲学、宗教社会学和宗教心理学等分支学科，宏观综论性著述相对要少一些，而对相关宗教百科全书、宗教词典的翻译，则在一定程度上弥补了缺少综论性著作之不足。在宗教百科及辞书的翻译上，其主要成果包括上海广学会译海丁（James Hastings）主编的《伦理宗教百科全书》（1928）、中华信义会书报部编《英汉宗教名汇》（1935）、谷云皆译阿伦（C. W. Allan）著《宗教名辞汇解》（1938）、罗大维译内山正如著《万国宗教志》（1940）等。这些工具书的翻译介绍推动了中国宗教学综合研究领域的学术进展。自20世纪80年代以来，一批中国学者编辑的宗教学工具书陆续出版，其中亦包括对西方宗教学各分支学科的系统介绍。1981年，任继愈主编的《宗教词典》出版，这是1949年以来中国内地出版的第一部综合性宗教学词典，也是首次对宗教学的理论和体系加以系统阐述。此后相继问世的综合性宗教研究工具书还包括世界宗教研究所编《各国宗教概况》（1984）、罗竹风等主编《中国大百科全书·宗教》（1988）、宗教研究中心编《世界宗教总览》（1993）、中外名人研究中心编《世界宗教全书》（1994）、朱越利主编《今日中国宗教》（1994）、任继愈主编《宗教大辞典》（1998）等。在任继愈主编的《宗教大辞典》中，中国当代学者对20世纪中国宗教学的发展和成果加以系统整理和论述，并设"宗教学"分科专门论及西方宗教学的历史、方法和成果。在"绪论"中，主编者还指出："宗教一般包括三个层面：一是宗教的思想观念和感情体验，是为教义；二是宗教的崇拜行为和礼仪规范，是为教仪；三是宗教的教职制度和社会组织，是为教团。"[1] 这一见解对中国学术界有关"宗教"本质和定义的讨论作了重要补充和概括。1990年，卓新平出版其编著的《西方宗教学研究导引》，全面、概括地介绍了西方宗教学的起源及发展，论述了宗教史学、比较宗教学、宗教现象学、宗教社会学、宗教人类学、宗教地理学、宗教生态学、宗教心理学、宗教哲学、宗教批评学、宗教神学等分支学科的分类情况和历史发展，分析了西方宗教学的研究目的、对象、研究方法与现状，并列举了大量关涉宗教学的词典、百科全书，以及各分支学科有代表性的学术著作及最新科研成果，从而对中国学界系统、全面和深入地了解、研究西方宗教学起了重要的"导引"作用。此外，

---

[1] 任继愈主编：《宗教大辞典》，上海辞书出版社1998年版，"绪论"第2页。

西方宗教学创始人缪勒的代表著作《宗教学导论》亦于1989年由陈观胜、李培茱翻译出版。

在对西方宗教学各分支学科的分析介绍上，中国学界亦推出了一批重要的翻译著作。例如，在宗教史学方面的译著包括泽绍原译穆尔（G. F. Moore）著《宗教的出生与成长》（1926）、铁铮译加藤玄智著《世界宗教史》（1933）、杨永等译安什林著《宗教的起源》（1964）、王先睿和乐峰等译克雷维列夫著《宗教史》（1984）、魏庆征译托卡列夫（S. A. Tokarew）著《世界各民族历史上的宗教》（1985），以及金泽译缪勒著《宗教的起源与发展》（1989）等。在比较宗教学方面的译著包括严既澄译杰邦斯（F. B. Jebons）著《比较宗教学》（1925）、韩汝霖译英格利斯（J. W. Inglis）著《宗教比较学》（1937）、萧师毅等译施密特（W. Schmidt）著《比较宗教史》（1948），以及吕大吉等译夏普（Eric J. Sharpe）著《比较宗教学史》（1988）等。在宗教哲学方面的译著包括殷佩斯译马修斯（W. R. Matthews）著《宗教哲学引论》（1934）、谢扶雅译罗伊斯（Josiah Royce）著《宗教哲学》（1947）、海安译海涅（Heinrich Heine）著《论德国宗教和哲学的历史》（1972）、钱永祥译希克（John Hick）著《宗教哲学》（1983）、吴宗文译贾诗勒（Norman L. Geisler）著《宗教哲学》（1983）、何光沪译希克著《宗教哲学》（1988）、长河译黑格尔（G. W. F. Hegel）著《宗教哲学讲座·导论》（1988）、刘小枫主编译文集《20世纪西方宗教哲学文选》（1991）、魏庆征译黑格尔著《宗教哲学》（1999），周伟驰等译斯图沃德（M. Steward）编《当代西方宗教哲学》（2001）等。宗教社会学方面的译著包括许天愁译《宗教与社会问题》（1938）、于晓等译韦伯（Max Weber）著《新教伦理与资本主义精神》（1987）、王学富等译亚布洛柯夫（И. Н. ЯЪЛОКОВ）著《宗教社会学》（1989）、刘润忠等译奥戴（T. O'Dea）等著《宗教社会学》（1990）、尹今黎等译约翰斯通（R. L. Johnstone）著《社会中的宗教》（1991）、高师宁译贝格尔著（Peter Berger）著《神圣的帷幕——宗教社会学理论之要素》（1991）、芮传明等译涂尔干（Emile Durkheim，亦译杜尔凯姆）著《宗教生活的基本形式》（1992）、狄玉明译涂尔干著《社会学方法的准则》（1995）、高师宁译贝格尔著《天使的传言——现代社会与超自然的再发现》（1996）、渠东译涂尔干著《社会分工论》（1999）、渠东等译涂尔干著《宗教生活的基本形式》（1999）等。宗教心理学方面的译著包括谢颂羔译《宗教心理学》（1929）、胡贻谷译《心理学与宗教》（1930）、明灯报社译《培灵心理学》（1933）、袁访赍译《宗教与道德经验》（1934）、陈坚节译《信仰心理》（1945）、刘美丽等译《精神病宗教治疗法》（1946），以及唐钺译詹姆士（William James）著《宗教经验之种种》（1947）等；20世纪80年代以来，弗洛伊德（S. Freud）的著作被大量译成中文，包括高觉敷译《精神分析引论》（1984）、杨庸一译《图腾与禁忌》（1986）、林尘等译《弗洛伊德后期著作选》（1986）、李展开译《摩西与一神教》（1988）；其他宗教心理学译著还包括苏克译荣格（C. G. Jung）著《寻求灵魂的现代人》（1987）、郑维川译弗洛姆（E. Fromm）著《精神分析与宗教》（1988）、沈翼鹏译乌格里诺维奇（Д. М. Угриновцу）著《宗教心理学》（1989）、陈麟书等译梅多（M. J. Meadow）等著《宗教心理学》（1990）、金定元等译布朗（L. B. Brown）著《宗教心理学》（1992）、张雅平译波波娃（М. А. ДОЛОВА）著《精神分析学派的宗教观》（1992）、江亦丽等译莫阿卡宁（R. Moacanin）著《荣格心理学与西藏佛教》（1994）、贾辉军译《精神分析与宗教》（1995）等。宗教人类学方面的译著包括胡愈之译《图腾主义》（1932）、李安宅译马林诺夫斯基（B. Malinowski）著《巫术 科学 宗教与神话》（1936）、丁由译列维－布留尔（L. Lévy – Bruhl）著《原始思维》（1986）、萧师毅等译施密特（W. Schmidt）著《原始宗教与神话》（1987）、费孝通译马林诺夫斯基著《文化论》（1987）、徐育新等译弗雷泽（J. G. Frazer）著《金枝：巫术与宗教之研究》（1987）、俞灏敏译古昂（A. Leroi – Gaurhan）著《史前宗教》（1990）、张永钊等译古德（W. J. Goode）著《原始宗教》（1990）、王子今等译吉田祯吾著《宗教人类学》（1991）、连树声译泰勒（E. B. Tylor）著《原始文化》（1992）、周国黎译莫利斯（B. Morris）著《宗教人类学》（1992）等。此外，在宗教现象学的研究上，中国学者亦进行了对其创始人范·得·列欧（G. V. der Leeuw）之名著《宗教现象学》的翻译工作。

中国宗教学的构建与翻译、介绍西方宗教学的研究成果和理论体系密切相关。"工欲善其事，必先利其器。" 20 世纪的中国宗教学乃处于起步阶段，因此，对西方宗教学著作的译介及研究就显得特别重要和必要。在中国宗教学的发展进程中，跨学科的探讨和沟通极为活跃，但宗教学本身作为一门新兴的独立学科，其"自我意识"、学术灵魂、学科思想及其规范性、科学性、独特性却体现得不够。在这种情况下，有必要对西方宗教学的一些重要著作进行系统的翻译和全面的介绍，这是中国宗教学获得较大发展并与国际学术界有机接轨的必由之路和基本建设。在 20 世纪末，中国学者提出了独具中国特色的佛教学、道教学、基督教学、伊斯兰教学和犹太教学等构建，但这些学科的真正建立和其科学性体系的形成，离不开对西方宗教学体系及其理论方法的借鉴、研究、吸纳和结合，由此才能达到与之"会通"和自我升华，使中国宗教学能够自立于世界宗教学学术之林。

（二）宗教历史的纵向研究及宗教比较的横向研究

各宗教历史的研究在中国宗教界早已开展，学术界对之亦时有涉足。但严格意义上作为现代宗教学领域的宗教史学或宗教历史研究则于 20 世纪初才拉开帷幕。在宗教史学发展上，陈垣、陈寅恪、胡适、汤用彤等人作出了开创性贡献，成为中国宗教史学的奠基人。

陈垣（1880—1971）自 20 世纪初即致力于历史研究和教育工作，先后担任过北京大学研究所国学门导师、京师图书馆馆长、辅仁大学校长、燕京大学国学研究所所长、故宫博物院图书馆馆长、北京师范大学史学系主任、北京大学史学系名誉教授、中央研究院评议员、北京师范大学校长、中国科学院历史研究所第二所所长等职。陈垣以其深厚的学术功力、广博的版本目录知识和缜密的史学考证而对各种宗教在中国的历史发展进行了系统、深入的研究，取得了创造性成就。其中国宗教史考证研究的范围包括古代传入和中国本土的各种宗教，如元也里可温教、开封一赐乐业教、火祆教、摩尼教、基督宗教、伊斯兰教、佛教和道教等。1917年，他完成了《元也里可温教考》一文，这篇论文是他的第一部史学著作，同样也是他的第一部宗教史著作，同时还是中国宗教史研究的首部专著。此后，他又连续发表了《开封一赐乐业教考》（1919）、《火祆教入中国考》（1922）、《摩尼教入中国考》（1923）、《基督教入华史略》（1924）、《回回教入中国史略》（1927）、《〈康熙与罗马使节关系文书影印本〉叙录》（1932）、《雍乾间奉天主教之宗室》（1932）、《吴渔山生平》（1936）、《汤若望与木陈忞》（1938）、《释氏疑年录》（1939）、《明季滇黔佛教考》（1940）、《南宋初河北新道教考》（1941）、《中国佛教史籍概论》（1946）等系统中国宗教史研究著作。因此，陈寅恪曾称陈垣为"中国宗教史的开创者"。陈垣的中国宗教史研究方法和考证特点被其学生所继承，由此而形成了中国现代学术界中颇受关注的宗教史料考证学派，凸显了中国宗教史研究的考证特色。其研究方法和学术成果，迄今仍有宝贵的学术价值，仍被世界宗教学术界所重视。

陈垣在《元也里可温教考》中对"也里可温"之解诂颇引学者注目。他从两个方面对"也里可温"一词进行了考证和解释，这两层分析都对学术界产生影响，并引起相关讨论。一方面，他认为"也里可温"可被理解为蒙古语"有福缘之人"的音译，故曾引证道："《元史国语解》曰：也里可温，蒙古语，应作伊噜勒昆，伊噜勒，福分也，昆，人也，部名（卷三）。又曰：也里可温，有缘人也（卷二四）。"①另一方面，他亦指出"也里可温"为蒙古人音译阿拉伯语"阿罗"（上帝，即"安拉"，一译"阿拉"）之读法，"按阿剌比语也阿二音之互混，《元史译文证补》已言之。阿剌比语称上帝为阿罗，唐景教碑称无元真主阿罗诃，《翻译名义集》卷一曰，阿罗诃，秦云应供，大论云应

---

① 陈垣：《陈垣史学论著选》，上海人民出版社1981年版，第3页。

受一切天地众生供养。故吾确信也里可温者为蒙古人之音译阿剌比语，实即景教碑之阿罗诃也。"① 陈垣依此考证而强调"也里可温"是教名，而且是基督教名："观《大兴国寺记》及《元典章》，均有也里可温教之词，则也里可温之为教，而非部族，已可断定。复有麻儿也里牙（马利亚）及也里可温十字寺等之名，则也里可温之为基督教，而非他教，更无疑义。《元史国语解》所释为福分人者，或指其为奉福音教人也。"② 根据陈垣的这一考证，"也里可温"故被理解为"上帝教""信奉上帝之人"或"信奉福音者"。在此后关于"也里可温"之原意的讨论中，多数学者接受"也里可温"为"有福缘的人"之说。如方豪所言，"到了元朝，信奉耶稣基督的各宗派，都被称为十字教，又称也里可温，也有写作伊噜勒昆、阿勒可温、耶里可温、也里阿温、也里河温、伊哩克温、伊哩克敦等，亦有简作也里或可温，或雅哈的，意即有福人，或有缘人"③。当然这一观点并未成为定论，不同说法依然存在。例如，张星烺在其《中西交通史料汇编》中就认为"伊噜勒昆"与"也里可温"读音并不完全相同，而指出"也里可温"是唐景教碑上"阿罗诃"之转音，"阿罗诃"本为佛经中"阿罗汉"的别译，唐朝的景教徒借此名词作为叙利亚文"埃洛赫"（Eloh，希伯来文 Elohim）的译音，用之意指"上帝"；"也里可温"乃蒙古人接触此词的阿拉伯语之后音译所致。而朱谦之则将"也里可温"解释为对基督教教上、司铎、修士的尊称，具有"长老"之意。他认为，元朝时"列班也里可温指的是司铎同修士"，因而与陈垣等人的解释有别。

陈寅恪（1890—1969）乃当代中国学界所公认的出类拔萃者，他曾留学多国，却不读学位，以一种自由的心态来广泛涉猎，故其精通多门外语，亦熟识梵文和不少西域古代语言，加之国学功底深厚，故乃中国现代学术史上的一位奇才，被视为20世纪中国学界最博学者之一。

---

① 陈垣：《陈垣史学论著选》，上海人民出版社1981年版，第6页。
② 同上书，第4页。
③ 方豪：《中国天主教史人物传》（上），中华书局1988年版，第17页。

他于 1925 年应邀回国执教于清华大学国学研究所，兼任历史系、中文系教授，随后相继担任过中央研究院、故宫博物院理事，历史语言研究所研究员，明清档案编委会委员，西南联合大学教授，英国牛津大学中国史教授，香港中文大学中文系主任，广西大学、燕京大学、岭南大学和中山大学教授，中国科学院哲学社会科学学部委员，中央文史馆副馆长等职。陈寅恪亦是中国敦煌学和宗教史学的奠基人之一，其学术特点乃专于考证研究，善于"取地下之实物与纸上之遗文互相释证""取异族之故书与吾国之旧籍互相补正""取外来之观念与固有的材料互相参证"，故"能开拓学术之宇，补前修未逮"。早在 20 世纪 30 年代，胡适就曾评价汤用彤与陈寅恪是当时治宗教史学"最勤的，又最有成绩的"。陈寅恪的宗教史考证涉及中国佛教的源与流、佛教名相的产生与演变、佛教经典翻译上的"误译"与"误解"、敦煌文书和各种文字版本佛经的比较与研究、中国道教的起源与发展演变、宗教史与政治史的关联以及摩尼教经典和西方学者对中国古代宗教的分析研究等。对此，陈寅恪曾自谦道："寅恪昔年略治佛道二家之学，然于道教仅取以供史事之补证，于佛教亦止比较原文与诸译本字句之异同。"① 其学术进路乃由"史实"而达"史识"和"史论"，发前人之未见。

在佛教史研究上，陈寅恪著有《读高僧传笔记》《支愍度学说考》《大乘义章书后》《武曌与佛教》《南岳大师立誓愿文跋》等文。在考证佛教东传历史时，陈寅恪指出佛教乃通过一种间接传播而传入中国，并由此论述了宗教文化之间接传播的利与害："利者，如植物移植，因易环境之故，转可发挥其特性而为本土所不能者。""其害，则展转间接，致失原来精意。"② 陈寅恪进而考证了佛教入华后与中国本土文化的关系，论述了其"适应""变易"之必要，如他详细考证七宗之一的心无宗后指出，支愍度所创"心无义"的特点乃在于"其为我民族与他民族二种不同思想初次之混合品"，为此他总结说："释迦之教义，

---

① 张杰、杨燕丽选编：《解析陈寅恪》，社会科学文献出版社 1999 年版，第 180 页。
② 蒋天枢：《陈寅恪先生编年事辑》，上海古籍出版社 1981 年版，第 83—84 页。

无父无君，与吾国传统之学说、存在之制度，无一不相冲突。输入之后，若久不变易，则决难保持。是以佛教学说，能于吾国思想史上，发生重大久远之影响者，皆经国人吸收改易之过程，其忠实输入不改本来面目者，若玄奘唯识之学，虽震动一时之人心，而卒归于消沉歇绝。……其故匪他，以性质与环境相方圆凿枘，势不得不然也。"① 此外，陈寅恪亦参与了 20 世纪三四十年代世界佛学界关于早期禅宗研究的讨论，对《大乘起信论》《六祖坛经》的"传法偈"问题，智恺序、智顗发愿文的真伪问题等发表了自己的独特看法。

在道教史研究上，陈寅恪亦著有《天师道与滨海地域之关系》《崔浩与寇谦之》等文，论证了早期道教与西晋南北朝政局的关系问题，并进而发挥了他关于"宗教与政治终不能无所关涉"的见解，认为一部宗教史亦可作为政治史来读。他曾指出，与欧洲政教冲突相对比，中国佛道二教地位之升降、命运之沉浮，皆与当时政治的变易有着关联。宗教的发展不是封闭性的，故与外界环境、社会政治和思想交流密不可分。"综观二千年来道教之发展史，每一次之改革，必受一种外来学说之刺激"，寇谦之改造旧天师道乃是承袭佛教律学之结果。而与之相对应，"吾国政治革命，其兴起之时往往杂有宗教神秘性质"。② 陈寅恪的研究重点乃魏晋南北朝隋唐时期的历史，并将这一时期的佛道历史纳入其视域、阐发其专论，并以其精细考证来印证，叙述中且微言大义、思考深邃，使其宗教史研究取得了惊人的成就。

胡适（1891—1962）作为中国 20 世纪初新文化运动的代表人物，亦是中国宗教史研究的重要参与者和促进者。他早年留学美国，1917 年回国后任北京大学教授，1938 年出任驻美大使，1946 年任北京大学校长，1958 年任台湾"中央研究院"院长。在学术上他因提倡"整理国故"，提出"大胆假设、小心求证"的治学主张而广有影响。他在中

---

① 陈寅恪：《冯友兰中国哲学史下册审查报告》，见《金明馆丛稿二编》，上海古籍出版社 1980 年版，第 251 页。

② 陈寅恪：《金明馆丛稿初编》，上海古籍出版社 1980 年版，第 39—40、112 页。

国宗教史研究上最有成就的领域是对佛教禅宗史的考证，先后著有《从译本里研究佛教的禅法》《菩提达摩考》《新校定的敦煌写本神会和尚遗著两种》《中国禅学之发展》《论禅宗史的纲领》《坛经考之一》《坛经考之二》《白居易时代的禅宗世系》《禅学古史考》《荷泽大师神会传》《陶弘景的真诰考》《楞伽宗教考》等佛教史和其他宗教史著作。其研究特点是将传统国学的考据方法与西方实证的科学方法有机结合，从而使中国宗教史学在方法论上获得重要突破。1930 年，胡适将其从欧洲找到的神会和尚之资料整理出版，名曰《神会和尚遗集》，并附之专文《荷泽大师神会传》，从而成为"鼓动禅宗研究的""一时俊彦"。胡适率先根据敦煌史料来研究禅宗史，并认为当时学界和教界所认可的禅宗早期历史不是真正的信史，而乃一种误传或误导，即是"神会捏造出来的道统伪史"，所谓禅宗的袈裟传法之说亦乃神会捏造的假历史；而《坛经》则为神会或其派系所作，其思想并不是慧能的而是神会的。因此，胡适宣称，"南宗的急先锋，北宗的毁灭者，新禅学的创立者，《坛经》的作者，——这是我们的神会。在中国佛教史上，没有第二个人有这样大的功勋"。这一振聋发聩的断言在当时佛教学术界引发了一场学术争论，有人赞同，有人反对和批评，但这些讨论和争辩在客观上有力推动了中国禅学史的研究，由此亦展示了胡适对中国宗教史研究的贡献。

汤用彤（1893—1964）早年留学美国，1922 年回国后相继担任东南大学哲学系主任、南开大学哲学系教授、中央大学哲学系主任、北京大学哲学系主任和文学院院长、中央研究院院士、北京大学副校长等职，在其四十余年的教学与研究生涯中，他以"昌明国粹、融化新知"的精神来会通中西古今，是学贯中西的大家，在中国宗教史研究上作出了开创性贡献。汤用彤的宗教史研究侧重于中国佛教史研究。由于他精通内外经典，有着深厚的梵文、巴利文等古典语言知识，因而在研究上能达到视域开阔、资料丰富、基础扎实、见解独到之境界。其代表著作《汉魏两晋南北朝佛教史》和《隋唐佛教史稿》等开创了中国佛教断代史的研究，使中国宗教史研究进入细节，得以深化，并为中国佛教通史的系统研究打下了必要基础，提供了重要突破。《汉魏两晋南北朝佛教史》本乃汤用彤在大学的授课讲义，1938年在长沙初版后在国际佛学界引起轰动，使中国宗教史研究之成就令世人瞩目。

除了上述几位学术大师在中国宗教史研究上的开创性贡献之外，任继愈、侯外庐、方豪、吕澂、徐梵澄、罗竹风、赵复三、郑建业、江文汉、徐怀启、朱谦之、陈泽民、王森、郭朋、方立天、石峻、严北溟、印顺、傅勤家、陈国符、王明、卿希泰、马坚、白寿彝、潘光旦、黄心川等学者在各宗教历史的研究上亦建树颇丰，影响广远。例如，任继愈、吕澂、郭朋等人对中国佛教史的考证、梳理和条分缕析，方豪、江文汉等人对中国天主教史的发掘整理和考证辨析，朱谦之等人对中国景教的探赜索隐和洞幽独微，傅勤家、陈国符等人对道藏和道教源流的追本穷源和钩深致远，以及潘光旦等人对中国犹太教的考证、林悟殊等人对中国摩尼教的考证等，都使20世纪中国宗教史研究的成绩斐然。

宗教史研究以综合性的宗教通史之探为主，涵盖各大宗教、各段历史，强调一种纵向性宏观把握。这一领域的研究成果包括王治心著《中国历史的上帝观》（1926）、宋佩韦编《东汉宗教史》（1931）、王治心编《中国宗教思想史大纲》（1933）、吴盛德和陈增辉编《宗教史料编目》（1941）、黄心川等编《世界三大宗教》（1979）、陈麟书等编《世界七大宗教》（1986）、陈荣富编《宗教的历程》（1986）、于可主编《世界三大宗教及其源流》（1988）、黄心川主编《世界十大宗教》（1988）、罗竹风主编《宗教通史简编》（1990）、曹琦和彭耀编《世界三大宗教在中国》（1991）、王友三主编《中国宗教史》（1991）、周燮藩等著《中国宗教纵览》（1992）、阮仁泽和高振农主编《上海宗教史》（1992）、史仲文和胡晓林主编《新编中国宗教史》（1995），以及牟钟鉴和张践著《中国宗教通史》（2000）等。其中《中国宗教通史》代表了这一领域的最新成果，使综合性的宗教通史研究有了明显的进步："它在内容上包括了中国历史上存在过的并在较大范围内发生过影响的各种宗教；同时在时间上它叙述了这些宗教发生发展的全过程，及其相互关系和对社会的影响。"这部著作比较完整地介绍了在中国宗教发展史上发生的"主要事件、主要人物、主要环节、主要思想、主要形态、主要典籍和主要影响",并且反映出"具有广博性,宗教的种类大致齐备,宗教的历史相对完整","具有整体性,注意不同宗教之间的相互冲突与融合,力求揭示每一历史时期宗教文化的综合性面貌","具有开拓性,除了叙述一般宗教史都要关照的佛教、道教、伊斯兰教和基督教以外,还着力开挖了中国的原始宗教和古代宗教,尤其发现并揭示了具有国家民族性质的宗法性传统宗教,叙述其一贯到底的发展过程","注意了宗教与哲学的关系",以及"注意了宗教文化的多侧面性和宗教功能的多样性"这五大特点,[①] 从而使中国宗教史的研究获得了重大进展。在进入 21 世纪以来,中国宗教史研究已在佛教史研究上又取得了更为重大的突破,特别是赖永海主编的多卷本《中国佛教通史》和魏道儒主编的多卷本《世界佛教通史》,都令世界学术界对中国的宗教史研究刮目相看。

宗教比较的横向研究强调的是宗教研究中之"比较"方法。中国学者在借鉴西方比较宗教学的发展及其成果时,亦试图在"比较"不同宗教时获得学术进展和突破。这些比较包括不同宗教类型的比较、各宗教历史文化背景的比较、其基本教义和思想的比较、宗教信仰特色和不同表述之比较、宗教伦理道德之比较、宗教礼仪教规之比较、宗教发展和传播之比较、宗教的社会存在和文化适应之比较、不同政教关系之比较,等等。与中国宗教史研究相比,中国的比较宗教学发展仍处于起步和初创阶段,其译介、引进较多,而自我创建、独立创新不够。中国学者在 20 世纪的比较宗教学成果大体包括谢颂羔著《诸教的研究》(1926)、林步基编《诸教参考》(1926)、傅统先著《儒释道耶回五教基本一致性》(1940)、陈荣富为中国文化书院"中外比较文化教学丛书"编写的《比较宗教学》(1987)及其后来推出的专著《比较宗教学》(1993)等。在中国历史上,学术界曾对"儒释道"三教的异同进行过深入比较。但形成一种比较宗教学的"比较"方法和体系,在中国则是 20 世纪以来的发展。中国学者在其宗教研究中一般采取了史、

---

① 牟钟鉴、张践:《中国宗教通史》(上),社会科学文献出版社 2000 年版,第 3—4 页。

论并重和纵、横兼顾的进路。当然,许多学者亦认为比较宗教学即宗教史学的另一种表述,旨在强调宗教史研究中的横向比较之方法。在中国宗教学体系的构建中,一些学者开始注意比较宗教学的"比较"特性,认识到比较研究方法是这一门学科的最基本方法。1905 年,西方学者路易斯·约尔丹(L. H. Jordan)曾将比较宗教学定义为"对世界上各种宗教的起源、结构和特征进行比较"的一门科学,他进而指出这门学科在宗教比较时亦"考虑确定各种宗教真正的一致之处和歧异之处,它们彼此之间的关系范围,以及将其视为不同类型时它们相对的高低优劣"。① 但在借鉴西方学术成果的过程中,中国学者采取了一种"批判性扬弃"的态度,不少学者就曾指出约尔丹试图通过比较来区别或确定各种宗教的"高低优劣"乃是不可取的。陈荣富在其著述中按照自己的理解而对比较宗教学的准确定义进行了新的探讨,认为"运用比较研究的方法去陈述和探索各种不同来源的宗教体系的普遍属性和特殊属性及其相互关系和发展规律的就是比较宗教学"。在他看来,"比较宗教学的意义在于,运用比较这种认识方法和研究方法可以把两个或两个以上不同宗教体系的不同特点和相同之处准确而明晰地描绘出来,从而正确地把握形成这些个性及其共性的具体条件和原因,掌握其发展规律,大大开阔视野,启发客观精神,给许许多多的'为什么'以令人信服的答案"。② 在运用宗教比较这种"间接实验"的方法上,中国学者相对侧重于某些宗教横向比较之个案,而在方法论之升华和比较宗教之学术体系的构建上,仍留有大量研究工作要做。中国学术界注意到欧洲对宗教史研究的倚重和北美对比较宗教研究的开拓,在博采众长的基础上会积淀出自己独特的宗教史研究及比较方法的学科体系。

(三)宗教哲学及宗教学说史研究

宗教哲学及宗教学说史、思想史的研究在中国宗教学领域中占有很

---

① 埃里克·J. 夏普:《比较宗教学史》,吕大吉等译,上海人民出版社 1988 年版,第 2 页。
② 陈荣富:《比较宗教学》,世界知识出版社 1993 年版,第 9—10 页。

大比重，并已成为宗教学和哲学研究的交叉学科。在传统的西方宗教学体系中，早期的狭义宗教学并不包括宗教哲学，因为这种理解的宗教学强调其客观观察、描述和"中止判断"，不作价值定性；而宗教哲学却必须涉及对宗教的本质界定或价值评断。此外，传统上各教教内学者所构建的各种具体宗教之哲学则包含其信仰前提，多为其宗教相关教义的哲理解释和理论发挥。20 世纪中国学界的宗教哲学研究一般而论则不以其信仰为前提，而突出其思想性、学术性。大体而言，20 世纪的中国宗教哲学研究与宗教学说史、思想史研究密切相关。这些研究可分为具体的宗教哲学研究即各宗教的哲学研究、专题宗教哲学研究或宗教思想个案研究以及综合性宗教哲学研究等方面。

中国宗教哲学研究中最为突出的是各宗教哲学之研究，包括佛教哲学、道教哲学、基督宗教哲学、伊斯兰教哲学、犹太教哲学、印度宗教哲学以及其他中外宗教哲学或精神哲学的研究。其中佛教哲学的研究成果包括任继愈著《汉唐佛教思想论集》（1963）、严北溟著《中国佛教哲学简史》（1985）、方立天著《佛教哲学》（1986）、郭朋等著《中国近代佛学思想史稿》（1989）、洪修平著《禅宗思想的形成与发展》（1992）、郭朋著《中国佛教思想史》（1994）等；而进入 21 世纪以后，这一研究比较突出的成果则包括潘桂明所著多卷本《中国佛教思想史稿》（2009）等。道教哲学的研究成果包括王明著《道家和道教思想研究》（1984）、卿希泰著《中国道教思想史纲》（1985）、李刚著《汉代道教哲学》（1995）、卢国龙著《道教哲学》（2000）、吕鹏志著《道教哲学》（2000）等；而在 21 世纪的道教思想史研究中，卿希泰主编的多卷本《中国道教思想史》（2009）则占有重要地位。基督宗教哲学的研究成果包括赵紫宸著《基督教哲学》（1926）、尹大贻著《基督教哲学》（1988）、傅乐安著《托马斯·阿奎那基督教哲学》（1990）、唐逸著《西方文化与中世纪神哲学思想》（1992）、张志刚著《猫头鹰与上帝的对话——基督教哲学问题举要》（1993）、赵敦华著《基督教哲学1500 年》（1994）等。伊斯兰教哲学的研究成果包括蔡德贵著《阿拉伯哲学史》（1992）、秦惠彬著《伊斯兰教哲学百问》（1994）、沙宗平著《伊斯兰哲学》（1995）、李振中、王家瑛主编《阿拉伯哲学史》（1995）等。犹太教哲学思想的研究多有译著问世，中国学者的研究专著则包括傅有德等著《现代犹太教哲学》（1999）和黄天海著《希腊化时期的犹太思想》（1999）等。印度宗教哲学研究成果除了徐梵澄翻译的众多名著之外，中国学者的独立研究成果亦体现在汤用彤著《印度哲学史略》（1945）、黄心川著《印度哲学史》（1989）和《印度近现代哲学》（1989）、姚卫群著《印度宗教哲学百问》（1992）等论述之中。

专题宗教哲学和宗教思想研究以个案研究为主，包括对某一主题或某一人物之思想的深入剖析和阐述，以及某一学术观点的提出或某一理论体系的构建，其研究成果则有刘文英著《梦的迷信与梦的探索——中国古代宗教哲学和科学的一个侧面》（1989）、严耀中著《中国宗教与生存哲学》（1991）、卢国龙著《中国重玄学》（1992）、谢地坤著《费希特的宗教哲学》（1993）、赵林著《黑格尔的宗教哲学》（1996）、王志成著《解释与拯救——宗教多元哲学论》（1996）、张志刚著《理性的彷徨——现代西方宗教哲学理性观比较》（1997）等。

综合性宗教哲学研究涵盖较广、跨度较大，涉及宗教本质、意义、价值、观念、真理、精神、情感、信仰、灵性、神性、神启、神秘、超越、永恒，以及宗教象征、符号、语言等问题，并包括宗教哲学发展历史的回顾、梳理，以及宗教哲学体系构建的思考、动作。中国学者除了翻译了不少国外宗教哲学的著作之外，亦展开了系统阐述宗教哲学理论的探讨，其研究成果包括谢扶雅著《宗教哲学》（1928）、李玉阶著《新宗教哲学思想体系》（1944）、文嘉礼著《哲学与宗教》（1948）、何光沪著《多元化的上帝观——20世纪西方宗教哲学概览》（1991）、王志成与思竹合著《神圣的渴望：一种宗教哲学》（2000）等。此外，何光沪在其《何光沪自选集》（1999）中载有《百川归海——走向全球宗教哲学》专文，卓新平在其《宗教理解》（1999）中亦有"西方宗教哲学纵览"专章。在21世纪的中国宗教学学术发展中，相关主题的著作还包括周伟驰等人翻译的迈尔威利·斯图沃德著《当代西方宗教哲学》（2001）、单纯著《宗教哲学》（2003）和《当代西方宗教哲学》（2004），以及王志成著《全球宗教哲学》（2005）等。这些著述代表了中国学者对宗教哲学的基本理解、历史回溯和体系构想，反映出中国宗教哲学研究的现状。

在对宗教哲学的理解中，中国学者认为，"宗教哲学研究'宗教的本质'问题。它从哲学、世界观的角度来探讨'宗教的意义'，根据宗教的历史发展、社会作用来从认识论上确定'宗教的定义'"。这就超出了传统宗教学的客观"描述"范围，而有了对宗教本质的界定和对宗教现象的价值判断。宗教哲学还"探讨宗教所追求的意境和完善，分析宗教的演变和异化。它以一种哲学的标准来衡量、检验各种宗教，而这种标准则形成有关宗教'本质'的基本概念"。① 因此，许多中国学者指出，宗教哲学不仅仅是哲学的分支学科，更是宗教学的分支学科，这种涵盖宗教哲学的广义宗教学不回避宗教的"本质"和"真理"问题，强调对宗教的本真作价值判断和界定也是对宗教的一种极为重要的认识；宗教哲学由此而能促进宗教学研究的深化，有利于把握宗教的本质。

宗教学说史研究上的代表著作则为吕大吉的专著《西方宗教学说史》（1994）。这部著作以丰富的思想资料和深入的理论分析来揭示西方各种宗教学说的启蒙性质、精神意境、逻辑结构和历史轨迹，探讨了西方自古至今各历史时期的思想家、哲学家和宗教学家对宗教问题的认识、论述和解答。全书涉及的宗教学说极为广博，上溯古希腊罗马，历经中古和近代，论至现代和当代，涵盖西方整个宗教学术之探的历史，从而为中国宗教学的发展提高作出了贡献。

（四）宗教社会学及宗教心理学研究

宗教社会学在20世纪中国宗教学研究中属于发展较快、成果较多的分支领域。宗教社会学按其学术归属分别为宗教学与社会学的分支学

---

① 卓新平：《西方宗教学研究导引》，中国社会科学出版社1990年版，第162页。

科，在二者之间具有交叉性和边缘性。其特点即从宗教的社会群体及团体属性和象征意义上来考察、探究宗教。因此，宗教社会学研究宗教与社会的相互作用和关系，其任务首先是研究人类生活团体、社会的宗教意义，宗教对社会发展的影响，宗教在社会中的作用与功能，以及宗教在社会中传播的意义。宗教社会学注意宗教的社会结构、功能和意义，在其研究中突出客观性、经验性、实证性和科学性，运用社会学的参与观察、控制实验、实地调查、问卷分析等基本方法，并引入跨文化研究法、历史分析法和现象学研究方法等。

中国的宗教社会学研究始于 20 世纪初，当时以翻译西方宗教社会学著作为主，尤其侧重于翻译西方宗教社会学家杜尔凯姆（Emile Durkheim）（旧译涂尔干）、韦伯（Max Weber）等人的代表性著作。此后，这些翻译介绍又扩大到西方宗教社会学者圣西门（C. H. de Saint-Simon）、孔德（A. Comte）、斯宾塞（H. Spencer）、库兰治（F. de Coulanges）、布拉斯（G. Le Bras）、特尔慈（E. Troeltsch）、贝格尔（P. Berger）、尼布尔（H. Richard Niebuhr）、卢克曼（T. Luckmann）、贝拉（R. N. Bellan）、帕森斯（T. Parsons）等人。在这种研究中，中国学者最为关注的方面之一，即西方宗教学中"功能主义"学派的理论和方法。而中国学者系统研究西方宗教学的起点和重点，则是马克思、恩格斯对宗教进行的社会学意义上的调查、分析和评判。

中国学者对宗教社会学的独立研究和专题著述始于 20 世纪 80 年代。1982 年，郑也夫以其硕士学位论文《评杜尔凯姆和韦伯的宗教社会学》而开展对宗教社会学的系统研究。郑也夫在这篇论文中分析比较了韦伯和杜尔凯姆的宗教社会学思路及方法，认为韦伯按照孔德动力社会学的进路而视宗教为经济伦理和社会变革的决定力量，杜尔凯姆则按照孔德静力社会学的进路而将宗教视为维系社会稳定和群体共在的重要力量。二者在西方宗教社会学中有机共构、相得益彰。1988 年，苏国勋的专著《理性化及其限制——韦伯思想引论》出版。此书在中国内地首次系统地分析、阐述了韦伯的宗教社会学思想，指出"韦伯热"的历史背景和现实意义。苏国勋对宗教社会学思想进行了"类型化比较研究"和"发生学因果分析",并进而论及政治社会学思想、社会科学方法论及其"价值中立性"、中国宗教的"社会学基础",以及"价值合理性"与"工具合理性"的对比。随着对韦伯研究的不断深入,中国学界在20世纪80年代以来关于韦伯"新教伦理与资本主义精神"之关系的讨论亦达到高潮。颇值玩味的是,中国经济界最早关注到韦伯等宗教社会学家,尤其涉及宗教对社会反作用等问题,肯定韦伯所论宗教对社会会起反作用的思考,人们开始谈论经济、社会发展中潜在的精神力量之作用等韦伯命题或观点的是与否。尽管许多人不同意韦伯关于"新教伦理发展出资本主义精神,基督教意识导致了资本主义生产"之说,以及他对中国儒教缺乏出世奉献精神和世界苦行伦理,只能中庸自持而使中国经济未能发展成为资本主义之分析,但仍高度重视韦伯指出的"在各民族的文化深层中都有一种强大的精神驱动力量,它支配、制约着社会的发展变化,决定着民族升沉之命运"的论点。此外,中国学术界在研析韦伯时还讨论了其提出的"宗教团体化诸类型"等说法、宗教领袖人物之"超凡魅力"("卡里斯马",Charisma)等概念或表述。在对韦伯的深入研究中,中国学者不仅有大量学术论文问世,而且还进一步推出了刘宗坤著《诸神时代的智者——马克斯·韦伯》(1988)等专著。

除了人物和个案研究之外,中国学术界进而探究了宗教社会学的基本理论、流派和观点。这方面的论文包括高师宁撰写的《西方宗教社会学关于宗教的定义和宗教性的测定》《宗教研究中的功能主义》《当代宗教社会学的发展》《贝格尔的宗教社会学》等,而重要著作则有陈麟书和袁亚愚主编的《宗教社会学通论》(1992),以及戴康生和彭耀主编的《宗教社会学》(2000)等。这些专著全面介绍了宗教社会学领域内的基本范畴和各项主题,界定了宗教社会学的性质和任务,阐明了宗教社会学研究的主要对象及其研究的基本方法和典型特色。在戴康生等主编的《宗教社会学》一书中,中国宗教社会学的研究范围被界定为"包括宗教信仰者及其宗教行为、宗教组织及其制度、宗教的社会功能、宗教与现代社会发展变迁之间的关系,当今宗教的发展趋势以及中国宗教的特色，尤其是改革开放以来宗教的变化和状况"①等。这部著作侧重于分析研究作为"社会组织"的宗教，论及宗教群体和组织的特征与结构、其形成和制度化及其类型等，指出宗教作为一个"社会子系统"而在社会中发挥着作用，其社会功能则有正、负两重性和相互转化之可变性。书中亦触及中国宗教社会学研究的一个独特方面，即中国宗教与中国社会主义制度的关系问题。当然，基于社会学理论的中国宗教与中国社会之探，在当代中国的社会氛围中也涵盖了政治学、文化学、意识形态、价值观等内容。

宗教心理学则为宗教学和心理学的边缘交叉学科，即运用心理学的方法分析宗教现象，研究信教者的心理、精神活动，了解人们的各种宗教体验、经验和感受，揭示宗教起源和发展的心理根源。一般而论，宗教心理学在西方多运用"观察心理学""实验心理学"的方法和"深蕴心理学"的理论，探讨人的宗教经验和这种经验在人的感情上、心理上的反映，并涉及宗教中的"象征符号""神秘主义"等问题。

中国的宗教心理学在20世纪初起步，曾对西方宗教学，尤其是威廉·詹姆士等人的著作多有译介，中国学者的研究则包括信仰心理、教牧心理、培灵心理等方面，其代表性著作包括陈大齐著《迷信与心理》（1920）、20世纪30年代出版有谢扶雅著《宗教意识》，以及吴雷川等著《宗教经验谈》（1934）等。1936年，夔德义根据其在神学院多年授课讲义而编写出版了《宗教心理学》一书。这本书概要叙说了20世纪30年代前后西方宗教心理学各学术流派的情况、代表性观点和研究方法，为中国宗教心理学的构建作了初步探讨和尝试。20世纪40年代后期在唐钺翻译出版《宗教经验之种种》（1947）以后，则鲜有这类著述问世。这一局面一直延续到20世纪80年代后才发生根本改观。自20世纪80年代以来，中国学界翻译出版了许多宗教心理学的著作，使人们重新关注这一独特研究领域。但总体来看，中国学者独立完成的宗教心理学著述仍极为罕见，尚未形成中国人自己的宗教心理学研究体

---

① 戴康生、彭耀主编：《宗教社会学》，社会科学文献出版社2000年版，第4—5页。

系。从已出版的著述来看，值得一提的包括任继愈出版的《中国佛教史》第一卷（1981）对佛教"禅定"的心理分析；吕大吉主编的《宗教学通论》（1989）中论及宗教情感和体验的专章，他在《西方宗教学说史》（1994）中写有《从心理学看宗教：宗教心理学》等专论，以及世谨在其《宗教心理学》（1989）中对这一学术领域的概括和勾勒。在最近的学术发展中，宗教心理学的理论和方法亦被运用到对所谓"特异功能"、超心理学（通灵学），以及新兴宗教和崇拜心理学等研究之中。进入21世纪以来，中国的宗教心理学研究趋于活跃，尤其是与社会心理学的研究有着密切联系，对宗教心理学的最新发展比较关注，且已深入到中国传统宗教心理学研究与西方宗教心理学方法的有机结合，加强了以宗教心理学为纽带的社会科学与自然科学的联系及合作，先后出版了研究弗洛伊德、荣格等人的专著，有《宗教心理学》专辑的发行，并定期组织有研究宗教心理学的学术会议。

（五）宗教人类学、原始宗教和中国少数民族宗教研究

宗教人类学亦称宗教民族学或宗教人种学，是宗教学与人类学、民族学和社会学相结合的产物，因而乃交叉和边缘学科。人类学最初乃自然科学的一个分支，称"生物人类学"，即生物学中植物学、动物学和人类学这三大部分之一，以研究人类生理结构和演变为主。近现代以来，人类学发展成为跨越自然科学和社会科学的一门独特学科，属于自然科学的有生物人类学、体质人类学和古人类学等分支，而属于社会科学的则有社会人类学、文化人类学、历史人类学、心理人类学、哲学人类学、宗教人类学和神学人类学等。宗教学的起源即与社会人类学和文化人类学的研究密切相关，宗教人类学在宗教学发展中乃较早的分支领域之一，它是宗教学与人类学、民族学和社会学相结合的产物，以研究"原始社会"和"原始宗教"为主，强调"田野"调查。但在当代宗教人类学研究中，因与现代民族学和民俗学研究的结合而已不再局限于所谓原始民族和群体，人类学中出现的都市人类学、体验人类学、修行人类学等也扩大了宗教人类学的视域及研究范围。

宗教人类学在中国也属于译介较早和研究较早的宗教学分支学科。中国学术界于20世纪初开始翻译和研究宗教人类学。1926年，宫廷璋将泰勒（E. B. Tylor）的《人类学》编译成《人类与文化进步史》出版；1931年，吕叔湘翻译出版了马雷特（R. R. Mareit）著《人类学》。此外，相关译著还有李安宅译弗雷泽（J. G. Frazer）著《交感巫术的心理学》（1931），吴景崧译威斯勒著《现代人类学》（1932），胡愈之译《图腾主义》（1932），吕叔湘译罗维（R. H. Lowie）著《初民社会》（1935）和《文明与野蛮》（1935），李安宅将马林诺夫斯基（B. Malinowsxi）著《巫术、科学与宗教》和《原始人心理与神话》合译为一册出版，题为《巫术 科学 宗教与神话》（1936），费孝通译马林诺夫斯基《文化论》（1944）和弗思著《人文类型》（1944）等。在中国学者自己的研究方面，蔡元培于1926年发表了《说民族学》一文，北京大学于1927年开设人类学讲座，此后出现了一批综合性理论著作，如瞿兑之《释巫》（1930），林惠祥著《世界人种志》（1932）、《文化人类学》（1934）和《中国民族史》（1936），孙作云著《中国古代的灵石崇拜》（1937），岑家梧著《史前艺术史》（1937）和《图腾艺术史》（1938）等。此外，从20世纪20年代末至30年代初，许多中国学者分赴各少数民族地区进行田野调查，也写出了一批颇有影响的调查报告。但从总体来看，这些研究和翻译多属于文化人类学领域，其中虽涉及宗教人类学的内容，却并非有意识的、自觉的宗教人类学学科构建。

20世纪下半叶，尤其是80年代以来，中国的宗教人类学研究开始进入一个全新的阶段。其间不仅有大量译著涌现，如徐育新等译弗雷泽（J. G. Frazer）著《金枝：巫术与宗教之研究》（1987）、金泽译缪勒（M. Müller）著《宗教的起源与发展》（1989）、王子今等译吉田祯吾著《宗教人类学》（1991）、连树声译泰勒（E. B. Tylor）著《原始文化》（1992）、周国黎译莫利斯（B. Morris）著《宗教人类学》（1992）、孙善玲等译特朗普（G. Trumpf）著《宗教起源探索》（1995）、金泽等编译《20世纪西方宗教人类学文选》（1995）等，而且亦开始了中国学者的系统研究，如卓新平著《宗教起源纵横谈》（1988）、朱狄著《原始文化研究》（1988）、宋兆麟著《巫与巫术》（1989）、梁钊韬著《中国古代巫术——宗教的起源和发展》（1989）、张紫晨著《中国巫术》（1990）、赵国华著《生殖崇拜文化论》（1990）、何星亮著《中国图腾文化》（1992）和《中国自然神与自然崇拜》（1992）、张桥贵和陈麟书著《宗教人类学——云南少数民族原始宗教考察研究》（1993）、金泽著《宗教禁忌研究》（1996）及《宗教人类学导论》（2001）等。进入 21 世纪以来，中国的宗教人类学研究趋于成熟，学术成果明显增多，其研究辑刊《宗教人类学》等亦颇有影响。这些研究著述已专门注重宗教人类学体系本身的某些具体问题和研究范围，开始形成走向独立学科的势头，其系统化、体系化取得了巨大进步。

原始宗教研究在宗教人类学中占有很大比重，但其内容亦触及考古学、历史学、民族学、艺术史等学科。中国学术界的原始宗教研究大体分为三个方面，一是综论性、概括性研究著述；二是对世界范围的原始宗教展开探讨；三是对中国原始宗教的系统、深入研究。由于资料搜集和实地田野调查的机会、条件之限，前两个方面的研究以宏观为主，而且多为对国外研究成果的译介；后一个方面即中国原始宗教研究则为中国学术界的重点所在，这一领域的资料搜集整理和宏观、微观研究都已取得令人瞩目的成就。中国作为人类发祥地之一，各民族都曾经历过最初的原始宗教崇拜时代，留下了丰富的遗址及相关资料，而且有一些民族至 20 世纪 50 年代时仍保留着原始社会生存状态，因此也为中国学者的原始文化和原始宗教研究提供了"活化石"。

中国学术界除了翻译出版一批国外研究原始宗教的著述之外，亦有着自己的独立研究。其代表著作包括丁山著《中国古代宗教与神话考》（1951）、毕长朴著《中国上古图腾制度探赜》（1979）、朱天顺著《原始宗教》（1964）和《中国古代宗教初探》（1982）、朱芳圃著《中国古代神话与史实》（1982）、宋兆麟等著《中国原始社会史》（1983）、许顺湛著《中原远古文化》（1983）、张光直著《中国青铜时代》（1983）、王献唐著《炎黄氏族文化考》（1985）、徐旭生著《中国古史的传说时代》（1985）、黄烈著《中国古代民族史研究》（1987）、蔡家麒著《论原始宗教》（1988）、王小盾著《原始信仰和中国古神》（1989）、谢宝耿著《原始宗教》（1991）、杨学玫著《原始宗教论》（1991）、詹勤鑫著《神灵与祭祀——中国传统宗教综论》（1992）、李申主编《中国古代宗教百讲》（1993）、陈来著《中国古代宗教与伦理》（1996）、高小刚著《图腾柱下——北美印第安文化漫记》（1997）等。当然，这些研究也体现出跨学科的特点，既有人类学的方法，亦反映出哲学的思考。

中国少数民族宗教研究与宗教人类学及其原始宗教研究有直接关联。不过，中国少数民族宗教并不限于原始宗教，也包括了相关的民族宗教和世界宗教，因而与原始宗教研究的范围并不完全吻合。这一领域的研究以20世纪下半叶的发展为主，许多研究都与田野调查直接关联，其代表性著作包括黄少槐等编《我国少数民族的宗教和风俗》（1958），吕光天著《论鄂伦春、达斡尔、鄂温克等族萨满教的发展》（1981），张其勤等撰《番僧源流考·西藏宗教源流考》（1982），朱桂元等编《中国少数民族神话汇编》（1984），宋恩常编《中国少数民族宗教初编》（1985），秋浦主编《萨满教研究》（1985），方振宁著《鄂温克人的萨满教》（1985），《云南民族民俗和宗教调查》（1985），《昆明民族民俗和宗教调查》（1985），覃光广等编著《中国少数民族宗教概览》（1988），乌丙安著《神秘的萨满世界——中国原始文化根基》（1989），刘小萌等著《萨满教与东北民族》（1990），蓝鸿恩、王松等主编《中国各民族宗教与神话大词典》（1990），富育光等著《满族萨满教研究》（1991），李国文等著《智慧的曙光：民族宗教哲学探》（1992），《白寿彝民族宗教论集》（1992），马学良、于锦绣等著《彝族原始宗教调查报告》（1993），吕大吉、何耀华总主编《中国各民族原始宗教资料集成》（1993—1996），孟慧英著《中国北方民族萨满教》（2000）等。

中国原始宗教和少数民族宗教研究中的一个重要成果即《中国各民族原始宗教资料集成》。这是"一部汇集中国各民族原始宗教信仰情况的实地调查材料和文献资料，以民族为单元分卷编辑而成的多卷本学术工具书"，由几十名专家学者分任各分卷主编，组织全国各地的众多宗教学者和民族学者尽力搜集中国各民族原始宗教的全部资料。其来源和范围包括实地调查、考古发现、历史文献记载和相关记叙包括口述史等。这一资料集成除了收集中国几十个民族原始宗教的资料之外，还专门编辑出版了《考古卷》和《古代文献卷》，是人类学、考古学、文献学、历史学、民俗学等学科研究的有机结合。

  在宗教人类学及其原始宗教研究中，不少中国学者的论著及其学术新意引起了学界的关注和讨论。例如，赵国华在其《生殖崇拜文化论》中对几乎已成定论的"图腾说"加以反驳，提出了有关生殖崇拜的理论问题，并强调了"初民是将食服务于生殖"的说法，从而将生殖和崇拜生殖抬到了极为重要的位置。赵国华在"关于生殖崇拜文化的理论思考"一章中指出："出于对作为社会生产力的人的再生产的严重关切，原始人类中出现了生殖崇拜。换句话说，生殖崇拜深刻反映了一个绝对庄严的社会意志——作为社会生产力的人的再生产。"[①] 他认为，"人类的文明恰恰是在生殖崇拜中诞生的"。其理论包含两层意义："第一，生殖崇拜是一种文化，而且是原始社会人类的主要精神文化……第二，生殖崇拜是运用种种文化手段来表现的，或者说，由生殖崇拜又衍生出生殖崇拜文化，它是当今世界人类多方面灿烂文化的萌芽。"[②] 在赵国华看来，早期西方著名的宗教人类学家如弗雷泽（J. G. Frazer）、杰文斯（F. B. Jevons）、马林诺夫斯基（B. Malinowski）等人乃以基点为"食"的产食文化理论来解释原始人类的精神文化和宗教崇拜，而弗洛伊德等人则是以基点为"色"的性文化理论来解释原始人类的精神文化。产食文化或性文化的理论均有其局限性，从而未能抓到原始崇拜之根本。赵国华进而对生殖崇拜与性崇拜相区别，凸显了"生殖"的意义及与之相关的崇拜，并认为将生殖崇拜与性（色）关系相混淆正是弗洛伊德等人的失误之所在。赵国华的这一论点引起了季羡林等学者的高度重视和积极评价，由此亦导致了对这一问题的激烈讨论。作为

[①] 赵国华：《生殖崇拜文化论》，中国社会科学出版社1990年版，第391页。
[②] 同上书，第389页。

对赵国华论点的质疑和补充，季羡林认为"食、色"实际上乃人类的两个最基本的本能，即人的"生的意志"，因此，在研究原始宗教和崇拜时，"本能的力量和作用要充分肯定"。赵国华的研究及由此引起的讨论，使中国宗教人类学研究不落俗套，获得了新意和突破。在 21 世纪，这一领域的研究亦有新著问世，包括廖明君著《生殖崇拜的文化解读》（2006）等。

（六）神话研究

神话研究在 20 世纪中国学术界亦极为活跃，它涉及神话学与宗教学两大研究领域，其内容则与宗教人类学、原始宗教和少数民族宗教研究相关联。在无文字时代，"传说"曲折地反映了远古人类的历史记载，而"神话"则是其原初哲学思想、宗教信仰的混合表达，尤其是中国远古神话"敢与天争"、不向命运低头的原始浪漫主义思想探讨了"人""神"之间的另一种关系，有着原初的"人文关怀"，故而引起了神话研究界的特别关注和思索。由于神话代表着人类早期宗教的"想象世界"，因此，原始社会及远古时代的宗教按其表述特征都乃"神话宗教"。神话以一种浪漫想象来表达远古宗教中的神性观念和灵性世界，因而乃这些宗教的"神学"和"哲学"。

中国文化传统中有着丰富的神话内容，而对这些神话的描述、整理和传播亦源远流长。但从现代学术规范上来研究、界说神话，将神话研究与宗教学研究相结合，则是 20 世纪中国学术界的全新发展。在 20 世纪初，中国学术界开始对中外神话展开系统探究，一批译著和研究专著问世，其代表著作包括黄石著《神话研究》（1927）、谢六逸编译《神话学 ABC》（1928）、魏应麒编《福建三神考》（1929）、糜春漳译《神之由来》（1933）、林惠祥著《神话论》（1934）。此外，闻一多、茅盾等人亦从文学、文化学的角度触及神话研究，如闻一多著有《神话与诗》、茅盾著有《中国神话研究 ABC》《北欧神话 ABC》和《神话杂论》等。1949 年至 1977 年，神话研究及其译介得以延续，但学术成果以台湾学者的译、著为多。此间楚图南曾对希腊神话加以译介。这一领域出版的著作还包括丁山著《中国古代宗教与神话考》(1951)、袁珂著《中国古代神话》(1960)、王孝廉译《中国古代神话研究》和专著《中国的神话与传说》等。20 世纪 80 年代以来，中国神话学研究突飞猛进、成绩斐然，涌现出袁珂、叶舒宪等著名学者。这一时期中国学术界出版或再版了大量的神话研究专著和译著，其中译著包括萧师毅等译《原始宗教与神话》(1987)、齐明山译《世界各国神话与传说》(1985)、郭净等译张光直著《美术·神话·祭祀》(1988)、毛天佑译《太阳之歌——世界各地创世神话》(1989)、金泽译缪勒（M. Müller）著《比较神话学》(1989)、魏庆征译《世界古代神话》(1989)、李培莱等译《神话学》(1990)、魏庆征译《神话的诗学》(1990)、施康强译《从神话到小说》(1999)、罗尘译《埃及亡灵书》(2001)、杜文燕译《神话的历史》(2003)、郭子林等译《古代埃及宗教》(2004)、朝戈金等译《西方神话学读本》(2006)、张新樟译《诺斯替宗教：异乡神的信息与基督教的开端》(2006)、覃俐俐译《阿赞德人的巫术、神喻和魔法》(2006)、周昌忠译《神话学》(2007)、俞蘅译《欧洲神话》(2007)、余世燕译《美洲神话》(2007)、曾玲玲等译《东方神话》(2007)等。研究专著包括茅盾著《神话研究》(1981)、袁珂著《神话论文集》(1982)和《中国神话史》(1988)、屈育德著《神话·传说·民俗》(1988)、潜明兹著《神话学的历程》(1989)、陶阳和钟秀著《中国创世神话》(1989)、叶舒宪著《中国神话哲学》(1992)、邓启耀著《中国神话的思维结构》(1992)等，其他著述、词典和资料集等则包括鲁刚等编译《希腊罗马神话词典》、袁珂编《中国神话传说词典》、袁珂和周明编《中国神话资料萃编》、蓝鸿恩等主持的《中国各民族宗教与神话大词典》、魏庆征主编《外国神话传说大词典》、朱桂元等编《中国少数民族神话汇编》、朱芳圃著《中国古代神话与史实》、陈炳良著《神话·礼仪·文学》、肖兵著《楚辞与神话》、中国少数民族学会编《神话新探》、刘魁立等编《神话新论》、冯晓立编《外国神话与传说》等。自20 世纪80 年代以来，中国学术界还成立了中国神话学会，并出版有《中国神话》等论丛。进入 21 世纪以来，中国神话研究保持了强劲的发展态势,其专著包括陈世珍著《众神的起源》(2001)、马书田著《中国人的神灵世界》(2002)、高福进著《太阳崇拜与太阳神话》(2002)、高乐田著《神话之光与神话之镜》(2004)、王德保著《神话的由来》(2004)、丁山著《古代神话与民族》(2005)、肖厚国著《自然与人为:人类自由的古典意义——古希腊神话、悲剧及哲学》(2006)、田兆元著《神话学与美学论集》(2007)、胡吉省著《死亡意识与神话》(2007)、王增永著《神话学概论》(2007)等。

与原始宗教的研究相似,中国学术界对中国神话的研究比较侧重,而对国外神话的研究则尚显薄弱。在中国神话研究中,潜明兹回溯了中国神话研究从古代神话观至当代神话学的发展历程。他认为,晚清神话观是中国神话学形成的重要转折,而鲁迅作为中国神话学的承前启后者则完成了从古代神话观到现代神话学的过渡。在他看来,茅盾乃是中国现代神话学的奠基者,曾在比较神话学的研究上和在对中国上古神话交流的认识及分类上作出了突出贡献。潜明兹还进而论述了闻一多的神话考证考释方法和顾颉刚的古史神话观对中国现代神话学的重要推进,指出黄石、谢六逸、郑振铎、周作人、钟敬文、芮逸夫、凌纯声、岑家梧等人亦对神话颇有研究,其见解受到中国学术界的高度重视。此外,潜明兹还专门介绍了袁珂对中国当代神话学的突出贡献,认为"近三十多年,在神话的注释、编定和研究方面,用力最勤、成果最多、影响最大并数十年如一日持之以恒的学者,还是袁珂"[1]。潜明兹将中国的神话学研究概括为三个方面:一为搜集、整理和编纂上古神话,二为历史上无神论者对神话的批评和否定,三为对神话的利用和再创作。而现当代的中国神话学研究以袁珂为例亦体现为"对中国上古神话的注释和编纂""将零散的神话连缀成集"以及从事"神话理论研究"这三个方面。但从总体来看,中国神话学多从文学艺术、美学、文化史的视域来展开研究。"鲁迅第一个将神话放在文学史(小说史)的首页;茅盾很重视神话的艺术化,并将神话作为文学的源头;闻一多为要写一部宏伟

---

[1] 潜明兹:《神话学的历程》,北方文艺出版社1989年版,第38页。

的文学史，对我国神话曾作深入辟里的研究。这几位文学大师，都对神话在文学发展史上的地位有高度的重视。袁珂不但用文学的笔墨整理古神话，而且很明确把神话看作是'我国巨大而辉煌的文学遗产'，是'文学艺术样式之一'。与此同时，他也看到神话又不是单一的文学（或纯粹的文学），另外还具有其他方面的价值，因而他又认为中国灿烂的古代文明，丰富的神话是嚆矢。也就是说，神话不仅是文学的源头，同时也是文化的源头。"① 正因为如此，中国的神话学研究往往被视为文学研究或文化史研究的一部分，此乃中国神话学发展的主流。西方宗教学曾经历了从比较神话学到比较宗教学的过渡，而中国学术界从比较神话学的理论和方法上来研究神话则仍很薄弱，而与宗教学的关联不多，这在一定程度上也使中国神话学研究与中国宗教学研究出现了脱钩现象。可以说，沟通文学和文化史界与宗教学界在神话研究上的联系，推进其卓有成效的合作，将是中国宗教学研究在 21 世纪的重要任务之一。

中国学者的神话研究除了注重神话资料的搜集整理之外，还特别强调对神话的解读和分类。例如，黄石将神话分为哲学的、科学的、宗教的、社会的、历史的五大类；张光直在对中国古史神话的分类上主张有自然神话、神仙世界神话、神界与人界分离神话、天灾与救世神话、英雄世系神话等类型；茅盾将神话分为解释的神话和唯美的神话、合理的神话与不合理的神话；潜明兹根据神话发生的时间秩序将神话分为动植物神话、自然神话、创世神话和社会神话四大类；而袁珂亦曾指出神话有原生性和次生性之分，认为前者属狭义神话，后者为广义神话。也就是说，神话不只是以原始神话为代表的原生性神话，神话的整体涵盖应超越这种狭义神话之界，而为一种包括民间神话和模拟神话等次生性神话的广义神话，这种更广范围的神话表述不仅有幻想性、故事性和原始性，还有主导性、表现性、神人相关性、解释性、能动性、时空广延性和持续影响性等特点。此外，中国神话研究在过去十余年来的重大突破

---

① 潜明兹：《神话学的历程》，北方文艺出版社 1989 年版，第 343 页。

之一，则是叶舒宪提出的"中国神话哲学"理论。他深入而系统地分析了中国神话哲学的元语言及其宇宙模式和原型模式，揭示并论述了其蕴含的时空哲学和生命哲学，从而引起中国学术界的普遍关注和广泛讨论。近期以来，西方学者对中国神话的蕴含给予充分肯定，认为西方神话多以敬畏神明、服从命运为旨归，而中国神话却强调不畏强暴、与命运抗争的鲜明主题。这种评价则从民族气质、思维特征、致知取向等方面促进了中国神话研究的进一步深化。

（七）小结

现代中国的宗教学从无到有，从小到大，跌宕起伏，曲折复杂，直至其最后三十多年才达到质的突破，开始真正腾飞。总体来看，20世纪的中国宗教学是引入、吸纳现代（主要是西方）宗教学理论体系，并结合中国历史文化及学术特色而创立其专业学科、创建其学术体系的世纪。中国学界经过几代人的努力，终于为中国宗教学的系统化、专业化奠定了基础，从而为21世纪中国宗教学的发展成熟创造了条件。

在20世纪80年代初中国宗教学开始其系统发展之际，继先曾撰文《试论我国宗教学的建设问题》，指出"我国宗教学的基础学科，可能也将由比较宗教学、宗教现象学和宗教史学构成。它的比较宗教学，主要应以比较研究的方法，着眼于探索各种宗教的普遍属性，以及各个不同时代、地域和阶级之宗教的各种特殊表现方法，来研究宗教意识形态这一历史现象同其他历史现象和意识形态具有哪些相同和不同之处及其相互影响。它的宗教现象学，主要应广泛搜集古今中外各种宗教现象，并在各个相关的具体时空和社会条件中对之进行综合考察和具体分析，以透过对丰富的感性实情材料来总结宗教的根本社会实质，并详细探索在各时代、各地域、各阶级、各种不同制度的社会中，造成宗教得以产生和继续存在的具体根由。只看现象不问本质固然不对；但不顾现象而去凭空臆断'本质'也是不行的。它的宗教史学应根据切实的史料，既对一般的宗教史，从原始宗教以至现存宗教的通史进行研究，也对各个具体宗教,尤其是三大世界宗教的专史进行研究……对宗教的历史和社会作用进行考察,并对各有关历史事项进行史学评断"[①]。20世纪中国宗教学的诞生代表着中国学术界的一种创新和开拓,在其发展进程中除了注意对西方宗教学上述相关基础学科的继承与发扬之外,对宗教考古学、宗教古语学和宗教与原始社会调查等工具学科亦有较大关注,尤其是对西方宗教学不太重视的"各教研究"进行了深入、系统的探讨,对世界三大宗教的历史、理论、典籍、现状进行了周密的研究。这样,20世纪中国学界在佛教、道教、基督宗教、伊斯兰教等宗教研究上颇为活跃,成果也较多,一些学者在20世纪末甚至提出了佛教学、道教学、基督教学、伊斯兰教学、犹太教学等概念或说法。而在应用研究方面,中国学者则开展了宗教与民族关系、宗教与国际政治、宗教政策法规等课题的研究。与西方宗教学研究的一个重大不同,则是中国学术界更注重宗教学的"社会科学"意蕴,而不局限于西方学术界所偏重的"人文学科"。因此,中国学界不仅致力于宗教文化学的建构,而且还特别尝试形成中国特色的宗教经济学、宗教政治学、宗教法律学等与社会联系更为直接、更加密切的学科。在今后的发展中,这种学术意向会得到进一步的加强。

与西方宗教学的不同之处,则是中国学界对宗教学有比较宽泛的理解。关于宗教学学科研究范围,有些中国学者按西方广义宗教学的思路而认为宗教学专业性强、外延小,一般可包括宗教史学、比较宗教学、宗教哲学、宗教社会学、宗教心理学、宗教人类学、宗教现象学、宗教地理学、宗教生态学等研究,是源自各宗教研究却超越其具体研究而获得的"纯"宗教理论和方法研究。但多数中国学者则认为宗教学指一切宗教研究的总称,应涵盖各具体宗教的众多研究。不过,广义的宗教研究也包括宗教界本身的研讨,故而会有其信仰的宣示和护教的倾向,因此不少学者从宗教学的学科性本身的科学定位而主张宗教学必须是一

---

① 继先:《试论我国宗教学的建设问题》,《世界宗教研究》(第二集),中国社会科学出版社1980年版,第5—6页。

门"悬置"宗教信仰的学问及学科，否则会在不同信仰的宣示及捍卫中迷失自我。如前所述，在宗教学理论体系创新方面，一些中国学者特别注意到西方宗教学尚未涵盖的宗教语言学和宗教文化学之构建。这种全新探索的研究成果包括高长江著《符号与神圣世界的建构——宗教语言学导论》（1993）、张志刚著《宗教文化学导论》（1993）和高长江著《神与人——宗教文化学导论》（2000）等。在宗教语言学体系构建之尝试中，高长江以一种动态的审视来"把宗教语言这一特殊的神学符号，神圣的社会方言置于人类文化的时空中进行总体的观照和系统的研究"，旨在"揭示出宗教语言在人类宗教文化和社会文化的建构中是怎样发挥其特殊的功能的"。① 他认为宗教语言学应包括"研究语言的宗教功能""研究宗教语言的文化功能""宗教语言的变异研究"和"语言的宗教学研究"这四个方面，并由此从宗教系统与语言系统、宗教的演化与语言的发展、宗教语言的模式、宗教语言与人的世界等关系或层面上对之进行初步探讨。就宗教文化学的构建而论，张志刚对与西方宗教研究相关的文化人类学、文化史学、文化神学、文化哲学等加以条分缕析，勾勒出西方研究的概貌。而高长江则另辟新径，在中国当代宗教文化研究热潮中试图构筑出一种具有中国特色的宗教文化学体系。在他看来，宗教是人作为一种文化经验来创造，具有人最根本的文化属性，"宗教不仅是人所创造的一种文化现象，而且，宗教生活也是人的一种文化实践。因此，宗教研究首先关涉到的便是文化性的研究"。② 所谓宗教文化学即把宗教作为一种文化体系和文化哲学来研究。在其宗教文化学的体系范畴之探中，高长江受哲学人类学和文化哲学之启迪，从文化视域中来考察宗教，分析了宗教与人的世界、宗教与人的存在（包括人的物质存在、社会存在和精神存在三方面）、宗教与人的日常生活、宗教与人类的未来等关系，以

---

① 高长江：《符号与神圣世界的建构——宗教语言学导论》，吉林大学出版社1993年版，第24页。

② 高长江：《神与人——宗教文化学导论》，吉林人民出版社2000年版，第436页。

便为宗教文化学理论大厦的真正奠立构设框架。但宗教文化学体系能否成立的关键在于厘清宗教与文化的关系，说明宗教在文化中的定位、作用与意义，而不能简化为"泛文化"之谈。从整体来看，20世纪中国学界在关涉宗教研究上跨学科研究、横向比较和关联较多，而宗教学作为一门独立的人文学科，其规范性、科学性及其学科思想和学术灵魂却体现不够，尚未建立起缜密、完备的宗教学体系，宗教学各分支学科的体系构建亦还不到位。这种状况为中国在21世纪的宗教学学科建设提供了启迪，为其努力指出了方向。因此，21世纪的中国宗教学正体现出其实质性进展。

以20世纪中国宗教学的理论准备和学术成就为积淀，21世纪的中国学界将真正建立起与国际学术界接轨，同时亦体现中国学术特色的中国宗教学理论体系。这种体系构建将会是一个开放性的进程，它将是承前启后、学派林立、百家争鸣的多元景观，而不是一种空前绝后的独构。按照这种预测，中国宗教学各分支学科之间、各宗教研究之间以及宗教研究与其他学科研究之间的横向交流和沟通会进一步加强，形成更多的跨学科研究和"科际整合"布局，在中国宗教学内部，一方面其思想学派和历史学派的相互交流、了解和理解会得到更多的提倡和促进；另一方面各宗教研究本身亦会向更广、更深的领域发展，在宏观研究和微观研究上都有新的开拓和进展。而在宗教学研究的方法论和技术手段上，中国宗教学将会进入一个"全球化"和"网络化"时代，这一全新的"网络学术"提供了开放性的研究平台，以往学术资料的垄断、封锁和学术信息的闭塞、隔绝会被共享、互通的局面所取代，使宗教学研究必须走信息互通、知识共享、资源共有、学派共存之路。而这一态势将有助于中国宗教学在21世纪中的学科范畴、规则和方法的构建和确立，形成必要的学术共识。

总之，21世纪的中国宗教学会在20世纪所达到的发展基础上乘胜前进，以其博大、广远和深邃的视野来进一步追溯人类宗教的源头和流向，了解当代宗教发展的脉络神髓，洞观宗教灵性及其神性维度的特性，捕捉宗教超然境界的独特审视和本真把握，揭示宗教信仰及其神圣感悟的奥秘，分析宗教的多层面文化蕴含和社会意义，找出宗教研究的规律和理想途径，促成宗教学自身体系的完备和完善，从而使中国宗教学在 21 世纪获得全面发展，为人类学术史和文明建设作出新的贡献。

（原载《20 世纪中国社会科学·宗教学卷》，广东教育出版社 2009 年版。）

第二十三章

关于全球史视域宗教研究的思考

"全球史视域中的宗教研究"是一个新的话题，也代表着一种与时俱进的研究。什么是全球史视域，如何来展开这种宏观研究，其对中国宗教学学科体系的构建会有什么意义，学界会有很多想法。为此，我也想利用学界这一难得的提问机会来谈谈我自己对全球史视域的宗教研究的一些感想。从全球史、全球化纵横两个方面来看待宗教，那么我们的视野一下就会开阔起来了，很多问题我们就能够联系起来、综合起来进行探讨，以全球眼光来看待。我个人认为，关于全球史视域中的宗教发展，我们可以从世界历史的三大时代，或者说三大发展时期来回顾和思考。

总的来看，这第一个时期应该就是公元前8世纪到公元前3世纪，即雅思佩斯所言之"轴心时代"，这是人类精神思想非常活跃的时代，而且在世界不同的地区几乎是同时期发生，给后人留下了最初的全球精神发展之"同步"的印象。这也就是世界宗教开始兴起的时代，形成影响至今的奇特景观。虽然当时这些地区在彼此之间因为地理隔断的原因而没有所谓"全球"观念，但在这个时期各地宗教兴起在客观上起到了一个互动的效果。而当这个时代在公元前3世纪结束的时候，就已经进入了我们所言古代地中海地区文化交流互渗频仍的希腊化时期，希腊化时期的一个特点，就是亚非欧相关地区围绕埃及的亚历山大港而形成了一种全球史的发展概念。所以，这个我们知道的所谓希罗时期的文明，已经突破了地域的局限，形成西方文明之基的"三位一体"，即希伯来、希腊和罗马文化的有机共构，这在地跨欧亚非三洲的古罗马帝国时期达到鼎盛，开始有了明显的全球视野。当时有一句名言"条条道路通罗马"，指人们在社会、精神层面对罗马的归属感。而此刻踌躇满志的罗马帝国更有一句名言，即诗人奥维德（Ovid）的豪言壮语："罗马即世界"（urbi et orbi），他把"罗马"（Urbs，原意指有城墙环绕的城市，即指罗马城）干脆与"世界"（Orbis，原意为圆球，这里指地球、世界、人类）相并列、相等同，而这个"世界"即圆球也就是地球的意思，故而乃是一种古代的全球观念。这个时期的宗教化发展是非常明显的，我们可以看到在这些不同地区都有宗教的崛起，形成非常活跃的发展。就古希腊世界而言，既有其宗教神话的兴起，像阿波罗神（太阳神）代表着其主体神话体系，而酒神狄奥尼索斯带来的心醉神迷更有着当时宗教信仰的癫狂。其哲学也开始活跃，到柏拉图提出神学的概念，达到其理论升华的高度。这些发展为我们今天的思辨研究提供了线索，为梳理西方哲学、宗教的基本思维模式，都奠定了一些必要的基础。

可以说，"轴心时代"的这个基础非常牢靠，到今天人类还没有根本超越。其宗教、哲学模式都可以回溯到这个最初的"全球化"，这是我们的全球史视域第一个要考虑到的。所以说，希腊人对这段历史感到非常骄傲，故而有所谓"太阳下面无新事"之说，强调现在的哲学思维范畴在古希腊时期都已经确定了，迄今无根本改变，后来的哲人只是将哲学基本范畴不断扩展、深化而已。的确，我们在哲学、宗教认知上并没有彻底超越这个时代，仍然还在这个太阳下的阴影中存活。在这一时期，就是在我们今天看来非常热闹的中东地区，也是其宗教开始诞生和兴盛的时期。它产生了两大传统，除了古希伯来犹太教的"绝对一神"观念的形成以外，在古波斯也出现了琐罗亚斯德教的"二元神论"，形成光明与黑暗两大元素的分界。这个时期是犹太人称为"先知"非常活跃的时代，"先知"是什么，就是神人之间的中介，其职能即替神代言、替天行道。这就是宗教发展和复兴运动的象征。

我们再看这一时期的印度，所流行的是"沙门"思潮，也就是我们所说的思想改革、宗教改革思潮，在革新古代婆罗门教的基础上发展出佛教、耆那教等宗教、哲学流派，给人带来耳目一新的发展。同样在这一时期的中国，我们民族经历了百花齐放，百家争鸣，形成了"诸子百家"，不管今天争论老子的思想、孔子的思想是不是宗教，但其中至少有一些宗教的蕴含及意境。古代中国有无宗教这仍是中国人认知的一大难题，但也不可脱离全球宗教历史这样一个大视野。特别值得一提的是，我们过去太注重黄河流域的文明之源，却忽略了长江流域的文化渊源。不过我们没有忘记长江中游地区的楚文化及湖湘文化，对其"巫史"多有描述，而最近则发现了长江上游的"三星堆"文明、"丽江"文明，其宗教的遗痕是非常明显且令人震撼的。所以说，中国在这个时期并没有缺位，这给我们认识全球史的宗教，有一个很好的提醒。这个时代可以说是一个渊源，我们可以寻根溯源到全球史的这个时代。

这第二个时期则是我们以前所说的欧洲中世纪，5 世纪到 15 世纪有千年之久，以前学界对之有"千年黑暗"之说，自 20 世纪下半叶美国哈佛大学教授哈斯金斯（Haskins）等人提出"12 世纪文化复兴"之说以来，这种"千年黑暗"之论基本上已被西方学界所放弃。西方近代的发展与其中世纪有着有机衔接，历史从来就不是跳跃式的发展，而是有一个连贯性的递进，所以中世纪的"黑暗"只是在罗马帝国灭亡和"加洛林王朝文化复兴"之间的几百年而已，随着"加洛林王朝文化复兴"的出现，欧洲就逐渐走出了其中世纪早期的黑暗，出现了社会的复苏和文化的复兴。从 5 世纪西罗马帝国的衰亡开始，东西双方的全球关联没有减弱，反而得以加强。这是因为西罗马帝国消失后，欧洲的意识得以形成，与中欧、北欧的联系更加密切；而东罗马帝国则接触到更多的国家和地区，其全球观念亦得以拓展。特别是伊斯兰教在 7 世纪开始崛起，其西扩既震惊了西方，也把西方人的视域引到东方。在西欧"十字军东征"收复"圣地"却最终失败的进程中，欧洲人看到了更加广远的世界，获得了更多的异域信息及知识，也自觉或不自觉地带来了不同文化的交流互渗，所以其"世界眼光"是扩大了，并在其"经院哲学"的形成过程中融入了伊斯兰教、犹太教和基督宗教的思想沟通及交流。必须承认，这种时期的文化巨变是惊人的。从欧洲自身的内涵式发展来看，其社会的恢复及发展经历了三次"文艺复兴"，即"加洛林王朝文艺复兴""12世纪文艺复兴"和14世纪在欧洲全面推开的"文艺复兴"。这些文艺复兴的一个重要标志就是文化教育的提升，使西方欧洲走出黑暗时代，并最终走出中世纪的重要原因就是其社会知识积淀的提高、文化教育的发展，从大教堂学校、宫廷学校而导致了大学的兴起。不看到这些因素而奢谈欧洲近代的凭空崛起则毫无意义。从当时来看，其文化复兴、宗教发展也是具有全球意义的。

在中世纪至少有两个世界的接触和碰撞，一个是欧洲的基督宗教世界，而另一个则是伊斯兰教扩展而带来的伊斯兰世界，当时形成了原东罗马帝国属地（今土耳其范围）的奥斯曼帝国、波斯的萨菲帝国，以及印度北部的莫卧儿帝国。而且，因十字军失败而感到沮丧的欧洲意外听说在远东还有一个更大的帝国即中华帝国，所以中世纪的全球史视域实际上至少乃包括了这三个世界。至于中世纪后期的"大航海时代"及由之带来的"地理大发现"，进而使之知道了更遥远的世界。为什么今天美洲的原住民被称作印第安人，就是因为最初到达"新大陆"的欧洲人还以为是到了印度，所以叫当地人为印第安人。其实就在这一时机，所谓的"全球化"乃已经悄然开始。

为什么中世纪的天主教要到中国来传教，就是因为他们听说在我们东方有一个约翰王，但是信仰的是天主教的异端，在华成为景教，他们听说约翰王曾打算率领部下帮助十字军收复耶稣撒冷，故而非常兴奋，由此决定派出传教士不远万里来中国，想使之皈依正统。这种传说完全改变了西方对中国的认知，后来也演绎出所谓天主教与东方藏传佛教比较亲近的关联。而这种说法甚至影响了今天西方人对藏族、对藏传佛教甚至对达赖喇嘛的看法。

第二个时期与全球史的最大关联，就是所谓的"地理大发现"，在这个大航海时期人类终于走出了以往的隔绝，真正意识到全球之世界的存在。这都是当时的关键词。此后马丁·路德宗教改革以后欧洲向北美的移民，以及耶稣会的向东方传教，都与这一"大航海时代"全球视域的开拓直接相关。随之在中西文化交流上面也写了重要的一笔，而且是硕果累累、非常灿烂的一笔。例如，以往中国的"天下"观乃"天圆地方"，世界是"平"的，中国即立于世界之"中央"地位，而"地球"观念之"全球"认知的引进，给中国人的世界观带来巨大变动：既然世界是"圆"的，则不再有"中心"可找寻。这一方面有利于中国人改变传统上"唯我独尊"的观念，另一方面则激励中国人努力走出国门，"放眼看世界"。可惜因双方不愿意妥协而招致"礼仪之争"，由此改写了中西方近代的交流史。这种冲突也可以理解为当时的"文明冲突"。

全球史的第三个时期应该是从19世纪开始兴起，其影响一直到今天还在延续。19世纪中西关系的标志是鸦片战争，西方基督宗教不论是天主教还是新教，都开始全世界范围的传教，这种传教伴随着西方的殖民扩张而颇有政治色彩，其阴影迄今犹存。此外，这一时期不仅是中西关系的逆转，而且西方工业革命后的发展抢得了先机，使基督教世界与伊斯兰世界的关系也完全颠倒过来了。我们今天的世界发展与这一时代特色极为吻合，许多问题也是其后遗症的表现。为此，我们论及宗教的原教旨主义，讨论所谓移民或难民问题，洞观出现的暴恐活动，甚至思考当前的中美贸易战，从根本上也必须知晓这都是与本时期的全球发展直接相关的。我们今天显然面临着非常棘手的一个难局，目前尚未找到破局的良方。就是如同面对现代的雾霾一样，看不清，看不透，还需要一些艰苦的摸索。面对现实社会及其显而易见的宗教关联，我们必须有一种全球史的视域，对世界整体局势、全球宗教状况加以宏观而全面的审视，而不可简单地就某一个宗教而孤立地进行分析。只有结合全球视域来冷静审视，才可能作出睿智的举措，从而走出这一积重难返的时期，进入可能全新发展的新时代。依此而论，我们今天的宗教学体系，也必须是具有全球眼光、得以整体审视的学科体系。

第二十四章

中国宗教学的使命及挑战

在当代中国的学术研究中，宗教学的价值和意义越来越多地被人承认，特别是最近强调把宗教学列入对哲学社会科学具有支撑作用的学科之内，这对中国宗教学的未来发展将起着里程碑的指引作用。如何在"打造具有中国特色和普遍意义的学科体系"中建设并完善中国宗教学，这是我们必须勇于承担的历史使命，理应当仁不让。不过，宗教学在当前中国仍然是一门敏感学科，由于社会对宗教的认识不一而也造成了人们对于要不要发展宗教学，如何发展宗教学，以及怎样理解宗教学上的差异和分歧，相关争议使中国宗教学的发展到了关键时期，面临着巨大挑战。此时此刻，对宗教学作为对哲学社会科学发展有着重要支撑作用之学科地位的强调，是对我们迎接挑战、抓住机遇、完成使命极为及时的指引和鼓励，也是让广大社会理解宗教学的重要信息。因此我们必须迎难而上，披荆斩棘，突破中国宗教学发展目前所面临的困境，走出其瓶颈之限，创造宗教学繁荣发展、硕果累累的未来。

一 中国宗教学的使命

宗教学在世界学术史上只有一百多年的历史，是其人文科学中最年轻的学科之一。宗教学的学科体系最早是在欧洲创建，在20世纪初随着马克思主义及其他西方学术体系的传入而进入中国。因此，最初的宗教学有着明显的西方学术体系的印痕，其在中国的传播及展开也较为缓慢。在20世纪初，中国社会百废待兴，中国学术界也从国外引进了许多新的学科及研究方法，当时的"新学"实际上"西学"痕迹较重，其中有一些表述经日本而有了"东学"甚至"中文"表述的包装，形成独特的中西合璧及东西融合。在中国历史上，中国思想、学术受外来文化影响较大的有几个典型的阶段，一是佛教传入后对中国学术及中国语言的革新，其打下的烙印今天仍然依稀可辨；二是明末清初天主教传入中华之后的"西学东传、东学西渐"，为中国学术发展增色不少，形成许多新的学科；三是20世纪初的西学涌入，当时中国社会处于弱势，学问也是外求大于内需，此时西学往往借道日本转至中国，由此使传统中国语言表述通过在日本的中西融贯而得以更新，呈现其与以往截然不同的全新意蕴，而宗教学与哲学等学科一样在中国近现代发展中也经历了这一嬗变。此时学术横向比较和关联也较多，中国学者由此开始从文史哲等学科的视角来注意并尝试宗教学的研究，以陈垣、汤用彤等人为代表而率先在中国宗教历史的研究中引入宗教学的理论及方法，推动了对中国本土宗教的研究，并具有与过去宗教界研究明显不同的意趣。这些当时尚显得较为零散的宗教研究正是中国宗教学的雏形，其典型特点之一就是不以某一宗教信仰作为其研究的前提、依据和标准，而是远远超出宗教范围之外的独立思考和学术探究。而中国宗教学的早期形态就是基于这一学术定位，有着客观、批判的审视，坚持客观、科学的立场，注重学术方法和学科流派的发展，由此而超越了传统宗教论述中护教弘教的目的及其明显局限。与之相呼应的，则是当时学术界对宗教的研究加强，但对宗教的负面评价也突然增多，这给今天中国学术界同样也留下了一份复杂的遗产。

20世纪60年代，因为毛泽东主席对国际问题的关心而提出加强对世界宗教的研究，世界宗教研究所随之应运而生，成为新中国成立以来首个具有国家建制性质的宗教学研究机构，宗教学在中国不再仅是零散的个人探究，而成为有制度、有计划的学科。毛主席当时从批判神学的角度论及对世界三大宗教的研究，并指出这种批判研究与世界史、哲学史及文学史研究的内在关联。毛主席的学术敏锐给中国宗教学的研究带来了勃勃生机，当时这一研究甚至显得有些得天独厚、特受重视。国家层面的关注和投入，使宗教学的起步与众不同，同样也引起人们对中国宗教学定位的不同思考。这种高起步，也让人们对之有着高要求，因此在学科方面及政治方面都让人高度重视和注意。而中国宗教学的研究也不再仅是纯学科的经院式探究，其在一定程度上起着更多的咨询、智库作用。在宗教学研究中，人们对"批判神学"的理解意味深长、错综复杂，有着不同的解读和应用，影响到对其研究的不同学术评价及对其研究者之定位的不同角色推测，由此也导致宗教学术领域的矛盾分歧。这样，宗教学在中国一直就处于"险学"与"显学"之间的摇摆。据此，宗教学既是有着学科意蕴的纯学术研究，也是具有社会政治运用价值的智谋之策。五十多年来，中国宗教学实际上就在学术理论和政治对策这两个方面齐头并进，既需讲学术，更要讲政治。其跨学科性质使之在哲学学科及政法学科都被认可和运用，而理论研究部门与实际工作部门也都对其成果有着特别的关注、审视，会采用或质疑。但如果从学科本身标准来看，其学术研究有着自身的问题意识及发展规律，本应该有着更多的超越和自由，体现出客观而独立的观察思考及研究。

上述复杂情况使中国宗教学有着多重使命，其发展亦朝着多种方向迈进。这就要求我们冷静思考中国宗教学的学科性质及其应用范围，也进而要探究中国宗教学的根本学科目的和基本研究方法。在中国社会政治语境中，我们首先当然要以中国特色的社会主义宗教理论来指导中国宗教学的建设，为中国社会主义政治服务。习近平总书记明确指出，"坚持以马克思主义为指导，是当代中国哲学社会科学区别于其他哲学社会科学的根本标志，必须旗帜鲜明加以坚持。"[①] 中国宗教学的这种政治定位，使之与其他国家及学术体系中的宗教学有着明显的不同性质。虽然这些宗教学的复杂分布都以宗教现象为其研究对象，但其目

---

① 引自中央宣传部主管，《党建》杂志社主办《学习活页文选》2016 年第 41 期，2016年 6 月 28 日出版，第 106 页。

的、方法、宗旨却有着根本区别，这样就不可将中国宗教学与世界范围内的整体宗教学作简单比较。而与此同时，中国宗教学作为一种专业的学科建构也不可与世界宗教学体系截然区分或区别开来，这种区别及关联的复杂性、微妙性和敏感性就成为中国宗教学的典型特色，也使之成为难度颇大的一种跨学科研究。所以说，坚持马克思主义宗教观指导的当代中国宗教学，从一开始就与众不同，有其独特的身份和使命。也正是因为这种区分与交织，中国宗教学的发展跌宕起伏、曲折复杂，跨界和跨学科研究也极为必要，因而有着特别的难度。只有明确了中国宗教学的定位，其使命、目的的确定才可能明朗、清晰。在不断的探讨、摸索中，中国宗教学的使命感得以形成，其目的与任务亦逐渐明晰、彰显，由此会决定其学科体系的架构及可能发展。

中国宗教学作为较新的跨学科研究，在中国当代哲学社会科学发展中有着重要地位，其政治性强、研究视野开阔，面对众多信仰人群，涉及的问题敏感复杂，这样也就引起世界范围的普遍瞩目。其中国特色乃更多体现在其政治定位及时代定位上，从中国哲学社会科学的当代使命而言，中国宗教学必须讲政治，有其政治取向和政治责任。从其与世界范围的宗教学关联来看，中国宗教学也同样有着跨宗教、跨文化、跨时代等跨学科或多学科比较的体系特点。在学科基本规范及学术原则上，中国宗教学当然亦属于世界宗教学这一学科体系，有其共同的学术规范。习近平总书记说，"哲学社会科学研究范畴很广，不同学科有自己的知识体系和研究方法。对一切有益的知识体系和研究方法，我们都要研究借鉴，不能采取不加分析、一概排斥的态度。"① 宗教作为人的心理现象和社会现象，使其研究也必须呈现"内涵"式和"外延"式两大走向。所谓"内涵"式说明中国宗教学也具有其"内向"趋势，由此使宗教学乃作为"谋心"之学而发挥作用，其研究必须关注人的内心世界，是人的思想、心灵、精神之探，故乃一种"深蕴内涵"，旨在

---

① 引自中央宣传部主管，《党建》杂志社主办《学习活页文选》2016 年第 41 期，2016 年 6 月 28 日出版，第 116—117 页。

说明人的精神、意识、心理、灵性,是"以人为本"的人学、心学、精神现象学,从而有着人文学科、精神科学的学科体系定位。而从探讨人的内在"灵魂"、精神,则会引申到所谓"神明""神性""神秘"等问题的探析,所以也并不排除传统宗教神学所提出的问题,力求给出不同但令人信服的回答。与之对应,宗教作为人的社会现象,其"外延"式探索则有其"外向"关注,结果会使宗教学成为"谋事"之学,与人的社会存在、外在关联结合起来,是涉及政治、经济、法律、制度、社会、群体、国际关系等问题的社会科学,是一门有着实践价值的学问,对社会现实中的具体运作提供具可操作性的举措,其"外在扩展"亦不可估量。中国宗教学的研究者基于这两大层面而不可超脱、自为,势必有其自身的政治定位和学术意向,由此对其探索宗教的视角、立场和态度等主观性、主体性选择产生影响,在这种意义上,中国宗教学的"中国性"就是其国家意识、民族担当和中国共产党的使命及责任感。所以说,中国特色的宗教学绝非虚言,其特色鲜明、独特、明确,与众不同。建设这样一种既与国外宗教学不同又需超越中国传统宗教理解的当代中国宗教学学科体系,则是我们当代中国宗教研究学者的历史使命和现实责任。

二 中国宗教学所面临的挑战

既然中国宗教学乃筚路蓝缕的事业,其披荆斩棘就不可避免。中国宗教学所涉及的许多问题都是以往宗教学所没有遇到过的。这是因为,中国宗教学基于中国,必须特别审视当今宗教与中国社会及中国文化的关系问题,并进而有效解决当前中国宗教所面临的实际问题和迫切需求。从其指导意义上来看,马克思主义宗教观的中国化势在必行、不可耽搁,这是我们宗教工作的理论及实践都不可或缺的。中国宗教学的当下建构由此也必须领悟我们党目前推行的宗教工作基本方针之精神蕴含及其现实意义。依于这一指导思想,中国宗教学的紧迫政治任务就是积极参与发展中国特色社会主义宗教理论,使我们中国共产党有着与时俱进、适应当代形势发展的宗教工作之科学理论体系，能够站在当前马克思主义中国化探究之途的前沿。

基于马克思主义的指导和对中国宗教国情的分析，中国宗教学发展有其前沿性和前瞻性，许多问题乃前所未有，无现成答案。很明显，这种挑战不可回避，而且其应对也令人瞩目，充满戏剧性色彩。

第一，马克思主义经典作家在宗教理解问题上基本没有触及中国实际情况，其基本表述及结论如何在中国来运用、体现，这是我们在理论建树上所面临的挑战。宗教存在有其普遍性和特殊性，研究具体宗教则必须参考其时代、地域背景，有其社会结合。为此，中国学者提出了对于马克思主义经典作家的观点不仅要跟着说，更要接着说的看法。我们当然需要研读经典作家原著，把握好第一手材料，这是不可回避或省掉的基本前提；但如果对之加以教条式理解，形而上学、故步自封，我们对经典马克思主义宗教观的认知就会走入死胡同。我们首先要弄清楚马克思主义经典作家具体所言的宗教是什么、在哪儿、处于何时、针对什么情况，必须结合其时空处境来看他们对宗教的相应评价；其次是从中找出认识、分析、评价宗教所必需的基本立场、正确观点和科学方法；然后才是把马克思主义宗教观的普遍原理科学地用于中国实际之中，这绝不是其具体结论的简单照搬，而乃其立场、方法的辩证运用。这里，在中国处境中如何继承、怎样创新马克思主义宗教观，对于我们的理论思考和思想探索乃是巨大挑战。

第二，在中国社会语境和文化传统中如何认识、界定宗教亦是重大挑战。中国的"宗教"在其文字表述、基本定义或概念上众说纷纭、错综复杂。目前的话语大致有两大说法，一是与中国古代佛教的表述传统有关联，宗、教二字及其合并而用在佛教发展中得以展开，"宗教"本为佛教术语，其现代定义乃由之发展而来；二是受近代日本汉字创新运用的影响，日本在其近代对外开放中，率先用汉字"宗教"来翻译西文的 religion。这样，"宗教"这一术语的内涵、外延等仍有不少模糊不清之处，这在词源学上就直接影响到宗教的定义问题，也触及如何汉译西文 religion 的问题，因为其翻译实有不同的汉字表达，其概念问题迄今仍然争论不休。由此可见，当下宗教概念的确定在中国是其百年社会历程及学术发展的回顾与反思，扬弃与革新，调整与推进。"名不正则言不顺"，学科研究首先就须解决学科概念问题，抓住其学科本真，获得其精准的问题意识。这是学科的严谨性所必要的，虽然宗教现象的显现有着模糊之状，但其研究则理应去伪存真、去粗取精，通过现象看本质，抓住其关键环节和基本要点，清楚、透彻地说明、界定宗教，从而为全面、系统地研究宗教奠立基础、指引方向、铺平道路。

第三，中国到底有无宗教、什么是宗教、什么是中国的宗教问题，这些疑问并没有标准答案，也没有形成共识。如何理解宗教这一挑战迄今困扰着中国宗教理论及学术界。由此，有人认为中国根本就没有宗教，宗教与中国的国情、民族性无关；有人认为只是佛教传入中国之后中国才有宗教，中国的宗教基本上是对外来宗教的模仿、跟随；有人则认为中国自古就有宗教，而中国宗教在范式、形式和呈现方式上与国外宗教根本不同，不能用国外的宗教理解来套用对中国宗教问题的回答，故而对中国的宗教范式应有独立、独特的思考；还有人认为，中国与世界其他国度并无区别，也是宗教资源丰富、宗教历史悠久的国度，中国宗教可从世界宗教的普遍性来理解。因此，如何认识、说明中国的宗教问题也是一大挑战。目前关于儒教是否为宗教、宗教结构的建构性或弥散性等问题，就是针对中国有无宗教，以及中国宗教的特点究竟如何等说法而尝试作出的各种回答。

第四，对于宗教的评价问题，从认识论、价值观、世界观、伦理道德、人生态度、社会意识、文化积淀、精神传统、社会功能、政治作用等方面如何评说、分析宗教的性质、说明宗教的作用，特别是在当下我们中国发展中所无法回避的挑战。对这些不同评价的争论，在中国社会已经持续了半个多世纪，至今仍无可能停止的迹象，各自见仁见智、互不相让，针锋相对、讨论激烈。然而，目前这一争论如果不能得到有效解决，如果不能形成对宗教的正确认识，势必会产生这些宗教怎样在中国当代社会定位及作为、社会如何客观、公正地对待宗教等直接后果，而且会由此影响到未来中国社会的宗教生态及其关联的社会安定和稳定，关系到中国宗教乃至整个中国社会的未来走向。这些问题的解决是跨学科的难题，涉及对社会、历史、文化、精神、知识等方面的整体评价问题，也触及政治评估、风险预测等方面，有着全方位的关联，牵一发而动全身，故而不可忽视。

第五，对于宗教学究竟是什么的问题也为相当尖锐的挑战。中国宗教学与西方宗教学的关系，中国宗教学在社会科学、人文学科领域中的定位，中国宗教学在教育特别是在高等教育中的角色及功能，是否应该发展宗教学、怎样发展宗教学等，也有多种不同的评说，反映出社会的态度。由于这种定位问题没有得到彻底解决，目前从事宗教研究的学者亦多被误解或歧视，忍受着本不应该的行业或专业偏见，其研究也往往事倍功半、步履维艰，使这一学科的迈进有着特别的难处。所以，中国对宗教学本有着"显学"的期待，其现实却仍是"险学"的处境，其结果中国宗教学很难占有国际话语权，面对世界学术舞台也往往只能羞羞答答、畏畏缩缩，很难堂堂正正地亮相，淋漓尽致地发挥其作用，故此影响到我国社会科学的学术声誉和在国际社会的发展前景。而中国宗教学要真正走出这种困境，则离不开社会的理解和包容。

第六，宗教学本身的学科定位问题也面对着复杂挑战，自我不清、方向不明。目前宗教学的学科建构、定位非常模糊，处于边缘化的境遇。在学术史归属上，目前宗教学依附于哲学，被视为其二级学科，但宗教学在表述、范畴、方法、认知等方面与哲学有着明显的不同，目前削足适履的处理办法明显制约着宗教学的学科发展。在国际人文学科领域，宗教研究占比很大，学者众多，学术定位清楚，学术研究热闹，学术成果累累，而中国宗教学仍一直处于跨学科之间，在其他学科归属之下，难获其独立空间，制约着其顺利发展。但在问题意识上，宗教学却与民族、法律等政法类学科关系密切，宗教与民族问题的交织使二者经常被相提并论，归为一类。于是，民族、宗教的现实关联与其学科分类的关系问题交织相混，划界不清，亦没有得到十分清晰的梳理。这样看来，中国宗教学尚需解决其学科定位及体系构建问题，仍是百废待兴的发展中学科。

第七，中国宗教学学科建构的基本材料、田野调研的实践领域等，都与西方宗教学创立时所依据的素材、文献有着明显的不同。中国宗教学所面对的宗教，有其典型的中国色彩，其不同的理解、不同的礼仪、不同的传承等，形成了典型差异。因此，如何发掘中国资源，找出中国特色，摸索中国经验或规律，对于我们而言也是一大挑战。中国宗教学发展不能走西方发展的老路，而必须具有我们自己的新意，而这也正是中国宗教学对世界宗教发展的可能贡献。由此，中国宗教学的经验构成必须自己摸索，中国宗教学的话语、范式，以及理论体系也必须从头开始，自我构建，而不可走老路、吃剩饭，拾西方宗教学理论体系之牙慧。这样，中国宗教学的建设必须要有"而今迈步从头越"的胆量和气魄，创造出宗教学领域中的中国品牌、中国风格、中国学派。

第八，中国宗教学的学科运用也必然与西方不同，而应该有我们自己的目标和目的，中国宗教学既是中国社会的分析学，也是中国发展的解释学，要促成中国社会及学术发展的强大气场和气势，在精神领域要服务于中国文化伟大复兴之"中国梦"的实现，在世界范围形成"中国风"，让世人领略"学术中国"的文化风采及精神面貌；而在社会领域则必须有助于中国社会的和谐发展、中华民族的团结统一，确保人心稳、民心齐，有着中华民族共同体的共识及共鸣，从而使中国宗教学能够成为中国可持续发展、成千秋大业的精神动力和文化保障。

总之，当前中国宗教学的发展迎来了重要契机，如何及时推动宗教学的积极转型、突破以往局限，值得认真思考和尽快实施。我们必须正视挑战，具有使命意识，迎难而上，抓住机遇，打破僵局，攻克难关。当前在舆论上已经承认把宗教学归入对中国哲学社会科学发展具有支撑性作用的学科，从而带来对中国宗教学存在的明确肯定，当然这也是对我们大力发展中国宗教学的明显鼓励。不过在实践中的情况却远为复杂，近段以来宗教学遇到了巨大的阻力和困难。应该清醒地认识到，故意阻挡宗教学的发展，对宗教研究设卡刁难，实质上是违背党中央的基本精神，这实际上也是不利于当前中国文化学术建设的一种"高级黑"形式，值得我们高度警惕和有效防范。在一个全球化的时代，我们开放的中国若要旗帜鲜明地发展中国宗教学，则必须使之凸显中国特色，向世界介绍并展示中国学术、中国学派，同时也要尊重学术规范、保住其普遍意义，在整个世界宗教学领域中起到积极引领作用而不可因规则迥异而轻易出局、被世人冷淡。因此，中国宗教学是一种辩证的发展，有其学术平衡及和谐的必要，这样就必须做到中国意识与世界眼光并重，立足中华而关注全球，尊重传统却与时俱进，在不断体现中国宗教学特色的同时，勇于拓展其研究的广度和深度，形成中国自己独特但能够得到国际公认的学科学派体系和理论话语体系。这样，中国宗教学未来势必会既是中国的，当然也是世界的。

第二十五章

"士"的担当与宗教学的未来

宗教学与中国高等教育是什么关系,宗教学是否应该在高校展开,宗教学研究者及其教学工作者的定位是什么,在这些问题上出现了一些模糊甚至比较糊涂的认识,这直接影响到我国宗教学的体系构建。这里的一个重要始因,即有人把宗教与教育的关系混同于宗教学与教育的关系,结果导致认知错了故而出现错误的举措,变为对宗教学存在及发展的限制。其实,宗教与宗教学研究之间的界限本来是很清楚的,不应该出现混淆现象。我们国家政策法规的基本底线是宗教与教育相分离,宗教不能干涉教育;而按照通识教育的方式来了解宗教,客观地、学术性地、中立性地介绍宗教,这是对人类历史文化和人类文明形态的一种尊重,本来属于宗教学研究及教学的范围,与所谓校园里的"传教"毫不相干。我们对人类信仰的多元涵括应该要有一个基本的了解:就是信仰所包括的范围不只是宗教信仰,它还有政治信仰、文化信仰、民族信仰,甚至科学信仰等;而这些不同层面的信仰之间可能会有些交接、有些关联,但是它们所涉及的领域是不一样的。我们处理宗教和教育的关系,需要以党和国家的方针政策、理论学说作为基本指导,进行对宗教界的正面教育和积极引导:一方面,宗教与高校教育的关系,涉及我们的社会建构与宗教(以及宗教建构)的关系的统一与协调;宗教活动不能进校园,但宗教界人士可以在高校接受党和政府相关政策法规教育及提高学识修养的通识教育。另一方面,高校教育中客观的学术研究,既可以增加宗教的正能量，也可以批评或警示宗教中负面性东西，因此不能排拒宗教学研究；这也应该是高校宗教学研究的基本定位。为此，高校宗教学研究要让马克思主义的宗教观结合中国的国情，结合我们新时代的世情，来构建具有中国特色社会主义的宗教学理论体系、话语体系和课程体系。

中国宗教学发展现在已经到了一个非常关键的时刻，早在很多年之前，我的前任和我本人作为世界宗教研究所所长和全国人大代表，都曾提过让宗教学作为一级学科来发展的建议，但迄今没有被采纳，理由是认识不统一、条件不成熟，故此宗教学迄今仍然是作为哲学的二级学科在我们的教育系统中存在。而近些年则干脆出现了指责宗教学学科本身的声音，这使得我不得不对此发表了一些文章作为回应和反驳，但由于学术风气不正常，故对这种回应也有断章取义地解读和批评性观点出现，其中一个很大的误区就是把宗教学混同为基督教神学来排斥，而丝毫不去面对宗教学的发展正是逐渐摆脱了神学系的影响而成长起来的这一事实，宗教学在神学之外的社会人文学科领域独立发展而得以形成这是通常情况，对之展开学术批评不可失去其基本的学术底线。习近平总书记最近在发展哲学社会科学的重要讲话中专门谈及宗教学为其具有支撑意义的基本学科之一，理应支持其发展；如果能对这一重要精神真正加以贯彻落实，这将有力推动我国宗教学的发展。

一 高校宗教学教育的基本底线

我们的宗教学教育首先要有一个基本的底线，按照宪法上讲的这就是宗教不能干涉教育，宗教和教育相分离，其缘起是针对1949年以前，有宗教团体、宗教机构办学校、掌管学校、在学校强制推行宗教教义，并把它作为必修课这种情况而言的，以及一些学校受外国宗教势力所掌控，由此出现过保卫教育权（收回教育权）运动，把学校的领导权收回国有，让宗教势力退出教育，此后我国一直重申宗教不能干涉教育，遂形成了这一基本原则。所以，我们当然要坚决反对这种宗教干涉教育的现象。其实，这种情况在 1949 年以前，包括教会学校在内因为广大师生的呼吁已经就有了一些变化，比如说宗教课程是自愿参加，不一定是强制开设的，学生有选择对之上与否的权利。那么，之所以重申宗教与教育相分离，是因为以前的这个教育权是被西方列强所在的国家及其宗教团体所掌握的，后来我们国家通过"保教权"运动，把所有这些学校的教育权都夺回来了。当时教会的公共大学也基本上至少在形式上是收归国有的，其校长由中国人来担任。虽然不是很彻底，但是在这方面至少已经有所突破。

应该说，在 1949 年之后，尤其是我们 20 世纪 50 年代重新整合高等院校，将教会大学等宗教学校收归国有之后，宗教干涉教育这种情况从整体上来讲已经不复存在。至于有个别的情况，比如说某些人利用教师的身份或者利用地下传播这一偷偷的方式来进入高校传教，的确不可否认，但这不是普遍现象，对这种个别现象也理应要坚决制止。总之，以传教为目的或者以通过宗教方式有意输入西方的一些影响包括政治影响为目的，或者是以宣扬宗教极端思潮、宗教分离主义甚至恐怖主义思想为目的，从事的各类宣教活动，都会影响高校的教育进程，都是要坚决予以制止的。所以，宗教和教育，应该要划清一个明确的界限。宗教在这个意义上不能进入学校，不能干涉学校的教育程序和基本课程。这一点我觉得要说清楚，一定要符合我们宪法讲的宗教与教育相分离的原则。

不过，现在我们国内的情况应该说主要不是上述这方面的问题，对于这些个别零星的现象，也没有必要过于夸大。如要了解国内的实际情况，有以下几个方面需要加以厘清：

第一，我们的大学生需不需要了解宗教。我个人认为，还是需要了解宗教的。我们现在有一种说法叫作通识教育，这种通识教育就是要增强学生个人的基本素质、知识含量，而宗教知识这一块作为人类文化知识的有机构成是不能少的。宗教有上千年的历史，在国际上广泛存在，影响到世界大多数人口，作为一个受到高等教育的现代知识人当然对之要有基本的了解。因此，在高校里进行马克思主义指导的关于宗教知识性的通识教育，以一种客观的、学术的、历史的态度来了解宗教，我觉得是可以的，也是必要的。其实不仅在高校，在中学教材尤其在高中教育里面也可以有这方面的内容。我觉得，作为一个高级知识分子，一个接受了大学教育的人，如果对宗教一无所知，是个宗教知识盲的话，不利于他的全面发展，也不利于他处在我们现在这样一个开放性的国际社会和中国实行改革开放的社会氛围之中的成长和发展。现在有些人在国内外接触宗教时要么胡说、要么歪批，给人一种无知而无理的极坏印象，对我们国家的形象和国人的文化素质及道德修养也带来不少负面影响。从这个意义上来讲，我认为无论是学什么专业，有些基本的宗教学知识，按照通识教育的方式来了解宗教，特别是了解世界宗教和中国宗教的历史，这是对人类历史文化和人类文明形态，包括中华历史文化、中华文明的一种承认和尊重。所以，应该进行这方面的教育。这就是我说的宗教学和教育的关系，两者不可能截然分开，切不可把这种关系等同于宗教与教育的关系。其实，不仅是大学，我们现在的社会各界都应该正确地看待宗教，对宗教有个正确的认识，这就包括要客观地、学术性地、中立性地介绍宗教、了解宗教；至于接触到这些宗教知识的人信不信教，这是个人的选择问题，只要是一个中华人民共和国的公民，就有自由选择是否信教的权利，既可以选择信仰某种宗教，也可以选择不信仰任何宗教，这不是其他人可以干涉的，也没这种权力去干涉，因为这是宪法保障的个人的选择。至于某些人如果因为了解了宗教、知道了宗教知识后信教，也并非宗教学之过；如果某个人若真是有这个愿望的话，即便没有通识教育也仍会想方设法去接触宗教、了解宗教知识，而且如果没有一个关于宗教认识之正常的、科学的教育体系的话，人们还很可能会在这种了解的过程中走弯路、走偏路，被某些偏激者或别有用心者所诱惑、利用；与其这样还不如有一些正面的、非常客观的而且是符合我们国家宗教政策的宗教通识教育，这种教育从整体来讲对我们这个社会是有好处的。目前我们社会对于宗教的无知几乎处于某种"普遍"的状况，甚至把研究宗教者都视为"另类"；这种局面若不改变，对我国的文化建设及发展都是非常不利的。

第二,我们要积极引导大学生、社会各界尤其是知识分子对宗教加以正确的、正常的认识。这里有一个对待宗教的基本态度问题,我们应该尊重宪法赋予公民的信教或不信教的权利。我个人认为,只要年满18岁,是中华人民共和国的公民,那么其信不信教则是宪法给予的一种自由权利,没有必要以种种的理由去干涉、去制止;那种强行干涉或制止,说得严重一点,是违宪的。我们现在强调法律的尊严、强调宪法至高无上,就得在这样一个原则上落实宗教信仰自由的政策,而不是给公民是否信教设定一些条条框框,因为设定这些条条框框本身就已经直接或间接地违宪了。只要信教公民包括大学生拥护中国共产党、拥护我们的社会主义制度,那么其信教本身则无可厚非。关于尊重宪法这点,我觉得是要特别讲的。从这方面而言,高校加强思想政治教育很有必要,弘扬我们的主旋律也都有必要,但在这个过程中间没有必要把宗教信仰作为其对立面,更不要把宗教信众视为我们的"假想敌"或"潜在对手",而必须承认他们是中国社会的基本群众,做宗教工作就是做群众工作。我们可以把宗教信仰纳入到社会主义核心价值观、我们的主体思想的体系之中,对之加以积极引导。我们现在各宗教团体已在有效实施,但理论上不可对这种积极实践加以否定,不能让我们的理论与实践自相矛盾。所以说,现在对宗教的全面否定,把宗教作为对立面的消极看法,对宗教信仰者的蔑视或歧视,既违反马克思主义的基本原理,违背历史唯物主义、辩证唯物主义的思想方法,又不符合我们当前宗教信仰自由的政策,而且这种违背或歧视对青年人的教育反而不利,容易让青年形成一种逆反,反而对我们的马克思主义理论、核心价值体系、宪法的精神会产生一种怀疑的态度,所以从这第二个层面来讲,我们强调的是对宗教积极引导,而不是简单的堵压。当然,这里有一个分寸问题,就是说在我们公开的课堂、公开的讲座中间,无论是老师还是学生都不能在这种场合宣传自己信仰的宗教,而只能以"悬置"其信仰的宗教学态度及方法来客观、科学地论述宗教历史等基本知识;反过来讲,如果是在一个信仰的团体之中,只要这个团体是合法的,其信仰宗教的场所也是合法的,那么信众就有其表达信仰的自由。我们要清楚地告诉大家,参加违法的秘密宗教活动是不行的;但若是公开的、合法的场合,公民去参加其宗教活动,那就有其自由,我们的社会团体,相关的组织,也就没有必要去进行干涉。当然,相关政党的成员则必须遵守其党纪党规,与普通群众会有所区别。我们吸引青年人,可以把我们相关政治组织、社会团体的工作做得更好,攻心为上,打动人心,让青年人自觉向我们靠拢。而且,在教育青年的过程中间,我觉得中国文化是个海纳百川的包容性的文化,我们共产党作为执政党,是中国优秀传统文化的继承者和发扬者,其思想也应该是包容性的,做到有容乃大,看到我们的民众是需要相关的精神信仰生活的。在人类文化发展进程中,全盘否定宗教是一种不文明的表现。

第三,我们今天要反省中国社会、中华民族对待信仰的态度这样一个重要问题。我们的探索会问:中国人有没有信仰?中国人需不需要信仰?是否信仰就只是宗教信仰?这些都是要加以科学、冷静地分析的。首先,我觉得中国人是有信仰的,从中国的历史和现状来看,中国人与信仰有密切关联。其次,我认为中国并不"异类"或"另类"于世界各个国度或民族,同样也是需要信仰的,绝不能说中国是个不需要信仰、无信仰的国度。关于这点,习近平总书记和我们党的十八大以来的文件精神就已经说得很清楚,"对马克思主义的信仰,对社会主义和共产主义的信念,是共产党人的政治灵魂,是共产党人经受住任何考验的精神支柱"。[①] 这样的话已经很清楚地回答了此问题,即我们需要信仰;而且关于信仰也不是像有些人所误解的,好像只要说"信仰中国"就是"宗教中国",似乎就与迷信、落后相关联;实际上绝不是那么回事,我们说马克思主义、共产主义是我们的信仰,这绝对不是宗教信仰,而乃是政治信仰。所以,我们对信仰的多元涵括应该要有一个基本的了解:就是信仰所包括的范围不只是宗教信仰,它还有政治信仰、文化信仰、民族信仰,甚至科学信仰等,分成了不同层面;而这些不同层面的信仰之间可能会有些交接、有些关联,但是它们所涉及的领域是不一样

---

① 《习近平谈治国理政》,外文出版社2014年版,第15页。

的。中华民族有着悠久的信仰传统，中国人也需要信仰。必须承认，多种信仰的存在是个不争的事实，我们应该包容不同信仰，同时也要把这些共同存在、相互关联的不同信仰之间的关系处理好。而如何处理好这种关系，我们实际上则有一个原则，这就是求同存异、各美其美、和而不同。如果能做到这点，就会使我们的信仰生活走向正常。如果不包容、相冲突，则国无宁日。总之，有人说中国人没有信仰，中国人不需要信仰，我觉得这是一种历史虚无主义，也是当前社会一种现实虚无主义最为典型的表现。

基于上述分析，我们一定要认识到信仰的重要性，而且要从正面来看信仰，即信仰可以给我们的民众、我们的社会发展提供潜在的动力，即提供我们可持续发展所需要的潜在的精神力量。如果一个民族缺乏信仰，这个民族是没有生命力的，而且是不可能持续发展的。对于这一点，我们今天一定要和我们的社会讲清楚，不要再到处强调中国人没有信仰，中国人不需要信仰，不要再让中国人在全世界面前显得无知无畏地以没有信仰来自鸣得意。如果我们作为一个有着悠久历史传统的泱泱大国却连一些基本的精神、起码的涵养都没有，那的确是一件很可悲的事情。从这方面来讲，对信仰的正确认识，对信仰精神的弘扬和积极引导，中国知识分子和今天的大学生必须当仁不让、责无旁贷，应该在这方面有所表率。

这里就涉及宗教信仰和政治信仰的关系问题，我觉得这两者是能够处理好的。我以前一直在讲，中国历史上从来都是"政主教从"、政教关系乃"以政主教、以教辅政"，它们之间是一个管理结合或协调适应的关系，而不是彼此排拒或相互静止的关系。中国历史上基本上没有出现教大于政、教掌控政的情况。以往中国历史上的统治者虽然有其个人信仰宗教的现象，但他们基本上仍把握着对宗教的掌控。从这个方面来讲，我们的执政党和政府，作为主导者就应该是主动者，真正要做到、做好积极引导宗教与社会主义社会相适应的工作，积极引导宗教信仰与政治信仰进行良性对话，因为在有些方面是可以达到二者的共识或共构的。我不同意有些人所认为的，这两者之间只能是水火不相容的，或者截然对立的。特别要引起我们注意的是，习近平总书记最近在讲话中也提到，社会主义核心价值观就是要从中华优秀传统文化中间吸收它的养分，要接地气；这一科学、冷静的表述说得非常到位。那么，我们反思中华优秀传统文化，则势必看到其中有很大的比重就是宗教文化；如果没有宗教文化，中华优秀传统文化就会显得非常单薄、基本上会被架空。从这个意义上来讲，习近平总书记的讲话已经涵括了政治信仰和宗教信仰共构的基础和理论依据了。也正是基于这个层面，我们在高校可以开展范围更广的，对于中国人的信念信仰包括宗教信仰等问题的探讨。高校的宗教学教育和研究，是不可回避的，而且还必须加强，因为信仰是直接跟我们的高校教育，尤其是跟我们的思想政治教育相关联的，我们必须有全面、正确的信仰教育。

二　宗教界人士的培养与国民教育的关系

还有一个方面与宗教和教育的关系有关，而且还体现出我们党和政府的务实开拓、大胆创新，以及中国当代社会政教关系的新特点。这就是受我们党和政府的委托，以公共教育、国家教育的方式来在高校培养我们宗教界的青年人，培养宗教界的领袖，如中国人民大学等一些高校已经在实践，并且受到中央统战部、国家宗教局的指导和支持。如何对之定位？这是宗教进教育呢还是教育影响到宗教？当然是后者。我是坚决支持这种做法的，而且认为这是一种非常好的做法，这样我们就可以有效地对宗教进行积极的引导，还能够提高我们今天现实生活中不可避免存在着的相关宗教的素质，尤其是宗教领袖、宗教界精英人士的基本素质，以及各教之间关系的和谐友好。这有利于宗教增加对我们党和政府、对我们社会主义祖国的向心力和凝聚力。就这个方面来讲，我觉得我们做得还太少，还可以进一步地加强、扩大。其原因是我们必须看到这一客观事实：现在宗教界的一些年轻人，包括一些宗教教职人员，其文化素养、知识积累等各方面的学养还不是很高，与中国当今社会知识群体还有一定的差距，而这些人在宗教团体中会起到非常重要的作用，其知识学养、道德气质、精神境界、教育水平等都会影响信教群众的。那么，我们通过高等教育来提高这些人的基本素质，提高他们对我们党和国家的向心力、凝聚力和社会政治的公信度，这当然是个好事，而且对双方来讲也是双赢。如果把这种教育方式停止了，而宗教界又有接受教育的需要，那势必就会给境外敌对力量、地下宗教势力、保守和极端思潮的反向教育留下了空间。

我们国内现在有些地方出现了暴恐活动，通常说是由境外宗教的极端势力挑起的，那么，我们就应该深刻反省，在这个地方为什么宗教极端势力的教育会对年轻人起了作用？而我们正面的、主流的教育为什么没能发挥作用？这说明我们的工作还有待提高，还留有空白或死角，而这个空白跟我们的教育是相关联的，说明我们的正面、正确教育还没有跟上。所以宗教和教育不能抽象地、绝对地说完全分开，更不可能做到完全分离。关键是要看我们如何处理好宗教和教育的关系。

从这个意义上来讲，我们要以我们党政为主，把握好这一主导权，以我们党和国家的方针政策、理论学说作为基本指导，进行对宗教界的正面教育和积极引导。这样一种宗教和教育的积极关系，我觉得在中国今后应该加强，不能减少。我认为，中央统战部等党政部门应该继续支持像中国人民大学等对宗教界人士的教育工作；而且除了一般性的通识教育、基本素质的培训以外，还应该专门让少数比较优秀的宗教界的青年才俊接受我们高校的学位教育，比如硕士和博士教育等。这是非常好的思路和举措。这样，我们就有了一批能够既了解我们社会主义社会的基本思想、了解我们党和政府的方针政策、了解社会舆论及民情，而且又具有宗教的"正信"即符合社会公德、能和社会发展与时俱进的教义教规知识，从而得以积极与我们的社会主流包括我们的公共价值和意识形态相适应的宗教界的一些领袖或者青年知识分子。通过这些宗教领袖及教职人员来加强对宗教的"内涵式"管理，结合我们社会法律法规、行政政策、制度及其相关举措的"外延式"管理，则能真正稳定宗教大局、争取到绝大多数信教群众，有效孤立、揭露和制止宗教极端势力、境外敌对势力的渗透、干扰和破坏。这种宗教与教育的关系也不是截然排拒，而是积极引导、疏导和教导的关系。

这就是我讲的在宗教界人士培养上宗教与教育的关系。讲到这个地方，我最后还要坚持强调一点，基于这个原因，在我们的高等院校和研究机构，其宗教研究必须要加强而不可削弱；为此而要提高我们这方面的知识储备、知识更新和我们的学术厚重感、现实感，使我们的宗教研究能够胜任这方面的一些任务。同时，在国际宗教研究及国际宗教对话中，也要有我们的话语存在，有我们的理论体系，即有我们的声音，有我们的影响。所以，宗教学在高等教育中，尤其是在我们今天高校和研究机构的发展中不能削弱，只能加强。

所以，我想回到刚开始谈论时所涉及的宗教学定位问题。我们这些年来一直为之努力的，就是争取使宗教学得到作为一级学科这一地位的问题；虽然这一努力一直受到各种极"左"思潮的影响，其进程被人为干扰，影响了我们这个学科的发展，但我们还得要继续努力、坚持不懈。这是因为，宗教学是个非常重要的学科，而且它的影响面也非常之大，所涉及的范围非常之广，现在它作为哲学的二级学科而与哲学有关联，但是它有很多内容是哲学作为专门学科所并不涵括的；哲学除了意识形态层面和理性传统，其社会层面所触及的民族、民俗、精神文化等方面的东西可能还不如宗教学所涉及的多。仅从这一方面来讲，宗教学作为一个比较成熟、健全的学科就一定要进一步发展，不能让它削弱或者萎缩，最后导致其自生自灭的现象，这种结局对我们中华文化复兴来讲绝对就是悲剧。当前尤其不能因为宗教问题敏感就回避宗教研究、放弃宗教学科，这种处理是一种"鸵鸟政策"，其结果会要么茫然无知、要么自欺欺人，从根本上毁坏我们中国特色社会主义的基业。从上述意义上来讲，宗教学的教育是非常需要我们加强的。

三 宗教对高校教育的影响

有学者指出，宗教团体在高校里面的影响日渐显著，有些宗教界人士会进入大学校园，其对宗教研究、学生培养方面的支持力度在加大，比如设奖学金、出版项目、研究项目等。由于宗教界人士本身就是信仰者，在课堂上跟一般学者讲授宗教问题的态度是不一样的，他们容易抱持一种宣教的目的，凡此种种，令人担心。对于这个复杂问题，我觉得应该从两个层面来讲。第一个层面就是对宗教的基本看法的问题。我个人认为，为什么说宗教要脱敏，要以平常心态看宗教，就是不要把宗教看得百分之百地坏，也不要把宗教想象得百分之百地好；宗教就是人类社会存在的一种社会现象、文化现象，它的里面有精华之处，也有糟粕之处。这跟政治是一样的，政治中有非常杰出的东西，但是政治也有非常肮脏的东西，历史上出现过伟大的政治家，但同样也有不少给人类带来了灾难的政客。既然这样，我们也不能谈政治色变，把政治排除掉。这同样是一个道理，既然没有排斥政治的必要，宗教也没有必要遭到排斥。我们今天出现了一些偏激的看法和做法，一说弘扬中华传统文化就百分之百地肯定我们以往传统，无视其封建糟粕的存在而缺乏对之扬弃的批评精神；一说西方价值对我不利、反对"全盘西化"就完全抵制西方的所有思想价值，殊不知马克思主义也是西方的！我们对待古今中外的思想文化都应该一分为二，对好的都可吸收，对坏的都要排拒；这里必须持守的认识及方法是历史唯物主义和科学辩证的态度，而不可搞形而上学、静止僵化。所以从这方面来讲，我就觉得，能够弘扬宗教的一些基本的好的精神，何乐而不为呢？最近党中央在积极引导宗教时也强调了对宗教教义中积极因素的肯定和运用。同样，对宗教中不好的东西当然也可以展开批评，有神、无神问题完全可以在认识论、思想史层面展开科学、全面的讨论，真理越辩越明，学校里面可以有不同的流派来进行一些辩论，深入展开探讨。这是我们民族文化发展、思想提升、精神高扬所应该面对的一个最基本的问题。这就涉及我们的社会包括我们的社会建构与宗教以及宗教建构的关系问题，如果这两者是分裂的、隔离的，其问题就会很大；但如果两者是统一的、协调的，那就不是什么大的问题，就是可以很好解决的。为此，我们今天谈宗教与教育的关系，必须结合当今中国宗教与政治的关系来谈，对之应该有着整体的考量。第二个层面，我个人一直坚持在高校和研究机构中我们谈的宗教是宗教学，而不是说宗教宣教这方面的东西。宗教学有个基本特点就是客观、学术、中立，是研究宗教，而不能在教言教。研究者本身是信仰者可以研究宗教，但是在研究宗教学、教授宗教学的过程中，则要"悬置"自己的信仰，展开客观、中立、科学的研究。"悬置"这个词是宗教学常用的，就是提醒信教学者的宗教学研究不要以自己的宗教信仰为前提或基础，不可有自己的宗教信仰预设。这就是我们所谈的宗教学的基本立场。所以，像有些高校目前存在的情况，宗教界的人士成了大学教师，而不是在佛学院、神学院等宗教院校，那么他们在大学所讲授的就不应该是神学院、佛学院的那种体系，而必须是我们宗教学的客观研究体系；如果只是纯粹宣扬某种宗教，那么则可以调到神学院、经学院或者佛学院去，而在高校则必须是以宗教学的方法来进行研究和教学。从这个意义上来讲，我们高校要明确自己的基本定位是什么，聘请教师的目的是什么，这就跟高校的校长、院长、系主任等管理人员有关联了，就要跟打算聘请的宗教界人士讲清楚聘请他们来的任务是什么，讲明宗教学的研究立场。比如需要整理某种宗教的经典、文献，要规定好经典文献整理的方式方法，而不是把经典文献的基本教义作为纯粹宣教的内容来给学生宣讲。只要高校自己的目标很清楚，事先制定好自己的游戏规则和条条框框，我认为这个问题是很清晰的，不难解决。至于宗教界人士来高校讲座，其聘请的原则同样是上述两个层面的综合考虑，这不完全是宗教界自身的问题，而更涉及高校的管理问题。

还有现在大家比较敏感的，比如说相关宗教打扮或服装等问题。高校如果有规定教师要穿学校规定的教师服装，学生必须穿校服，那么他们作为宗教人士在学校参加活动也应该必须穿这种服装，这是没有二话可说的，因为这是个公共社会，并不是突出显示宗教特殊性的地方。但是如果没有这样的规定，那么人们穿什么样的服装都是其自由，就不能加以干涉，包括穿具有宗教特色的服装，也应该是被允许的。而一旦在公共场所对于服饰等有了社会权威部门的具体规定，则必须遵守，就是不服也只能求助于法律途径来解决，绝不允许违法抗法。我们也看见在西方的大学，高校的一些老师是某种宗教的信徒，但他并不穿其所属宗教的典型服装，人们也根本看不出来其乃某种宗教的信徒。在没有明确规定的情况下，国外高校等公共场所，人们既有穿宗教服装的，也有穿普通人服装的，如一些来自天主教会相关修会的教师通常在高校就不穿其修会服装。但西方的一些中学规定了学生必须要穿校服上学，某种宗教或民族背景的学生要是穿其宗教或民族服装上学的话，是不让进学校的。我在英国访学的时候，就听说西方某中学因民族宗教服装问题发生过一起诉讼案，一个学生不按规定穿校服而是穿着其民族服饰到学校考试，门卫不让其进校，让其回去换校服后再来；结果这个学生因换校服回到学校时考试已经结束，其成绩自然就不及格；学生不服而到法院起诉，但法院判学生输了，因为穿校服进校这个规章制度是早就定了的，是学生自己没有及时换上校服而导致自己迟到的，责任是在学生自己。所以，我们要从制度健全抓起，如果没有相关的规章制度，那穿什么样的服装就是他的自由，就没有必要去议论、去干涉。我们必须弄清什么该干涉、什么不该干涉，什么是必须遵守的社会公共契约和道德规范，什么是我们公民的个人自由，而这都是我们体制建设所要解决的问题。我想从这几个方面来加以梳理、思考，对于如何解决这些问题应该就很清晰、明朗了。

现在很多人很困惑，觉得很多东西搅在一起而说不清楚，但我认为任何问题都是可以说清楚的，在我们所面对的这些方面没有说不清楚的问题。重要的是要真正面对这些问题，要去思考、研究，理出解决问题的思路和办法，对此还必须加强调查研究、坚持实事求是；在讨论甚至辩论这些问题时还必须以理服人、言之有据，绝不可断章取义、上纲上线，不能把一般的学术讨论曲解为政治斗争，也不要把学术批评异化为政治批判。学术界必须保持住"百花齐放、百家争鸣"的正常学风及宽容气氛。有些人想当然而不做任何思考或调研就任意、随意地议论、批评，那么这样就会导致任何问题都解决不了或解决不好的结果。所以，我觉得中华民族是有着五千年文明智慧的民族，在今天跟世界强手抗争的时候，我们得弘扬和运用我们所继承的古代睿智，提高我们在当前处境中的知识水平、智慧水平；不然的话，没有一点知识的含量、没有任何智慧的感觉，那么怎么能在高手如林的现代世界立足啊！我们在高等院校这样传授知识和智慧的地方，尤其应有如此认知和相应的责任感，必须不断提高我们的学术理论水平，而不可沦为一成不变的低水平循环。

四 高校中的宗教基金会和宗教社团

还有学者提出，有些宗教基金会在高校设立奖、助学金，有些高校也会邀请一些宗教界的人士来校讲座，从多元化的角度是否是可行的问题？这就涉及我们这个体制跟宗教的关联的问题。如果这些宗教团体及其基金会和我们的社会是积极相适应的，这些宗教基金会也是在我国基金会的总体管理之下合法登记注册的，那么其做的这些好事情都是给我们党和政府加分的，那有什么不好呢？这就要求我们加强积极引导，在社会整体的相关掌控方面做好工作，不要把这些宗教社团给学生发的奖学金看成是一种异化的、另类的奖学金，而应看作我们体制内的社会性慈善奖学金。如果其合法、合理，那就不是问题了。我们要认识到，绝大多数宗教团体是爱国爱教的，我们不要把宗教看作敌对面，这是一个整体治理的理念问题。至于境外宗教基金会的情况则更为复杂，我们也必须具体问题具体分析，有针对性地从对我国际形象更加有利的角度来对待、处理。

而如果校方有关机构请宗教人士进校讲座，则应在邀请前做点功课，了解其背景和基本态度，万一若还是担心其在讲话中间会说出一些宗教宣教或者其信仰中比较极端的东西，也可以这样来应对：主持人在其开讲前有所预防地加以说明，而在讲座之后也可再作有针对性的学术点评，那么所担心的问题就基本解决掉了。

对这一问题深入来讲，则涉及宗教建构、宗教社团在我们社会的整体建构和社团中间的基本定位，目前对此还存在一些认识上的问题。这里有一个整体社会如何协调和谐的问题，不是说某一个局部所能单独解决的。整个社会和谐共存做好了，宗教是我们社会的"内在"而不是

"外在"、"同类"而不是"另类",宗教信众是我们的基本群众而不是"异己力量",那就不是问题了。我们在调研中还碰到过更为尖锐的问题,在一些边远、少数民族地区,有些贫穷的学生考上了大学,有境外的一些宗教团体就给这些学生发奖学金;那么,我们政府对待这个奖学金是没收还是不没收呢?我们认为,没收是下策,可能失去人心,而上策则是政府也给这些贫穷学生奖学金,而且可以比境外团体给得更多,提供的条件也更好,这样就能争取人心嘛。我们社会建设现在还不够完善,还有很多努力的空间。为此,可以通过法律等手段把宗教团体包括境外对华友好的宗教团体的慈善活动纳入我们的管理及规划之中,应争取"双赢",而没有必要使大家"两败俱伤"。

对于高校学生成立的宗教社团,社会上有人对宗教在高校的影响有一定的顾虑,像有些与宗教有关的学生社团,比如所谓禅学社等,确实有个别学生加入这类社团以后,毕业以后出家了,在社会上引起的反响、争论、争议就比较大。我个人认为,这也是涉及社团管理方面的层面,应该把宗教社团和其他的社团一样地看待,对其他社团是什么样的态度,对宗教类社团就持什么样的态度。但其前提是必须合法,类似宗教教会这种组织,按照规定在学校里面是不应该存在它的机构的,那当然就要依法办事,不应该允许其存在;而有些组织,比如民间的组织,像青年会啊,或者更边缘的组织,像合唱团啊,它们的存在如果符合我们相关法制管理的规定,那就允许它们存在,同时加强管理,而不应人为制止。

实际上,这就涉及我们管理的水平问题。我们要清楚意识到,宗教社团中是什么样的人在掌控,是爱国爱教的人士还是有分裂敌对情绪的人士,这非常重要。如果有爱国爱教的人士在里面,是要积极引导的,充分发挥他们的积极作用。最典型的比如社会各界组织的乐团、合唱团,一些慈善社团等,有些是有宗教信仰的背景的,但如果它们做的都是一些好事,我觉得这类社团就不成问题,只需积极引导和加强管理。

至于大学生和知识分子信教或出家的问题,毕竟还是个别现象,不值得大惊小怪,而且这也属于其信仰自由的选择。宗教界有一些高级知识分子的加入，可以提高其整体素质，丰富其文化氛围，加大其哲学修养，增强其精神蕴含。历史上如李叔同出家成为弘一法师，对中国佛教发展就是很大的贡献。所以，只要这些人在社会政治选择上与我们的主流社会保持一致，没有相关政治社团的纪律规定约束，其宗教信仰及其出家的选择则没有必要遭到非议或批评，我们同样也应以平常心来对待。

总之，我们不要把宗教看作另类，应该看作我们社会的有机体。同时，如果我们能加强引导和管理，很多问题就不成为问题了。所以，如果按照我们的法律规章，相关的社团是不能成立的，那就不让其成立；只要是我们法律容许成立的，且没有具体的时空限制，那就让其成立，同时积极引导，做好管理。就是这样一个道理。

五　内涵式宗教管理与外延式宗教管理

对于宗教的管理涉及两个层面：内涵式管理就是说宗教内部的管理，内部的管理要增加其对于我们社会的向心力；外延式管理就是我们的法制、规章制度的管理，以及相应的行政管理，这是一种社会管理。宗教作为社会团体，从外部对之加以社会管理非常必要，但是这种外延式管理只能管得到宗教社团之"体"，而没法从根本上管得到宗教信仰者之"心"。外延式管理主要是管理其"形"与"行"，而有效的内涵式管理则能管好其"人心"，让信众自觉自愿地与社会主义社会相适应，跟党的社会主义核心价值观保持一致。外延式管理是人们社会存在所设定的必要围墙，让人们知道这里有一些红线、底线是不能逾越的。外延式管理体现出社会共在所必须遵守的规则、要求，而内涵式管理则可使人们自觉自愿、发自内心地积极主动去奉行、坚守。这二者必须是双管齐下，缺少哪一个都不行。要真正管好就必须"钻进去"管，把握其实质性问题，而对宗教中出现的问题加以治理则必须"拉出来"打，不可说成是"打宗教"，而是对宗教中的相关人员如社会普通人员一样针对其违法犯罪的行为来打击。

中华人民共和国成立七十年了，我们的党和政府积累了丰富的管理经验，我们现在的社会是开放社会，对于宗教也要根据法律法规相应放开，应该是放开并加强管理，做到开而不乱，这是我们的领导智慧、管理智慧。宗教的多元存在、多种发展已是客观事实，即使不对其放开，宗教也会以"地下"的方式存在与发展，其"看不见""摸不着"反而会成为我们管理的死角和盲区。如何有效地使之开而不乱，就是我们提高管理水平的地方；如何以现代管理举措来跟进，就是我们新时期所面临的问题。

六　宗教学研究的立场

有些宗教界人士往往会对宗教学有负面印象，认为像我们这些搞宗教研究的人对宗教信仰或宗教团体的发展会有一些负面的作用；但教外也有人说我们的研究促进了宗教的发展、宗教的"泛滥"，甚至会有人带着异样的眼神来看宗教研究者，认为这些人不是"精神"有毛病，就是"立场"有问题。宗教研究领域的学者面对各方面的质疑会油然产生出一种类似"原罪"感的压力，往往是两头受气，两面都攻击你、批评你，而且这会像"魔咒"一样紧跟着你，除非你离开了宗教研究领域。但这恰恰说明，宗教研究在当代中国社会乃是急需学科，如此来看我们的定位就对了。我个人在宗教学研究这四十多年中对之深有体会，一些较为保守、封闭的信教者指责我研究宗教四十多年还没有信教是"顽固不化"，对其宗教会带来不利或麻烦；尤其当我们主张宗教"中国化"时曾指责我们是"罪人"。而有些极"左"、偏执的批教者则批评我有"文化宣教""学术传教"之嫌，说我的研究是在替宗教说好话。但这种来自左右两个方面的批评恰好反映出一种比较中正的定位，而其"适中"正是我们宗教学研究应该坚持的。

一方面来讲，学术界非常公正客观地、积极地评价宗教的历史和现实作用，这对宗教是有好处的；另一方面呢，学界又非常冷静客观地指出宗教现在存在的问题，对此相关宗教虽然觉得很难接受，但是宗教要真正吸引人心，实现可持续发展，就必须改革。这就是说，其旁边有一个观察者，起到一种警醒作用，是有好处的。而宗教学恰恰就可以起到这种观察者、警醒者的作用。所以，如果作为追求真、善、美、圣之宗教真正的信仰者，就没有必要排拒这样从外面对之观察者或警醒者，事实上也是不可能排拒的，因而应努力把自己的事做得更好，按照宗教信仰所追求的理想境界去努力或者改革创新，这样就会建立起与社会进步及发展的对话基础。所以，你要看那些抱怨你的、跟你说这些话的是什么人，如果是可以对话的人，你可以谈谈这方面的想法，进行有益的交流；但如果抱怨者本身就有问题，根本就不愿意对话，你就可以对之不必在意、敬而远之。就像现在政界清出了不少腐败分子一样，宗教界也有个别人是不称职的，有些人可能连一些基本的、应该具有的信仰也没有，只是把宗教作为其或是下海或是牟取私利的工具，看作有钱有利可图的领域而已。要是这样的人出来批评你的话，你就完全可以不加搭理，这种人本身在大浪淘沙的过程中就应该被淘汰。

宗教在其发展过程中，从古至今都一直面对着各种宗教批评，包括无神论的批评。客观的学术研究，一方面可以增加宗教的正能量，另一方面也可以说是对宗教中负面性东西的批评或警醒，这也应该是宗教学的基本定位。作为宗教学研究者，我们不反教，但我们也不护教，而是客观、学术地研究宗教。宗教的发生、发展及其社会和思想文化变迁就是我们的研究对象。当然，我们的研究、关注也不是面面俱到，像宗教内部有些程序性的、仪礼性的东西，我们可能就不是特别关注，因为那是宗教内部信仰象征的东西。但是有些基本内容，如面向社会、面向历史、面向未来的相关内容，我们对之则是可以说东道西的，是完全可以我们的学术话语来讲的。而且，宗教界自己也可以讲，可以反驳学者说得不对的地方，但是宗教界同样没有权利也不可能让学术界闭口。这是学术自由的相同道理，可以基于事实、史料来展开百花齐放、百家争鸣意义上的学术研讨。所以，宗教界人士问你这个问题，如果是诚心、认真地跟你探讨这个问题，你完全可以以一种非常友好的、对话的、商榷的态度来与其展开讨论，相互切磋；相反，如果这种抱怨本身就不是对话性的或者纯粹为一种情绪宣泄，那就大可不必作出回应，对之不加理睬就行了。

同理，学术批评也很有必要，但不能断章取义、意气用事。比如，我说宗教学在开始发展的时候是神学的一支，最后的发展是脱离神学而走上了自我发展的道路；有人就抛开后面半句而批评说，你看你自己讲宗教学是神学吧——那这就是有意地断章取义；我说对于基督教神学可以采取学术神学的研究态度，把对神学的理解追溯到远远早于基督教起源的古希腊哲学家柏拉图的原点表述那儿，有人就说柏拉图也是基督教神学家，指责我在宣扬基督教柏拉图主义，那么相关指责就明显不讲理了，而相关社会舆论却往往不加明辨、以讹传讹、不分青红皂白地跟着传播一些错误之见或歪曲的批评，那么目前我们对于这种野蛮的曲解也真是没有办法。其实，神学研究与儒学、佛学、道学、经学研究一样，既有宗教教义研究的内容，也可以从宗教学的角度及方法来展开研究。故此，不能认为佛学研究乃天经地义，而神学研究似乎就大逆不道了。实际上，中国基督教界开展的中国神学建设，也得到了我们党和政府的大力支持。学术批评要坚持学者基本的、起码的学术良心、学术原则，要讲道理，要以德服人，而不可望文生义、胡搅蛮缠、乱打棒子。不是说你的语言非常强硬，你给人戴的帽子非常大，打的棒子也非常厉害，你就胜了；而是要看你的语言对不对，批评是否合乎逻辑，相关指责是否真有道理，帽子合不合适，棒子该不该打。

我们提倡讲理的、中肯的学术批评，而坚决反对把学术批评异化为政治攻击、人身攻击。好在我们可以看到，那些极端的声音、不实之词，虽然嚷嚷得很大，但毕竟是极少数人；绝大多数人还是讲公平、讲正义、讲基本原则的。只要讲理就好办，有些人就是不讲理，那就无法与之辩。其实，那些宗教极端势力、原教旨主义也是根本不讲理的。我们讨论宗教问题，必须讲道理，必须积极引导。有人写文章说大学生信教比例很高，以此喻指我们大学阵地有失守的危险，这实际上是把信教大学生人为推到我们党和政府的对立面，也根本没有尊重大学生的公民身份，而且其得来的数据也完全违背社会学基本方法及其问卷设置、发放和回收统计的规则，根本经不起核实和推敲。后来有关部门复查，结果发现大学生信教的比重基本上与社会上信教者的比重持平，并无特殊或凸显之处，而且这些信教大学生绝大多数都是拥护党和政府、拥护社会主义的。还有人不加区分地把我国整个基督教都视为"洋教"，打入另册，说成是境外渗透，却不看中华人民共和国成立七十年来基督教"三自爱国"运动、基督教"中国化"所取得的巨大成就，抱着"非我族类、其心必异"的传统思维来看待今天中国的基督教现状。这些说法极大伤害了广大爱国爱教的信众，其耸人听闻、"制造敌情"的说法也会造成各种误导，反而会给我们的社会带来本不必然也不必要产生的问题及害处。

此外，批判宗教极端思潮也应该讲究策略和方式，做到对我有利，不给敌对者任何口实。我曾经在《人民日报》专门发文章批判宗教极端势力，其中我同意中国伊斯兰教界的说法，提到"吉哈德"原本不是圣战而是为其信仰努力奋斗的意思，而我们学术界内部后来就有人间接地说这个解释不对，认为"吉哈德"在伊斯兰教发展历史上就有圣战这方面的意思。尽管如此，这里也有个策略和技巧问题，即便其历史发展中出现了有这个圣战的意思，那么对于中国的情况，这种话我们最好也要谨慎看待，我们在这里应强调其非政治的层面，有选择性地进行其原本宗教意义的解读，否则的话过于肯定其圣战之意，恐怖分子会误认为自己的暴恐行为有着其宗教经典的支持，弄不好反而得到鼓励了。所以，这里有一种回避和选择的策略，在读经解经时要有睿智，应选择它最原初的、对我们社会有利的解释。实际上，明清时期王岱舆、刘智等人从事《古兰经》翻译及解释的时候，就是根据儒家经典有选择性地阐发伊斯兰教教义，使之符合中国文化的"中道"思想。各种宗教经典中的表述也不都是尽善尽美的，其反映了人类认识历史发展的演变过程，其中也有不少相互矛盾、彼此对立的内容。为了对社会有利，我们就要对这些经典进行有选择性、有智慧、有策略的辨识和解读，在这里不能死板地寻章摘句、像书呆子那样加以僵化地、原教旨般地介绍。像对"吉哈德"的阐释，我个人认为在反对恐怖主义的时候就不要过于强调其具有战争暴力之圣战的意义，要回避一些对我们可能不利的说法，不要让极端恐怖分子获得在宗教经典上的支持。所以说，掌握宗教经典的解经权乃十分重要。在面向社会政治、处理现实问题时，我们的学术研究要有一种智慧和恰当的选择，因为弄不好往往会适得其反。尤其是在对从外传来的宗教进行解读时，就不能全盘"外化"，而要使之符合中国的国情，有利于我们社会的发展。

七 宗教信仰的积极引导

这种引导的主导性就是在我们党和政府手里。不要因为怕出事就不作为，要多反省反思我们自己的工作，积极作为、科学作为、正确作为，我们党和政府有这个"位"，理应要作为。其实，现在我们所面临的问题都是可以解决的，但是不能着急，要慢慢来，这是个慢功夫，是对我们的智慧及耐力的考验。即便有了好主意，要让它一天半天很快就见效，那是不可能的，也是不现实的，其日久天长、润物无声的渐变效果，总会比有些急功近利、不考虑后果及长远发展的办法要好得多。我们有些人希望解决民族宗教问题能够快刀斩乱麻、一步到位，其结果会越理越乱、后患无穷。例如，宗教的"中国化"问题就不可能靠运动式跑步那样"马到成功"、一夜实现，而乃"春风化雨""润物无声"的潜移默化、水到渠成。只要理论正确、方向正确，则没有必要操之过急，而应慢慢地将之引向正轨，更多地、逐渐地向积极方面转化。宗教转化工作应该细水长流、慢工出细活，就是这么一个道理。

我觉得新中国成立以后涉及宗教工作的一些政策还是好的，但在具体实施、引导上曾经出了一些偏差，有意或无意地把我们以前文化里面一些最能够有凝聚力的部分给去掉了，这是比较遗憾的。我这几年有一个想法，我觉得，回过头来看20世纪以来的中国学术一直在讲启蒙，但就宗教而言欧洲近代的启蒙绝非完全排拒宗教，而中国不像欧洲的启蒙，其过程在百年前却出现了对传统的彻底抛弃，迄今仍很难再召回。

我在我的一些讲座、文章里面讲得很清楚，反思"新文化运动"

这一百多年，中国在反帝反封的社会政治发展中是取得了很大进步的，但在认识宗教、认识我们自己的传统文化上却是走了弯路的。如对中华传统文化相对负面评价的问题被扩大化了，现在出现了一种历史虚无主义的倾向，说得严重一点，是对中华文化的虚无主义，有点想全盘西化。我们在"新文化运动"时期曾经引用了美国的实用主义，杜威、罗素这些人那时都是风靡中国的红人，这对我们社会上眼前形成的某些功利性价值取向是有直接影响的。在羡慕、追寻西方功利主义、实用主义的同时，对中国传统文化的德性修养、精神层面的东西反而却明显忽略了，弄得中国人现在给世界的印象是没精神、没文化，钱多了反而成了"土豪"！我们有五千年文明传承，但在今天世界各国人民的文化素质排位中却很靠后，这个教训很是值得我们反省。所以，我们讲"新文化运动"把旧文化确实"破"了，而新文化却还没有"立"起来，所以说文化重建的任务还没有完成，最多也只是做了一半，李泽厚对此的解释就是当时救亡的任务大过了启蒙。但是，破除了旧文化却没能建立起新文化，那就造成了我们文化领域的真空处境，境外各种文化乘虚而入，我们却不设界、没有免疫力，这就很麻烦。现在必须要重新构建我们的文化体系，所以这一代的领导人任重道远，必须带领大家来完成一百年前没能完成的任务。

在社会上，存在信仰歪曲化的盲信。像有些暴恐动乱分子，说是自己信了《古兰经》、皈依了伊斯兰教，但他们因实施暴恐活动而被抓起来后一问，却是《古兰经》连看都没看过，甚至《古兰经》是什么样子都不知道。也有些信仰基督教的人，连《圣经》是什么样子也都不知道，就是听讲道的人那么一讲就信了，这都是非常愚昧、盲目的，也很容易导致邪教现象的发生。

现在有很多问题确实是很大，但是这些问题不是说不可以解决。我们对此必须得有所作为，而且在作为时要把观念理顺了。当前处理宗教问题有两种做法，把宗教信众看作基本群众加以积极引导，是一种做法；而把信众看作敌对势力去打压，又是另一种做法。前者是拉过来的方法，后者是推出去的方法；这里就得分析两种观念及方法究竟谁对，两种做法的后果究竟哪种更好，这就是对执政智慧的考验。根据人类历史上宗教与社会关系的丰富经验教训，我主张对宗教采取拉进来管的方式，主张把广大宗教信众看作我们自己的基本群众，善于做好群众工作，实现其积极转化；因此我也坚决反对把宗教推出去形成乱局的做法，我担心这会乱了我们自己的阵脚、乱了我们本来和谐的大局，导致亲者痛、仇者快的不利结局。历史上对宗教的打压，基本上是失效的，有时反而刺激了宗教的异化性发展。

总之，在宗教问题的处理上，我们要牢固把握我们党和政府关于宗教的方针政策，不能把马克思主义留给我们的真经给讲歪了，更不能故意不去念经而想当然地信口而论、为所欲为。我认为，对待马克思主义的正确态度，一是要回到原典，认认真真、老老实实地研究马克思主义究竟是怎样讲的，是针对谁讲的，是在什么处境中讲的；二是要理论联系实际、与时俱进，基于时代的发展变化和中国特色来科学、辩证地运用好马克思主义的基本原理和理论方法。对此，我们的所论所为，必须符合马克思主义基本观点，符合党和政府关于宗教的基本方针。

八　宗教学研究的历程

中国宗教学研究要让马克思主义的宗教观结合中国的国情，结合我们新时代的世情，来构建具有中国特色社会主义的宗教学理论体系。正因为我们现在还没有真正建立起这样的理论体系，所以我们特别需要这种理论体系。我们对之应有责任感、使命感。这种理论体系的构建，需要我们既博采世界文明之长，又要弘扬中国传统文化的精髓，另外还要改革创新、与时俱进。按照这个思路来走的话，中国文化复兴是有希望的，中国梦是能实现的，中国宗教学也是有着光辉的前景的。这是我们现在要做宗教学学问的基本思路。

研究中国宗教问题，则应该遵循中国共产党的宗教工作基本方针，这就是"全面贯彻党的宗教信仰自由政策，依法管理宗教事务，坚持独立自主自办的原则，积极引导宗教与社会主义社会相适应"。这四个层面总结得非常精辟、全面，值得我们好好学习、认真领会。综观这一基本方针，丝毫没有对宗教的任何否定或反感，所以社会上那种否定宗教、排拒宗教的思潮是站不住脚的，也是没有任何理论及政策依据的。这里，"全面贯彻党的宗教信仰自由政策"，就是要尊重公民的宗教信仰自由，而不能歧视、敌视宗教信仰者。"依法管理宗教事务"，就是体现我们的宪法精神，对宗教事务要加以管理而不是放任自流，但这种管理必须依法，而不能胡管、乱管，或按自己的好恶来随心所欲。"坚持独立自主自办的原则"，就是说中国的宗教体现中国特色，与境外的宗教是有区别、有不同的，包括我们的政治背景不同、社会制度不同、经济基础不同、文化传统不同，这些不同则提醒我们对中国的宗教要区别对待，意识到因其社会存在、经济基础的不同所决定的，而与境外宗教的意识形态也明显不同，故此不能将之与境外宗教混同，这样才能有效坚持我们中国的宗教真正独立、自主自办，坚持好"中国化"方向。"积极引导宗教与社会主义社会相适应"，则说明我们对宗教的基本态度而且是唯一正确的态度就是"积极引导"，这是党的宗教工作基本方针的核心所在，就是承认中国的宗教是完全可以与中国社会主义社会相适应的，中国的宗教思想也不应该更没有理由不去或不能适应我们社会主义的核心价值观。既然党的宗教工作基本方针说得如此明确，那些诋毁、否定、反对宗教的人又有什么理论依据或思想基础呢？

  我们今天的指导思想仍然是来自19世纪西方的马克思主义。所以我觉得，我们首先是对外不能完全排斥。人类有些东西确实是具有普遍性的，如马克思主义所具有的"放之四海而皆准"的性质，对这种全体性、普遍性的东西必须要找寻，这就说明我们为什么要博采世界文明之长。再一个值得反思的问题，就是当前在对待中国文化上有着太多的历史虚无主义倾向，中国人对自己的文化传统不能再继续采取这种虚无主义的态度了，这种趋势必须停止。我们一定要站在我们自己的传统优秀文化的基础上，以去粗取精、扬长避短的态度来正视、反思、敬重并弘扬我们自己的传统文化，这才有中国味儿，有中国特色。此外，我们还要站在21世纪这样一个时代高度及其社会状况中，看到宗教学有这么两大方面的发展，即世界方面和中国方面，二者既有关联也有区别，我们要实现二者的结合来发展我们自己的宗教学体系，这就是我们今后要走的路。这从未来发展来看当然有着广远的前景。但从目前实际需求来讲，仍有很多事情要做。在我们的时代，我们所获得的关涉宗教的基本材料，已经跟西方当时创立宗教学时大不一样了；但是从学术积累、传承的意义上，我们仍然可以参考、借鉴、学习他们的学科体系，来构建我们自己全新的体系。宗教学研究一定要借鉴，如果没有借鉴，不站在前人的肩膀上则不可能取得进步，而且我们没有必要也不可能完全从头开始、从零起步，学术传播同样可以继承、发扬。今天中国宗教学的创新要靠我们自己，因为前人，尤其是西方学者不可能也没法了解中国今天的国情特点。虽然西方学者也关注中国文化，但是他们站在外面的观察可能会不深不透，在文化气质、精神心理等方面都可能隔了一层，其观察分析虽应尊重却不可作为根本而用作我们的体系之基；而作为我们中国自己的学者，我们就得对自己的学术特征、文化秉性有深层面的、透彻的了解和开创性发展。我们的宗教学研究应以我为主但广泛开放，无论是对世界文化还是对中华传统文化，都要有一个一分为二的基本态度，不能绝对地认为某种传统是完全地好，世界文明并非十全十美、毫无瑕疵的，要看到它在发展过程中也会有一些不利的、糟粕的东西出现，所以要对之扬弃才行。包括我们对儒家思想进行拨乱反正时，也不可能对之加以全盘接受，儒家里面确实存有一些不利的东西，该改革的还是要改革；但是中国的文化从其根本及传承来看又离不开儒家思想，包括我们讲的中国知识分子"士"的精神和责任，都包含在儒家思想里面，所以这就是我们这一代人的责任，要承前启后，但又不能一味复古。这就是我们讲的，要厚古而不能再薄古，要看到我们自己文化的厚重；而今天呢，则主要是提倡创新，这是继承性、延续性的创新，对古代又绝不能全盘否定，所以文化发展的关键词就是四个字：厚古创新！我自认为自己骨子里还是体现出儒家精神，要求自己对人乃坦坦荡荡，对事要勇于担当。作为中国学者，哪怕你在外留学多少年，你身上淌的血、你骨子里的精气神还是中国的，中国知识分子自古以来就是屡受打击，历经挫折，但"士"的担当精神一直没有放下，百折不挠，仍然保持着国家兴亡，匹夫有责，"士"则为先的基本态度。我们不要做中华文化的局外人，不要置身事外，不能过于功利，不能做什么事情都图回报，也不要以成败来论英雄，历史会作出公正的评价的。中国知识分子要保持这种传统"士文化"中的"人格"及"风骨"，不做投机商，也不当犬儒派，既要有"宠辱不惊"的气质，也要有"水穷云起"的淡定，传承下来这种"士"之风清骨正的"浩然正气"。对我而言，既要登高望远，又需脚踏实地，做一个"理想现实主义者"，在自己的专业上就是尽自己的本分，努力把中国的宗教学守护好，发展好。

(原载《中国文化研究》2018年春之卷)

第二十六章

宗教学研究的新时代与新任务

当今世界发展已经进入了一个全新的时代，在社会政治、经济、思想文化等领域都出现了前所未有的巨变，国际各民族的关系在从对话转向对抗，人类的发展前景再次变得模糊不清并令人担忧。特别是中美贸易战正在步入日趋复杂的状况，其呈现白热化的迹象亦使中西在思想意识、价值观念、民族宗教等问题上的分歧与冲突格外引人注目，这些对抗导致国际上许多方面的关系正不断恶化。与之相对应，中国国内学术界、理论界在民族宗教等问题的认知上也出现明显分歧和争论，尤其是对宗教的问题意识在加强，而宗教的发展走向也有着嬗变和异化，冲突在加剧。在这种国际背景及国内社会处境中，我们宗教学研究的生态环境呈现出不可否认的变化，其研究及出版有着渐行渐难、困境扩大的态势。为此，冷静思考中国宗教学研究的传承与创新，需要更广远的视域，对宗教的审视也必须有更多的社会关联。

改革开放四十年来，中国的宗教学研究出现了明显的进展和突破，特别是习近平总书记在 2016 年明确将宗教学列为支撑中国哲学社会科学的十一个重要学科之一，对宗教学的发展有着充满希望的寓意。在这一形势下，中国宗教学应该进入了收获的季节，可以有一个较好的分享，其在哲学社会科学领域中也理应有一个得到社会共识和较好氛围的定位，中国宗教学作为异军突起走入国际宗教学舞台的中心亦指日可待。不过，国际形势的变化及对国内宗教理解的影响，使中国宗教学仍然深感任重而道远，尚未走出其步履维艰的处境，所面临的困难和问题依然不少。因此，冷静意识并客观正视这一现状，对我们在当下研讨、探究宗教学研究的传承与创新，就有着极为独特的时代意义。

一 新时代对中国宗教学的回顾与反思

从中国学术史的发展及其学科状态来看，宗教研究的历史虽然较短，却有着非常丰富的历史传承，而且体现出跨学科研究、横向联系的突出特色，有着与社会现实的密切关联，并由此逐渐形成了中国宗教学科独有的问题意识及探究领域，这是宗教学在新时代发展的重要基础和已有准备。

（一）学界前辈筚路蓝缕的探索与开创

中国宗教学的传承基于其初始阶段，可以追溯到20世纪初中国学界一些学者关于宗教思想理论、宗教概念理解、宗教史料发掘，以及宗教历史勾勒等方面，其中陈垣、陈寅恪、汤用彤、梁启超、夏曾佑、蔡元培、胡适、陈独秀等人具有开创、探路之功，成为中国宗教学初创时期的出类拔萃之辈。必须看到，从中国宗教学研究的初始，其分歧、争论和思想交锋就已开始，这与西方宗教学创立时的情景形成鲜明的呼应。所以说，基于学术层面的争论争议只要秉持客观、公正、平等的立场乃其常态，可以促进学术的健康发展。此后，如何把握好学术批评的维度、体现其公平，也是中国宗教学领域经常讨论、商榷之处。

（二）宗教学科意识之西方、日本影响

19世纪晚期西方宗教学奠立，随之于20世纪初开始影响中国，其东传与日本近代思想文化发展有着一定关联。日本在明治维新后开始大量引进西学，而其翻译过程中则以大量汉语词汇来对应西方的相关概念、术语，这在哲学、宗教领域的具体翻译中尤其明显。其词汇蕴含或是古为今用，或是增加新的意蕴，或是以其近似而转述，其中大量术语

又"假道日本而入中国",对中国近代术语的发展产出了相应影响。虽然中国学术界当时曾以音译的方式来抵制这类术语从日本的输入,但多数名词术语却因其中国文字本原而不可抗拒,逐渐被中国学界所承认和采用,在"新文化运动"前后达到风靡一时之景观。例如,"哲学""宗教"等汉字的现代蕴含就经历了这一"假道日本"的变化,出现不再同于其古代词义之演变。这种宗教学术语的词源之探,对于了解中国宗教学的发展始基,有着独特的意义。

(三) 中国传统学术史及中外文化交流史的积淀

自远古以来,中国悠久的传统文化中就充满了宗教的因素,且亦形成中国教界及学界对宗教的关注和研究。中国思想文化所经历的悠悠岁月并不是孤立的,而很早就有着与国外的接触和交流,这在宗教交流中极为典型。中国文化作为开放性体系通过吸纳与输出而得以博大精深、涵涉广远,其间在中国改革开放之前至少经历了三次大的翻译高潮,使中国的宗教术语及其研究表述有着不少外来元素。其最早的翻译高潮与佛教的传入相关,佛教经典的大量翻译给中国文字留下了众多佛教表述和印度文化的印痕;第二次翻译高潮则与明末清初天主教耶稣会等传入有关,由此使中国语言文字中吸收了希腊、拉丁文化的观念、意蕴及表述,并促成了不少新的汉语术语之诞生;第三次翻译高潮则是"新文化运动"以来,其引进更为丰富、多元、复杂,曾帮助并促成了中国白话文的发展及其术语表达。这三次翻译高潮都直接与宗教观念及其研究相关联,形成今天中国宗教学概念、术语之丰富积淀。

(四) 社会政治运动及文化思潮的推动

宗教学的素材在中国也不是孤立发展的,而与中国社会的方方面面发生关系。在宗教学研究的基本考量及其立场、观点和方法的运用中,各种政治运动、文化思潮、社会变革都给中国的宗教学研究打下了烙印。例如,马克思主义的传入,"新文化运动"的兴起,"中国化"意识的觉醒等,都给中国宗教学的研究带来了刺激、启迪,为之奠立了基础，指引了方向。由此可见，宗教学在中国绝非象牙宝塔尖中的封闭性研究，而是与中国社会联系密切，在社会政治、文化思想的冲击、变动中跌宕起伏，形成其高潮低谷。这样，中国宗教学研究遂形成其"讲政治""入社会"的传统，绝不可能有纯抽象、清高的学术空谈。

因此，若不深入反思、总结中国宗教研究的这些历史传承及社会关联，则很难把握其发展变化的命脉，也不可能顺利开启和推动当今宗教学在中国的时代转型和创新发展。宗教学研究的新时代有着历史的延续，以史为鉴则可洞若观火，悟其奥秘。在此基础上，中国宗教学方可继续展开其开放式、启迪性和富有前瞻意义的探究，故此需要体现"不忘初心""勇于创新"的精神。而中国宗教学的未来，则需要各界有识之士积极贡献其思想上的敏锐和智慧、学术上的真知和灼见。

二 宗教学外延式研究的新任务

宗教学研究的横向关联极为复杂，因而其研究者不可能只读专业书而不观天下事，这在中国尤其如此。可以说，宗教学要服务于某一社会，故有其政治选向，而中国宗教学研究的这种性质则更为明显。在当前所步入的新时代中，中国宗教学的外延式研究应该包括如下一些方面的新任务：

（一）对宗教与政治关系的透彻审视

宗教现象在现实存在中不可能脱离政治，势必有其政治定位或站位，完全脱离、超越政治的宗教在现实社会中基本上不存在。因此，宗教学研究必须客观、冷静、全面、正确地分析中外政教关系，特别是要讲透中国宗教与中国政治的古今关系。在这种政治审视中，对现实存在的宗教作价值判断仅有相对的意义，弄清宗教的政治选择，引导宗教作出有利于社会主义的政治定位，这才应该是我们首先的考虑。由此而思，我们需要准确界定宗教在现实政治中与我们的"敌友"关系，明白谁是我们的敌人、谁是我们的朋友，而且要积极促进宗教在中国社会作为我们的朋友即我们中的一员来存在，没有必要人为地把宗教推向敌对方向。不顾这种政治选向的必要而纠缠于宗教在思想意识或价值观念上与我根本对立，则很难实现引导宗教与我们的社会积极相适应，也不可能达到宗教与我们的政治自觉保持一致。甚至对宗教的批评也应该是为了使宗教与我们的社会政治更好适应，达成宗教的自觉改革及更新。彻底否定宗教、根本反对宗教，则不可能让宗教在政治上与我们保持一致、服从我们的政治原则及守住我们的政治底线，而宗教信仰自由与统一战线理论也势必虚化而失去作用。如果把宗教看作我们的政治对立面，社会的张力势必加大，政教关系则肯定紧张，二者之间随之转为博弈或斗智斗勇的周旋及较量，其局势的发展则可能滑向多事之秋。当下金秋风起，意味深长，我们不得不防，不得不思。政教一旦走向对抗，我们对宗教的一切理论政策都不得不做全面彻底的调整，且代价巨大，得不偿失。所以说，新时代对政教关系的研究，乃是中国宗教学必要且首要的新任务。

（二）对宗教与社会关系的整体评估

马克思主义认为宗教是社会存在的反映，宗教必然依附于其社会，宗教存在不离其社会的存在。因此，教社关系的研究是宗教学社会研究的基础，中国宗教学对之乃义不容辞、不能回避。中外社会自古至今都有着丰富、悠久且复杂的宗教存在，宗教与其社会形成了密不可分的交织，有着彼此共存的纠缠。如果无视或说不清相关宗教的具体社会关联，其宗教理论只能是空论，这种研究也毫无价值。但今天中国又出现了脱离社会而抽象谈论甚至否定宗教的思潮，特别是对中国宗教当前与中国社会的真实关系缺少具体、系统、深入、严谨的研究，不顾宗教对社会依存这一事实而孤立地评议宗教，习惯于对宗教问题人云亦云，处理宗教问题不管实际差异而一刀切。这种现象在今天的网络时代颇为盛行，并已造成一些语言暴力的伤害。实际上，今天宗教与社会的关系出现了前所未有的复杂，我们必须克服空洞、浮躁的学风而以社会学、人类学研究的基本要求来沉潜于基层开展田野调研，不是走马观花、浮光掠影地窥视宗教，而要真正深入社会来扎扎实实地研究其宗教，作出今天中国社会的各宗教分析。

（三）对宗教与文化关系的深入探究

宗教是文化的有机构成，宗教也是相关文化的反映和表现。所以，我们研究相关宗教理应与相关文化的研究有机结合，有着必要的文化意识。在此，二者的比较、对照、关联就显得特别重要。人类文化，特别是中华文化中究竟有多少宗教元素，宗教思想文化在世界文化发展中究竟占有多大比重、起到什么作用，都必须认真加以分析研究。我们今天谈论弘扬中华优秀传统文化，却没有弄清和说清其中的宗教文化占比情况，而无视其宗教占比则不可能有效弘扬中华优秀传统文化、在心理心态上形成我们的文化自觉和自强。对比之下，美国以亨廷顿为代表的智库阵营从文化战略的视角喊出了"文明冲突论"，对外以捍卫其传统的基督教文明来排拒其他文明，转文明对话为文化冲突；对内则以其狭隘的民族主义、霸道的西方中心主义而提出了"我们是谁"（Who Are We？）的命题，凸显"美国民族身份认同"（American national identity）意识，达其文化自觉，旨在保住"美国第一"，甚至奢望"美国唯一"。与之对应，中国则在这一关键时刻高调提出建设"人类命运共同体"，选择了团结、对话、联合而与美国完全不同的道路及其发展。而作为这一文化战略选向的第一步，中国则有义务首先建设好"中华民族命运共同体""中华文化命运共同体"。在这些步骤中，显然有着强烈的文化意识和思考，而宗教文化问题在其中就占有很大比重。如果说不清宗教文化，则很难讲透人类文明。至于宗教文化在中华文化体系中究竟占有什么地位、起着什么作用，也正是我们中国宗教学研究所必须客观、正确地回答的。

三　宗教学内涵式研究的新任务

不可否认，宗教学有自身的发展规律及特点，其学科亦有自己的基本建构和基本任务。就当前宗教学研究自身的内涵式关联来看，也应该包括如下一些新任务：

（一）对宗教学研究具体内容的探索与梳理

宗教学按其内在结构，其研究应包括宗教的本质定义、宗教的社会蕴含、宗教的意义与价值、宗教的功能或作用、宗教的起源及其发展与归宿等等。这种宗教学研究的整体涵括使之既要研究有神论，自然也势必会研究无神论；对有、无神之论的分析乃宗教学研究的分内之事，为其职责所在。不弄清无神论则无法宣传无神论，更不用说坚持无神论。为此，对无神论的系统研究必须狠下功夫，理应深入、具体。无神论有着实在的内容，并非空洞的口号。其实，我们应该坚持的只能是马克思主义无神论，只有马克思主义无神论才是真正正确、科学的无神论，而在历史上的其他无神论思潮则都有其时代的局限、认知的不足，甚至有其明显错误之处，故不可把这些无神论都等同于马克思主义无神论来肯定、推广。只有在深入、扎实的研究基础上，也只有在厘清无神论发展的历史史实之后，我们才能真正举好、举牢马克思主义无神论的大旗。所以，宗教学研究的内容应该包括有神论与无神论的全部历史及其基本特质，弄清宗教与社会存在、宗教与文化艺术，以及宗教与科学发展的关联，开展涵括极广的比较研究和整体审视。

（二）对宗教学研究历史的全面勾勒

对宗教学的历史勾勒，也是中国宗教学研究的自我意识。回顾与总结，可以形成宗教研究历史的一条连线，并依次可对宗教学未来发展及其可能创新之点加以前瞻和探索。这里，对各大宗教的历史理解、对不同宗教形态的辨认分析，必须坚持历史唯物主义，不可纵容历史虚无主义。宗教史学乃整个宗教学研究体系的基础学科，我们对之必须加强、夯实，使宗教学的可持续发展和可能腾飞有着坚实的基础和丰富的储备。中国的宗教学最早主要为宗教史学研究，而且从一开始就体现出了中国宗教史研究的特色，有着明确的中国意识，侧重于中国宗教历史的探究。但从整体来看，这种研究仍重个案之探，缺少整体关联的叙述，对整个中国宗教历史的宏观把握不够，这也直接影响到对中国宗教历史作用的评价。当然，这种宗教史研究也应该与中国文化史、中华文明史的探究有机结合起来，而且还必须有对中国社会史、中国政治思想史等方面的关照、对应，由此既可获得宗教专史的研究成果，而且也能达到一种具有历史哲学审视的综合史论。

（三）对宗教学研究方法的科学运用

中国宗教学研究方法首先就是要坚持马克思主义宗教观的指导，为此必须系统、全面、认真、准确地研读马克思主义经典作家的原典，首先弄清楚马克思主义宗教观究竟有哪些基本内容、确立了哪些基本原则、形成了哪些理论体系，然后还要结合社会、时代处境来辩证、发展地弄懂马克思主义宗教观，科学、辩证、实事求是地对之加以运用。没有这些基本学习和系统研究，则不要以马克思主义宗教观的持守者、代表者来自我称义，更不可以自己的一知半解或误解错用来宣示自己的一孔之见、管窥蠡测为正统标准、绝对真理。对于当前社会上形形色色的自我标榜之马克思主义宗教观，有必要通过回到其原典本身、结合其时空背景来加以对比、甄别，去伪存真，正本清源。实际上，马克思主义宗教观对于当前已成为焦点的某些争论问题本来已有明确的表示和清楚的说明，其原则立场早已确定，因而决不可以某种似是而非、主观臆断、断章取义的解读来把水搅浑，混淆视听。这里即涉及对马克思主义理论学习态度的严肃性、科学性问题，故有必要端正学风、拨乱反正。在当代中国，我们还需创立中国特色的社会主义宗教观，使马克思主义获得中国化、时代化的与时俱进、创新发展。此外，我们还需科学吸纳、积极促进宗教学各领域行之有效、被实践所证明为正确、管用的研究方法。

时代在进步、社会在变迁，我们的宗教学研究在这种新情况之中更要有敏锐的问题意识、犀利的观察眼光，以此来开辟新的研究领域，发现新的成功方法，建立新的学科体系。中国的宗教发展及其引起的关注在凸显，对社会的影响也在明显扩大，如何对之正确处理好的重要性已不言而喻。面对新时代的发展及挑战，我们的宗教学研究要努力形成中国问题意识，尽快创立中国风格和中国学派，由此而有利于及时理顺中国社会的宗教问题，并在其学科发展上为世界宗教学的未来前景作出积极贡献。

（原载《中国宗教》2018 年第 9 期）

第二十七章

开创 21 世纪中国宗教学的新局面

中国宗教研究历史悠久、成果颇丰，但宗教学作为一门独立的人文社会科学学科研究却始于 20 世纪初，并受到当时创立不久的西方宗教学的影响。在我国宗教学的现代发展过程中，可以说是翻译介绍与独立研究齐头并进，有机共构。1964 年，中国科学院世界宗教研究所在毛主席、周总理的亲自关怀和倡导下得以创建，从而为体制性、建构性的宗教学研究在中国的诞生和发展奠定了基础。就中国宗教学研究现状而言，我国宗教学研究的意义及作用大体可包括两个层面。一个层面是宗教研究涉及许多"全局性、战略性、前瞻性"的理论和实践问题。在当今世界，信奉各种宗教者约占世界总人口的 84%。宗教与人类社会政治、经济、思想、文化各方面有着极为密切而复杂的联系。在全球化的进程中，宗教问题往往会形成局部地区的焦点和全球性的热点，对整个世界产生深远影响。国际竞争、国际较量也常常会以宗教冲突或宗教自由、宗教人权问题之争的形式来表现，宗教在不同国度的存在呈现出政教分离、政教合一、政教协约等多种形态，其现代发展正展示出现代化、世俗化、本土化等主导趋势。各宗教之间及其内部亦有着保守和革新共在、衰落与复兴相继、冲突与和解并存、竞争与合作同行的多元景观。为此，我们已经注意到宗教问题的"特殊敏感性"。这一层面的宗教研究乃基于一种"问题意识"，其落脚点即为应用研究和对策研究，是一门"谋事"的学问，旨在解决具体现实问题。这里，宗教研究涉及国际政治、民族关系、经济发展、社会转型、法制建设、国家安全、世界和平等重要方面，与政治学、外交学、民族学、经济学、社会学、法学等研究有着直接关联。正是在这一层面，我国宗教学有其极为重要的现实意义及作用，可以立足国情、立足当代、面向世界、面向现实的积极姿态来分析、研究宗教问题的来龙去脉和宗教发展的最新影响，为我们的战略决策提供知识背景、信息资源和理论依据，能在一些重大课题的研究上积极有为。

另一层面则是宗教研究在探讨人类文明进程、人类精神奥秘上关涉许多基础性、理论性、历史性和知识性的问题，与文史哲等人文学科的发展与关注有着密切联系。在此，我国宗教学仍属于基础研究，其研究全面触及人的精神世界、精神生活、精神象征、精神动力等领域，体现出科学的严谨、哲学的智慧、思想的敏锐和史学的深沉，表达了文化即精神文明建设上追求人性陶冶、人格升华、人文充盈的情趣和境界。应该承认，在了解和把握错综复杂的人类精神现象上尚有许多未知领域，人们对于人自身的"心路历程"和"精神现象"仍知之甚微。因此，宗教学亦是一门"谋心"的学问、一种"精神现象学"。而研究人的精神现象，弄清宗教与精神、宗教与理性、宗教与科学、宗教与人生、宗教与文化的关系，了解人的超然追求和终极关怀，亦是社会科学基础研究和理论研究的重要使命。这种研究旨在人文精神和科学精神的系统培养和有机结合，使人们得以体悟和洞观人的精神世界的精微和复杂，把握人类信仰现象及其特征，从而引导人们树立正确的世界观、人生观和价值观，获得健康向上的情操和理想，防止精神生活的偏差或失误。在这种基础研究意义上，应认清宗教学学科发展自身的规律性和其学科构建的系统性及整体性，正视其学科发展乃有不受外因或外界之限的独立、自由之"轨迹"。因此，在其学术发展上必须提倡"百花齐放、百家争鸣"，保证学术研究的公平和自由。当然，宗教学的基础研究也要重视其与现实生活和时代发展的关联，而对现实重大问题的应用、对策研究若能建基于这种基础性、理论性系统研究之上，则能洞若观火，达到一种透彻、澄明之境。

宗教研究包括"入乎其内"和"出乎其外"两大走向。所谓"入乎其内"的研究，即研究宗教会怎样发展，它在社会生活中的社会定位和社会作用，不同宗教之间的对话，宗教自身如何不断地改革完善，等等。这些研究首先是宗教界、宗教本身所关注的问题，如"中国神学的建设"等讨论，它们有其信仰前提或关注，有其思想沿革和传统。当然，作为其他领域的宗教学研究者，也要关注这种"入乎其内"的问题，同宗教界的学者、宗教领袖以及信教群众就此进行交流、对话，对宗教有真正的体认和理解，作出"不隔"的解释和研究。就此意义而言，宗教学也必须把神学研究的问题、方法、历史作为其研究对象，把握宗教现象的思想核心和精神真髓。

对于宗教学学科自身来说，其更多的则应是"出乎其外"的研究。所谓"出乎其外"，就是跳出单纯某一宗教的立场和视角，从普遍的角度来研究各种宗教。宗教神学以其信仰为前提，而宗教学研究则并不以信仰为其必要前提。许多宗教界的学者从事宗教学意义上的研究，亦是采取了悬置研究者的信仰之态度，基于客观描述和理性认知的方法，认可宗教学研究的基本原则和规范。因此，宗教学研究者既可有教外学者，亦应有教内学者的参与，其关键并不在于人员的不同，而是大家在起点、态度、方法上的相同。宗教学是跨宗教、跨学科的研究，它一方面要求研究者对宗教应有"同情性理解"和客观性研究，另一方面也要求信仰者在这一研究中"悬置"其信仰前提。这种"出乎其外"的宗教研究可以从三个层面来展开。其一，关注宗教学所内含的"学术性"，了解什么是"宗教学"，宗教学自身的历史、问题与发展，中国宗教学同西方宗教学是什么关系，宗教学作为一个学科体系主要包括哪些内容，它对于社会，尤其是对于学术发展起了什么作用，在整个学科体系中的地位如何，等等。这是纯学术性层面的研究。其二，是对"宗教性"的关注和研究，即探究宗教之为宗教的特性，宗教现象有什么特点和规律，信仰与宗教是什么关系，等等。这是从精神气质和人性本质层面对宗教的探讨，人们对之有着普遍的关注。其三，即对宗教"社会性"的研究，如宗教与社会政治的关系，宗教与国际局势发展的关系，等等。这也就是我们经常说的对一些具有社会性、群体性及战略性问题的研究，涉及面广、现实性强。从问题意识而言，它不像"宗教性"那样深邃，却为人们关注的热点、焦点和敏感问题。宗教学不回避现实社会问题，而必须直面它，对之进行严肃、科学的探究，找出解决问题的办法或提供具有启迪意义的思路及可行途径。

中国宗教学要开创新局面，则必须与时俱进、与时俱新。无论是基础研究还是应用研究，都应该持一种发展变化的辩证观念，应在解决理论和现实问题的同时摸清规律、抓住本质，开展理论创新。在世界步入"全球化"、中国实行改革开放这一基本国策的新形势下，我们必须在发展具有中国特色、满足时代需求的马克思主义宗教观，积极引导宗教与社会主义社会相适应，支持宗教界努力对宗教教义及其道德伦理规范作出符合社会进步要求的阐释上进行深入探讨。当然，宗教究竟应该如何与我国社会主义社会相适应，这是全社会和各族人民都十分关注的问题。对这个问题不可单纯地从政治层面来理解，不能仅仅将之作为一项政治任务，还必须从学理上和认知上把这个问题讲清楚。为此，我们应以一种更广远的视域从文化思考上探究中国文化的构建、中华民族的信仰特色，以及中国社会在其宗教适应、调整过程中如何面对开放世界的发展和全球化带来的全新挑战等问题。对此，我国的宗教学研究还需要进一步解放思想、实事求是。

我国宗教学研究的"中国特色"，大体可以从三个方面来体现：第一，经过改革开放以来四十年的发展，我们宗教学研究队伍的人员构成主要集中在人文社会科学领域，通常论及中国宗教学研究有三支队伍，即学术界、宗教界和党政部门。而这三支队伍的研究人员大多以从事人文社会科学为主。诞生在西方的宗教学虽已经历了一百多年的发展，但在其大本营即西方各国却仍以神学研究为主，而其在神学内部研究宗教的学者要远远多于其他人文学科领域进行纯宗教研究的学者。虽然西方各国研究宗教的力量很强，研究人员亦远远超过我们，但如果没有神学界众多学者的参与，其纯粹的宗教学研究队伍则并不强大。而中国宗教学在人员结构上的这一大特色，与西方乃至整个国外宗教学研究形成了鲜明对照。第二，中国宗教学研究侧重也与西方不同，我们关注和研究的一些问题与西方宗教学的侧重不太相同，如中国人的信仰特色和宗教性问题，儒家传统与中国宗教的关系问题，中国宗教与历代政权及相关政治的关系问题，宗教在中国社会存在、适应和发展的方式问题，以及中国宗教研究在"科际整合"和边缘学科交叉、叠合意义上的人文社会科学关注及关联等问题，都颇具中国特色，乃典型"中国问题"。第三，中国宗教学有自己的学术传统和研究习惯，无论是从哲学还是从历史意义的研究上，中国学术界都善于从宏观、整体、本质上把握问题。相比之下，西方宗教学似乎更为关注细的分支学科、关注局部、个案和微观研究。中国学者这种"大写意"的研究方法恐怕不只是在宗教学，也不仅仅限于其初创阶段，而是在其他学科、在宗教学全面发展的鼎盛时期亦多有体现，甚至包括许多历史悠久、积累深厚的人文学科亦有这种研究习惯和倾向。这种从宏观、整体上抓大放小之"大写意"的进路，固可视为一种"中国式"的思维方式或研究方法，一种"中国特色"的问题意识和解决途径；它与那种"工笔"式的精雕细刻、凸显局部之研究方法和学术情趣可以互补，却无法彼此替代。所以说，从这三个方面，我们可以扬长避短，进一步发挥我们的特色，形成宗教学研究中别具一格、特性鲜明的中国学派。

21世纪中国宗教学的发展前景光明，形势很好。因此，我们中国宗教学者应义不容辞地抓住机遇，顺应时代的发展和要求。中国作为一个文明古国和泱泱文化大国，需要其学术百花园中有宗教学这朵奇葩来为之锦上添花。我们要让中国社会了解、理解宗教学这门学科的发展对中国本身的现实意义，使中国国民认识到宗教学学科体系的构建对于中华文化和中华学术的发展乃必不可少，弄清这一学科在中国文化中的现代定位和历史意义。为了开创21世纪中国宗教学的新局面，我们有必要加强合作，推动一批重大研究课题的问世和实施。我个人认为，这些重大研究课题至少应该包括下述三个方面：其一，与现实密切关联的全局性、战略性、前瞻性课题；这些研究有其时限性、紧迫性，在某种程度上需要有关党政部门和学术机构的有机合作，在信息资源和背景知识等方面交流、互补。基于这些现实重大问题，我们亦可从理论和学术层面上对宗教的历史、现状和未来加以系统梳理或推测，探究在全球化氛围中宗教在现代中国社会的文化存在、作用和意义问题，对其基本功能和历史命运做一番涵盖社会政治层面的文化战略思考。这一研究领域以开放性、灵活性为特点，可以随时根据当代社会出现的新问题、引发的新思路来调整、补充、完善。其二，与宗教学学科发展相关联的基础性建设课题：西方宗教学创始人缪勒在提出"宗教学"这一学科概念之后，曾亲自出面主编51卷《东方圣书集》，为这一新兴学科的发展奠定了良好的资料基础。因此，在目前世界和平发展的大好形势下和我国"盛世"国力雄厚的条件下，应多方呼吁和努力，设计、实施一些具有基础建设和资料搜集整理意义的重大课题。应该承认，与现实相关的不少课题会随着现实的发展变化而相应改变，有些课题自然会有时过境迁之命运。而这种基础、资料建设的课题则有可能跨越时代而长期留存，成为标志我国宗教学发展的重要里程碑。其三，与宗教学体系构建和完善相关的理论性课题，如大家所关注和经常讨论的，中国宗教学究竟应为一种什么体系，它的构建、内容是什么，我们应该解决哪些基本问题，建立哪些必要范畴，形成哪种框架等。我们必须发现或发掘一些"亮点"或突破点，由它们构成或显示中国宗教学现代发展的"轨迹"和"特色"，使宗教学在当代中国与其他人文社会科学一样，起到"传承文明、繁荣学术、创新理论、资政育人、服务社会"的作用。为了这一目标让我们共同努力。

[原载《中国宗教学》（第一辑），宗教文化出版社2003年版。]